Familienbande

W0078636

Aus der Reihe *Familienbande* sind bei Bastei Lübbe Taschenbücher lieferbar:

61516 Die Krupps
61517 Die Wagners
61526 Die Kennedys
61527 Die Fondas
61537 Die Allendes
61538 Die Guccis
61550 Die Quandts
61562 Die Agnellis
61563 Die Burdas
61571 Die Thyssens
61572 Die Mohns
61583 Die Bushs
61584 Die Riegels
61593 Die Flicks
61594 Die Oetkers

Über den Autor:
Rüdiger Jungbluth studierte Volkswirtschaft und absolvierte die Journalistenschule in Köln. Zwischen 1992 und 2000 war er Wirtschaftskorrespondent bei *Stern* und *Spiegel*, danach stellvertretender Chefredakteur von *Netbusiness*. Sein Buch *Die Quandts* wurde zum Bestseller. Rüdiger Jungbluth lebt und schreibt in Hamburg.

Rüdiger Jungbluth

DIE OETKERS

Geschäfte und Geheimnisse
der bekanntesten Wirtschaftsdynastie
Deutschlands

BASTEI LÜBBE TASCHENBUCH
Band 61594

1. Auflage: September 2006

Vollständige Taschenbuchausgabe

Bastei Lübbe Taschenbücher in der Verlagsgruppe Lübbe

Sie finden uns im Internet unter
www.luebbe.de

Der Preis dieses Bandes versteht sich einschließlich
der gesetzlichen Mehrwertsteuer.

Prolog

Rosely Schweizer erlebt immer wieder dasselbe. »Wenn ich geborene Oetker sage, echot mein Gegenüber in neun von zehn Fällen Backpulver oder Pudding«, berichtet die CDU-Politikerin und Unternehmerin. Sie ist die älteste Tochter des Bielefelder Konzernpatriarchen Rudolf-August Oetker, der im September 2004 seinen 88. Geburtstag feiert.

Die Oetkers sind die bekannteste Industriellenfamilie in Deutschland. 98 Prozent der Deutschen wissen mit dem Namen etwas anzufangen. Die Gründe für diese einmalig hohe Popularität liegen auf der Hand: Ein Großteil der Produkte, die die Familie in ihren Firmen herstellen lässt, wird unter der Marke Dr. Oetker verkauft, und es sind Verbrauchsartikel für die Masse. Überdies hält sich das Unternehmen seit mehr als einem Jahrhundert am Markt. Angehörige aller Generationen kennen also Oetker. Die Schattenseite ihres Reichtums und ihrer Bekanntheit erfuhr die Familie bei der Entführung Richard Oetkers 1976. Das spektakuläre Verbrechen hat ebenfalls dazu beigetragen, den Namen der Familie im öffentlichen Bewusstsein zu verankern.

Die Oetkers waren Pioniere der Markenartikelindustrie in Deutschland und gehören seit Jahrzehnten zu den großen Werbetreibenden. Vermutlich hat keine andere deutsche Familie so viel Geld dafür ausgegeben, ihren Namen im Land bekannt zu machen, wie sie. Die Investitionen haben sich ausgezahlt. Die Oetker-Gruppe ist heute der größte Hersteller von Nahrungsmitteln in Deutschland. Aber nicht nur das.

Die meisten Menschen unterschätzen den Oetker-Konzern gewaltig. Backpulver und Pudding spielen keine große Rolle mehr. Das mit

Abstand größte Geschäft macht die Nahrungsmittelfirma heute mit Tiefkühlpizza. In den meisten Ländern Europas ist Oetker Marktführer bei Pizzen. Selbst in Italien steht die Bielefelder Firma auf dem zweiten Platz unter den Anbietern.

Noch höhere Umsätze als mit Nahrungsmitteln erwirtschaftet die Familie mit Bier. Ob Radeberger oder Jever, Dortmunder Union oder Henninger, Clausthaler oder Schöfferhofer Weizen – welches dieser Biere sich am besten verkauft, ist den Bielefeldern gleichgültig, denn all diese Brauereien, und noch einige andere mehr, gehören zum Oetker-Reich. Kein anderer Konzern und schon gar keine Familie braut in Deutschland gegenwärtig so viel Bier wie Oetker.

Beim Sekt halten die Oetkers den zweiten Platz. Unter ihrer Aufsicht werden die Sorten Henkell Trocken, Söhnlein Brillant, Fürst Metternich, Deinhard, Carstens SC und Rüttgers Club gekeltert. Der Wodka Gorbatschow stammt ebenso von Oetker wie der Likör Batida de Coco. Darüber hinaus besitzt die Familie ein halbes Dutzend Luxushotels wie das Brenner's Park-Hotel in Baden-Baden, sie hat mit der Condor-Gruppe ihre eigene Versicherung und mit dem Bankhaus Lampe ihr eigenes Kreditinstitut. Die Oetkers haben eine Chemiefabrik und sind außerdem erfolgreiche Verleger. Nach der Bibel erreichen ihre Koch- und Backbücher die höchsten Auflagen in Deutschland.

Der Oetker-Konzern ist ein ungewöhnlich breit gefächertes Konglomerat, wie es keine zweite Unternehmerfamilie in Deutschland errichtet hat. Die Firmengruppe besteht gegenwärtig aus nicht weniger als 332 Unternehmen, von denen 130 ihren Sitz im Ausland haben. Die Familie beschäftigt inzwischen mehr als 20 000 Menschen, und der Umsatz des Konzerns summierte sich 2003 auf rund 5,5 Milliarden Euro. Damit ist die Oetker-Gruppe dreimal so groß wie die Sport- und Modefirma Puma und immerhin halb so groß wie der Chemiekonzern Henkel.

Das größte Geschäft machen die Oetkers in einem Wirtschaftsbereich, der im Exportland Deutschland merkwürdigerweise kaum beachtet wird: in der Schifffahrt. Sie besitzen seit Jahrzehnten die traditionsreiche Reedereigruppe Hamburg Süd, den zweitgrößten deutschen Schifffahrtskonzern. Hamburg Süd lässt über 100 Containerschiffe in Hochhausgröße zwischen Europa und Südamerika und zwischen Nord- und Südamerika hin- und herfahren. Weil der internationale Containertransport in hohem Tempo wächst – noch schneller als der Welthandel selbst –, wollen die Oetkers ihr Engagement auf diesem Feld weiter ausbauen. Im Frühjahr 2004 hat die Familie sogar ihr Interesse bekundet, Hapag-Lloyd, die größte deutsche Reederei, zu kaufen.

Geld genug für eine solche Übernahme ist da. Und jede Bank wäre froh, den Oetkers einen Kredit geben zu dürfen. Das US-Wirtschaftsmagazin *Forbes* taxiert das Vermögen der Familie von Rudolf-August Oetker und seinen acht Töchtern und Söhnen auf 7,5 Milliarden Dollar. Auf der Liste der reichsten Deutschen rangieren die Oetkers damit ganz oben. Nur die Brüder Karl und Theo Albrecht (ALDI), Quandt-Erbin Susanne Klatten (BMW, Altana) und die Familie des Versand- und Immobilienunternehmers Werner Otto werden als noch vermögender eingestuft. Selbst im internationalen Vergleich ist das Vermögen der Oetkers gewaltig, und es wächst stetig. Auf der *Forbes*-Liste der reichsten Menschen der Welt ist die Bielefelder Familie in den vergangenen Jahren auf Platz 50 vorgerückt.

Solche Rangfolgen beruhen allerdings auf Schätzungen, nicht auf Kontoauszügen. Da die Firmen der Oetkers zum größten Teil nicht an der Börse notiert sind und ihre Gewinne nicht veröffentlichen, ist es schwer, ihren Wert zu bestimmen. Das *manager magazin* beispielsweise rechnet konservativer als *Forbes* und bezifferte den Reichtum des Bielefelder Unternehmerclans im Jahr 2003 mit 3,5 Milliarden Euro.

In beiden Ranglisten ist allerdings Arend Oetker nicht enthalten, ein Neffe des Bielefelder Konzernpatriarchen Rudolf-August Oetker. Dieser Arend Oetker ist ein außergewöhnlich erfolgreicher Unternehmer, dessen Reichtum gemeinhin unterschätzt wird. Er hat ein eigenes Firmenimperium aufgebaut und ist Vizepräsident des Bundesverbandes der Deutschen Industrie. Die wertvollsten Stücke in seinem

Beteiligungsportfolio sind der Schweizer Nahrungsmittelkonzern Hero, der im Jahr 2003 rund 1,5 Milliarden Franken umsetzte, und der Marmeladenhersteller Schwartauer Werke. Aber auch mit der Champions League hat Arend Oetker viele Millionen verdient. Er sammelt Ehrenämter ebenso wie Kunst, und ein US-Fachblatt hat den 65-Jährigen jüngst in die Liste der weltweit aktivsten Kunstkäufer aufgenommen.

Die Oetkers gehören zu den wenigen alten Wirtschaftsfamilien in Deutschland, denen es gelungen ist, ihre Stellung und ihr Vermögen über alle politischen Systeme und wirtschaftlichen Umbrüche hinweg bis in die Gegenwart zu bewahren. So steht heute an der Spitze des Konzerns der Urenkel des Firmengründers – geradezu das Musterbeispiel einer Dynastie. Dabei hat die Familie in den Kriegen und Katastrophen des vergangenen Jahrhunderts einen ungewöhnlich hohen Blutzoll bezahlt.

Umso beachtlicher ist die ökonomische Erfolgsgeschichte, die der Clan geschrieben hat und noch schreibt. Sie reicht weiter zurück als bei den meisten anderen deutschen Unternehmerfamilien. Schon 1900 waren die Oetkers mehr als nur eine Familie mit Industriebesitz, sie waren ein regelrechter Sippenverband erfolgreicher Unternehmer, die sich in verschiedenen Regionen Deutschlands niedergelassen hatten. Und nicht mit Backpulver, wie es die Legende heute will, fing die Oetker-Saga an, sondern mit Marzipan und Seide.

1870 – 1914

Eine wilhelminische Erfolgsgeschichte

1. » In eigenen Räumen und mit eigener Dampfkraft«

Louis C. Oetker und seine Marzipanfabrik

Louis Carl Oetker war 25 Jahre alt, als er sich 1870 selbstständig machte. Der Konditor hatte ein Kapital von 1 200 Talern, mit dem er in der Reichenstraße 27 in Altona bei Hamburg sein eigenes Geschäft eröffnete. Der junge Oetker war ein Könner seines Faches und sehr fleißig. Sein Geschäft wurde schnell zu einer der größten Konditoreien in der Hamburger Schwesterstadt. Anfangs stellte der Konditor alle Sorten von Kuchen und Gebäck her. Am beliebtesten aber war Marzipan.

Louis C. Oetker begann schon bald, sich auf die Herstellung dieser Zuckerware aus Mandeln zu spezialisieren. Dafür benutzte er in seiner Konditorei einfache Werkzeuge. Die Mandeln verarbeitete er in kleinen Mengen mit Hilfe eines Reibsteins. Anschließend wurden sie in einem Kessel auf dem Koksfeuer geröstet, während der Konditor den Zucker allmählich zusetzte. Aus der Masse formte Oetker die so genannten Lübecker Marzipantorten. Lübeck und Königsberg waren schon im 19. Jahrhundert die Städte in Deutschland, die für ihr köstliches Marzipan bekannt waren.

Nach einiger Zeit kam Louis C. Oetker auf die Idee, auch andere Artikel aus Marzipan anzufertigen. Er formte Früchte und Gemüse, und mit Hilfe von Anilinfarben stellte er bald auch bunte Marzipanleckereien her. Das war neu und machte großen Eindruck beim Publikum. Die Altonaer Bürger rissen sich förmlich um die originellen und dekorativen Süßigkeiten des Konditors. Oetkers Laden war fast ständig ausverkauft, obwohl nahezu rund um die Uhr gearbeitet wurde. Immer häufiger kamen auch Kunden aus dem benachbarten Hamburg in Oetkers Geschäft. Viele kauften die zunehmend künstlerisch gestalteten Marzipanartikel, um sie an Verwandte zu schicken, die in anderen Städten oder auf dem Lande wohnten. Auch ins Ausland wurden Pakete versandt.

Um der wachsenden Nachfrage gerecht werden zu können, bildete Louis C. Oetker eine Reihe von Gehilfen im Modellieren und Färben des Marzipans aus. Außer Früchten produzierte die Konditorei bald auch Blumen, Tiere und Figuren aus Marzipan. Oetker war ein kreativer Kopf. Mit seinem lockigen Haar und dem dichten Vollbart sah er aus wie ein Künstler. Aber er hatte auch durchaus Sinn für das Geschäftliche. Er zog mit seiner Familie aus der Wohnung über der Konditorei aus, damit er alle Räume für die Marzipanproduktion nutzen konnte. Schon bald eröffnete er mehrere Filialen im benachbarten Hamburg, in denen Angestellte ausschließlich seine Marzipanartikel verkauften. Schon früh präsentierte der Konditor seine Erzeugnisse auch auf Fachausstellungen und heimste dafür mehrere Prämierungen ein.

Zur Herstellung des stetig wachsenden Bedarfs an roher Marzipanmasse schaffte Oetker eine Reibmaschine an, die mit Muskelkraft bedient wurde. Aber es zeigte sich schnell, dass auf diese Weise nicht so viel produziert werden konnte, wie sich in den Verkaufsstellen absetzen ließ. So beschloss Louis C. Oetker, sein Geschäft industriell zu betreiben und eine Fabrik zu bauen. Dem Konditor fehlten allerdings die finanziellen Mittel. Doch auch seine Versuche, Kredite zu bekommen, erwiesen sich als mühevoll. Bei mehreren Banken holte sich Oetker eine Abfuhr, dort hatte man kein Zutrauen in eine solche neuartige Süßwarenfabrik.

Louis C. Oetker blieb nichts anderes übrig, als seine Pläne zurückzuschrauben und sich zunächst eine kleine Halle zu suchen, in der er sein Marzipan industriell fertigen konnte. Bald wurde in Altona »ein Raum mit Dampfkraft gemiethet«, wie es später in einer Firmenschrift hieß. Oetker bekam vom Vermieter neben den Räumen auch eine Dampfmaschine bereitgestellt. Sie sorgte für den Antrieb der Maschinen, die der Konditor nach eigenen Plänen hatte anfertigen lassen.

Das Kalkül ging auf. Als das Marzipan industriell produziert wurde, kam die Nachfrage richtig in Schwung. Oetker nahm einen neuen Anlauf bei den Banken und bekam schließlich den nötigen Kredit zum Aufbau einer Fabrik. Daraufhin verkaufte er die Konditorei und erwarb ein Grundstück an der Flottbeker Chaussee 70 in Ottensen, »auf dem er in eigenen Räumen und mit eigener Dampfkraft die Fabrikation von Marzipan in großem Maßstabe einrichtete«, wie es in einer späteren Jubiläumsschrift stolz hieß.

Das war 1876. Binnen sechs Jahren war aus dem Konditormeister ein Fabrikant geworden. Es war eine politisch außerordentlich ereignisreiche Zeit, in der sich dieser Aufstieg abspielte. Als Oetker seine Konditorei eröffnete, gab es den deutschen Nationalstaat noch nicht. 1871 wurde der König von Preußen zum Deutschen Kaiser gekrönt und Oetker ein Bürger des Deutschen Reichs. Durch den Zusammenschluss der norddeutschen und der süddeutschen Staaten stieg Deutschland zur europäischen Großmacht auf.

Als Louis C. Oetker seine Fabrik baute, war die Vereinigungseuphorie im Lande allerdings schon wieder verflogen. Es flossen längst keine Zahlungen mehr aus dem im Krieg besiegten Frankreich in die deutsche Wirtschaft. 1873 hatte es einen schweren wirtschaftlichen Einbruch gegeben, und nach diesem Gründerkrach hatte eine wirtschaftliche Flaute eingesetzt. Das dürfte mit ein Grund gewesen sein, warum es Oetker so schwer fiel, einen Kredit zu bekommen.

Es fehlte während dieser Depression an großen Neuerungen, die die Wirtschaft hätten voranbringen können. Es fehlten Innovationen, wie es die Dampfmaschine und die Eisenbahn in den Jahren vor der Reichsgründung gewesen waren. Die Stimmung im Lande war gedrückt, gereizt und gespannt. Reichskanzler Bismarck führte einen erbarmungslosen Kampf gegen die Sozialdemokraten, eine neue und durchaus revolutionäre Partei. Nach Bismarcks Willen sollte das Deutsche Reich ein Untertanenstaat bleiben.

Der 32-jährige Fabrikant Louis C. Oetker musste sich in einem schwierigen wirtschaftlichen Umfeld behaupten. Gleichzeitig musste er mit den speziellen Herausforderungen seines eigenen Betriebs fertig

Louis Carl Oetker begann die Erfolgsgeschichte des Clans mit Figuren aus Marzipan, die er in einer Konditorei in Altona fertigte.

werden. Ein Problem lag in der Tatsache, dass Marzipanerzeugnisse Saisonartikel waren. Den größten Teil seiner Waren setzte Oetker vor Weihnachten und Ostern ab. In den Sommermonaten war die Fabrik nicht ausgelastet, für die Arbeiterinnen und Arbeiter gab es nichts zu tun. Um das zu ändern, baute Louis C. Oetker an die Frontseite seiner Fabrik eine Konditorei. Den Garten, aus dem man einen schönen Blick auf die Elbe hatte, gestaltete er als Freiluftcafé. Dieses »Sommeretablissement«, wie man eine solche Gastronomie damals nannte, wurde schnell zu einem durchschlagenden Erfolg. Vor allem an Sonntagen war im Café Oetker Hochbetrieb. Ausflügler aus Hamburg und Altona sorgten zuverlässig für Umsatz.

Mit der Gastronomie schuf sich der Unternehmer ein zweites Standbein. Das Hauptgeschäft aber blieb die »Dampf-Marzipanfabrik«, wie Oetker sein Unternehmen mit einigem Stolz genannt hatte. Er selbst sah sich als Fabrikant und nicht mehr als Handwerker. Und mit der Zeit verlegte er sich mehr und mehr darauf, statt fertiger Artikel Marzipanrohmasse für Konditoreien, Bäckereien und Einzelhändler zu produzieren.

Louis C. Oetker hatte Familiensinn. Seine Vorfahren, die einst Ottokar geheißen hatten, stammten aus dem Dorf Wiedensahl bei Stadthagen und waren Bauern. Doch seit mehreren Generationen gab es auch selbstständige Handwerker in der Familie. Oetker selbst war in Obernkirchen in Niedersachsen aufgewachsen, einem Ort bei Bückeburg. Sein Vater Heinrich Christian Oetker besaß eine Mühle in Obernkirchen. Dort lebte auch Louis Oetkers älterer Bruder August Adolph, der Bäckermeister geworden war. Dessen Sohn Albert nahm der Marzipanfabrikant 1881 als Lehrling in der Altonaer Konditorei auf. Der Neffe bewährte sich. Als er mit seiner Lehre fertig war, verließ der junge Albert Oetker den Betrieb des Onkels allerdings, um sich auch in anderen »renommirten Geschäften in Conditorei und Kochkunst vollkommen auszubilden«, wie später ein kurzer Lebenslauf erläuterte.

Die Marzipanfabrik entwickelte sich günstig. Aber Louis C. Oetker konnte den Erfolg seiner Aufbauarbeit nicht lange genießen. Der Unternehmer wurde krank. Anfangs ignorierte der Enddreißiger alle Symptome körperlicher Schwäche und arbeitete in gewohntem Umfang weiter. Auf Anraten eines Arztes trat Oetker schließlich doch eine Kur an und reiste in den Luftkurort Falkenstein im Taunus. Dort verschlechterte sich sein Zustand allerdings weiter. Die Ärzte des Sanatoriums konnten dem Fabrikanten nicht helfen, jegliche Behandlung blieb erfolglos. Am 10. März 1884 starb Louis Carl Oetker im Alter von 39 Jahren.

In einem Nachruf wurde der Fabrikant als der »Begründer der Marzipan-Groß-Industrie« gerühmt und sein Schicksal betrauert: »Es sollte ihm nicht beschieden sein, die Früchte seiner rastlosen Thätigkeit und den Lohn seiner unendlichen Sorgen und Mühe zu ernten.« Oetker sei ein Mensch gewesen, »dessen sich jeder, welcher ihn als Freund, als College, als Principal oder sonst gekannt hat, mit der größten Achtung und Liebe erinnern wird«.

Der Marzipanfabrikant hinterließ bei seinem Tod Frau und Kinder. Für die Erben führte zunächst ein angestellter Geschäftsführer die Fabrik weiter, während die Konditorei und der Cafégarten an einen Gastronomen verpachtet wurden. Unter neuer Führung lief die Fabrik in soliden Bahnen, wenn auch mit dem Tod des Gründers die Zeit stürmischen Wachstums zu Ende gegangen war. Inzwischen war der Wettbewerb härter geworden, da mehrere Konkurrenten ähnliche Fabrikationen aufgezogen hatten.

Das Unternehmen geriet immer mehr in die Abhängigkeit seiner Abnehmer im Konditorhandwerk und Einzelhandel, die darauf drängten, dass ihnen ihr Rohstofflieferant keine Konkurrenz im Geschäft mit den Endverbrauchern machte. Aus diesem Grund stellte die Firma L. C. Oetker 1886 die Produktion fertiger Marzipanartikel vollständig ein und konzentrierte sich ganz auf die Produktion von Rohmasse.

Die Witwe Luise Oetker kam auf die Idee, den jungen Neffen ihres verstorbenen Mannes zu fragen, ob er in das Unternehmen, in dem er seine Lehrzeit verbracht hatte, zurückkehren wollte. Sie stellte dem damals 21-jährigen Albert Oetker sogar eine Beteiligung an der Firma in Aussicht. Der junge Konditor ergriff die Chance, und bald darauf fing er als technischer Leiter in der Firma seines verstorbenen Meisters an. Überdies betätigte sich Albert Oetker aber auch als reisender Vertreter der Marzipanfabrik. Er war dabei so erfolgreich, dass das Geschäft einen spürbaren Aufschwung nahm. Mit 24 Jahren übertrug Luise Oetker ihm die kaufmännische Leitung der Firma und ernannte ihn zum Prokuristen.

Der Umsatz stieg von Jahr zu Jahr in großen Stufen. Marzipan war ein Luxusartikel, aber mit dem Wohlstand im Kaiserreich wuchs auch die Kaufkraft. Als sich Albert Oetker in seiner neuen Position etabliert hatte, sorgte er dafür, dass die Fabrik auf den jüngsten Stand der Technik gebracht und die Kapazität gesteigert wurde. Die Dampfkessel und -maschinen wurden durch doppelt so große ausgewechselt. Oetker stellte weitere Reisende sowie ortsansässige Vertreter ein, die die Rohmarzipanmasse in allen größeren Städten vertrieben. Ihnen richtete die Firma kleine Lagerräume ein, damit die Bestellungen der Kunden schneller als bisher ausgeführt werden konnten.

Das Geschäft boomte dermaßen, dass die Arbeiter in der Fabrik an der Flottbeker Chaussee bald in Tag- und Nachtschicht produzierten. Doch auch das reichte nicht. Mit der Zeit wurde es offensichtlich, dass die von Louis C. Oetker 1876 gebaute Fabrik zu klein war. Eine Erweiterung war an dieser Stelle aber nicht möglich. So kaufte Albert Oetker, der inzwischen Teilhaber der Firma L. C. Oetker geworden war, ein großes Grundstück im Altonaer Stadtteil Bahrenfeld. Dort wurde, 20 Jahre nach der ersten Fabrik, am 1. Oktober 1896 ein neues Fabrikgebäude eingeweiht.

In dem Bau aus roten Backsteinen wurde eine Vielzahl neuartiger Maschinen aufgestellt, die Albert Oetker seinen Erfahrungen entsprechend selbst entworfen hatte. Die Mandeln wurden maschinell gesiebt, gereinigt, gebrüht und von ihren Schalen befreit. Eine zeitgenössische Betriebsbeschreibung vermittelt viel von der damaligen Faszination für Technik: »Gewaltige, mit Dampfkraft betriebene Messer zerschneiden die Mandeln hier in grobe Stücke, dann aber wandert diese grob geschnittene Masse über Transportwerke auf die Quetschmaschine, welche ihr durch Quetschen einen weiteren Grad der

Feinheit verleiht, und von dieser endlich auf die großen sechsläufigen Walzwerke, Musterwerke der Technik und der Sauberkeit. Drei große Granitwalzen zerreiben in jeder dieser Maschinen die Mandeln, welche bis dahin noch immer ein wenig den körnigen Charakter zeigten, zu einer gleichförmigen Masse, die aber noch auf die unter den Granitwalzen laufenden drei Porzellanwalzen fällt, welche der Masse den höchsten erreichbaren Grad der Feinheit zu geben vermögen.«

Den Antrieb für die Maschinen lieferten zwei große Dampfkessel und zwei 90 PS starke Dampfmaschinen, die in einem separaten Gebäude untergebracht waren. Betrieben wurden sie mit Kohlen, die in Eisenbahnwaggons direkt auf den Fabrikhof transportiert wurden. Es war eine überaus saubere Fabrik, deren Wände mit Mettlacher Platten gekachelt und deren Fußböden mit italienischem Terrazzo belegt waren. »Nirgends in der Fabrik sind Treibriemen zu sehen«, hieß es in der Beschreibung der unterirdischen Transmissionsanlage. »Die Kraft wird von den Maschinen von unten zugeführt, so dass es den Eindruck macht, als würde das Ganze von geheimnisvollen Mächten bewegt.«

In großen Kupferkesseln wurde die Marzipanmasse gekocht und so lange geröstet, bis sie alle überflüssige Feuchtigkeit verloren hatte. Um eine besonders große Gleichmäßigkeit des Produkts zu gewährleisten, ließ Albert Oetker das Marzipan in einem weiteren Arbeitsgang in Portionen von 400 Kilogramm mischen und kühlen. Die fertige Rohmasse packten Arbeiter in mit Papier ausgelegte Holzkisten, die waggonweise an die Kunden verschickt wurden. Das Altonaer Unternehmen lieferte sein Marzipan auch nach London und Manchester. Für den Export verwendete die Firma als Markenzeichen eine Schiffsschraube und den Satz »Mein Feld ist die ganze Welt«. Im Inland setzte man auf den schlichten Schreibschriftzug »Oetker«, den sich das Unternehmen patentamtlich hatte schützen lassen.

Die Fabrik in Altona-Bahrenfeld war so ausgelegt, dass sie täglich 25 000 Kilo Marzipan produzieren konnte. Auf dem Dachboden lagerten große Mengen von Mandeln, Nusskernen und Zucker. Sie waren aber nur ein Teil der Vorräte, über die die Firma verfügte. Ein Großteil von Oetkers Rohwaren lagerte zollfrei im Hamburger Freihafen.

Allmählich verlegte der Fabrikdirektor Albert Oetker sich stärker auf die kaufmännische Leitung des Unternehmens, vor allem auf den Einkauf der Rohware. Er hatte überdies die Konkurrenz stets im Blick. So ließ er zum Beispiel die Produkte seiner Wettbewerber analysieren. Das Ergebnis eines solchen Warentests veröffentlichte er: »Die Firma L. C. Oetker ist im Besitz von Proben, welche als Marzipan trotz der Garantie für ein Drittel Zucker und zwei Drittel Mandeln, bis zu 42 Prozent Zucker aufweisen. Was statt Mandeln in solchen auf Schädigung des Publikums berechneten Fabrikaten sein mag, lässt sich schwer controllieren.«

Nachdem Albert Oetker eine Vielzahl von Erfahrungen und Erkenntnissen bei der Verarbeitung von Mandeln für Marzipan gewonnen hatte, erwog der Industrielle, ob er nicht auch ganze abgezogene Mandeln vertreiben könnte. Dazu musste er einen speziellen Trocknungsapparat konzipieren, denn beim Brühen nahmen die Mandeln viel Feuchtigkeit auf, und wenn sie nun auf herkömmliche Weise getrocknet wurden, wurden sie zu heiß und verloren ihr Aroma und ihre Haltbarkeit.

Noch vor der Jahrhundertwende wurde die Palette der Erzeugnisse um Nougat erweitert. Die Konditoren fertigten die Masse damals nach einem französischen Rezept. Es hatte aber den Nachteil, dass das Nougat schnell ranzig wurde. Der Firma L. C. Oetker gelang es schließlich nach zahlreichen Experimenten, eine Masse zu produzieren, die bei kühler trockener Lagerung gut haltbar war.

Als das Unternehmen im Jahr 1900 sein 30-jähriges Bestehen feierte, ließ Albert Oetker eine prächtige Festschrift für die Freunde und Kunden des Unternehmens drucken. Darin hieß es ohne jede Bescheidenheit: »Die Firma L. C. Oetker ist heute dank der Rührigkeit ihres Leiters in ihrer Branche nicht allein in Deutschland und Europa, sondern in der ganzen Welt die größte. Gleichzeitig ist sie auch die größte Importeurin von Mandeln und Nusskernen in der ganzen Welt, in denen sie neben dem größten Verbrauche zu ihrer Fabrikation auch den größten Handel betreibt.«

2. »*Zucht und Ordnung zum Gedeihen der Fabrik*«

Albert Ferdinand Oetker und seine Seidenweberei

Albert Ferdinand Oetker war fünf Jahre älter als sein Bruder Louis C., und die Verwandtschaft war den Brüdern schon im Gesicht anzusehen. Wie Louis trug auch Albert Ferdinand einen mächtigen Vollbart. Er war bereits 30 Jahre alt, als er 1869 ins Rheinland zog und als reisender Vertreter bei der Seidenweberei Deuß & Weiß anfing. Was Albert Ferdinand Oetker vorher gemacht hatte, ist nicht überliefert, bekannt ist aber, dass er, als er nach Krefeld kam, noch ledig war.

Die Firma, bei der Oetker angestellt wurde, gehörte zwei ungleichen Männern. Wilhelm Deuß stammte aus Krefeld, hatte aber im Bergischen Land bei einem Seidenfabrikanten den Kaufmannsberuf gelernt. 1855 hatte er in seiner Geburtsstadt ein Unternehmen gegründet. Carl Weiß war Lehrer an der Höheren Töchterschule gewesen, bevor er als Teilhaber in die Deuß'sche Seidenweberei eingestiegen war. Die beiden Inhaber hatten eine klare Arbeitsaufteilung. Während Deuß sich um den Betrieb mit seinen anfangs zwölf Webstühlen kümmerte, hatte Weiß als reisender Vertriebsmann vor allem in Berlin und Umgebung für den Absatz der Stoffe gesorgt. Es war ihm gelungen, das Geschäft mit einem großen Textilhaus in Berlin so auszuweiten, dass dieses schließlich die gesamte Ware des Krefelder Unternehmens abnahm. Weiß hatte deshalb auch seinen Wohnsitz nach Berlin verlegt, wo er die Niederlassung der Firma Deuß & Weiß leitete, als der junge Oetker in Krefeld anfing.

Trotz aller Erfolge befriedigte die Arbeit Carl Weiß nicht. Im Grunde seines Herzens war er immer ein Pädagoge geblieben. Er engagierte sich in einem Berliner Verein für Frauenbildung und hatte eine Reihe von Plänen zur Gründung von Erziehungsanstalten im Kopf. Als Carl Weiß seinem Partner Wilhelm Deuß mitteilte, dass er aus der gemeinsamen Firma aussteigen wollte, um wieder als Lehrer und Erzieher zu arbeiten, bot sich für den tüchtigen Albert Ferdinand Oetker die Chance, die frei gewordene Stelle zu besetzen und zum Fabrikanten aufzusteigen. 1870 ließ sich Weiß ausbezahlen, und Oetker wurde Mitinhaber des Unternehmens, das fortan den Namen Deuß & Oetker führte. Albert Ferdinand Oetker war damit das erste Mitglied der Familie, das den Aufstieg vom Handwerker oder Kaufmann zum Fabrikanten vollzog.

Zu diesem Zeitpunkt arbeitete das Unternehmen noch in traditioneller Weise mit hand- und fußgetriebenen Webstühlen, die überwiegend in den Haushalten einiger Hundert so genannter Heimweber im Bergischen Land standen. In England wurde schon seit Jahrzehnten mit Webmaschinen produziert, am Niederrhein aber setzte sich der mechanische Webstuhl erst in den achtziger Jahren des 19. Jahrhunderts durch. Es war ein schwieriger Prozess. Nicht nur die Heimweber waren gegen die Umstellung, auch viele Unternehmer waren skeptisch, ob es sich lohnte, in völlig neue und andersartige Fabriken zu investieren. »Zunächst waren es nur wenige mutige, jüngere Fabrikanten, die einsahen, dass der schnell wachsende Textilbedarf infolge der Bevölkerungszunahme, des steigenden Wohlstands mit seinen höheren Ansprüchen und der Ausdehnung des Welthandels nur durch eine Umstellung auf die mechanische Weberei zu bewältigen war«, schreibt Ludwig Hügen in seiner Chronik der Firma Deuß & Oetker. »Als ein solch weit schauender Unternehmer, wie ihn die nun einsetzende Industrialisierung der Textilindustrie erforderte, erwies sich Albert Oetker.«

Deuß & Oetker baute 1889 eine Fabrik in Schiefbahn, einem Dorf südlich von Krefeld. Der Bürgermeister der Gemeinde hatte sich sehr um die Ansiedlung eines Industrieunternehmens bemüht. Die Gemeinde hatte den beiden Inhabern ein großes Grundstück zum Vorzugspreis verkauft und ihnen Steuerfreiheit während der Anlaufphase garantiert. Die Hausweber am Ort litten damals wegen des Preisverfalls große wirtschaftliche Not. Gemeinsam mit anderen Webern hatten sie sogar eine Petition an den Kaiser gesandt: »Majestät! Tausende von Seidenwebern in den Kreisen Cempen, Crefeld und Umgegend sind augenblicklich ohne Arbeit und damit brotlos, teilweise dem bittersten Mangel preisgegeben, tatsächlich am Hungern.« In dieser Situation war der neue Industriebetrieb eine große Hoffnung für die Menschen in dem Ort.

Die Fabrik entstand auf der grünen Wiese. Als sie fertig war, war der Websaal mit einer Fläche von 16 000 Quadratmetern der größte im Deutschen Reich, wie Firmenchronist Hügen berichtet. 179 Menschen fanden dort eine Arbeit, als im November 1889 die ersten mechanischen Webstühle anliefen. Für die Arbeiter ließ Albert Oetker eine Siedlung in unmittelbarer Nachbarschaft der Fabrik errichten. Das Kalkül des Fabrikanten war, die Arbeiter dauerhaft an das Unternehmen zu binden. Außerdem hatten sie kurze Wege zur Fabrik und konnten somit für einen langen Arbeitstag im Betrieb sein.

Die Siedlung lag außerhalb des Ortskerns von Schiefbahn und erhielt bald den Namen »Kolonie«. Die Doppelhäuser enthielten jeweils zwei Wohnungen mit einer Grundfläche von 62 Quadratmetern. In den Räumen wohnten die Arbeiterfamilien nicht nur, sie nutzten sie auch als Platz zur Heimarbeit. Viele Frauen, Kinder und Alte wurden von Deuß & Oetker zu Hause damit beschäftigt, in Handarbeit Webfehler und Verunreinigungen an Fabrikerzeugnissen zu beseitigen.

Während Deuß und Oetker bei der Rekrutierung ihrer Belegschaft auf die Weber in Schiefbahn und Umgebung zurückgriffen, warben sie die Meister und Vorarbeiter im Bergischen Land an, wo Deuß selbst einst für eine Tuchfabrik gearbeitet hatte. Diese Männer waren evangelisch, die Arbeiter in Schiefbahn dagegen fast ausnahmslos katholisch. Firmenchef Oetker selbst war, wie 80 Prozent der Unternehmer in Deutschland damals, Protestant. Obwohl die Katholiken 36 Prozent der Reichsbevölkerung ausmachten, gab es unter ihnen nur wenige Unternehmer. Wie ihre Kirche taten sich die meisten Katholiken schwer mit der Modernisierung von Staat, Wirtschaft und Gesellschaft. Sie lebten in einer inneren Distanz zu dem sich entwickelnden System des Kapitalismus und der Marktwirtschaft. Wichtige Bestandteile ihres Lebens waren Wallfahrten, Prozessionen und häufig auch ein ausufernder Marienkult. Während der Nationalstaat in den Augen der Protestanten eine Art Schlusspunkt der Reformation darstellte, sah sich die katholische Kirche in ihrem Machtanspruch über die Menschen durch dieses starke preußisch-evangelisch geprägte Deutsche Reich bedroht. Sie reagierte mit Verhärtung und Abschottung.

Bald kam es auch bei Deuß & Oetker zu heftigen konfessionellen Konflikten. Sie entzündeten sich an der Frage der Arbeitszeit. Albert Oetker war der Ansicht, dass die Katholiken zu viele Feiertage begingen. Weihnachten, Neujahr, Ostern und Pfingsten wurde nicht gearbeitet und auch nicht am Buß- und Bettag, an Christi Himmelfahrt, Fronleichnam und Allerheiligen. Hinzu kamen noch der Dreikönigsfeiertag, Peter und Paul sowie nicht weniger als drei Feiertage zu Ehren der Muttergottes: Mariä Lichtmess, Mariä Verkündigung und Mariä Empfängnis. Der Fabrikant Albert Ferdinand Oetker war nicht willens, an all diesen Tagen seine Webstühle stillstehen zu lassen.

Die lokale Presse bekam Wind von den Auseinandersetzungen bei Deuß & Oetker. Am 22. Dezember 1890 war in der *Niederrheinischen Volkszeitung* zu lesen: »Das Verhältnis zwischen Arbeitgeber und Arbeitnehmer scheint in unserer hiesigen Fabrik nicht mehr ein inniges zu sein, was folgender Vorgang veranlasst hat. Kürzlich ließ einer der Herren Fabrikbesitzer die sämtlichen Arbeiter zu sich kommen, bei welcher Gelegenheit sie als faul, dumm und ungebildet geschildert wurden. Sie (die Fabrikbesitzer) hätten sich in ihnen getäuscht und wären besser in Crefeld geblieben.« Außerdem habe Albert Oetker den Arbeitern angekündigt, dass künftig »an allen Mutter-Gottes-Festen gearbeitet werden sollte, weil sonst die Firma nicht bestehen könnte«.

Das Lokalblatt stellte sich in seinem Kommentar ganz auf die Seite der katholischen Arbeiterschaft: »Für jeden vernünftigen Menschen ist es schwer begreiflich, daß der Bestand der Fabrik nur durch Arbeiten an kath. Feiertagen kann erhalten bleiben und auch muß es jedem sehr auffällig erscheinen, von rein kath. Arbeitern die Festtagsarbeit zu fordern.« Für Unmut habe bei Betriebsversammlung ferner gesorgt, dass die Inhaber den Arbeiterinnen und Arbeitern neue Strafbestimmungen für Fehlverhalten in der Fabrik angekündigt hätten.

Das Unternehmen reagierte mit einer Gegendarstellung, die zwei Wochen später erschien. Darin hieß es, »dass das Verhältnis zwischen Arbeitgebern und Arbeitnehmern in unserer Fabrik allezeit das beste war und auch heute noch ist«. Gleichzeitig wurde aber eingeräumt, dass die Ansprache eines Inhabers nach Ablauf des ersten Betriebsjahres »neben Worten der Anerkennung auch solche der Rüge erhielt, letztere an diejenigen Arbeiter gerichtet, deren Leistungen das Durchschnittsmaß nicht erreichten«. Dabei seien auch die Worte »faul«, »dumm« und »ungebildet« gefallen, allerdings in »wohlwollender Absicht«. Von neuen Strafbestimmungen für Fehlverhalten könne keine Rede sein. »Vielmehr wurde nur hervorgehoben, daß, wie zum Gedeihen eines jeden Gemeinwesens, so auch zu dem einer Fabrik es nothwendig sei, daß Zucht und Ordnung herrsche, und daß deshalb die bestehende Fabrikordnung fernerhin zur strikten Durchführung kommen werde.«

Nach Darstellung der Inhaber hatte die Firma Deuß & Oetker damals mit dem Ortsgeistlichen vereinbart, dass die Arbeiter an den weniger hohen Feiertagen nur für die Zeit ihres Kirchenbesuchs freigestellt würden. Der Heimatforscher Hügen fand im Archiv der Pfarrgemeinde allerdings einen Brief des Pastors an den Kölner Erzbischof, in dem dieser die Vorgehensweise der Firmenleitung heftig kritisierte. Am Dreikönigsfest sei der Betrieb bei Deuß & Oetker nicht eingestellt worden, klagte der Priester, man habe den katholischen Arbeitern lediglich freigestellt, ob sie kämen oder nicht. »Zum Lobe der Arbeiter muss es gesagt sein, dass zahlreich von dieser Freiheit im Sinne der Feiertagsheiligung Gebrauch gemacht wurde, obgleich die Fabrikarbeiter wussten, wie unangenehm eine solche Maßnahme für sie werden kann.« Auch an Mariä Lichtmess hätten einige Arbeiter »Mut genug gehabt, ihre katholische Überzeugung nicht zu opfern«, schrieb der Pfarrer dem Bischof.

Im Herbst 1899 einigten sich Firmenleitung und Belegschaft darauf, dass an den Marienfesten in der Fabrik nicht gearbeitet werden würde. Zum Ausgleich mussten sich die Lohnempfänger verpflichten, während der Sommermonate täglich 15 Minuten länger zu arbeiten.

1897 zog sich Firmengründer Wilhelm Deuß im Alter von 70 Jahren aus dem Unternehmen zurück. Der Fabrikant war Junggeselle geblieben, und so konnte sein zwölf Jahre jüngerer Geschäftspartner Albert Ferdinand Oetker Alleininhaber werden. Bevor Ruheständler Deuß zu großen Reisen in die Alpen, nach Florenz und Neapel aufbrach, schenkte er der Stadt Krefeld noch einen Stadtwald. Auf die Idee hatte ihn Oetker gebracht, der bei seinen Geschäftsreisen nach England die dortigen Parks gesehen und bewundert hatte.

Albert Ferdinand Oetker selbst war ein Mann, der sich in vielen Bereichen betätigte. Er beteiligte sich an weiteren Unternehmen wie der Krefelder Baumwollspinnerei und der Krefelder Teppichfabrik. Zehn Jahre lang gehörte er als Mitglied der Liberalen Fraktion dem Stadtverordnetenkollegium in Krefeld an, und er wirkte im Vorstand und später im Aufsichtsrat des Stadttheaters. Im Gemeinderat von Schiefbahn saß er als so genannter Meistbegüteter. Oetker schenkte dem Kaiser-Wilhelm-Museum eine Sammlung niederrheinischer Altertümer und besorgte das Geld für einen Erweiterungsbau.

In Schiefbahn half sein Unternehmen bei der Gründung von Vereinen für Sänger, Turner, Fußballer und Radfahrer. Die Firma richtete überdies eine eigene Rentenkasse ein. Der »Kolonie« seiner Arbeiter stiftete Oetker eine Schule mit zwei Klassen und ein großes Gesellschaftshaus, das einen Saal mit Bühne und ein Wirtshaus fasste. Hier traf sich auch eine Gesellschaft namens »Frohsinn«, die ein Meister des Unternehmens Deuß & Oetker für die Arbeiter gegründet hatte. Ab 1898 wurde das gesamte Dorf von der Firma mit Strom versorgt, während die Menschen in den Nachbargemeinden sich noch mit Petroleumlampen behelfen mussten. Heimatforscher Hügen kommt in seiner Chronik zu dem Schluss, »dass die Firma auf den verschiedensten Gebieten entscheidend dazu beitrug, dass Schiefbahn eine der modernsten und wohlhabendsten Gemeinden am Niederrhein wurde«.

Der Fabrikant lebte selbst nicht schlecht dabei. Oetkers Reichtum dokumentierte sich 1898 weithin sichtbar darin, dass er in der Nähe seiner Fabrik eine hochherrschaftliche Villa errichten ließ, die von einem riesigen Privatpark umgeben war. Ein französischer Gartenbau-architekt schuf die aufwändige Anlage mit seltenen Bäumen und künstlichen Seen, mit aufgeschütteten Hügeln und Grotten. In dem Park gab es Spazierwege und sogar eine kleine Brücke. Die Arbeiter der Fabrik und andere Bewohner Schiefbahns durften die Anlage nicht betreten, sie konnten höchstens mal einen Blick durch den hohen Zaun werfen. Das Haus selbst war in einer Mischung aus Neoklassizismus und Schweizer Landhausstil gebaut worden. Die Diele prägte ein großes Jugendstilfenster aus buntem Glas. Die Villa, die den Namen »Nieder-heide« bekam, diente dem Fabrikanten und seiner Familie anfangs nur als Sommersitz, den Winter verbrachten die Oetkers in Krefeld.

Die Familie bestand zu dieser Zeit aus fünf Köpfen. Albert Oetker hatte, bald, nachdem er an den Niederrhein gekommen war, Emilie Peters geheiratet. Mit Milly, wie sie genannt wurde, hatte er innerhalb von fünf Jahren eine Tochter und drei Söhne bekommen. Der Erstge-borene Karl war aber mit 16 Jahren gestorben, so dass die Nachfolge nun auf den 1874 geborenen Rudolf zulief.

Im Mai 1900 wurde Albert Ferdinand Oetker zum Königlichen Kom-merzienrat ernannt. Diese staatliche Ehrung, auf die Unternehmer im Kaiserreich großen Wert legten, war ein Ereignis für die gesamte Firma Deuß & Oetker. Arbeiter, Meister und Angestellte bildeten am Abend einen Fackelzug, der mit einer Musikkapelle durch den Park zur Oetker-schen Villa zog. Die Krefelder Zeitung hatte einen Reporter entsandt, der das Fest beschrieb: »Vor der Terrasse der Villa angekommen, be-glückwünschte der Direktor der Fabrik Ewald Hülsemann den Kom-merzienrat und hob besonders hervor, dass das ganze Etablissement, wie es in Schiefbahn emporblüht, sein Entstehen und Vollenden haupt-sächlich der energischen Schaffenskraft und dem unermüdlichen Eifer des Gefeierten verdanke.«

Viele Arbeiter sahen das anders. Sie mussten sich mit Löhnen begnügen, die deutlich unter denen anderer Branchen lagen und auch im Vergleich mit anderen Textilunternehmen am Niederrhein niedrig waren. Der Durchschnittslohn im Unternehmen betrug vor der Jahrhundertwende 2,14 Mark am Tag. Allerdings verdienten 63 von 750 Beschäftigten 1897 weniger als eine Mark. Das war gerade so viel, wie damals ein Pfund Butter oder zwölf Eier kosteten.

Der Christliche Gewerkschaftsverband, dem viele Textilarbeiter angehörten, mochte nicht länger mit ansehen, »dass die schlechten Lohnverhältnisse in Schiefbahn allmählich auf die gesamte Stoffindustrie am Niederrhein zurückwirkten«. Doch die Firmenleitung weigerte sich, die Löhne auf das Niveau anderer Betriebe anzuheben, da die »Verschiedenheit der einzelnen Betriebe« einheitliche Sätze nicht zuließe. Ein durchschnittlicher Arbeiter habe bei Deuß & Oetker immerhin sein Auskommen, hieß es. Man müsse auch berücksichtigen, »dass die mechanische Seidenstoffweberei so wenig Ansprüche an geistige und körperliche Beschäftigung der Arbeiter stellt, wie das kaum in einer anderen Industrie der Fall ist«.

Tatsächlich war die Belastung hoch. Die typische Arbeiterin bei Deuß & Oetker fand sich im Sommer um sechs Uhr morgens in der Fabrik ein und arbeitete mit einer viertelstündigen Frühstückspause bis zwölf Uhr mittags. Nach anderthalb Stunden Mittagspause trat sie wieder zur Arbeit an und blieb bis sieben Uhr abends, so dass sich die reine Arbeitszeit auf elf Stunden pro Tag belief. Samstags und vor Feiertagen dauerte der Arbeitstag bis halb sechs. Jugendliche Arbeiter zwischen 14 und 16 Jahren arbeiteten volle zehn Stunden. Eine Kantine gab es nicht, nur ein Kaffeezimmer.

In der Fabrik herrschte ein strenges Regiment. Die Firmenleitung verhängte regelmäßig Geldstrafen, wenn Arbeiter Fehler machten oder nicht parierten. Geahndet wurden nicht nur unentschuldigtes Fernbleiben und Zuspätkommen. Die »Arbeitsordnung für die Fabrik von Deuß & Oetker, Schiefbahn« aus dem Jahr 1900 legte auch Geldstrafen für Delikte fest wie »Betreten von Räumen, in welchen dem Arbeiter keine Beschäftigung angewiesen ist«, »Verweilen in den Arbeitsräumen nach Schluss der Arbeitszeit« und »Um- und Ankleiden sowie Waschen und Kämmen an nicht dazu bestimmten Stellen«. Auch wer Mängel an Webmaschinen nicht sofort anzeigte, musste mit Lohnabzügen rechnen. Die höchste Geldstrafe lag bei einer Mark für die »Nichtbeachtung der Arbeitsvorschriften der Vorgesetzten«.

Der Christliche Gewerkschaftsverband beklagte, dass »die Behandlung der Arbeiterschaft seitens der Firma bzw. ihrer Angestellten nachgerade unerträglich« geworden sei, und kritisierte besonders das »traurige Straf- und Lohnabzugssystem«. Der von Oetker eingesetzte Fabrikdirektor Ewald Hülsemann übte seine Macht in besonders umstrittener Weise aus. »Der Direktor ›bestrafte‹ einige jugendliche Arbeiterinnen, die außerhalb der Arbeitszeit ein fremdes Grundstück betreten hatten, mit zwei Mark, welche ›für die Armen‹ verwendet werden sollten«, hieß es in einem Bericht der Gewerkschaft. »Ähnliche Strafen waren folgende: Auf's Gras getreten: 25 Pfg. Strafe, Kartoffeln nicht rein aufgelesen: 50 Pfg. Strafe, Rübstiel ausgerissen: 25 Pfg. Strafe. Mit einer Maus gespielt und dabei gekreischt: 25 Pfg. Strafe.«

Die Arbeiterschaft empfand diese Geldstrafen als demütigend. Daran änderte auch die Tatsache nichts, dass das Unternehmen den auf diese Weise einbehaltenen Lohn in eine besondere Unterstützungskasse leitete, die vor allem den Familienvätern unter den Arbeitern, die in Not geraten waren, zugute kam.

Mit Unterstützung der Gewerkschaft bildete sich bei Deuß & Oetker in den ersten Jahren des neuen Jahrhunderts ein so genannter Arbeiterausschuss. Das Gremium entwarf eine Eingabe an die Firmenleitung, in der bessere Löhne und ein Ende der Strafen gefordert wurden. Aber Albert Oetker lehnte jedes Entgegenkommen ab. Er mochte den Arbeiterausschuss nicht einmal anerkennen. Die Fronten verhärteten sich. So kam es im Mai 1905 bei Deuß & Oetker zu einem Arbeitskampf, der mehr als drei Monate dauern sollte. Nach Darstellung des Firmenchronisten Hügen war es der größte Weberstreik des Rheinlandes. Damals zählte das Unternehmen schon mehr als 1000 Mitarbeiter.

Die Firmenleitung verhandelte zwar mit dem Ausstandskomitee, zeigte sich aber nicht bereit, auf Forderungen einzugehen. Der Krefelder Gewerkschaftsführer Jakob Pesch sprach Ende Juli 1905 vor

Albert Ferdinand Oetker, hier mit seiner Gemahlin Milly und ihren Kindern, führte ein strenges Regiment und war kein Freund der gewerkschaftlich organisierten Arbeiter.

einer Versammlung von rund 600 Arbeiterinnen und Arbeitern in Schiefbahn. Daraufhin wurde eine Resolution verfasst, die dem Bürgermeister übergeben wurde: »Die Versammelten sind fest davon überzeugt, dass der Friede in einer für beide Seiten befriedigenden Weise herbeigeführt werden kann, wenn die Firma es nur will.« Der Bürgermeister wurde aufgefordert, den Landrat in Gladbach um eine Schlichtung des Konflikts zu bitten. Aber der Landrat mochte sich nicht näher mit der Sache befassen, nachdem ihm Kommerzienrat Oetker erklärt hatte, dass er den Forderungen seiner Arbeiter niemals nachkommen werde. Überdies war man auch im Landratsamt der Ansicht, dass der Gewerkschafter Pesch ein »gefährlicher Hetzer« sei, »der von langer Hand die Schiefbahner Arbeiter zum Streik aufgefordert und aufgewiegelt hat«.

Oetker und sein Direktor weigerten sich zwar, mit den Führern des Christlichen Textilarbeiterverbandes zu verhandeln, sie sprachen aber mit dem betriebseigenen Arbeiterausschuss. Sie erklärten sich sogar bereit, diese Vertretung anzuerkennen und künftig alle Vorschläge und Klagen in regelmäßigen gemeinsamen Sitzungen entgegenzunehmen. Schließlich wurden die Löhne doch angehoben, wenn auch nur in einer Weise, wie sie die Firma laut Bericht des Bürgermeisters »auch schon vor der Bewegung ihrer Arbeiter in Aussicht genommen hatte«. Im August 1905 endete der Streik nach mehr als 14 Wochen. In einem Bericht für den Landrat zog der Schiefbahner Bürgermeister Bilanz: »Der Ausstand hat einen Lohnausfall von wohl mehr als 100 000 Mark zur Folge gehabt und dem gewerblichen Leben in der Gemeinde schwere Wunden geschlagen, die sobald nicht verheilt sein werden.«

Albert Oetkers Geschäfte liefen ansonsten aber gut. Die Nachfrage nach seinen Kleider- und Krawattenstoffen wuchs beständig. Eine viel gefragte Spezialität der Weberei war der schwarze Krawattenstoff Turquoise. Nachdem Oetker sich entschlossen hatte, die Kapazitäten zu vergrößern, gelang es ihm 1906, eine Seidenweberei in Gräfrath bei Solingen zu kaufen. Eine weitere Fabrik übernahm er in Walbeck. Und 1908 und 1909 baute er kleinere Werke in Wachtendonk und Herongen.

Mit der Expansion hatte er sich offenbar zu viel zugemutet. Am Morgen des 8. August 1909 starb Albert Oetker im Alter von 69 Jahren nach einem Herzschlag. Bei einer Andacht in dessen Haus rühmte der evangelische Pfarrer den Verstorbenen als fürsorglichen Familien- und Firmenvater: »Und wenn ich weiter dessen gedenke, was seine Persönlichkeit für das kommunale Leben in Schiefbahn bedeutet, wie der unverkennbare wirtschaftliche Aufschwung der letzten 15 Jahre auf seine Tüchtigkeit, seine soziale Fürsorge und sein tätiges Interesse an allen gemeinnützigen und edlen Bestrebungen sehr wesentlich zurückzuführen ist, so will die Lücke, die sein Tod gelassen, immer größer und unerfüllbarer erscheinen.«

Albert Oetker wurde in Krefeld beerdigt, aber auch die Gemeinde Schiefbahn bereitete ihm einen großen Abschied. Erst sang der Kirchenchor in der Villa »Niederheide«, dann trugen die Obermeister der Fabrik den Sarg zu einem Wagen. Sämtliche Vereine waren mit Fahnen aufmarschiert, und im Park und auf den Straßen standen die Bürger und Schulkinder Spalier.

Der Verstorbene hinterließ ein Unternehmen, das aus sechs Fabriken bestand, in denen mehr als 2 000 Arbeiter beschäftigt waren. Das Schicksal der Firma lag nun in den Händen der Witwe Milly Oetker und ihrer beiden Söhne, des 33-jährigen Rudolf Oetker und seines zwei Jahre jüngeren Bruders Paul.

3. »Benutze jede Gelegenheit, um etwas zu lernen«

August Oetker und der Onkel aus Amerika

W ährend Louis C. und Albert Ferdinand Oetker es in ihren Unternehmen zu enormem Erfolg und Reichtum gebracht hatten, dauerte es in der Familie ihres ältesten Bruders August Adolph eine Generation länger, bis der Schritt hin zum Fabrikanten gemacht war. Erst dessen Sohn August Oetker sollte sich mit seinen beiden Onkeln in Tatkraft und unternehmerischem Ehrgeiz messen können.

Dieser August Oetker wurde am 6. Januar 1862 als das älteste von zehn Geschwistern in der niedersächsischen Ortschaft Obernkirchen geboren. Sein Vater August Adolph Oetker war ein eher derber, jovialer Mann, der nach oben geheiratet hatte. Die Mutter Bertha war immerhin die Tochter eines Rechtsanwalts in Kassel. August Adolph Oetker selbst war Bäckermeister und buk das Brot für die Arbeiter, die in den Glasmanufakturen, Steinbrüchen und Kohlegruben von Obernkirchen schufteten. Damit hatten es die Oetkers zu einem bescheidenen Wohlstand gebracht und konnten sogar Dienstboten beschäftigen. Am Rathausplatz bewohnten sie ein ansehnliches Fachwerkhaus. Obschon es ihnen also nicht an Geld fehlte, starben drei der neun Geschwister von August Oetker früh an Krankheiten.

Warum Bertha Oetker drei ihrer zehn Kinder verlor, ist nicht überliefert. Wollte sie die Säuglinge nicht stillen, wie so viele Frauen damals? Das war nach heutiger Erkenntnis der Hauptgrund, warum zu dieser Zeit von 1000 Säuglingen in manchen Landstrichen Deutschlands bis zu 260 schon im ersten Lebensjahr starben. Oft waren es gerade die Frauen in der bäuerlichen Oberschicht, die ihren Kindern nicht die Brust geben mochten und sie stattdessen mit Kuhmilch, Brei und Zuckerwasser abspeisten. Und oft waren es Frauen wie Bertha Oetker mit einem großen Haushalt, zu dem auch Gesinde gehörte, die bei all ihrer Arbeit für die Pflege der Kinder nicht ausreichend Zeit fanden. In der Gegend, wo die Oetkers lebten, haben zeitgenössische Mediziner noch eine andere Besonderheit gefunden. Man gab den Säuglingen oft Pumpernickelbrot, wenn man sie beruhigen wollte – eine von Kleinkindern kaum zu verdauende Nahrung. Es ist denkbar, dass auch die Kinder des Bäckers auf diese Weise ruhig gestellt wurden.

Vielleicht aber wurden die Oetker-Kinder auch durch Infektionen oder Seuchen dahingerafft. Es gab noch keine Medikamente gegen Pocken, Scharlach, Masern und Diphtherie, keine wirksamen Arzneien, die Typhus und Tuberkulose, die damals noch Schwindsucht hieß, bekämpfen konnten. Meist riefen Eltern nicht einmal den Arzt, wenn ihre Kinder krank wurden. In einem 1877 erschienenen Bericht aus Minden rügte ein Mediziner die Gewohnheiten der Einheimischen: »Der westfälische Landmann versäumt es in den allermeisten Fällen, in Krankheitszuständen bei sich selbst oder in der Familie rechtzeitig ärztliche Hilfe nachzusuchen; erst wenn die Krankheit den Angehörigen und Verwandten gefährlich erscheint, bequemt er sich hierzu und begnügt sich häufig damit, ärztlichen Rath auf ›mündlichen Bericht‹ zu fordern. Das gilt aber ganz besonders bei Krankheiten kleiner Kinder, die ja nicht sagen können, was ihnen fehlt. Man vertraut hier lediglich der Heilkraft der Natur, nachdem vorher das Heer der vorgeschlagenen, oft unsinnigen Hausmittel erschöpft ist, oder bedient sich der homöopathischen Mittel.«

Wie die meisten Eltern damals dürften der Bäckermeister Oetker und seine Frau den Verlust der Kinder als einen unabwendbaren Schicksalsschlag hingenommen haben – gottergeben und mit einem gewissen Gleichmut. Das Kindersterben war damals noch Teil der Alltagswirklichkeit. Man litt, man klagte – und lebte weiter. »Der liebe Gott hat mit uns getheilt«, trösteten sich die Eltern.

Wie mag wohl der ältere Bruder auf den Verlust der Geschwister reagiert haben? August Oetker war ein aufgeweckter Junge, der gern forschte und tüftelte. Er war wissbegierig und von einem gesunden

Ehrgeiz beflügelt. »Benutze jede Gelegenheit, um etwas zu lernen«, lautete ein Rat, den er damals beherzigte und in seinem späteren Leben häufig anderen Menschen erteilte.

Zunächst hatte August Oetker die Bürgerschule in Obernkirchen besucht und war später auf das Gymnasium in Bückeburg gewechselt, das zum Herzogtum Schaumburg-Lippe gehörte. In Bückeburg war das Schulgeld niedriger. Der Bäckersohn war dort Schüler des angesehenen »Adolfinums«, als sich ihm und seiner Familie die Frage stellte, welche Richtung er in seinem Leben einschlagen sollte. Auf welchem Feld sollte er sich beweisen? August Oetker beschloss, Apotheker zu werden. Er wollte lernen, wie Arzneimittel wirken und wie man sie herstellte. Ein auf dem Gymnasium gewecktes Interesse an der chemischen Wissenschaft mag bei der Entscheidung eine Rolle gespielt haben. Aber vielleicht hat den Jugendlichen auch der frühe Tod der Geschwister bewogen. Vielleicht hat er sich gefragt, ob ihnen mit der richtigen Medizin hätte geholfen werden können.

Naheliegend wäre für den Sohn des Bäckermeisters damals ein anderer Berufsweg gewesen. August Oetker hätte im Betrieb des Vaters anfangen können, als ältester Sohn war er der geborene Nachfolger. Er hätte auch bei seinem Onkel Louis C. Oetker in die Ausbildung gehen können. Sicher hätte der den Neffen gerne zu sich genommen, so wie er es dann ja mit dessen jüngerem Bruder Albert tat. Auch zu einem anderen Onkel, dem Seidenfabrikanten Albert Ferdinand Oetker in Krefeld, waren die Verbindungen eng.

Aber es gab da noch einen weiteren Verwandten, der eine Rolle im Leben des Schülers August Oetker spielte – Onkel Louis in Amerika. Es spricht viel dafür, dass dieser Mann damals entscheidenden Einfluss auf August Oetker ausübte. Ja, es gibt sogar Indizien dafür, dass auch der spätere Unternehmer August Oetker seine wichtigsten Anregungen von dem Verwandten in der Neuen Welt bezog.

Doch wer war dieser Onkel in Amerika? Genau genommen, war Louis Dohme ein Vetter von August Oetkers Vater. Dessen Mutter und die Mutter Dohmes waren Schwestern gewesen. Auch Louis Dohme stammte aus Obernkirchen, wo er 1837 als das älteste von sieben Kindern geboren worden war. Sein Vater Carl Dohme war dort Steinhauer gewesen. Er hatte einen eigenen Steinbruch besessen, in dem er einen braunen Sandstein abgebaut hatte. Dieses ansehnliche Material war bis in die USA geliefert worden. In Baltimore im US-Bundesstaat Maryland waren damit eine Kirche, ein Zollgebäude und zwei Banken verkleidet und verziert worden.

Als der Steinbruch in Obernkirchen keinen Sandstein mehr hergab, hatte sich Carl Dohme entschlossen, ein neues Leben zu beginnen und mit seiner Familie in die USA auszuwandern. Louis Dohme war 15 Jahre alt gewesen, als er 1852 mit seiner Familie in Bremen ein Passagierschiff bestiegen hatte, um Wochen später in Baltimore von Bord zu gehen.

Die Dohmes waren Teil einer der vielen Wellen deutscher Auswanderer, die damals in Amerika ihr Glück suchten. Deutschland war ja noch ein Land, das seine Bewohner nicht ernähren konnte. Zwischen 1850 und 1870 waren rund zwei Millionen Menschen in die USA ausgewandert: Bauernsöhne ohne eigenen Grund, Handwerker und Kaufleute, alle hatten sich in Übersee eine bessere Zukunft erhofft und sich eine Schiffspassage gekauft. Es war die Zeit, als die Vereinigten Staaten ständig gleichermaßen an Menschen und an Raum wuchsen, als weiße Siedler von Osten nach Westen vordrangen und blutige Schlachten zur Vertreibung der Indianer geschlagen wurden. Von Baltimore ausgehend, war 1827 die erste Eisenbahn in Richtung Westen gebaut worden. Für viele Menschen war die Stadt daher eine Durchgangsstation. Nicht so für die Dohmes. Sie waren nach ihrer Ankunft an der Ostküste sesshaft und Bürger des Staates Maryland geworden.

Der Steinhauer Dohme hatte in Baltimore ein Lebensmittelgeschäft eröffnet. Sein ältester Sohn Louis aber hatte den Apothekerberuf gelernt – so wie es ihm August Oetker 25 Jahre später in Deutschland nachmachen sollte.

Aber Dohme hatte nicht lange als Apotheker gearbeitet. Sein Lehrmeister Alpheus Phineas Sharp hatte schnell erkannt, dass Dohme ein junger Mann von beachtlicher Intelligenz war, und hatte ihn gefördert. So hatte Dohme im Anschluss an seine Gehilfenprüfung die pharmazeutische Hochschule in Baltimore besucht. Als er fertig war, hatte er zunächst eine Stelle bei einem Apotheker in Washington, D. C. angetreten. Dann aber hatte ihm Sharp eine Beteiligung an einem gemeinsamen Unternehmen angeboten, und Louis Dohme war nach Baltimore zurückgekehrt. Im Jahr 1860 hatten die beiden Männer ein Unternehmen zur Herstellung von Arzneimitteln gegründet, die Firma Sharp & Dohme.

Es war im Nachhinein betrachtet ein besonders günstiger Zeitpunkt für die Gründung eines solchen Betriebes, denn just in diesem Jahr war der Anwalt Abraham Lincoln zum Präsidenten der Vereinigten Staaten gewählt worden. Mit ihm zog der Amerikanische Bürgerkrieg herauf, der der neuartigen Arzneimittelindustrie einen kräftigen Anstoß geben sollte.

Nachdem zunächst elf Südstaaten aus der Union ausgetreten waren und die Konföderierten Staaten von Amerika gegründet hatten, war es 1861 zum Krieg mit den Nordstaaten gekommen, die die Abspaltung nicht akzeptiert hatten. Für das riesige Heer an Soldaten waren Medikamente aller Art benötigt worden. Erstmalig waren diese Arzneimittel in Fabriken gefertigt worden. Unternehmen wie E. R. Squibb & Sons hatten Pulver und Tabletten in großer Stückzahl produziert und die Armeen der Nordstaaten beliefert. Auch Sharp & Dohme hatte die Unionstruppen mit Medikamenten ausgestattet. So war im Schatten des Kriegs eine neue Industriebranche entstanden.

Doch auch nach dem Bürgerkrieg war die Nachfrage nach Arzneimitteln weiter gewachsen. Viele US-Bürger versorgten sich, wenn sie krank waren, lieber selbst mit Pillen, statt zu einem teuren Arzt zu gehen. Arzneimittel gab es an jeder Ecke. Allerdings verdienten viele Präparate den Namen nicht. Zu einem Großteil bestanden sie aus Wasser, Alkohol und einem Geschmacksmittel, und häufig waren die angebotenen Arzneimittel unrein oder enthielten nicht die Inhaltsstoffe, die auf der Packung standen. Für einen Pharmaunternehmer wie Dohme bedeutete das: Wer sich in diesem Markt als ernsthafter Anbieter durchsetzen wollte, tat gut daran, bei seiner Kundschaft Vertrauen zu wecken. So begannen Pharmaunternehmen wie Upjohn, Eli

Lilly und Sharp & Dohme in einem neuen Stil für sich und ihre Produkte zu werben. Sie inserierten in Zeitungen und machten ihre Namen im ganzen Land bekannt. Sie gaben Almanache und Ratgeber heraus und veröffentlichten Erfahrungsberichte ihrer Kunden.

Die Firma entwickelte sich glänzend, und Louis Dohme konnte es sich leisten, von Zeit zu Zeit mit einem Dampfschiff in sein deutsches Heimatland zu fahren. In seinen späten Jahren unternahm er diese große Reise sogar jeden Sommer.

Bei einem dieser Besuche lernte er den Sohn seines Vetters August Adolph Oetker kennen. Als Gymnasiast hatte der junge August Oetker ein Zimmer bei einem Müllermeister in Bückeburg bezogen, der ebenfalls Dohme hieß. Es ist anzunehmen, dass er ein Verwandter des in die USA ausgewanderten Louis Dohme war. Wann August Oetker Dohme das erste Mal traf, ist nicht überliefert. Aber es spricht manches dafür, dass es der erfolgreiche Pharmaunternehmer war, der dem Gymnasiasten riet, den Apothekerberuf zu erlernen.

Louis Dohme hegte große Sympathien für den begabten August Oetker. Der Unternehmer selbst war unverheiratet und kinderlos. Dohme versuchte sogar, den jungen Verwandten zu bewegen, in die USA überzusiedeln. Das war für August Oetker eine faszinierende Aussicht und eine großartige Chance. Aber als er das Vorhaben mit seinen Eltern besprach, spürte er, wie sehr seine Mutter die Vorstellung schmerzte, den Sohn künftig nur noch alle Jahre einmal zu sehen. Vor allem ihr zuliebe gab August Oetker den Plan wieder auf.

Im Anschluss an sein Abitur im Jahr 1878 begann der 16-jährige August Oetker eine Lehre bei einem Apotheker in Stadthagen, der zweiten Stadt im Fürstentum Schaumburg-Lippe. Dreieinhalb Jahre dauerte die Ausbildung in der Ratsapotheke des Dr. Ernst Brackenbusch. Jeden Tag lief August 16 Kilometer zu Fuß, um vom Haus der Eltern, in das er nach Ende seiner Schulzeit wieder zurückgekehrt war, zu der Apotheke und wieder zurückzukommen.

Als August Oetker seinen Beruf erlernte, wurden in den Apotheken des Landes noch in großem Stil Arzneimittel von Hand hergestellt. Oetker lernte, wie in Schneide-, Stoß- und Siebkammern die benötigten Chemikalien zubereitet und die Medikamente im Labor gefertigt wurden. Er lernte Rohdrogen zu zerreiben, Pulver zusammenzustellen und Elixiere zu mischen. Den Apothekern stand es auch damals nicht mehr frei, welche Zutaten sie verrührten, da die Zusammensetzung der Medikamente genau festgelegt war. Die Rezepte waren von einer Kommission aus Ärzten und Apothekern formuliert worden und standen in einem so genannten Arzneibuch. Jeder Apotheker im Deutschen Reich hatte sich daran zu halten.

Zu den Kunden, die der Lehrling Oetker in der Ratsapotheke in Stadthagen bediente, gehörte auch Wilhelm Busch. Der Dichter und Zeichner stammte aus Wiedensahl bei Stadthagen und war nach Jahren an den Akademien von Düsseldorf, Antwerpen und München dorthin zurückgekehrt. In dem Dorf Wiedensahl hatten auch Vorfahren der Oetkers gelebt, ein Kirchendiener namens Hinrich Otteker war bereits 1557 urkundlich erwähnt worden. Ob der Lehrling August Oetker in der Stadthagener Apotheke möglicherweise sogar das Vorbild für den von Wilhelm Busch gezeichneten »Aptekerei-Proviser Mickefett« abgab, ist ungewiss. In dem Gedicht »Die Uhren« lässt Busch allerdings seinen Mickefett eine Taschenuhr ziehen und sagen, »sie ist von einem überseeischen Paten«. Es ist nicht ausgeschlossen, dass August Oetker von Louis Dohme eine solche Uhr bekam, zumal verbürgt ist, dass Dohme seinem Bruder Charles eine besonders kostbare Taschenuhr geschenkt hat.

Im September 1881 legte August Oetker seine Prüfung als Apothekengehilfe ab und bestand sie mit der Note gut. 1882 zog er nach Langen bei Offenbach, wo er einige Zeit in der Apotheke Münch arbeitete. Die weiteren Stationen, die Oetker als Gehilfe durchlief, sind nicht bekannt. Vermutlich im Jahr 1884 kam er zu W. Heraeus nach Hanau. Die Firma produzierte vor allem Apparaturen und Geräte für Apotheken und Labors. Dem Apotheker und Chemiker Wilhelm Carl Heraeus war es 1856 als Erstem gelungen, in der Knallgasflamme Platin zu schmelzen. August Oetker hospitierte im Laboratorium und in der Platinschmelze.

In Hanau hatte der junge Mann ein Zimmer bei der Witwe Julie

Jacobi, einer wohlhabenden Frau, die ein Textilgeschäft führte. Sie hatte eine Tochter namens Caroline, die auf Oetker großen Eindruck machte. Die jungen Leute fanden Gefallen aneinander und freundeten sich an. Um in Carolines Nähe bleiben zu können, absolvierte August Oetker sein Einjährigen-Jahr als Soldat in Hanau. Er verließ das Militär als Reserveoffizier, was seine gesellschaftliche Stellung deutlich hob.

Als August Oetker den Beruf des Apothekers erlernte, steckte die Wissenschaft der Pharmazie noch in den Anfängen. Nur an wenigen Universitäten hatten sich Professoren auf dieses Fach spezialisiert. Andererseits gab es aber schon eine Prüfungsordnung für Apotheker, die ein Hochschulstudium von mindestens drei Semestern vorschrieb. August Oetker entschied sich für die Universität Berlin. Er schrieb sich dort für ein Studium der Naturwissenschaften ein.

Nirgendwo anders im Deutschen Reich als in Berlin hätte August Oetker in den achtziger Jahren des 19. Jahrhunderts eindrucksvoller erleben können, mit welcher Macht sich die Industrialisierung ihre Bahn gebrochen hatte. Immer mehr Menschen zogen vom Land in die Stadt, und Berlin wurde nun zur Großstadt mit 1,5 Millionen Einwohnern. Um den alten Stadtkern entstanden ausgedehnte Vorstädte mit Mietshäusern, in denen Hunderttausende Arbeiter wohnten, die aus Schlesien und Ostpreußen gekommen waren. Die Industrie wandelte sich zur Großindustrie, die Eisen und Stahl, Chemikalien und Apparate produzierte. Oetker wurde Zeuge, wie ganz neue Fabrikbezirke im Osten der Stadt emporwuchsen. Berlin wurde zum größten Industriezentrum auf dem europäischen Kontinent. Nirgendwo lebten die Menschen gedrängter aufeinander als hier.

Die Gesellschaft veränderte sich. Die Oberschicht schwelgte im Luxus, aber auch die Arbeiter hatten es besser. Die soziale Hierarchie wurde zusehends komplizierter. Neben den Adel traten die neuen Herren der Industrie und des Finanzwesens. In den schnell wachsenden Unternehmen entstand eine Vielzahl neuer Positionen, vom ungelernten Arbeiter über die Vorarbeiter bis zu den Ingenieuren. Die Möglichkeiten der Zeit berauschten die Menschen. Erwerbsgier und Börsenspekulation erfassten breite Teile des gehobenen Bürgertums. Geld und Vermögen prägten zunehmend das Prestige eines Menschen. Aber auch Bildung stand noch immer hoch im Kurs, ein akademischer Abschluss garantierte nach wie vor ein hohes Ansehen.

Nach vier Semestern bestand August Oetker sein Staatsexamen mit der Note »sehr gut«. Nun hätte er die Approbation als Apotheker erhalten können. Aber Oetker hatte Ehrgeiz entwickelt und entschloss sich zu einem weiteren Studium. Er schrieb sich an der Universität in Freiburg ein. Dort begann er, an einer Dissertation zu arbeiten. Dabei wählte er nicht etwa ein Thema der Pharmazie oder der Chemie. Der bildungshungrige Mittzwanziger wandte sich jetzt der Pflanzenkunde zu. Seine Doktorwürde erwarb er schließlich durch eine Arbeit mit der Titelfrage: »Zeigt der Pollen in den Unterabtheilungen der Pflanzenfamilien charakteristische Unterschiede?«

August Oetkers Promotion fiel in das Jahr 1888, das als Dreikaiserjahr in die deutsche Geschichte eingehen sollte. Im März starb Kaiser Wilhelm I. im Alter von fast 91 Jahren. Sein Sohn Friedrich III. hatte lange warten müssen, bis er die Nachfolge antreten konnte. Er war 56 Jahre alt, als er Kaiser wurde. Da er als liberal denkender Mann bekannt war, ruhten auf ihm die Hoffnungen des freisinnigen Bürgertums. Der Kaiser hatte eine ausgesprochen kluge Frau, die britische Prinzessin Viktoria, deren gleichnamige Mutter Königin von Großbritannien und Irland und Kaiserin von Indien war. Die Eheleute hegten schon lange eine Abneigung gegen die preußischen Militärtraditionen und gegen Bismarck. Sie hatten Pläne für eine Liberalisierung des Deutschen Reichs nach dem Vorbild des parlamentarisch regierten England.

Aber der Kaiser war sterbenskrank, als er die Regierungsgeschäfte übernahm. Er litt unter Kehlkopfkrebs und konnte schon nicht mehr sprechen. Im Krankenbett musste er seine Anweisungen niederschreiben. 99 Tage währte seine Regentschaft, am 15. Juni 1888 war der Kaiser tot.

Damit war der Weg frei für seinen Sohn. Dieser Wilhelm II., der nun mit 29 Jahren Kaiser wurde, war von gänzlich anderer Denkungsart als sein Vater. Sein Verhältnis zu den Eltern war denkbar schlecht gewesen. Manche behaupten sogar, Wilhelm II. habe Mutter und Vater, die ihn ihrerseits häufig kritisiert hatten, geradezu gehasst. Seinen gestrengen Großvater hatte der junge Wilhelm dagegen sehr geliebt und er verehrte auch dessen Berater, den Reichskanzler Otto von Bismarck. Der junge Kaiser war zudem ein autoritärer Typ und er liebte den Prunk. Alles Militärische begeisterte ihn. Er war durchaus intelligent, aber er überschätzte sich. Er hielt sich für auserwählt und war entschlossen, die deutschen Staatsgeschäfte nach seinen eigenen Vorstellungen zu führen.

4. »Ich werde versuchen, etwas Besonderes zu leisten«

Ein Apotheker mit Ambitionen

Die Karriere des Unternehmers August Oetker begann mit einer Pleite. Nach seiner Promotion war der gelernte Apotheker von Freiburg zurück nach Berlin gezogen. Die Stadt übte damals eine magische Anziehungskraft auf Provinzler aller Art aus. Oetker beteiligte sich in Berlin an einer Firma, die Einrichtungen für Apotheken und chemische Fabriken vertrieb. Seine ersten Schritte als selbstständiger Unternehmer wagte er gemeinsam mit zwei Partnern.

An seiner Seite lebte inzwischen die junge Caroline, die er als Praktikant in Hanau kennen gelernt hatte. Als das Paar am 20. März 1889 in der Heimatstadt der Braut vor den Traualtar getreten war, war die Braut bereits schwanger gewesen. Im November kam ihr Sohn in Charlottenburg zur Welt. Er wurde auf den Namen Rudolf getauft.

Charlottenburg gehörte damals noch nicht zu Berlin. Die Oetkers wohnten in einer guten Gegend. Im vornehmen Westen der Metropole lebten Offiziere und höhere Beamte, aber auch Künstler und Professoren. Während Oetkers Privatleben in erfreulichen Bahnen lief, kam er geschäftlich nicht voran. Das Unternehmen warf kaum etwas ab – zu wenig jedenfalls, um drei Teilhaber und ihre Familien zu ernähren.

In dieser Situation besann sich August Oetker wieder auf seinen eigentlichen Beruf. Wohl durch eine Zeitungsannonce erfuhr er, dass in Bielefeld eine Apotheke zum Verkauf stand. Er reiste mit der Eisenbahn in die ostwestfälische Stadt und besichtigte die Aschoffsche Apotheke in der Niedernstraße 3 gegenüber der Altstädter-Nicolai-Kirche. Ihre Ausstattung war nicht zeitgemäß und entsprach nicht den Vorstellungen des Naturwissenschaftlers. Aber das ließe sich ja ändern.

Laut Firmenlegende hat Dr. August Oetker sein Back-
pulver in einem Hinterzimmer der Aschoffschen
Apotheke in Bielefeld entwickelt.

Mit dem Inhaber der Apotheke, einem Mann namens Saal, handelte August Oetker den Preis für die Übernahme aus. Die Höhe ist nicht überliefert, aber es muss sich um eine gewaltige Investition gehandelt haben, jedenfalls aus Sicht eines Firmenkäufers, der nicht über ein großes Erbe verfügen konnte. Einen Teil des benötigten Geldes bekam August Oetker von seiner gut situierten Schwiegermutter in Hanau. Die weitere Finanzierung besorgte eine Bank, die sich zur Sicherheit eine Hypothek eintragen ließ.

Im Januar des Jahres 1891 wurde Dr. August Oetker schließlich Apotheker in Bielefeld. Am zwölften dieses Monats erhielt er die behördliche Genehmigung zur Führung der Apotheke. Zwei Wochen später erschien im *Bielefelder Tageblatt* eine Kleinanzeige, in der sein Vorgänger den Verkauf des Geschäfts bekannt gab. Oetker selbst kündigte in dieser Annonce an: »Mein Bestreben wird sein, einen jeden, welcher meine Offizin mit seinem Vertrauen beehrt, auf das Beste zu bedienen.«

Es ist zweifelhaft, ob August Oetker anfangs tatsächlich vorhatte, in althergebrachter Weise Arzneimittel herzustellen und zu vertreiben. Sein Bestreben war wohl von vornherein, ein industrielles Unternehmen aufzubauen – so wie es Louis Dohme in Amerika gemacht hatte. Oder wie seine beiden Onkel Louis C. Oetker in Altona und Albert Ferdinand Oetker in Krefeld. Vorbilder gab es reichlich in der Familie. Die Apotheke sollte für August Oetker nur eine Zwischenstation sein, wie es dieser Beruf für die Unternehmer Dohme und Heraeus gewesen war. Schon als Praktikant in Hanau hatte August Oetker selbstbewusst verkündet: »Mein Hauptziel ist natürlich zunächst die Erwerbung einer Apotheke; habe ich dieses erreicht, so werde ich versuchen, noch etwas Besonderes zu leisten.«

In Bielefeld angekommen, ließ August Oetker als Erstes die Apotheke von Grund auf modernisieren. Er rüstete das Laboratorium mit neuen Geräten und Apparaturen aus, bis es eine Ausstattung hatte, über die er selber sagte, dass »sie wohl nur in wenigen Apotheken Deutschlands zu finden ist«. Sogleich begann er mit der Zubereitung neuer Präparate, die er »Spezialitäten« nannte. Zu den ersten Erzeugnissen, die er in seiner Apotheke vertrieb, gehörten ein Gesundheitskakao, eine Fußcreme und eine Warzentinktur. Wie sein Vorgänger füllte Oetker aber auch Mineralwasser ab, mischte Himbeersaft und fertigte Brausebonbons. Sogar Alkoholika zählten zum Sortiment des Apothekers.

Als Oetker nach Bielefeld kam, hatte die Stadt rund 45 000 Einwohner, auf die inklusive der Aschoffschen vier Apotheken kamen. Als bald darauf ein fünfter Apotheker eine Konzession erhielt, beschwerten sich die anderen beim zuständigen preußischen Ministerium. Oetker hatte sich hoch verschuldet und sah nun seine Umsatzchancen beeinträchtigt. Doch offensichtlich war er unter den Apothekern der Stadt derjenige, der das beste Geschäft machte. Ein Schreiben des Ministeriums belegt, dass es »der Apotheker Dr. Oetker verstanden hat, seinen Geschäftsumsatz auf Kosten der vorgenannten benachbarten Apotheken zu erhöhen«. Ähnliches befürchteten Oetker und seine Kollegen nun erneut. Doch große Eintracht scheint unter den vier Apothekern nicht geherrscht zu haben. Oetker nahm sie als Konkurrenten wahr und begegnete ihnen nur ungern. In 13 Jahren nahm er nur ein einziges Mal an einer Versammlung des Apotheker-Kreisverbandes Minden-Ravensberg teil.

In einem Hinterzimmer der Apotheke machte Dr. August Oetker erste Experimente zur Herstellung von Backpulver. Das Metier war ihm vertraut, als Junge war er oft in der Backstube des Vaters gewesen. Er wusste, dass der Brotteig aufgelockert werden musste, wenn er nicht zu hart werden sollte. Wasser und Mehl allein ergaben einen harten Brocken. Man konnte einen Sauerteig oder Hefe nehmen, um den Teig aufzulockern. Aber das war umständlich. Da es im Grunde darum ging, dass während des Backens Gase entstanden, war schon Mitte des 19. Jahrhunderts in England die Idee aufgekommen, dem Teig Substanzen beizumischen, die Kohlendioxyd entwickeln. In Deutschland hatte sich bereits einige Jahrzehnte vor Oetker der Chemiker Justus von Liebig mit der Materie beschäftigt. Der forschende Freiherr, der an der Universität in Gießen und später in München lehrte, hatte die englischen Methoden studiert und eigene Rezepte geschrieben. Das Mittel hatte allerdings eine geringe Haltbarkeit und war umständlich anzuwenden.

Pioniere bei der industriellen Fertigung von Backpulver waren Fabrikanten in England und den USA. Eine entscheidende Rolle spielte dabei ein junger Amerikaner namens Eben Norton Horsford, der zwei Jahre in Gießen bei Liebig studiert hatte. Nach seiner Rückkehr in die Vereinigten Staaten im Jahre 1846 hatte er an der Universität in Harvard gelehrt und geforscht. Wie seinem deutschen Lehrmeister Liebig, der neben der chemischen Düngung auch den Fleischextrakt erfunden hatte, ging es Horsford bei seiner Arbeit um praktische Fortschritte im menschlichen Leben. So gelang es ihm, ein Backpulver herzustellen, das im Wesentlichen aus Natron bestand, dem Weinsäure beigemischt wurde. In wenigen Jahren wurde er damit zum Millionär. Da er sich auf die Arbeiten Liebigs gestützt hatte, zahlte er dem Gelehrten eine Lizenzgebühr.

Louis Dohme berichtete seinem jungen Verwandten August Oetker in Deutschland, dass dieses Produkt bei den amerikanischen Hausfrauen auf große Nachfrage gestoßen war. Oetker hat in späteren Jahren eingeräumt, dass er die erste Anregung zur Herstellung von Backpulver von Dohme bekommen hatte. Vielleicht war es aber mehr als nur ein Hinweis. Als Dohmes in den USA lebende Großnichte Frances Dohme Cockey 1987 eine Familienchronik verfasste, schrieb sie lapidar über ihren Großonkel und ihren Großvater Charles, der ebenfalls an der Pharmafirma Sharp & Dohme beteiligt gewesen war: »Louis und Charles schickten ihre Formel für Backpulver an ihren Cousin, Robert Oetker, der in Westdeutschland lebte. Das machte sie zu einer der reichsten Familien Deutschlands, so gut kam es an.«

Woher sie das wusste, schrieb die alte Dame allerdings nicht. Vermutlich war es in ihrer Familie so überliefert worden. Allerdings nennt sie als Empfänger der Backpulverrezeptur einen Robert Oetker. Der war ein Cousin des Bielefelder Apothekers August Oetker und ein Patensohn Dohmes. Robert Oetkers Verhältnis zu den US-Verwandten war noch enger als das Augusts gewesen, er war in den Jahren um 1890 sogar einmal zu Besuch in den USA gewesen.

Louis Dohme (hinten Mitte), der Onkel aus den USA. Vorn rechts sitzt Robert Oetker, der die Dohmes häufig besuchte und möglicherweise die Rezeptur für Backpulver nach Deutschland mitbrachte.

Robert Oetker war sechs Jahre jünger als sein Vetter August in Bielefeld. Welchen Weg er beruflich einschlug, ist nicht überliefert. Es ist denkbar, dass die Dohmes ihre Rezeptur mit der Bitte an ihn schickten, sie an August Oetker weiterzuleiten. Es ist aber auch möglich, dass Frances Dohme Cockey die deutschen Verwandten einfach durcheinander brachte und in Wahrheit August Oetker meinte.

Die Oetker-Firmenchroniken erzählen jedoch eine andere Geschichte. Demnach unternahm der junge Apotheker seine Experimente zur Entwicklung von Backpulver unter geradezu konspirativen Umständen. Statt das mit großem Aufwand modernisierte Laboratorium zu benutzen, habe er sich in ein vier Quadratmeter kleines Nebenzimmer zurückgezogen, heißt es in einer Chronik: »In diese Klause, die in der Familie scherzhaft die ›Geheimfabrik‹ genannt wurde, zog sich der Doktor zurück, wenn er Backpulverversuche machte. Er wollte sich nicht in die Karten gucken lassen; aus diesem Grund bediente er sich bei seinen ersten Versuchen auch keiner Hilfe, sondern machte alles allein.« Nur seine Frau habe Zugang zu dieser »Butze« gehabt.

Diese Geschichte klingt merkwürdig. Denn unstrittig ist, dass August Oetker das Backpulver nicht erfunden hat. Als er seine Apotheke übernahm, konnten die Hausfrauen in den Bielefelder Kolonialwarenhandlungen schon ein Teigtriebmittel bekommen, das aus den Vereinigten Staaten kam. Wenn es sich bei Oetkers Erzeugnis nicht um eine bloße Kopie des US-Produkts gehandelt haben sollte, ist nicht einsichtig, warum er zur Weiterentwicklung des bereits eingeführten Produkts nicht das Labor seiner Apotheke benutzen wollte. Es ist denkbar, dass die Geschichte von den Geheimversuchen in den Anfangsjahren des Unternehmens schlicht erfunden worden ist, um den Eindruck zu erzeugen, August Oetker sei ein Forscher gewesen.

Das war er aber sicher nicht, wie auch Ceslaw Sawicki 1981 in einer Forschungsarbeit für die Universität Bielefeld im Detail nachgezeichnet hat. Was die Entwicklung des Backpulvers angehe, seien August Oetkers Verdienste »auf ein Minimum beschränkt, es sind weder wissenschaftliche noch innovative nennenswerte Erfolge zu verzeichnen«, so Sawicki. »Sogar das von ihm angemeldete Patent für Backpulver (mit dem ebenfalls patentierten Herstellungsverfahren) ist in kürzester Zeit verfallen und offensichtlich nie industriell angewandt worden.«

Doch davon völlig unbeirrt, heißt es noch im Jahr 2002 im Vorwort einer Rezeptsammlung aus dem Hause Dr. Oetker: »In der Hinterstube einer Bielefelder Apotheke fing im Jahr 1891 alles an: Der junge Apotheker Dr. August Oetker hantierte bis spät in die Nacht mit Apothekerwaage, Mörser und verschiedenen Pülverchen. Was er da in hartnäckiger Forschungsarbeit entwickelte, revolutionierte das Backen: das Backpulver Backin – genau die richtige Menge für ein Pfund Mehl!«

Wenn überhaupt, dann fanden August Oetkers Laborexperimente von Außenstehenden gänzlich unbemerkt statt. Irgendwelche Aufzeichnungen oder Rezepturen wurden nie gefunden. Auch der Autor einer Jahrzehnte später herausgegebenen Unternehmensgeschichte musste passen: »Wie viel Versuche mit mancherlei Mischungen Dr. A. Oetker gemacht hat, ehe er 1891 sein Backpulver anzeigte und verkaufte, wissen wir nicht. Ebenso wenig hat sich die Zusammenstellung des

Backpulvers von 1891 ermitteln lassen, da Dr. A. Oetker wohl niemand Einblick in diesen Zweig seiner Arbeit gewährt hat.«

Durch Dritte verbürgt sind dagegen die Versuche in einer Bäckerei in der Bielefelder Obernstraße. Der Apotheker hatte mit dem Bäcker Müller eine Vereinbarung zur Zusammenarbeit geschlossen. Oetker war daran interessiert, seine Mittel in der Praxis zu testen. Nachmittags zwischen drei und fünf Uhr spazierte er zur Bäckerei, in der Tasche einige Papiertütchen voller Pulver. Unter Oetkers Aufsicht rührte der Bäcker oder ein Gehilfe den Inhalt eines Tütchens mit einem Pfund Mehl an und buk daraus kleine dünne quadratische Plätzchen. Der Apotheker blieb stets so lange in der Backstube, bis die Plätzchen erkaltet waren und er sie gemeinsam mit dem Bäckermeister probieren konnte. Einige Wochen dauerte die erste Versuchsreihe, dann gab es eine halbjährige Pause. In dieser Zeit experimentierte Oetker vermutlich mit Geschmacksstoffen. Bald ging er bei seinen Versuchen in der Bäckerei zu Kuchen über.

Schon im ersten Jahr nach seiner Ankunft in Bielefeld bot der Apotheker ein Backpulver an, das er in starken Worten bewarb: »Die Zusammensetzung meines Backpulvers ist die denkbar beste, frei von allen schädlichen Beimitteln, von stets gleicher Beschaffenheit, und wird von allen Hausfrauen, welche Wert auf die Qualität legen, nur verwandt. Der niedrige Preis macht es einer jeden möglich.«

Tatsächlich war der Preis von zehn Pfennig, gemessen an der damaligen Kaufkraft, außerordentlich hoch. Aber es gelang ihm offenbar, bei seiner Kundschaft den Eindruck zu erwecken, das Backpulver sei mit der gleichen wissenschaftlichen Akribie hergestellt worden wie ein Arzneimittel und dabei ganz ohne Nebenwirkungen.

Die Botschaft erreichte schnell ihre Bielefelder Adressatinnen. Ein echter Doktor hatte sich dazu herabgelassen, die Alltagsprobleme der Hausfrau zu lösen. Das machte Eindruck beim Publikum – und das sollte es auch. Oetker verkaufte von Anfang an kein profanes Hilfsmittel, sondern Gesundheit und Qualität. Darin lag eine überaus raffinierte Werbepsychologie, die nur deshalb heute nicht stärker ins Auge springt, weil sie seither so oft kopiert worden ist. In dieser Strategie lag die eigentliche Großtat des jungen Unternehmers August Oetker, der kein genialer Forscher oder großer Lebensmittelchemiker war, sondern ein besonders begabter Marketingmann. So verteilte er auch, um sein Produkt bekannt zu machen, kostenlose Proben an die Kundschaft.

Überdies gab der einfühlsame Apotheker den Kundinnen schon bei seinen ersten Verkäufen sein Wissen gratis dazu. Er schrieb zwei Rezepte für Sonntagskuchen, eines für einen Gugelhopf und eines für eine Sandtorte. Damit verfolgte er vermutlich auch das Ziel, die Hausfrauen zu erziehen, Kuchen mit großen Mengen Fett, Zucker und Gewürzen zu backen. Denn dann kam der Beigeschmack des Backpulvers nicht durch.

Anfänglich verkaufte Oetker sein Backpulver nach amerikanischem Vorbild in Blechdosen, die 250 Gramm enthielten. Der Deckel der Dose diente zum Abmessen und fasste genau die Menge, die für ein Pfund Mehl nötig war. Bald kam Oetker auf die Idee, sein Produkt in kleine Papiertütchen abzupacken. Das hatte mehrere Vorteile. Für den Händler entfiel das lästige Abwiegen im Laden, wenn die Kundin nur eine kleine Menge wollte. Und die Portionierung erleichterte der Hausfrau die Handhabung. Somit stieg die Chance, dass der Kuchen auch tatsächlich gelang und die Kundin zufrieden war. 20 Gramm enthielten die kleinen weißen Beutel mit der schwarzen Schrift. Es war eine geniale Geschäftsidee. Denn die geringe Abgabemenge erlaubte einen Preis, der den Kundinnen klein erschien, für ihn selbst aber einen hohen Gewinn bedeutete.

Von Anfang an vertrieb der Apotheker sein Backpulver unter dem Herstellernamen »Dr. Oetker«. Auf diese Weise setzte er das große Ansehen, das der akademische Stand damals genoss, als Mittel der kommerziellen Werbung ein. Das war ein geschickter Schachzug. »Er konnte die Ehrfurcht und das Vertrauen, die ein solcher Titel im 19. Jahrhundert hervorrief, für seinen Absatz nutzen«, schreibt Hans-Gerd Conrad in seiner Dissertation über die Dr.-Oetker-Werbung. »Denn was von einem gelehrten Mann, einem Wissenschaftler stammte, konnte, so die Annahme, nicht schlecht sein.« Die Leute wussten ja nicht, dass der Apotheker Oetker den akademischen Grad als Botaniker erworben hatte.

Doch auch damit war August Oetker nicht so innovativ, wie es Firmenchroniken in späteren Jahren glauben machen wollten. Konkret beim Backpulver gab es dafür längst ein Vorbild. So hatte der Liebig-Schüler und Harvard-Professor Horsford schon 1854 mit einem Geschäftspartner in den USA ein Unternehmen gegründet, das ein neuartiges Backpulver produzierte. Vertrieben wurde es unter der Marke »Professor Horsford's Phosphatic Baking Powder«. Dieser Markenname könnte ein Vorbild für Dr. Oetker gewesen sein. Dass August Oetker recht gut darüber Bescheid wusste, was auf dem amerikanischen Markt lief, ist verbürgt. Über Louis Dohme hinaus, der ihn auf dem Laufenden hielt, las der Apotheker auch Zeitschriften aus Großbritannien und den USA, aus denen er sich Anregungen für die Werbung holte.

Als August Oetker 1891 begann, sein Backpulver an Bielefelder Hausfrauen zu verkaufen, war er damit keineswegs ein Pionier in Deutschland. Die Kundinnen kauften bis dahin Produkte, die aus England und den USA importiert wurden. Aber Dr. Oetkers Produkte überzeugten durch Qualität. Der Absatz lief bald so gut, dass Oetker begann, Helfer einzustellen. In einem Nebengebäude auf dem Hof der Apotheke mischten Mitarbeiter nun die von ihm vorbereiteten Bestandteile nach schriftlicher Anleitung zusammen.

Die Absatzerfolge der Aschoffschen Apotheke riefen Konkurrenten auf den Plan. Dem Verfasser einer Jahrzehnte später erschienenen Firmenchronik schilderte ein alter Mitarbeiter, wie Unbekannte in der Mittagszeit darauf gewartet hatten, dass der Inhaber sein Geschäft verließ. Dann hätten die Herren den Mischraum der Apotheke betreten und dem Mitarbeiter Geld dafür geboten, dass er ihnen das Rezept des Backpulvers verriet. Doch sie hatten keinen Erfolg.

Für seine Beutelchen veranstaltete August Oetker einen regelrechten Werbefeldzug. Sämtliche Erlöse aus dem Verkauf des Backpulvers seien gleich wieder in Zeitungsanzeigen geflossen, erinnerte sich seine Frau Jahre später. Schon als Apotheker hatte er kräftig die Werbe-

*Der Apotheker und angehende Fabrikant Dr. August Oetker mit seiner
Gemahlin Caroline und ihrem Sohn Rudolf.*

trommeln für sich gerührt. Dazu hatte er beispielsweise einen »Almanach für Kranke« mit allerlei Ratschlägen zusammengestellt, den er anschließend in zahlreichen Annoncen in den lokalen Blättern bewarb. Dabei kombinierte er den Hinweis auf das Buch stets mit der Werbung für andere Produkte, die er in seiner Apotheke verkaufte, wie etwa Mineralwasser.

Im Mai 1893 erschien im *Bielefelder Tageblatt* eine solche Anzeige: »Gesundheitsgebäck dargestellt mit dem Backpulver der Aschoffschen Apotheke zeichnet sich aus durch leichte Verdaulichkeit und Wohlgeschmack. Siehe Seite 120 des Almanachs für Kranke.« Einige Monate später, kurz vor Weihnachten, schaltete der Apotheker erstmalig eine Annonce, die aus einem Rezept bestand. In der Anleitung für einen Topfkuchen hieß es beiläufig: »Man streue jetzt für zehn Pfennig Backpulver aus der Aschoffschen Apotheke darüber, ziehe es leicht durch die Masse und fülle den Teig in eine mit Butter gestrichene Form.«

Bald kam Oetker auf die Idee, ein Kochbuch unter seinem Namen herauszubringen. Es erschien 1895 unter dem Namen »Dr. A. Oetker's Grundlehren der Kochkunst« und enthielt Rezepte und Lebensweisheiten wie diese: »Die Trunksucht mancher Männer hat häufig ihre Ursache in einem schlecht geführten Haushalt.« Der Apotheker verstand sich als Aufklärer, aber er legte es mit seinen Druckschriften auch darauf an, einmal erreichte Kundinnen an sein Unternehmen zu binden.

Es dauerte nicht lange, bis Oetker so viel von seinem Backpulver verkaufte, dass sich die Anschaffung einer Mischmaschine lohnte. Sie fasste 50 Kilogramm Rohstoffe und wurde von Hand betrieben. Ein Arbeiter bediente das Gerät nach Anweisungen des Chefs. Mittlerweile vertrieb Oetker sein Backpulver nicht mehr ausschließlich über die eigene Apotheke, sondern auch über andere Händler in der Umgebung. 1894 belieferte er per Post Kolonialwarenhandlungen in Herford, Gütersloh, Halle in Westfalen, Detmold, Salzuflen, Lage, Lemgo, Horn, Osnabrück und Bünde. Ein Händler in Münster war der erste Kunde, der von Oetker das Backpulver kistenweise per Bahn geschickt bekam. Bald war die Nachfrage auch in Oetkers Heimatstadt so groß, dass es sich lohnte, andere Bielefelder Händler mit der Ware zu beliefern.

In der ersten Zeit halfen Oetkers Frau und sogar seine Schwiegermutter, die ebenfalls im Haus in der Niedernstraße wohnte, beim Abfüllen des Pulvers in die Papiertütchen. 1898 beschäftigte Oetker in seiner Apotheke bereits sieben Vollzeitkräfte mit dieser Arbeit. Sie schaufelten das Pulver aus einem Holzbottich in Schalen, zwischen deren Rändern eine Querstange angebracht war. Mit Löffeln holten die Mädchen das Pulver dann aus den Schalen, wobei sie die gefüllten Löffel unter der Querstange herzogen. Die gestrichen vollen Löffel fassten nun genau die richtige Menge. Dennoch mussten auf Oetkers Wunsch die Beutel noch einmal nachgewogen werden, bevor sie verschlossen werden durften. Er wollte sicherstellen, dass sie exakt 20 Gramm enthielten. Die Abfüllerinnen arbeiteten zehn Stunden am Tag, nicht selten aber auch zwölf oder 14. Jede sollte mindestens 2 000 Tütchen am Tag schaffen. Die jungen Frauen verdienten etwa 50 Mark im Monat. Der Lohn reichte also gerade aus, um an jedem Arbeitstag in der Apotheke 20 Tütchen Backpulver zu kaufen.

Auf die Verpackung seiner Erzeugnisse ließ Oetker noch in seiner Zeit als Apotheker ein einprägsames Warenzeichen drucken: einen weißen Frauenkopf auf schwarzem Grund. Ob er sich dieses Symbol selbst ausgedacht hatte, ist umstritten. Belegt ist, dass der »Helle Kopf« im Dezember 1899 als Warenzeichen auf die Aschoffsche Apotheke beim Patentamt in Berlin eingetragen wurde. Noch im gleichen Monat erschien im *Hannoverschen Anzeiger* ein Inserat mit dem Text: »Ein heller Kopf verwendet nur Dr. Oetker's Backpulver à 10 Pf., weil es das beste ist.«

In den Jahren vor der Jahrhundertwende packten seine Helfer in der Apotheke täglich 30 Postpakete und zehn bis zwölf Kisten, die per Bahn an Händler im Kaiserreich geliefert wurden. Der Apotheker ließ nichts unversucht, um auf seine Erzeugnisse aufmerksam zu machen. Berlin war der wichtigste Markt. Auf einer Kochkunstausstellung präsentierte Oetker mehrere Kuchensorten, die mit seinem Backpulver gebacken worden waren, und erhielt eine Auszeichnung. Sogar die Mutter des Kaisers ließ sich von der Messeleiterin die Vorzüge von Dr. Oetker's Backpulver erläutern. Zwei Jahre später heimste Oetker auf einer Kochkunstausstellung in Hamburg eine Goldmedaille ein. Bald darauf berichtete er in einer Zeitungsanzeige, dass sein Backpulver zum Sieger bei einem vergleichenden Warentest gekürt worden sei. Oetker hatte ein gutes Gespür dafür, wie wichtig die Werbung im Wirtschaftsleben war. Ständig war er mit neuen Ideen beschäftigt, wie er seine Produkte bekannt machen konnte. »Er träumte von Werbung«, sagte einer seiner frühen Mitarbeiter.

Der rührige Apotheker hatte damals noch einige andere Sachen in seinem Sortiment. Er vertrieb eine Einmachhilfe auf der Basis von Salizylsäure. Und er hatte eine Maisstärke auf den Markt gebracht, die zum Sämigmachen von Saucen gedacht war, aber auch als Kindernahrung genutzt wurde. Dem Produkt hatte er in Abwandlung seines Vornamens die Bezeichnung »Gustin« gegeben. Das sollte in den Ohren seiner Kundinnen ebenso beeindruckend wissenschaftlich klingen wie »Backin«, der Name des Backpulvers.

Spätestens seit 1894 mischte August Oetker auch Puddingpulver. Die Faltschachteln zum Preis von zehn Pfennig enthielten die nötige Menge für vier Personen. Wie beim Backpulver war der Unternehmer einem Trend aufgesprungen. Er hatte die Schwächen der bereits vorhandenen Angebote untersucht und dann seine eigenen Rezepturen entwickelt. Entscheidend war für ihn, dass sein Pulver so beschaffen war, dass die Hausfrauen bei der Zubereitung möglichst wenig falsch machen konnten.

5. »*Zeitvernichtung ist Lebensvernichtung*«

August Oetker und seine Backpulverfabrik

Zu den Einsichten, die August Oetker zeitlebens faszinierten, gehörte der Satz: »Meist genügt eine gute Idee, und der Mann ist gemacht.« Auf ihn selbst traf er zu. Als sich das 19. Jahrhundert dem Ende zuneigte, war der Apotheker ein gemachter Mann. Er ging auf die 40 Jahre zu und hatte mit Schläue und Wagemut ein gut gehendes Geschäft aufgebaut. Oetker schämte sich seiner geschäftlichen Erfolge nicht, im Gegenteil. Jeder sollte erfahren, wie gut die Dinge in seinem Unternehmen vorangingen. Einmal ließ er in einer Zeitungsanzeige ein Schreiben der Firma abdrucken, die ihm die kleinen Papiertütchen für das Backpulver lieferte. Deren Inhaber hatte dem Apotheker schriftlich bestätigt, dass dieser zehn Millionen Beutel bestellt hatte. Diese Auskunft ergänzte Oetker in seinem Inserat mit den Worten: »An die Stelle unwürdiger Marktschreierei setze ich Tatsachen obiger Art, welche beweisen, wie außerordentlich beliebt mein Backpulver bei den Hausfrauen ist.«

Die Nachfrage hatte er zu einem beträchtlichen Teil selbst geschaffen. In vielen Haushalten lagen bereits Rezepthefte des umtriebigen Apothekers. Bis 1900 hatte Oetker allein 200000 Exemplare seiner »Grundlagen der Kochkunst« verschenkt und eine noch größere Zahl weiterer Broschüren über Pudding, Milchspeisen und Stärke herausgebracht, die er bei mehreren Autorinnen in Auftrag gegeben hatte.

In weniger als einem Jahrzehnt war August Oetker so wohlhabend geworden, dass er sich eine Villa auf dem Bielefelder Johannisberg errichten lassen konnte. Durch den Umzug der Familie wurden im Haus der Apotheke Räume für die Backpulverherstellung frei. Die Leitung der Apotheke hatte Oetker inzwischen abgegeben. Er sah sich bereits als Fabrikanten, als einen Produzenten von industrieller Massenware.

Nun fehlte nur noch die Fabrik. August Oetker erwarb ein Grundstück an der Bielefelder Lutterstraße. Dort stand zu dieser Zeit bereits eine Fabrik für Herrenwäsche und es gab eine Fahrradbahn, in deren Nachbarschaft Flächen frei waren. Oetker beauftragte einen Architekten mit der Planung eines neuen Fabrikgebäudes und im Sommer 1899 genehmigte er dessen Entwurf. Der Bau aus roten Backsteinen brauchte nur wenige Monate. Am 15. Mai 1900 zog die kleine Backpulver-Belegschaft aus den Räumen der Apotheke in die neue Fabrik um. Es war ein großes Ereignis für den Inhaber und seine Mitarbeiter – der Beginn eines neuen Abschnitts in einem neuen Jahrhundert.

Bis zu diesem Zeitpunkt war es bei der Produktion von Dr. Oetkers Backpulver fast familiär zugegangen. Auch beim Umzug packte jeder mit an. Beim Einräumen stieg August Oetker selbst auf die Leiter, wie sich eine Arbeiterin später erinnerte. Sie und ihre Kolleginnen erhielten aus der Hand des Chefs zum Dank für ihren Einsatz zwei Arbeitskittel. Die Männer bekamen jeder eine Flasche Wein geschenkt.

Die erste Fabrik des Dr. August Oetker hatte drei Geschosse und 1 800 Quadratmeter Nutzfläche. Im Erdgeschoss waren zur Straße hin die Laboratorien und eine Versuchsküche untergebracht. Nach hinten hinaus schloss sich ein Saal für die Mischmaschine an. Darüber lag im ersten Stock der Abfüllsaal, in dem zu Anfang etwa 75 Frauen arbeiteten. Vorne lagen die Kontore, und auch der Inhaber hatte hier sein Büro. Im zweiten Stock wurde eine Wohnung für den Prokuristen eingerichtet, der schon den Bau beaufsichtigt hatte und der Oetker vertrat, wenn dieser auf Reisen war. Auch Fertigware lagerte dort oben. An der Rückseite der Fabrik hatte Oetker einen Anbau errichten lassen, in dem die Erzeugnisse für den Versand verpackt wurden. Zehn Männer waren zu Beginn mit dieser Arbeit beschäftigt.

Die Räume waren großzügig geplant worden und boten reichlich Platz für eine Ausweitung der Produktion. »Wenn dieses Haus voll ist, dann bin ich zufrieden«, sagte Oetker zu einem Mitarbeiter bald nach dem Einzug. Aber dieser Tag sollte weitaus schneller kommen, als er erwartet hatte. Die Nachfrage nach Dr. Oetkers Erzeugnissen wuchs rasant. »Meine neue Fabrik setzt mich in den Stand, täglich 100 000 Päckchen zu liefern«, notierte Oetker voller Stolz.

Schon nach einem Jahr zeigte sich, dass es sich lohnen würde, eine zweite Fabrik zu errichten. 1902 zogen Bauarbeiter in unmittelbarer Nachbarschaft des ersten Gebäudes ein zweites, größeres hoch. Die beiden Bauten standen so dicht beieinander, dass man sie in der Höhe des ersten Stocks mit einem Gang verbinden konnte. Die größten Abteilungen des Unternehmens – diejenigen, in denen die Pulver gemischt und abgefüllt wurden – zogen in den Neubau um. Die frei werdenden Säle konnten nunmehr als Lager und Packräume genutzt werden. Während in der Apotheke noch mit der Hand gemischt worden war, gab es in der Fabrik von Anfang an Motoren. Der erste war ein Gasmotor und hatte sechs PS. Später wurde er durch ein Elektroaggregat ersetzt.

»Bielefeld ist bekannt durch seine Leinen und Nähmaschinen und seit zwölf Jahren durch Dr. Oetkers Fabrikate«, verkündete August Oetker 1903. Mit Macht trieb er die Expansion seines Unternehmens weiter voran. Er beschäftigte 15 Vertreter, die im Kaiserreich umherreisten, um seine Produkte in die Läden zu bringen. Die Herren erhielten Provisionen für die aufgenommenen Bestellungen, aber auch Druck von oben. »Meine Artikel müssen im Jahre 1907 in allen Geschäften vorrätig sein«, schrieb der Firmenchef in einem Rundbrief an seine Reisenden. »An alle diejenigen meiner Vertreter, die bisher noch ungenügende Resultate in dieser Hinsicht zu verzeichnen hatten, richte ich hiermit die eindringliche Mahnung, sich diesem Teil ihrer Aufgaben so zu widmen, wie ich es verlangen kann, und wie es ihre selbstverständliche Pflicht ist.« August Oetker hatte 10 000 Probekartons »in hoch künstlerischer Ausstattung« herstellen lassen, die seine Vertreter an alle Ladeninhaber verkaufen sollten, die seine Produkte nicht führten. »Im Jahr 1907 müssen sie so verteilt werden, dass ich am Ende des Jahres werde sagen können: Alle meine kleinen Artikel sind jetzt, wenn nicht in sämtlichen, so doch in den besseren Geschäften zu haben.«

Die Apotheke war rasch zu klein für die wachsende Produktion, ab 1900 wird das Backpulver in einer Fabrik hergestellt.

August Oetker war ein Patriarch in seinem Unternehmen. Zu Weihnachten überreichte er seinen Arbeiterinnen und Arbeitern Goldstücke, in einem anderen Jahr gab es zwei Eimer Marmelade. 1908 gewährte der Unternehmer der Belegschaft erstmals ein Weihnachtsgeld von einem Prozent des Jahreslohns und einen Aufschlag für jedes Jahr der Betriebszugehörigkeit. Oetker veranstaltete Betriebsausflüge mit Wanderungen und anschließendem Tanzvergnügen. Er ließ eine Kaffeeküche einrichten und für die Lehrlinge Milch ausschenken.

Der Unternehmer hielt auch ein Auge auf die Arbeitsbedingungen. Bald nach dem Umzug hatte er bei einer Bielefelder Firma eine riesige Mischmaschine anfertigen lassen, mit deren Hilfe 400 Kilogramm Masse verarbeitet werden konnten. Mit seinen Zahnrädern verursachte das Ungetüm einen gewaltigen Lärm, der für die Arbeiter im Mischsaal sehr belastend war. »Jedes Mal, wenn der Doktor in den Mischsaal kam und den Spektakel hörte, machte er ein ganz böses Gesicht«, erinnerte sich ein Arbeiter. Oetker ließ die Maschine wieder abbauen und durch ein ruhigeres Modell ersetzen. Wie man der Staubplage Herr werden konnte, wusste er allerdings nicht.

Der Unternehmer achtete darauf, dass alle Arbeitsplätze gut beleuchtet waren. Wenn er sah, dass ein Mitarbeiter im Kontor nicht gerade saß, ermahnte er ihn. Er bemühte sich auch, in den Büroräumen eine freundliche Atmosphäre zu schaffen. Nachdem er für sich selbst einen Gutshof in der Senne gekauft hatte, ließ er von dort regelmäßig Schnittblumen in den Betrieb bringen. Auch Obst aus eigenem Anbau ließ Oetker unter seinen Angestellten und Arbeitern verteilen.

Junge Arbeiterinnen, die sich im Betrieb bereits bewährt hatten, kamen in den Genuss einer Ausbildung im Kochen und Backen. Dem Unternehmer lag daran, die Frauen auf die Ehe vorzubereiten. Dazu ließ er im Betrieb eine Lehrküche einrichten. Besonderen Wert legte er darauf, dass die jungen Frauen in der Säuglingspflege ausgebildet wurden. Er engagierte eigens Hebammen, die in die Fabrik kamen und dort Kurse abhielten.

Den Fabrikanten drängte es regelrecht, als eine Art von Volkspädagoge zu wirken. Er gab Schriften über »Das Ei« und »Die Milch« heraus, in denen er Belehrungen über deren Nährwert geschickt mit Werbung für seine eigenen Produkte verband. Er veröffentlichte aber auch Abhandlungen über Hygiene, die unter Titeln erschienen wie »Sauberkeit und Ordnung im Haushalt« und »Allerlei von der Reinlichkeit«. Neben der Werbung wollte er, wie er sagte, auch solche Tatsachen bekannt machen, »welche der Allgemeinheit von Nutzen sind«.

Weil er wusste, dass Kuchen und Pudding wenig zu einer ausgewogenen Ernährung beitrugen, brachte er eine 47 Seiten starke »Anleitung zum Gemüseanbau« heraus. Oetker ließ sogar von Fachleuten Merkblätter zusammenstellen, wie Typhus, Diphtherie und Tuberkulose bekämpft werden konnten. Dabei arbeitete er mit dem Kaiserlichen Gesundheitsamt zusammen. Über seine Beweggründe sagte er: »Ich habe gefunden, dass in vielen Menschen eine Sehnsucht nach Belehrung herrscht; diesem Wunsche bin ich nachgekommen und habe mancherlei Ratschläge gesammelt, gedruckt und in Merkbüchlein versandt.«

Wenn er mit seiner Frau auf Reisen ging, suchte Oetker nicht Erholung, sondern vor allem Bildung. Er besichtigte die Ausgrabungen in Pompeji, und im Nationalmuseum in Neapel interessierte er sich besonders für die altertümlichen Küchengeräte, die die Archäologen gefunden hatten. Dabei stieß der Backpulverfabrikant auf kleine Kupferpfannen in Muschelform. Als er bald darauf wieder in seinem Kontor in Bielefeld saß und an einem Text über den Aufbau seines Unternehmens schrieb, schob er ein Kapitel über die Entstehungsgeschichte der Kuchenform ein. Erst hätten die Menschen in Muscheln gebacken, dann in Muschelformen aus Kupfer: »So verdanken wir den alten Römern die Form für den in unserem modernen Leben und an unseren Festtagen so beliebten Topfkuchen.«

Kaum etwas fesselte August Oetker derart wie die Werbung. Schon als Apotheker war ihm bewusst geworden, dass zum Markterfolg seiner »Spezialitäten« die Kommunikation unverzichtbar war. »Wie kann die Welt wissen, dass du etwas Gutes hast, wenn du es ihr nicht anzeigst?« Seinen Mitarbeitern erklärte er am Beispiel des Gesangs der Nachtigall, dass die Werbung auch in der Natur allgegenwärtig sei. So, wie die leuchtenden Farben der Blumen den Zweck hätten, Insekten anzulocken, so wolle er mit bunten Plakaten und Werbeschildern die Kundinnen zum Kauf seiner Erzeugnisse animieren.

Dabei überprüfte der Unternehmer auch persönlich, ob die Werbemittel von den Einzelhändlern auch wirkungsvoll eingesetzt wurden. Jedes Jahr im Frühling reiste der Fabrikant zum Urlaub in den Süden. Unterwegs kontrollierte er, ob die von ihm in Auftrag gegebenen gelbblauen Metallschilder mit der Aufschrift »Dr. Oetkers Backin« gut sichtbar an den Fassaden der Geschäftshäuser angebracht worden waren. Als er erfuhr, dass manche Händler seine Plakate dazu gebrauchten, um auf die Rückseite eigene Werbebotschaften (»Frische Salzheringe«) zu schreiben, gab er umgehend Anweisung, künftig beide Seiten zu bedrucken.

Bei einer seiner Reisen stieß er auf ein neuartiges Konkurrenzprodukt aus England und war empört, dass ihn sein eigener Vertreter nicht über diesen Vorstoß der Wettbewerber informiert hatte. In seinem Rundbrief an die Reisenden schrieb er verärgert: »In einer großen Stadt, in der Hauptstraße, im feinsten Laden, lagen große, schön aussehende Bücher der ›Royal Baking Powder Company‹ und der Vertreter hatte das nicht gesehen, nicht gekauft und nicht in die Fabrik gesandt. Wer so etwas nicht sieht, der passt vielleicht zum Kuponabschneiden, aber nicht zum Vertreter eines vorwärts strebenden Geschäfts.«

In den ersten Jahren hatte sich August Oetker noch allein um die Werbung gekümmert. Doch 1908 richtete er in seinem Unternehmen eine Werbeabteilung ein und stellte als deren Leiter einen Mann namens Ladewig ein. Der sorgte dafür, dass Oetkers Produkte systematisch in der Presse des Kaiserreichs beworben wurden. Jede Zeitung in einem Ort mit mehr als 3 000 Einwohnern wurde bei den Annoncen bedacht. In illustrierten Blättern wie *Die Gartenlaube*, *Die Woche* und *Daheim* buchte Ladewig meist halbe Seiten. Die Werbetexte ließ sich Oetker aber stets vorlegen und nicht selten feilte er selbst so lange daran herum, bis sie seinen Anspruch nach »Klarheit, Kürze und Eindringlichkeit« erfüllten.

Noch wichtiger für den Absatz waren aber die Rezeptsammlungen, die Oetker in einer Millionenauflage unter das Volk brachte. Sie wurden von den Leserinnen aufgehoben und lenkten bei jedem Gebrauch erneut die Aufmerksamkeit auf Dr. Oetkers Produkte. Anfangs waren es nur Broschüren, doch dann ließ August Oetker eine Hauswirtschaftslehrerin namens Henneking ein ganzes Kochbuch verfassen. Der Band war ein gewaltiger Erfolg und erreichte in kürzester Zeit eine Millionenauflage. Der Plan des rastlosen Oetker, das Buch an den Schulen des Reiches einzuführen, scheiterte an den Direktoren. Nach einem Bericht des Werbeleiters mochten sie kein Schulbuch haben, »das offensichtlich Reklamezwecken diene«.

»Jedes Hilfsmittel wird angewandt, um meinen Artikeln den Absatz zu verschaffen, den sie wegen ihrer Güte verdienen«, schrieb August Oetker selbstbewusst. Als um 1910 in Deutschland die ersten Kinos öffneten, erkannte Oetker als einer der ersten Unternehmer die neuen Werbemöglichkeiten. Er ließ den Filmpionier Julius Pinschewer für sein Backpulver den ersten deutschen Werbetrickfilm produzieren. Im Zeitraffer war zu sehen, wie ein Napfkuchen aufging.

August Oetker widerstand der Versuchung, unter dem einmal eingeführten Markennamen weitere Artikel zu produzieren. Schon um die Jahrhundertwende war ihm vorgeschlagen worden, er könnte doch auch Nudeln und Suppen produzieren, so bekannt, wie sein Name bereits sei. Damals hatte er geantwortet, er wolle sich ganz auf das Backpulver konzentrieren, getreu seinem Motto: »Eins! Aber das bis auf die Knochen.«

In seinem Betrieb legte Oetker auf Sauberkeit und Ordnung den größten Wert, bei Verstößen wurde er cholerisch. Eine Mitarbeiterin erinnerte sich später an einen seiner Ausbrüche: »Eines Tages hatte sich in einem Raum eine Matte verschoben, und man konnte sehen, dass es nicht ganz sauber darunter war. Das entdeckte auch der Doktor, und schon brach ein fürchterliches Donnerwetter los, wobei er die stärksten Ausdrücke gebrauchte.« Einen Handwerker, der sich mit Schuhen auf eine Marmorfensterbank gestellt hatte, warf der Unternehmer eigenhändig hinaus.

Über wenige Dinge regte sich der Fabrikant so auf wie über verschüttete Ware. Abfüllerinnen, die ihre Gefäße zu voll gemacht hatten, und Pulver beim Tragen verloren, hörten von ihm immer wieder den vorwurfsvollen Hinweis: »Da liegt Gold!« Andererseits war August Oetker kein geiziger Mann und unterstützte eine Reihe gemeinnütziger Vorhaben in der Stadt. Er stiftete schon früh ein Wetterhäuschen, wo sich Bielefelder Bürger über Temperatur und Luftdruck informieren konnten, und gab dem Museum einen Zuschuss. Wenn er allerdings von Privatleuten um Hilfe angegangen wurde, reagierte der Fabrikant abweisend. Bittbriefe beantwortete er bald sogar mit einer vorgedruckten Karte: »Geld verleihe ich nicht, Hypotheken beleihe ich nicht, fremde Angelegenheiten interessieren mich nicht, da ich mit meinen eigenen genug zu tun habe. Ich bitte, mich mit solch zwecklosen Anliegen verschonen zu wollen. Achtungsvoll Dr. A. Oetker, Bielefeld.«

In wenig mehr als einem Jahrzehnt war August Oetker zu einem bedeutenden Erzeuger von Markenware im Kaiserreich aufgestiegen. Mit etwa 50 anderen Unternehmern gründete er 1903 einen »Verband der Hersteller von Markenartikeln«. Die Fabrikanten wollten sich gemeinsam gegen »Preisschleuderei« schützen. Auch August Oetker hatte es auf seinem Feld mit einer heftigen Konkurrenz zu tun. Sein Backpulver war so teuer, dass mehrere andere Anbieter, die niedrigere Preise verlangten, in den Markt eindringen konnten. Eine Zeit lang hatte Oetker vergeblich versucht, die Konkurrenz dadurch abzuwehren, dass er selbst ein Billigbackpulver auf den Markt gebracht hatte. Da die Mischung eine mindere Qualität aufwies, hatte er es nicht unter seinem eingeführten Namen vertrieben, sondern als »Zenit Backpulver« und »Eier-Backpulver«. Aber als er merkte, dass es ihm auch auf diese Weise nicht gelingen würde, die Wettbewerber zu verdrängen, konzentrierte er sich wieder ganz auf Qualitätsware. Seinen Vertretern schrieb er: »Mein Ehrgeiz liegt nicht darin, der billigste Lieferant zu sein, sondern als der erste und beste Fabrikant meiner Branche genannt zu werden.«

Je größer seine Firma wurde, desto mehr lag August Oetker daran, Vertraute heranzuziehen. 1906 stellte er einen seiner jüngeren Brüder an. Es war, wie sich herausstellen sollte, eine Entscheidung von weitreichender Bedeutung. Louis Oetker hatte wie August in Obernkirchen die Bürgerschule besucht, für das Gymnasium hatte es aber bei ihm nicht gereicht. Als 14-Jähriger hatte er eine Lehre in einem Bekleidungsgeschäft in Stadthagen aufgenommen. Und noch während seiner Ausbildungszeit hatte er wie schon August einige Jahre Erfahrungen in der Reichshauptstadt sammeln können. In Berlin hatte Louis Oetker bei einem Kaufmann gelernt, der dort für die Krefelder Seidenfirma Deuß & Oetker seines Onkels Albert Ferdinand arbeitete. In Abendstunden hatte sich der Lehrling damals auf einen höheren Schulabschluss, das so genannte Einjährigen-Examen, vorbereitet.

Der Textilfabrikant hatte große Pläne mit dem jungen Verwandten. Er hatte Louis Oetker aufgetragen, gründlich Englisch und Französisch zu lernen. Nach der Ausbildung und seiner Zeit beim Militär war Louis Oetker dann, wie verabredet, nach Krefeld übergesiedelt, um im Unternehmen des Onkels zu arbeiten. Seine Frau, die wie er aus Obernkirchen stammte, war mit ihm ins Rheinland gezogen. In Krefeld waren dann Zwillinge geboren worden. Kommerzienrat Albert Oetker hatte den jungen Kaufmann auf ausgedehnte Geschäftsreisen zu Lieferanten und Abnehmern im europäischen Ausland geschickt. So hatte Louis Oetker für längere Zeit in London und Paris gearbeitet. Und er kannte auch Barcelona, Mailand, Kopenhagen und Brüssel, als er in die Backpulverfabrik seines Bruders in Bielefeld wechselte.

Im Gegensatz zu seinem älteren Bruder, der ein strenger und ernsthafter Mann war, war Louis Oetker von fröhlichem und freundlichem Wesen, weltläufig und ein kulturell interessierter Mensch. Er hatte schon in Berlin eine Vorliebe für Opern entwickelt. Um möglichst viele Aufführungen sehen zu können, hatte er sich sogar als Statist verpflichten lassen.

In Bielefeld wurde Louis Oetker schnell zu einer wichtigen Stütze des älteren Bruders. Da er sehr viel von Vertrieb und Werbung verstand, übernahm er die Leitung des Außendienstes und stellte erstmalig zwei Reisende ein, die ein festes Gehalt bekamen. Louis war bereits der dritte Oetker-Bruder im Bielefelder Unternehmen, denn zwei Jahre vorher hatte schon der jüngere Dr. Eduard Oetker in der Firma die Leitung des Labors übernommen.

Eduard Oetker hatte seit jungen Jahren unter der Patenschaft von August Oetker gestanden, da er erst 15 Jahre alt gewesen war, als der Vater gestorben war. Bald nachdem August Oetker die Apotheke in Bielefeld übernommen hatte, hatte er seinen jüngeren Bruder zu sich geholt und ihn im eigenen Beruf ausgebildet. Anschließend hatte ihm August Oetker ein Studium der Naturwissenschaften finanziert, das Eduard nach Marburg und Rostock geführt hatte. Nach der Promotion war Eduard Oetker nach Bielefeld zurückgekehrt. Im Unternehmen widmete er sich vor allem chemischen Untersuchungen und erweiterte die Palette der Erzeugnisse um Geleepulver.

Eduard Oetker war ein Naturwissenschaftler aus Leidenschaft, ein Laborarbeiter von penibler Sorgfalt und überdies ein begabter Ingenieur. Er züchtete Schmetterlinge und grübelte permanent über technische Verbesserungen in der Fabrik. Er konstruierte eine Klebemaschine für die Backpulverbeutel und überwachte auch den Bau eines neuen Kontorhauses, das 1907 fertig gestellt wurde. In das Gebäude zogen die Buchhaltung und die Kasse ein. Dr. August Oetker erhielt dort ein repräsentatives Arbeitszimmer, aus dem er nun auf seine Fabrik sehen konnte.

Das Unternehmen wuchs und wuchs. August Oetker ließ Pferde-ställe und eine Wäscherei bauen und schrieb einen Architektenwett-bewerb für den Bau eines weiteren Fabrikgebäudes aus. 1912 stand auch dieses Gebäude aus roten Klinkern für die Herstellung des Back-pulvers bereit. Zwei Jahre später sollte noch ein weiterer Neubau hin-zukommen, in dessen Räumen das Puddingpulver gemischt und abge-füllt wurde.

Eduard Oetker setzte im Unternehmen durch, dass Badewannen für die Arbeiter installiert wurden. Er sorgte auch dafür, dass die jungen Abfüllerinnen einen Mundschutz gegen den Staub bekamen. Soziale Belange lagen dem jüngsten der Oetker-Brüder am Herzen und er war daher besonders beliebt in der Belegschaft. Immer wieder sorgte er da-für, dass älteren Arbeiterinnen leichtere Tätigkeiten zugewiesen wur-den. Dabei war der junge Laborleiter, wie nur wenige wussten, selbst ein schwer kranker Mann. Eduard Oetker konnte lange Zeit nur unter Schmerzen arbeiten. 1913 erlag er mit 38 Jahren einer heimtückischen Krankheit, bei der es sich um Krebs gehandelt haben könnte.

Für August Oetker bedeutete der Tod des Bruders einen herben Ver-lust, der umso schwerer wog, als im Jahr zuvor schon Louis Oetker das Bielefelder Unternehmen verlassen hatte. Nach sechs Jahren war er aus der Stadt fortgezogen und hatte eine leitende Stellung in einer Backpulverfabrik in Hameln angetreten. Diese Firma Reese produ-zierte ein Konkurrenzprodukt zu Dr. Oetkers Backpulver.

Allerdings sah es nur für die Verbraucher so aus, als handle es sich hier um einen Wettbewerber. Denn 1912 war es Oetker in zähen Ver-handlungen gelungen, die Reese-Anteilseigner zum Verkauf zu be-wegen. Dabei war ihm das Kunststück geglückt, die Aktionäre so gegeneinander auszuspielen, dass er das Unternehmen für ein Fünftel des Jahresumsatzes bekam. Die Marke »Reese« ließ Oetker nicht sterben, als ihm das Unternehmen gehörte. Er wusste, dass die Ein-zelhändler ihren Kunden gerne eine Alternative zu »Dr. Oetker« an-boten – und die konnten sie nun von ihm selbst bekommen.

Schon vorher hatte August Oetker einige kleine Wettbewerber auf- gekauft. Die Verhandlungen hatte er dabei stets seinem Bruder Louis überlassen. Als erste war 1910 die Bielefelder Firma Dr. Crato & Co. für 400 000 Mark in Oetkers Besitz übergegangen, die sich als »erste ernst zu nehmende Konkurrenz« erwiesen hatte. Drei Jahre später hatte Oetker das Hamburger Unternehmen Hansa, Stahmer & Wilms gekauft, das ebenfalls Backpulver und Puddingpulver produzierte. Ein früherer Vertreter Oetkers hatte sich an dieser Firma beteiligt und sei- nem alten Arbeitgeber Konkurrenz gemacht. Das hatte der Bielefelder Fabrikant nicht hinnehmen wollen und die Hamburger Firma kurz nach der Übernahme eingehen lassen. Oetker hatte aber nicht nur an- dere Firmen aufgekauft, sondern früh schon auch eine Fabrik in Öster- reich gründen lassen.

Trotz aller geschäftlichen Erfolge war es August Oetker in Bielefeld nicht leicht gefallen, Zutritt zu den besseren Kreisen der Stadt zu be- kommen. »Oetker war ein doppelter Außenseiter: sowohl als Spross einer bescheidenen Familie von auswärts als auch als Angehöriger eines Industriezweiges, der sonst kaum in der Stadt vertreten war«, schreiben Sydney Pollard und Roland Möller in einem biografischen Aufsatz über den Unternehmer.

Bielefeld war ursprünglich eine Leinenstadt. Schon im Mittelalter hatte man in der Gegend Flachs angebaut, und zu Beginn des 19. Jahr- hunderts war das Bielefelder Leinen ein Artikel, der wegen seiner Güte sogar nach Übersee geliefert wurde. Einige Dutzend einflussreiche Kauf- mannsfamilien beherrschten das Textilgeschäft, und dieses »Leinen- patriziat« gab seither in der Stadt den Ton an. Es war eine exklusive Oberschicht. Geheiratet wurde nach dem Prinzip »Leinen zu Leinen«.

Dem Nahrungsmittelproduzenten August Oetker war es aber im- merhin gelungen, in einen exklusiven Honoratiorenverein mit dem Namen »Ressource« aufgenommen zu werden. Auch dem Kriegerver- ein war er gleich zu Beginn seiner Bielefelder Zeit beigetreten.

Ihren Sohn Rudolf steckten die Oetkers an Sonn- und Feiertagen in eine Matrosenuniform. Das war damals im Kaiserreich eine weit ver- breitete Kindermode, hinter der sich mehr verbarg als die Liebe zur

Seefahrt. Wilhelm II. war geradezu besessen davon, eine Schlachtflotte bauen zu lassen. Darin zeigte sich seine Hassliebe zu England, dem Heimatland seiner Mutter. Der Kaiser glaubte, dass Deutschland nur dann eine Weltmacht würde sein können, wenn es eine Seemacht würde. Die meisten seiner Untertanen waren von diesem Gedanken ebenso begeistert wie der Monarch.

Auch gesetzte und abgeklärte Bürger wie August Oetker sahen den Flottenbau damals als ein großes nationales Projekt, bei dem sich deutsche Ingenieurkunst mit dem Anspruch auf Weltgeltung verband. Die Aufrüstung des Reiches zur Seemacht empfanden viele Menschen in der bürgerlichen Schicht als einen Ausgleich für ihre soziale Unterwerfung gegenüber dem Adel und seiner Kavallerie. »Im Schlachtflottenbau finden die sonst verdrängten, dem preußisch geprägten Staat in der Selbstunterwerfung geopferten Machtträume der wilhelminischen Bürgergesellschaft ihr Ventil und ihre Gestalt«, schrieb Christian Graf von Krockow Jahrzehnte später.

Auf der Suche nach gesellschaftlichem Renommee bemühte sich August Oetker 1911 um den Titel eines Kommerzienrats. Dieser wurde im Kaiserreich an Finanzmagnaten, Großindustrielle und Handelsfürsten vergeben. Der ehrgeizige Backpulverproduzent fühlte sich diesen Kreisen zugehörig. Auch sein Onkel Albert in Krefeld war bereits geehrt worden. Die örtlichen Behörden befürworteten Oetkers Ernennung zum Kommerzienrat und der Regierungspräsident von Minden bescheinigte dem Fabrikanten, er habe sich »Verdienste um das Volkswohl durch seine Fabrikate (Backpulver) und um das Wohl der Arbeiter« erworben.

Umso größer war die Enttäuschung, als August Oetker den Bescheid des Ministeriums für Handel und Gewerbe aus Berlin erhielt. Der Antrag war abgelehnt worden. Begründet wurde die Ablehnung damit, dass Oetkers Betrieb und sein Vermögen innerhalb der Provinz zwar stattlich, aber nicht herausragend seien. Das Ministerium hatte ermittelt, dass sich Oetker in Bielefeld eines guten Rufes erfreute, aber von allen Ehrenämtern fern hielt. Nicht einmal die Handelskammer habe ihn zu ihrem Mitglied gewählt.

Dabei hatte das Ministerium aber offensichtlich übersehen, dass Oetker immerhin vier Jahre als Stadtverordneter amtiert hatte. Vermutlich war den Berliner Beamten auch entgangen, dass August Oetker in jüngster Zeit ein großes Engagement auf anderem Gebiet zeigte. Der Fabrikant war der neu gegründeten Kaiser-Wilhelm-Gesellschaft zur Förderung der Wissenschaften beigetreten, die helfen sollte, den deutschen Vorsprung in den Naturwissenschaften zu halten und auszubauen. Sogar in den Verwaltungsrat der Organisation, die später einmal den Namen Max Plancks bekommen sollte, hatte sich August Oetker wählen lassen.

All das war in Berlin nicht gewürdigt worden. Aber Oetker ließ nicht locker. Es dauerte schließlich noch anderthalb Jahre, bis er den ersehnten Titel vor seinen Namen setzen durfte. Gewürdigt wurde nun, dass August Oetker seinen zahlreichen Arbeitern und Angestellten ein »wohlwollender, fürsorglicher Arbeitgeber« sei. Er erfreue sich eines hohen Ansehens in der Bielefelder Bürgerschaft und unterstütze gemeinnützige Bestrebungen auf großzügige Weise. Ausdrücklich erwähnt wurde in dem Schreiben eine Spende Oetkers für das Kaiser-Wilhelm-Institut in Höhe von 100 000 Mark.

Auch später zeigte sich der Unternehmer und promovierte Botaniker nicht kleinlich. Noch im selben Jahr erhielt das Kaiser-Wilhelm-Institut für Chemie weitere 100 000 Mark aus Bielefeld. Und 1917 stiftete Oetker die hohe Summe von 1,5 Millionen Mark für ein biochemisches Institut. Er stellte bei dieser Gelegenheit weitere fünf Zahlungen in Höhe von 25 000 Mark pro Jahr in Aussicht.

Daneben liebte August Oetker die kleinformatigen und volkstümlichen Bilder Carl Spitzwegs und kaufte einige seiner Kommerzienratsbilder. Spitzweg war ein Apotheker gewesen wie er selbst, bevor er als Maler den Kleinbürgern und Sonderlingen des Biedermeiers und der Restauration ein Denkmal setzte. Und Spitzweg, der Autodidakt, der niemals auf einer Akademie gewesen war, war wie Oetker ein Selfmademan. Der Malerpoet hatte die Zeilen gedichtet: »Leben ist: Die Lust zu Schaffen, anders Leib und Seel erschlaffen.« Das war ein Spruch ganz nach August Oetkers Geschmack.

Oetker selbst gab 1908 in einem Kalender einige »Beherzigenswerte Worte« heraus, die ein treffendes Charakterbild des Unternehmers zeichnen. Die erste von Oetkers Regeln lautete: »Arbeite! Arbeite unter Anspannung aller Kräfte – und diese werden bald zunehmen. Arbeite aufmerksam und fleißig – und deine Fähigkeiten werden sich rasch steigern. Arbeite so, dass es dir Freude macht! Rede dir alle Unlust aus und blicke nicht so häufig auf die Uhr. Mache aus deiner Arbeit einen Sport!«

August Oetker war ein rastloser Mann und er empfahl diesen Lebensstil auch anderen Menschen: »Benutze jede Minute! Die Zeit ist dein Kapital; jede Minute muss dir Zinsen tragen. Es gibt kaum etwas Unsinnigeres, als mit irgendeiner Torheit ›die Zeit totzuschlagen‹. Zeit ist Leben; Zeitvernichtung ist Lebensvernichtung.« Für Oetker war das Leben ein »Pensum zum Abarbeiten«, wie er es bei Arthur Schopenhauer gelesen hatte. Der Unternehmer selbst empfahl seinen Lesern: »Schreibe deinen Lebensplan nieder! Du musst wissen, was du willst und dies in großen Umrissen niederschreiben.« Aber nicht nur ein Hauptziel müsse man haben, sondern auch genaue Planungen für jeden einzelnen Monat.

Im schnellen Aufstieg des Unternehmers August Oetker spiegelte sich der Aufstieg des ganzen Landes. Es war eine kleine Erfolgsgeschichte vor dem Hintergrund einer großen. Das Wilhelminische Zeitalter war ja keineswegs so schlecht wie das spätere Ansehen des Kaisers, der ihm seinen Namen gab. Diese Epoche brachte den Deutschen große Fortschritte auf vielen Gebieten. Vor allem wuchs die Bevölkerung von 41 Millionen bei der Reichsgründung auf 67 Millionen im Jahr 1913, und besonders stark fiel das Wachstum in den Industrieregionen des Rheinlands und Westfalens aus. Es herrschte in diesen Jahren fast ununterbrochen Hochkonjunktur, getrieben von Innovationen wie der Elektrifizierung.

Gelehrsamkeit und Forschung waren die Grundlage des deutschen Aufstiegs in der Kaiserzeit. Typisch für seine Zeit war August Oetker auch darin, dass sein Erfolg auf den Naturwissenschaften gründete. »Versäume keinen wissenschaftlichen Vortrag, besuche Bibliotheken,

*Im schnellen Aufstieg der Oetkers spiegelt sich die industrielle Erfolgs-
geschichte des Landes. So sah 1914 die Abfüllanlage für Puddingpulver aus.*

Lesehallen, Ausstellungen, Museen und Sammlungen«, riet er in einer
seiner Belehrungsschriften. Die deutschen Hochschulen galten als weltweit führend, von weit her kamen junge Wissenschaftler zum Studium.
»Bewundernd ist damals gesagt worden, dass jeder Gelehrte zwei
Vaterländer habe: sein eigenes und Deutschland«, schreibt Christian
Graf von Krockow in seinem Buch über die »Deutschen in ihrem Jahrhundert«.

August Oetker plante, in Bielefeld eine naturwissenschaftliche For-
schungsstätte zu schaffen, die allen interessierten Bürgern offen stehen
sollte. Es sollte eine Art Volkshochschule mit gut eingerichteten Laboratorien sein, gedacht für all diejenigen, die sich ein Studium an der

Universität nicht leisten konnten. Farbstoffe, Bestecke und andere Gerätschaften wollte der Fabrikant stiften. Die Mikroskope wollte er den Kursteilnehmern gegen Leihgebühr zur Verfügung stellen. Der Unternehmer ließ ein komplettes Institut einrichten und stellte einen jungen promovierten Naturwissenschaftler namens Grün ein. Der erste Kursus war für August 1914 angekündigt. Er fand aber nicht statt, weil Grün in den Krieg ziehen musste. Das Projekt wurde auf Eis gelegt.

Typisch für seine Zeit war August Oetker allerdings auch in dem, was er nicht tat. Millionen junge Deutsche waren bis 1890 nach Übersee gezogen, weil sie sich fern der Heimat ein besseres Leben versprachen. Doch dann hatten sich die Lebensbedingungen und die Stimmung in Deutschland fast schlagartig so verbessert, dass nur noch wenige die Heimat verlassen mussten. Auch der ambitionierte August Oetker sah keinen Anlass, auszuwandern.

Mit seiner Handelsflotte exportierte das deutsche Kaiserreich jetzt Waren statt Menschen. Hochwertige Erzeugnisse der Chemieindustrie, der Feinmechanik und der Elektrotechnik wurden ins Ausland verkauft und verdrängten dort nicht selten die heimischen Erzeugnisse. Die in England zum Schutz der eigenen Industrie für Importware vorgeschriebene Herkunftsbezeichnung »made in Germany« entwickelte sich bald zum internationalen Qualitätsbegriff.

1913 konnte Wilhelm II. auf 25 Jahre Regentschaft als Deutscher Kaiser zurückblicken und sich mit vollem Recht als »Friedenskaiser« feiern lassen, in dessen Regierungszeit es stetig bergauf gegangen war. Das Leben in Deutschland war für die meisten Menschen leichter und aufregender geworden. Man konnte elektrisches Licht nutzen, telefonieren und reisen. Das Land war in kurzer Zeit modern geworden, seine Wirtschaft industriell und auf vielen Feldern weltweit führend.

Andererseits waren die sozialen Unterschiede extrem groß. Zwei Drittel der Bevölkerung hatten trotz aller Lohnsteigerungen immer noch ein so geringes Einkommen, dass der Staat es nicht besteuern konnte. Das tonangebende Großbürgertum des Kaiserreichs, das nur etwa fünf Prozent der Bevölkerung ausmachte, hatte sich, von dem Schub der Industrialisierung getragen, nach oben abgesetzt. Dieser kleinen Gruppe von Adligen, Unternehmern und Spitzenbeamten floss nicht weniger als ein Drittel des Volkseinkommens zu.

Die psychologische Folge von Armutsüberwindung, Aufstieg und Aufschwung war ein schichtübergreifendes, überschwängliches Kraftgefühl, wie Sebastian Haffner später analysierte: »Sehr viele Deutsche der Wilhelminischen Zeit, und zwar Deutsche aus allen möglichen Schichten, erblickten plötzlich eine große nationale Vision, ein nationales Ziel vor sich: Wir werden Weltmacht, wir breiten uns in der ganzen Welt aus, Deutschland in der Welt voran!«

1914 – 1933

Weltkrieg, Wirren, Weimar

6. »*Diese Unerschrockenheit zündete*«
Das kurze Leben des Rudolf Oetker

Die Arbeiter in der Bielefelder Fabrik nannten Rudolf Oetker »den jungen Herren«. Für sie war der einzige Sohn des Firmengründers August Oetker der künftige Chef, das stand fest. Die Arbeiter und Angestellten schätzten den Nachfolger. Einige von ihnen hatten Rudolf Oetker schon auf dem Firmengelände in der Lutterstraße gesehen, als er noch ein Junge war und nach den Pferden und Kaninchen schaute, für die es dort Ställe gab.

Im Frühjahr 1914 war Rudolf Oetker Mitte 20 und tatsächlich ein junger Herr geworden. Er hatte ein tadelloses Benehmen. »Wie gütig und freundlich er stets zu uns war, werde ich nie vergessen«, erinnerte sich ein Laborant. Der junge Oetker war ein heiterer Mensch und von gefälligem Äußeren, ein stattlicher blonder Mann und so hoch gewachsen, dass man für ihn einen Aufsatztisch zimmern musste, damit er sich im Labor der Nahrungsmittelfabrik nicht allzu tief bücken musste. Er blickte seine Mitmenschen mit wachen Augen an. Seine Gesichtszüge waren eher weich und sein Haar schütter. Daher wirkte er um einige Jahre älter, als er war. Er trug einen dünnen Oberlippenbart, wie es Mode war bei den jungen Männern im Kaiserreich.

Wie den meisten seiner Altersgenossen lag Rudolf Oetker viel daran, gesetzt zu wirken und seine Jugend durch Anzüge und steife Hemdkragen zu verstecken. Ein solches Verhalten war ein Phänomen dieser Zeit: »Die Welt vor uns oder über uns, die alle ihre Gedanken einzig auf den Fetisch der Sicherheit stellte, liebte die Jugend nicht oder vielmehr: Sie hatte ein ständiges Misstrauen gegen sie«, schrieb Stefan Zweig später rückblickend. »Während heute in unserer vollkommen veränderten Zeit 40-Jährige alles tun, um wie 30-Jährige auszusehen und 60-Jährige wie 40-Jährige, während heute Jugendlichkeit Energie, Tatkraft und Selbstvertrauen fördert und empfiehlt, musste in jenem Zeitalter der Sicherheit jeder, der vorwärts kommen wollte, alle denkbare Maskierung versuchen, um älter zu erscheinen.«

Rudolf Oetker musste nicht vorwärts kommen. Er stand qua Geburt schon weit oben in der sozialen Hierarchie des Kaiserreichs. Der Fabrikantensohn war sich seiner herausgehobenen Stellung bewusst. Er hatte aber wohl auch einen Sinn für das Soziale. Als er beispielsweise erfuhr, dass eine Arbeiterin ihre kranke Mutter zu sich in die Werkwohnung genommen hatte, wo die alte Frau isoliert lebte, besuchte der Juniorchef sie von Zeit zu Zeit. Als er bemerkte, dass die Frau schlecht sah, besorgte Oetker für sie in einem Bielefelder Geschäft ein Vergrößerungsglas.

Rudolf Oetker war am 17. November 1889 in Charlottenburg zur Welt gekommen. Doch schon ein Jahr später hatten die Eltern die Aschoffsche Apotheke übernommen und waren nach Bielefeld gezogen. Dort war Rudolf Oetker aufgewachsen und hatte die Vorschule und anschließend das Realgymnasium besucht. Er verfügte über die nötige Intelligenz, um im väterlichen Unternehmen einmal eine leitende Stellung einzunehmen. Die Zuversicht der Eltern wog umso mehr, als Rudolf ihr einziges Kind geblieben war.

Als Rudolf Oetker 1914 in die Firma seines Vaters eintrat, hatte er einiges gesehen vom Kaiserreich. Zum Studium der Naturwissenschaften war er nach der Reifeprüfung nach Hannover gezogen, bald darauf aber an die Universität in Bonn übergewechselt. Im Rheinland hatte er seinen Militärdienst absolviert. Als begeisterter Reiter hatte er sich zu den Husaren gemeldet. Die Kavallerie entsprach seinem sozialen Stand. Die nächste Station war Berlin gewesen, wo sich Rudolf Oetker an der Friedrich-Wilhelms-Universität eingeschrieben hatte. Deren Studenten galten als das geistige Leibregiment der Hohenzollern. Sein Pferd hatte der Unternehmersohn und Reserveoffizier mit nach Berlin genommen. Es war ein Schimmel namens »King«, der zuvor in Bielefeld die Kutsche des Vaters gezogen hatte.

Am Ersten Chemischen Institut hatte Rudolf Oetker als Hilfsassistent bei dem Gelehrten Emil Fischer gearbeitet. Der Professor, der einen mächtigen grauen Vollbart trug, war ein herausragender Naturstoffchemiker, der 1902 sogar den Nobelpreis für Chemie erhalten hatte. Auf den jungen Oetker hatte der Chemiker einen tiefen Eindruck gemacht und dessen Ehrgeiz geweckt. Am 4. März 1914 war der Fabrikantensohn promoviert worden, der Titel seiner Doktorarbeit lautete: »Über neue Ester einiger Monosaccharide mit Essigsäure, Benzoesäure, Zimtsäure und Kaffeesäure«.

So war also aus Rudolf Oetker schon ein Dr. Oetker geworden, als er im Frühjahr 1914 nach Bielefeld zurückkehrte. Er begann im Unternehmen an der Seite seines Vaters zu arbeiten, der damals 52 Jahre alt war. Meist tüftelte der junge Chemiker im Labor an neuen Produkten und neuen Verfahren. Sein Interesse galt aber schon dem ganzen Betrieb. Das Unternehmen des August Oetker war eines der größten in Bielefeld, 350 Arbeiter und Angestellte waren auf dem Gelände an der Lutterstraße beschäftigt. Und es expandierte weiter. Rudolf Oetker beriet den Vater beim Bau eines neuen Gebäudes für die Herstellung von Puddingpulver, aber auch in anderen Fragen. Vor allem die Mutter sah es gerne, dass sich der Sohn einzumischen begann. »Darüber soll der junge Herr entscheiden«, empfahl Caroline Oetker gerne, wenn sich das Gespräch um die Zukunft des Unternehmens zu drehen begann.

Rudolf Oetkers Einstieg in das Berufsleben geschah in einer Zeit des schnellen Wandels. Im gesamten Kaiserreich herrschte eine Aufbruchsstimmung und wie selten zuvor lebten die Menschen in einer Fortschrittsgewissheit. Die Deutschen waren eine junge, schnell wachsende Nation. Die Zahl der Hochzeiten und die der Geburten stieg, während die Säuglings- und Kindersterblichkeit niedriger war als all die Jahrzehnte zuvor. Überall im Land entstanden neue Industriebetriebe, die den Menschen, die bisher auf dem Acker geschuftet hatten, besser bezahlte Arbeit boten. Jährlich stiegen die Löhne, und Hoffnung und Zuversicht bestimmten das Denken der Menschen im Deutschen Reich. Es war eine alles in allem glückvolle Zeit.

Doch dann kam der Krieg. Warum er ausbrach, blieb vielen Zeitgenossen auch im Nachhinein rätselhaft. »Wenn man heute ruhig überlegend fragt, warum Europa 1914 in den Krieg ging, findet man keinen einzigen Grund vernünftiger Art und nicht einmal einen Anlass«, schrieb Stefan Zweig später. »Es ging um keine Ideen, es ging kaum um die kleinen Grenzbezirke.« Als Ursache des Kriegs nannte Zweig einen »Überschuss an Kraft, als tragische Folge jenes inneren Dynamismus, der sich in diesen 40 Jahren Frieden aufgehäuft hatte und sich gewaltsam entladen wollte.«

Nirgendwo in Europa herrschte noch wirkliche Not. Zwischen den Staaten, überwiegend Monarchien, gab es kaum Gegensätze, viel mehr Verbindendes. Industriegüter und andere Waren wurden von Deutschland nach England verschifft und von England nach Frankreich. Das zaristische Russland, die Donaumonarchie, Frankreich – ein jeder war Lieferant des anderen und zugleich dessen Kunde.

Alle strotzten vor Kraft: die alten europäischen Großmächte wie England, Frankreich und Russland und die neuen, späten Nationen wie Deutschland und Italien. Und alle dachten und handelten imperialistisch und sahen einander in erster Linie als Rivalen, nicht als Partner. Ein feindseliges Misstrauen prägte die Beziehungen zwischen den Staaten. Jeder beäugte den anderen. Das Deutsche Reich war zur stärksten wirtschaftlichen und militärischen Macht des Kontinents aufgestiegen. Seine schnell wachsende Kriegsmarine forderte die alte Seemacht Großbritannien heraus. Die Briten suchten sich durch ein Bündnis mit Frankreich und Russland zu wappnen. Auf diese Weise wollten sie die Machtverteilung in Europa in der Balance halten. Doch genau dadurch fühlten sich die Strategen in Berlin eingekreist – und ihrerseits provoziert. Die diplomatischen Krisen häuften sich und immer öfter war in den europäischen Hauptstädten vom großen Krieg die Rede, einem unvermeidlichen Völkerkampf, auf den man vorbereitet sein müsste.

Das Gerede wurde schließlich zu einer Prophezeiung, die sich selbst erfüllte. Ein Funke genügte zur Explosion. Am 28. Juni 1914 ermordeten serbische Nationalisten in Sarajewo den österreichischen Thronfolger Franz Ferdinand. Das angeschlagene Habsburgerreich wollte sogleich mit Krieg gegen Serbien antworten, fürchtete aber eine Reaktion Russlands. Daher versicherte es sich zunächst der deutschen Bündnistreue und bekam aus Berlin grünes Licht für eine Politik der Stärke auf dem Balkan. Die Hoffnung der Deutschen, dass der Krieg regional bleiben würde, trog. Aus der Julikrise entwickelte sich binnen Tagen ein großer europäischer Krieg. Auf die russische Teilmobilmachung antwortete Deutschland am 1. August 1914 mit einer Kriegserklärung an das Zarenreich und zwei Tage später mit einer weiteren an die Adresse des mit Russland verbündeten Frankreich. Am 4. August erklärte wiederum Großbritannien Deutschland den Krieg.

Der Ausbruch des Kriegs wurde überall im Kaiserreich gefeiert. Krieg war ja für die Deutschen damals keine schreckliche Vorstellung. Wovor hätte man sich auch ängstigen sollen? Der letzte Feldzug, 1870/71 gegen Frankreich, war schnell gewonnen worden. Warum sollte es dieses Mal anders sein?

Eine fiebrige Hochstimmung erfüllte die Menschen in den Augusttagen 1914, der sich auch Rudolf Oetker nicht entziehen konnte. Der Fabrikantensohn hatte zu dieser Zeit gerade sein privates Glück besiegelt. Er hatte Ida Meyer geheiratet, eine dunkelhaarige Bürgertochter mit feinen Gesichtszügen. Aber für Zweisamkeit blieb nach der Hochzeit wenig Zeit. Schon am zweiten Tag der Mobilmachung musste sich Rudolf Oetker in St. Avold in Lothringen einfinden. In dieser Kleinstadt hatte er früher schon militärische Übungen absolviert und war Reserveoffizier der Ulanen geworden.

Bei den Ulanen handelte es sich um eine mit gussstählernen Lanzen bewaffnete und mit schmucker Uniform ausgestattete Reitertruppe, die zwar ein prächtiges Bild abgab, vom militärischen Standpunkt aus betrachtet jedoch hoffnungslos veraltet war.

Das war vermutlich einer der Gründe dafür, dass der Reserveoffizier Rudolf Oetker bereits eine Woche nach der Mobilmachung wieder bei seiner Frau sein konnte. Mit ihr zog er allerdings sogleich von Bielefeld nach Hannover, wo er Rekruten ausbilden musste. Die kaiserliche Armee brauchte neue Soldaten. In Friedenszeiten hatte Deutschland 761000 Soldaten gehabt. Nach Kriegsbeginn wuchs die Stärke des Heeres innerhalb weniger Wochen auf drei Millionen Männer an. Zu den Rekruten, die die Militärbehörden gemustert und eingezogen hatten, kamen Kriegsfreiwillige in großer Zahl. Nicht weniger als 300000 junge Männer meldeten sich im Sommer 1914, um für Kaiser und Vaterland in die Schlacht zu ziehen.

Viereinhalb Monaten verlebte das frisch vermählte Ehepaar Oetker in Hannover. Als er im Herbst 1914 wieder zum Einsatz an der Front befohlen wurde, wusste Rudolf Oetker wohl noch nicht, dass seine Frau schwanger war. Mit welchen Gefühlen der Reserveoffizier in die Schlacht zog, ist nicht bezeugt. Vermutlich empfand er nicht anders als die meisten Männer seiner Generation. Ernst Jünger hat die Stimmung in seinem Kriegstagebuch »In Stahlgewittern« festgehalten: »Wir hatten Hörsäle, Schulbänke und Werktische verlassen und waren in den kurzen Ausbildungswochen zu einem großen, begeisterten Körper zusammengeschmolzen. Aufgewachsen in einem Zeitalter der Sicherheit, wob in uns allen die Sehnsucht nach dem Ungewöhnlichen, nach der großen Gefahr. Da hatte uns der Krieg gepackt wie ein Rausch. In einem Regen von Blumen waren wir hinausgezogen in trunkener Morituri-Stimmung. Der Krieg musste es uns ja bringen, das Große, Starke, Feierliche.«

Die deutsche Führung hatte sich auf den großen Krieg gründlich vorbereitet. Schon seit 1905 gab es einen Plan, den der preußische Generalfeldmarschall Alfred Graf von Schlieffen ausgearbeitet hatte. Er ging davon aus, dass es bei einem Krieg gegen Frankreich aussichtslos wäre, an der gemeinsamen Grenze frontal gegen den französischen Festungsgürtel anzustürmen. Schnelleren Erfolg versprach ein Angriff, bei dem das französische Heer von hinten umfasst werden würde.

Tatsächlich verlief der deutsche Ansturm 1914 durch Belgien und Luxemburg. Die französischen Grenzdivisionen wurden geschlagen, aber nicht vernichtet. Schon Anfang September geriet der deutsche Vormarsch an der Marne ins Stocken. Die Hoffnung auf einen schnellen Sieg verflog, der Blitzkriegsplan scheiterte. Was nun begann, war der lang andauernde und kräftezehrende Graben- und Stellungskrieg, in dem die in die Erde eingegrabenen Soldaten, von Regen und Kälte gepeinigt, einander gegenüberlagen.

Es gab für keine Seite ein Vorankommen. Wer immer auch an der Westfront in die Offensive ging, verlor Mann um Mann – ob es die Deutschen waren, die angriffen, oder die Franzosen oder ihre englischen Verbündeten. Zwar waren auch die angegriffenen Soldaten in ihren Gräben und Bunkern keineswegs sicher vor dem Beschuss durch feindliche Artillerie, und das Trommelfeuer versetzte sie immer wieder in Panik. Aber sie waren nicht annähernd so schutzlos wie die anstürmenden Truppen. Die wie Maulwürfe eingegrabenen Verteidiger konnten mit Hilfe einiger Maschinengewehre die Angreifer schon aus großer Entfernung niedermähen.

Die Realität an der Front war völlig anders als das Bild, das sich die Deutschen in der Heimat machten. Es war kein Krieg mit wehenden Fahnen und blitzenden Bajonetten, wie ihn die Feldpostkarten zeigten, die auch Rudolf Oetker nach Hause schickte. Das wirkliche Fronterlebnis bestand aus Hunger, Durst, Nässe, Kälte und völliger Erschöpfung. Der Feind war meist unsichtbar, das Schlachtfeld schien leer. Monotonie prägte den Kriegsalltag des einzelnen Soldaten – und die Angst zu sterben, verletzt oder verstümmelt zu werden. Ein Menschenleben galt in diesem Krieg nichts, es wurde geopfert wie Material. Ernst Jünger schrieb über das Massenmorden: »Ein Maschinengewehr, nur ein sekundenlanges Gleiten des Gurtes, und diese 25 Mann, mit denen man eine weite Insel kultivieren könnte, hängen im Draht als zerfetzte Bündel, um langsam zu verwesen.«

Der Leutnant der Reserve Rudolf Oetker kämpfte seit der Jahreswende 1914/15 in der Gegend von Verdun. Die an den Maashöhen gelegene, strategisch wichtige Stadt mit ihrer mächtigen Zitadelle war ein Eckpfeiler in der französischen Festungslinie. Bevor er nach Verdun kam, war Oetker von den Ulanen zur Infanterie versetzt worden, wo er die Führung einer Kompanie von rund 200 Soldaten übernommen hatte. Es dauerte nicht lange, bis ihm das Eiserne Kreuz verliehen wurde. Doch viel mehr als diese militärische Auszeichnung dürfte ihn ein Brief aus Bielefeld gefreut haben. An der Front erreichte Oetker die Nachricht, dass seine Frau am 26. Mai 1915 eine Tochter zur Welt gebracht hatte. Das Mädchen wurde auf den Namen Ursula getauft. Oetker war voller Ungeduld, seine Tochter zu sehen.

»Daheim, wenn das Laub fällt«, hatte Kaiser Wilhelm II. den Soldaten im Sommer 1914 versprochen. Aber ein Ende der Kämpfe war auch im zweiten Kriegsherbst nicht in Sicht. Der französische Widerstand war im Berliner Generalstab unterschätzt worden, und die Zeit arbeitete in dieser Situation gegen Deutschland und Österreich und für die Kriegsgegner Frankreich, England, Russland und Italien. Im Deutschen Reich begann sich die Blockade durch die Seemacht Großbritannien bemerkbar zu machen, es fehlte an Rohstoffen für die Materialschlachten.

Dass der Krieg längst auch in der Heimat zu spüren war, erfuhr Rudolf Oetker, als er im Januar 1916 für kurze Zeit nach Bielefeld kam. Es war ihm erlaubt worden, eine Typhuserkrankung auszukurieren. Außerdem hatten die Soldaten und Offiziere nach zwölf Monaten an der Front einen Anspruch auf zwei Wochen Heimaturlaub. Deutschland hatte zu dieser Zeit so viele Soldaten im Einsatz wie kein anderes Land. Im Laufe des Krieges sollten 85 Prozent aller Männer zwischen 17 und 50 Jahren eingezogen werden. Mehr als 13 Millionen Menschen verrichteten Militärdienst an der Front und in der Etappe.

In der Heimat fehlten die Männer. So waren zum Beispiel nicht weniger als 10 000 Bielefelder im Krieg. Jede zweite städtische Angestellte fehlte, ein Drittel aller Lehrer war beim Militär. Auch in der Nahrungsmittelfabrik des Dr. August Oetker fehlte es an Arbeitern, wie Rudolf Oetker bei seinem Urlaub erfuhr. Aber das waren nicht die Dinge, die ihn während dieser Tage am meisten beschäftigten. Oetker war vor allem glücklich, seine Frau wieder zu sehen und das Baby. Als er nach seiner Genesung wieder zurück an die Front reiste, wusste der Leutnant Oetker nicht, dass seine Frau erneut schwanger war.

Das Jahr 1915 neigte sich dem Ende zu, als der Chef des deutschen Generalstabs die folgenreiche Entscheidung traf, Verdun zum Ziel eines großen Angriffs zu machen. Erich von Falkenhayn wollte die französische Heeresführung zwingen, immer neue Kräfte zur Verteidigung dieser Festung einzusetzen. »Tut sie es, so werden sich Frankreichs Kräfte verbluten, da es ein Ausweichen nicht gibt, gleichgültig, ob wir das Ziel erreichen oder nicht. Tut sie es nicht, und fällt das Ziel selbst in unsere Hände, dann wird die moralische Wirkung in Frankreich ungeheuerlich sein«, lautete sein Kalkül.

Der Angriff auf Verdun begann am 21. Februar 1916 auf einem Frontabschnitt östlich der Maas. Auf einer Breite von fast 20 Kilometern feuerte die deutsche Artillerie ab 8.12 Uhr aus allen Rohren. Sie traf den Bahnhof, die Zitadelle, Brücken und Straßen. Sie hüllte Verdun in Qualm und Dreck ein. Am Nachmittag begann der Infanterieangriff. Zunächst sah es so aus, als hätte die 5. Armee besonderes Kriegsglück. Bereits am fünften Tag gelang es den deutschen Soldaten, das Fort Douaumant einzunehmen, eine der stärksten Anlagen im Festungsgürtel von Verdun. Doch dann wurde der französische Widerstand stärker, der deutsche Angriff kam fast zum Stillstand. Ein Kampf um jeden einzelnen Meter Boden setzte ein. Das von Falkenhayn angekündigte »Ausbluten« begann. Es geschah allerdings auf deutscher Seite nicht minder stark als auf französischer.

Als Kompanieführer hatte Rudolf Oetker, wie alle Offiziere damals, einen so genannten Burschen, der ihn bediente, Erich Dorsch. Überhaupt hatten sich die Standesunterschiede aus Friedenszeiten an der Front erhalten. Die Offiziere wurden durchweg besser verpflegt, sie bekamen Alkohol und sie hatten auch bessere Bunker. Nur beim Sturmangriff, da waren alle gleich.

Am 8. März 1916 sollte es für Oetkers Kompanie losgehen. Um zwölf Uhr mittags war der Sturm auf das Fort Vaux angesetzt worden. Er sollte nach dem üblichen Muster erfolgen: erst Trommelfeuer, dann massierter Infanterieangriff. Oetkers Bursche Dorsch arbeitete als Entfernungsschätzer für seinen Kompanieführer und blieb immer in dessen Nähe. In einem Brief schilderte Dorsch später den Verlauf des Angriffs: »Wir sprangen von einem Granatloch ins andere und kamen so bis an den Drahtverhau am Fuße des Berges heran. Jedes Mal, wenn wir einen Sprung machten, wurden wir von einem Hagel von Geschossen nur so überschüttet. Mehr als 50-mal habe ich zu meinem Leutnant gesagt, er sollte sich doch nicht so zeigen; er war immer viel zu dreist.«

Viele Soldaten waren damals wie im Fieber. Besonders die Reserveoffiziere wollten beweisen, dass sie in ihrer Einsatzfreude den Berufsoffizieren nicht nachstanden. Ein anderer Leutnant, der damals 36-jährige Künstler Franz Marc, schrieb voller Faszination aus Verdun nach Hause: »Nun sind wir mitten drin in diesem ungeheuerlichsten aller Kriegstage. Die ganzen französischen Linien sind durchbrochen. Von der wahnsinnigen Wut und Gewalt des deutschen Vorsturmes kann sich kein Mensch einen Begriff machen, der das nicht mitgemacht hat.«

Die am Sturm auf Fort Vaux beteiligten Regimenter liefen zunächst in mehreren Wellen den Hang hinunter in Richtung der Ortschaft Vaux. Unter französischem Beschuss blieben dabei 200 Tote und Verwundete liegen. Soldaten aus Oetkers Regiment gelang es aber immerhin, einen Rundgraben einzunehmen. Später kamen Oetker und einige seiner Leute bis zu einem Bahndamm, der das Tal in zwei Hälften teilte. Dort lagen sie fünf Stunden fest, weil das Feuer der französischen Infanteristen sehr heftig war. Als es nachließ, rückten sie weiter vor.

Rudolf Oetker verhielt sich todesmutig. Seine Tapferkeit bei diesen Kämpfen sollte später sogar in der offiziellen Kriegsberichterstattung ihren Niederschlag finden: »Das Verdienst, den Sturm hier vorgetragen zu haben, gebührt dem Leutnant der Reserve Oetker (Bielefeld). Er schritt in völliger Ruhe den Bahndamm entlang, überall die Schwarmlinie zum Vorgehen ermutigend. Diese Unerschrockenheit zündete.«

Diese heroisierende Beschreibung traf allerdings nicht die wirklichen Ereignisse. Tatsächlich war es ein einziges Gemetzel, das sich in dem Tal unterhalb des Forts Vaux ereignete. Nachmittags um drei befahl der Regimentskommandeur zwei Kompanien einen Angriff auf einen Steinbruch, in dem französische Soldaten eine Stellung hatten. Die Verluste waren gewaltig. Im Maschinengewehrfeuer starben so viele

*Im Jahr 1914 heirateten Rudolf Oetker und Ida Meyer, eine
Bielefelder Bürgerstochter. Dann zog der Bräutigam
in den Krieg.*

Soldaten, dass der Angriff wegen Aussichtslosigkeit eingestellt wurde. Doch das Generalkommando befahl dem Regiment auf dem Hang, weiterzukämpfen. Fast alle Männer einer frisch hinzugezogenen Kompanie mussten daraufhin ihr Leben im Kugelhagel lassen.

Als die Sonne an diesem blutigen Tag versank, erwarteten die erschöpften Franzosen keinen weiteren Angriff mehr. Doch in der Dunkelheit nahm die deutsche Artillerie mit ihren Geschützen die Festung wieder unter Beschuss. Leutnant Oetker lag zu dieser Zeit mit einem Teil seiner Kompanie am Ufer des Vaux-Bachs. Auf der anderen Seite befand sich einer von mehreren Stacheldrahtverhauen, mit denen die Franzosen die Festung gesichert hatten. Oetker beauftragte seinen Burschen, einige Bretter über das Flüsschen zu legen und den Drahtverhau zu zerschneiden. Er selbst wollte noch einmal zurückgehen, um den Rest der Kompanie heranzuholen. Bald darauf begann der nächtliche Angriff auf das Fort. Dorsch glaubte, Oetker dabei hinter sich zu haben. Zu seinem Entsetzen erfuhr er einige Stunden später von einem anderen Leutnant, dass Rudolf Oetker gefallen war.

Oetker wurde vermutlich von einem französischen Infanteristen erschossen. Aber es ist auch möglich, dass er Opfer eines deutschen Geschützes wurde. Denn das Fort lag zu dieser Stunde noch unter dem Beschuss der deutschen Artillerie, die vom schnellen Vorstoß der eigenen Leute in der Dunkelheit nichts bemerkt hatte. Als der promovierte Chemiker und angehende Unternehmer Rudolf Oetker im Alter von 27 Jahren auf dem Schlachtfeld bei Verdun sein Leben lassen musste, da reihte er sich ein in die schier unübersehbare Masse von insgesamt zehn Millionen Toten, die dieser Krieg fordern sollte.

Wegen der anhaltenden Kämpfe war es für Oetkers Burschen mehrere Tage lang nicht möglich, nach der Leiche seines Kompanieführers zu suchen. »Rechts und links die Höhe war noch vom Franzmann besetzt, und der fegte das ganze Gelände mit Maschinengewehren ab«, berichtete Dorsch in einem Brief nach Bielefeld. Erst in der Nacht vom 12. auf den 13. März fand er Rudolf Oetkers Leichnam – sitzend. »Er muss einen sofortigen Tod gehabt haben, denn die eine Hand war noch ausgestreckt«, schrieb Dorsch der Familie Oetker. Die Leiche wurde geborgen und auf dem Friedhof von Senon bestattet. Erst später sollte Rudolf Oetker aus Frankreich nach Bielefeld überführt werden, wo er auf dem Johannisfriedhof beigesetzt wurde.

Rudolf Oetker teilte das Schicksal zahlloser Männer seiner Generation. So war der Maler Franz Marc vier Tage vor ihm in Verdun gefallen. Ernst Jünger schrieb fünf Jahrzehnte später darüber: »Ein Schlachten war's, nicht eine Schlacht zu nennen.« Und ein Infanterist namens Friedrich Lehmann hat in seinem Fronttagebuch beschrieben, wie es auf dem Vaux-Berg nach der Schlacht aussah: »Ein Totenfeld um das Fort herum. Nicht ein Hauch von Leben ist übrig geblieben, die Baumstümpfe sind tot, die Grasnarbe ist verbrannt, der Boden ist zu vier Metern tief aufgewühlt, umgepflügt, zerschunden, gemartert, grau und tot, genau wie die vielen von Freund und Feind, die hier noch unbeerdigt liegen. Hier ragt eine Knochenhand hervor, da ein halb verwester Schädel unter dem deutschen Stahlhelm ...«

Der Kampf um Verdun dauerte noch bis zum Dezember 1916. 337000 deutsche Soldaten und 377000 Franzosen wurden dabei getötet, verwundet oder gefangen genommen. Die exakte Zahl der Todesopfer sollte niemals ermittelt werden. Die amtlichen Statistiken der Kriegsjahre durften nicht ausweisen, wie viele deutsche Soldaten ihr Leben dadurch retteten, dass sie sich ergaben. So weiß man bis heute nicht, wie viele von den offiziell 81668 deutschen Toten und Vermissten in Gefangenschaft überlebt haben. Unstrittig aber ist, dass niemals zuvor in der Menschheitsgeschichte so viele Leben auf einem so kleinen Raum ausgelöscht worden sind wie 1916 in Verdun.

7. »Das Unglück unseres Volkes hat mich krank gemacht«

Der Tod des Gründers August Oetker

Für August Oetker galt, was der Ökonom Joseph Schumpeter als Antriebskraft vieler Unternehmer beschrieben hat: Dass es ihnen bei ihrer Aufbauarbeit in erster Linie darum geht, ein privates Reich, eine Dynastie zu gründen. Menschen wie Oetker dachten und denken bei ihren groß angelegten Werken in Generationen. Sie wollen etwas schaffen, das sie selbst überdauert. Bewusst oder unbewusst zielen sie damit auf eine Form der Unsterblichkeit.

Dies alles war durch den Tod des einzigen Sohnes zunichte gemacht worden. Von einem Tag auf den anderen war das Unternehmen kein Familienunternehmen mehr in dem Sinne, wie es sein Gründer konzipiert hatte. Sollte das Lebenswerk umsonst gewesen sein? August Oetker war verzweifelt.

Dabei hatte der Krieg aus der Sicht der Firma gut begonnen. Dem Kriegsbeginn war im Kaiserreich ein Konsumrausch gefolgt. Niemand in Deutschland hatte daran gedacht, mit Nahrungsmitteln sparsam umzugehen. Das Volk war siegesgewiss und in Festtagslaune. »Niemals wurden mehr Kuchen gebacken als in den Monaten bis Weihnachten 1914«, schreibt der Historiker Michael Salewski, »und dieses Weihnachtsfest führte geradezu eine Fressorgie herauf.« Die Soldaten im Feld erhielten Pakete aus der Heimat. Auch August Oetker ließ all seinen Arbeitern und Angestellten, die an der Front waren, die damals so genannten Liebesgaben schicken. Dabei achtete der Fabrikant darauf, dass auch Obst versandt wurde.

Einen Krieg, der mehrere Jahre dauerte, hatte kaum jemand in Deutschland erwartet. Folglich war auch die Wirtschaft des Kaiserreichs nicht vorbereitet worden. Die Herren in Berlin hatten in den Vorkriegsjahren zwar immer wieder vor der politischen »Einkreisung« Deutschlands gewarnt, dabei aber übersehen, dass deren Folge im Kriegsfall zwangsläufig eine Blockade sein musste. Als die militärische Auseinandersetzung begonnen hatte, hatten die Alliierten sogleich Deutschland abgeriegelt. Es sollte allerdings noch etwa zwei Jahre dauern, bis sich die Blockade schmerzlich bemerkbar machte.

Deutschland war auf die Einfuhr von Lebensmitteln angewiesen. Allerdings war die Abhängigkeit nicht sehr groß, am stärksten noch beim Getreide, das zu einem Viertel importiert wurde, und beim Fett, das vor dem Krieg zu 40 Prozent aus dem Ausland nach Deutschland gekommen war. An Zucker und Kartoffeln dagegen erzeugte die heimische Landwirtschaft mehr, als die Deutschen verbrauchten. Die Organisatoren der Kriegswirtschaft waren daher zuversichtlich, dass das Heer und die zivile Bevölkerung ausreichend versorgt werden konnten, wenn man nur die Art der Ernährung etwas umstellte und die Versorgung dirigierte. So wurde eine Vielzahl von behördlichen Verteilungs- und Zuteilungsstellen geschaffen, von der Reichszuckerstelle über die Kriegskartoffelgesellschaft bis hin zur Stärke-Sirup-Zentrale. Sogar eine Kriegsgesellschaft für Sauerkraut nahm ihre Arbeit auf. Über 40 solcher Organisationen gab es, und über sie wachte das Kriegsernährungsamt.

Doch den Hunger verhinderten all diese Behörden nicht. Nach der Missernte 1916 verschlechterte sich die Versorgungslage in Deutschland dramatisch. Das Heer beanspruchte gewaltige Mengen an Fleisch, Eiern und Milch, und unter den Männern an der Front waren viele Landwirte, die auf den Feldern fehlten. Der Mangel an Lebensmitteln wurde verschärft durch die Schwierigkeiten des Transports. Weil die Züge für Kriegszwecke gebraucht wurden, konnten Getreide und Kartoffeln häufig nicht dorthin transportiert werden, wo sie benötigt wurden.

August Oetker litt an der katastrophalen Lage seines Vaterlandes, auch wenn er persönlich gut versorgt war. In einem Brief an den Vorsitzenden der Kaiser-Wilhelm-Gesellschaft Adolf von Harnack klagte

Oetker am 10. April 1917: »Das Unglück unseres Volkes hat mich krank gemacht.« Wenn er über all das nachdenke, was im Reich »verpfuscht« sei, so komme er zu dem Schluss, »dass die Deutschen zu dumm sind; sie glauben zu viel und denken zu wenig«. Nach wie vor hielt Oetker große Stücke auf Wilhelm II. Der Kaiser sei aber von falschen Beratern umgeben. »Unsere unfähigen Diplomaten haben nach Bismarcks Entlassung das Übergewicht bekommen, Schmeichler haben unseren Kaiser getäuscht.«

Als Oetker diese Zeilen schrieb, hatte der Krieg gerade eine dramatische Wende genommen. Deutschland hatte den Fehler begangen, die USA in den Konflikt hineinzuziehen. Die Vereinigten Staaten waren damals noch sehr pazifistisch gestimmt. Präsident Woodrow Wilson und die Mehrheit der US-Bürger waren lange Zeit der Ansicht gewesen, der Krieg in Europa gehe sie nichts an. Die Regierenden in Washington und ihre Berater hatten wenig Zweifel, dass die USA als führende Wirtschaftsmacht der Welt diesen Krieg gewinnen würden. Aber wozu? Was hätte man davon gehabt? Lange hatten die Engländer versucht, die USA als Verbündete gegen Deutschland zu gewinnen, aber sie waren auf taube Ohren gestoßen.

Doch dann erklärte Deutschland am 1. Februar 1917 den Beginn des uneingeschränkten U-Boot-Kriegs. Das hieß, dass Handels- und sogar Passagierschiffe von nun an ohne Vorwarnung versenkt werden würden. Dahinter stand die Absicht, England vom Warenstrom aus dem Ausland abzutrennen und auszuhungern. Sofort brach Washington die diplomatischen Beziehungen zu Berlin ab. Als dann noch herauskam, dass das Deutsche Reich versucht hatte, Mexiko zu einem Krieg gegen die USA zu bewegen, erklärten die Vereinigten Staaten Deutschland am 6. April 1917 den Krieg.

Der Unternehmer August Oetker war klug genug, zu begreifen, was das bedeutete. Mit dem Eintritt der USA in den Krieg war Deutschlands Niederlage besiegelt. Als Mann der Wirtschaft wusste Oetker besser als die meisten seiner Zeitgenossen, dass am Ende der ökonomische Wettstreit den Ausgang der militärischen Auseinandersetzung bestimmen würde. Er sah, dass die Oberste Heeresleitung und die

Der Tod seines Sohnes Rudolf im Ersten Weltkrieg brach dem Firmen-gründer Dr. August Oetker das Herz.

deutsche Regierung mit ihrer U-Boot-Drohung die folgenschwerste Fehlentscheidung in diesem Krieg getroffen hatten.

In seiner Enttäuschung war der Fabrikant nicht allein. Nach dem Hungerwinter von 1916/17 machte sich in weiten Kreisen der Bevölkerung Erbitterung breit. Im Frühjahr kam es zu Massenstreiks in Leipzig, Berlin und anderen Städten. Der einstmals so bewunderte Staat büßte in diesen Monaten auch bei konservativen Menschen an Renommee ein. Weder gelang es der Obrigkeit, das Volk zu ernähren, noch konnte sie all den Schiebern und Kriegsgewinnlern Einhalt gebieten, die aus der Not persönlichen Profit schlugen.

August Oetker klagte über die Auswüchse der Kriegswirtschaft in einem Brief vom April 1917: »Der Bundesrat hat einer Gesellschaft die Macht gegeben, das Volk zu bewuchern und diese Gesellschaft kennt kein Erbarmen mit der Not des Volkes. Unsere Jugend fällt fürs Vaterland und eine verseuchte internationale Bande wird reich, kennt kein anderes Ziel, als Geld, Geld und damit Macht über die Menschen zu bekommen.« Dieser Brief sollte erst Jahrzehnte später von der Firma Oetker in einer Firmenchronik veröffentlicht werden. Er wurde allerdings in zensierter Form wiedergegeben. Ein Satz Oetkers lautete: »Unsere Männer fallen fürs Vaterland, das Volk hungert und wird von der XYZ ausgesogen.« Der Kontext legt nahe, dass es sich um eine antisemitische Äußerung gehandelt hat, wie sie damals nicht untypisch war. Antisemitische Klischees vom jüdischen Wucherer und Schwarzmarkthändler prägten das Denken einer wachsenden Zahl nichtjüdischer Bürger des Kaiserreichs.

Was das Geschäftliche anging, hatte August Oetker wenig Grund, zu klagen. Für die Firma waren die Kriegsjahre nicht schlecht verlaufen. Als die Bielefelder Stadtverwaltung 1915 eine Liste derjenigen Unternehmen zusammenstellte, von denen bekannt war, dass sie Heeresaufträge erhalten hatten, stand neben den Betrieben der örtlichen Metall- und Textilindustrie die Firma Oetker. Zudem sprang die allgemeine Nachfrage nach Backpulver in die Höhe, nachdem die Behörden Ende 1915 verboten hatten, Hefe für Backzwecke einzusetzen. In den Kriegsjahren, 1917 ausgenommen, konnte die Nährmittelfabrik daher den Absatz ihrer Produkte beträchtlich steigern. 1918 verkaufte das Unternehmen nicht weniger als 300 Millionen Päckchen. Der Umsatz lag in diesem Jahr doppelt so hoch wie 1914, wobei ein Teil des Zuwachses aber wohl durch den allgemeinen Anstieg der Preise zu erklären sein dürfte. Das Hauptprodukt erreichte eine neue Popularität. »Die Hausfrau hat im Ersten Weltkrieg erkannt, welchen Wert Backpulver hat«, hieß es Jahrzehnte später in einer Jubiläumsschrift. »Seit jener Zeit ist unser Backin zum Kücheninstrument schlechthin geworden.«

Außerdem kam dem Unternehmen zugute, dass die ausländische Konkurrenz während des Weltkriegs vom deutschen Markt verdrängt worden war. August Oetker selbst hatte in seiner Werbung die nationale Karte gespielt: »Deutsche Hausfrauen! Kauft von jetzt ab nur noch deutsches Gustin statt des bisher vielfach verwendeten englischen Fabrikats Mondamin«.

Weil die Firma Oetker keine Aktiengesellschaft war, musste nicht veröffentlicht werden, wie sich ihre Gewinne während der Kriegsjahre entwickelten. Aber es ist anzunehmen, dass sie ähnlich hoch ausfielen wie bei anderen Bielefelder Unternehmen, die Heeresaufträge erhalten hatten und hohe Dividenden an ihre Aktionäre ausschütten konnten. Die staatlichen Auftraggeber waren außerstande, die Preise ihrer Lieferanten wirksam zu kontrollieren. Die Generäle wollten mit Hilfe der Industrie den Krieg gewinnen. Sie dachten nicht daran, Steuergelder zu sparen. Es war ja ohnehin geplant, nach dem Krieg dem besiegten Feind die Rechnung zu präsentieren.

Als es für die Firma Oetker schwierig wurde, Rohstoffe zu bekommen, erwies es sich als vorteilhaft, dass das Unternehmen in den Vorkriegsjahren mehrere Konkurrenten übernommen hatte. So konnte es nun auf die Zuteilungen zurückgreifen, die die Tochterfirma Reese in Hameln bekommen hatte. Zudem experimentierte die Firma mit allerhand Ersatzstoffen. Deren Qualität war allerdings teilweise so schlecht, dass sie mit den vorhandenen Maschinen nicht verarbeitet werden konnten. Zeitweilig mussten die Mischungen daher wieder von Hand abgefüllt werden. Als es keine Stärke mehr zu kaufen gab, die das Unternehmen zur Herstellung des Puddingpulvers brauchte, kam man bei Oetker auf die Idee, Molke zu trocknen.

Es waren nicht diese praktischen Schwierigkeiten, die dazu führten, dass August Oetker Kraft und Lebensmut verlor. Viel stärker lastete der Tod des einzigen Sohnes auf ihm. Mit wachsendem Gram ging der körperliche Verfall des Unternehmers einher. 1917 erkrankte August Oetker schwer. Er fühlte, dass er nicht mehr lange leben würde. Seine letzte Kraft verwandte er darauf, die Nachfolge zu regeln. Nach seinem Tod sollte die Führung des Unternehmens in guten Händen liegen.

Es hätte nahe gelegen, dass sein jüngerer Bruder Louis die Aufgabe übernahm, der damals die Firma Reese in Hameln leitete. Stattdessen fasste August Oetker 1917 den Entschluss, seinen tüchtigsten Biele-felder Mitarbeiter zum Teilhaber zu machen. Dieser Fritz Behringer stand dem Inhaber auch menschlich nahe. Er war derjenige gewesen, der den Leichnam Rudolf Oetkers aus Verdun nach Bielefeld geholt hatte. August Oetker arbeitete einen Vertrag aus, nach dem Behringer mit Beginn des Jahres 1918 Geschäftsführer und Miteigentümer des Unternehmens werden sollte. Er bestimmte, dass sich Behringer bei wichtigen Entscheidungen mit der Witwe Caroline Oetker abstimmen sollte. In seinem Testament formulierte der Fabrikant ferner den Wunsch, dass das Unternehmen möglichst unverändert für den Enkel-sohn Rudolf-August erhalten bleiben sollte. Der Knabe war 1916 ge-boren worden, als sein Vater bereits gefallen war.

Der Fabrikant hatte seine letzten Dinge gerade noch rechtzeitig ge-regelt. Das neue Jahr hatte kaum begonnen, als August Oetker starb. Am 10. Januar 1918 tat er seinen letzten Atemzug, vier Tage nach seinem 56. Geburtstag.

8. »Jüdischen Einfluss ausgeschaltet«
Richard Kaselowsky und der Kampf
um das Erbe

Als sich der Pulverdampf in Europa verzogen hatte, standen alle Staaten, auch die siegreichen, schlechter da als vor dem Krieg. Das nationale Schicksal spiegelte sich im privaten Unglück unzähliger zerstörter Familien. 2,4 Millionen deutsche Soldaten waren umgekommen und weitere 2,7 Millionen Männer auf Dauer gesundheitlich beeinträchtigt. Auch die Unternehmerfamilie Oetker war schwer getroffen worden. Der Sohn Rudolf war gefallen, der Vater August im letzten Kriegsjahr gestorben. Damit fehlten dem Unternehmen beim Neuanfang nach dem Krieg die beiden wichtigsten Männer, der Gründer und sein Nachfolger. Die Familie Oetker in Bielefeld bestand nur noch aus zwei Witwen und zwei Kleinkindern.

Deutschland befand sich derweil mitten in einer Revolution«. Als Erste meuterten im Oktober 1918 die Matrosen in Kiel und Wilhelmshaven. Sie wehrten sich gegen den unsinnigen Befehl, zu einer letzten Schlacht gegen die englische Flotte auszulaufen. Im November proklamierte der Unabhängige Sozialdemokrat Kurt Eisner in Bayern die erste Räterepublik Deutschlands. Überall in Deutschland hatte der monarchistische Obrigkeitsstaat abgewirtschaftet und Kaiser Wilhelm II. war ins holländische Exil gegangen. Am 9. November 1918 rief der SPD-Politiker Philipp Scheidemann von einem Fenster des Reichstagsgebäudes in Berlin die »Deutsche Republik« aus. Ein paar Stunden später proklamierte Karl Liebknecht vor einer Menschenmenge am Berliner Schloss die »freie sozialistische Republik Deutschlands«.

Überall im Lande hatten sich Soldatenräte in den Garnisonen und Arbeiterräte in den Fabriken gebildet. Die Könige von Bayern, Sachsen und Württemberg dankten ab, als man sie dazu aufforderte. Ebenso taten es die Herzoge und Großherzoge der anderen deutschen Staaten. Nun übernahm der SPD-Vorsitzende Friedrich Ebert das Schiff, dem der Steuermann fehlte. Der Sozialdemokrat war im Grunde ein konservativer Mann. Seine obersten Ziele waren, den Deutschen eine Revolution nach russischem Vorbild zu ersparen, einen Bürgerkrieg zu verhindern und das Volk vor einer Hungersnot zu bewahren. Deshalb verbündete er sich mit dem Militär.

Allerdings war die alte Frontarmee für einen Kampf im Inneren nicht zu gebrauchen. Die meisten Soldaten wollten nur noch zu ihren Familien zurück. Daher stellte die Oberste Heeresleitung für den Kampf gegen die Revolutionäre besondere Freiwilligen-Formationen auf, die so genannten Freikorps. Auch ein Mitglied der Familie Oetker war mit dabei, als es darum ging, die Kommunisten in Deutschland mit Waffengewalt von der Macht fern zu halten.

Karl Oetker war ein Neffe des Bielefelder Unternehmers und stammte aus Altona, wo sein Vater Carl Christian Oetker eine Firma besessen hatte. Vor dem Krieg hatte Karl Oetker das Realgymnasium besucht und eine Lehre als Großhandelskaufmann in einer Kolonialwarenfirma gemacht. Im August 1914 hatte er sich als 18-Jähriger freiwillig gemeldet. Er war an die Westfront gekommen und hatte bei Arras und in der Champagne gekämpft. Auch bei der Schlacht vor Verdun war er dabei gewesen. Mehrfach war er im Krieg verwundet worden. Einmal war er so lange verschüttet gewesen, dass er nach der Bergung als untauglich für einen weiteren Fronteinsatz eingestuft worden war.

Als nach der Abdankung des Kaisers die alte Ordnung in Deutschland zusammenbrach, erlebte Karl Oetker in Altona und Hamburg mit, wie Matrosen auf Lastwagen durch die Stadt fuhren und rote Fahnen schwenkten. Er sah, wie hungernde Arbeiter Fabriken besetzten und Lebensmittelläden plünderten. In dieser Situation schloss sich der Unternehmersohn dem Freikorps »Groß-Hamburg« an, um gegen die Aufständischen zu kämpfen.

Alwin Münchmeyer, Spross einer alten Kaufmannsfamilie, erlebte als Zehnjähriger das Chaos und den Aufruhr in seiner Vaterstadt mit. Seine spätere Erinnerung an diese Ereignisse passt wie maßgeschneidert auf Karl Oetker: »Zahlreiche Bürgersöhne waren gleich nach der Schule in den Krieg gezogen und fanden zunächst ohnehin keinen rechten Platz in der Friedensordnung. Sie schlossen sich zu so genannten Freikorps zusammen. Sie verteidigten uns gegen Kommunisten und Aufständische. Und sie verteidigten so zugleich die neue Regierung, obwohl sicher keiner von ihnen über Nacht zum Republikaner oder gar zum Sozialdemokraten geworden war.«

Es war tatsächlich ein merkwürdiger Vorgang: Sozialdemokraten und das alte Militär machten im Bündnis fast alles ungeschehen, was es bis dahin an Revolution in Deutschland gegeben hatte. Einzig das Ende der Monarchie sollte Bestand haben. Ansonsten stellte die Weimarer Republik in vielerlei Hinsicht die alten Verhältnisse wieder her. Das private Unternehmertum blieb ebenso bestehen wie das kapitalistische Wirtschaftssystem, das allerdings in eine neue Sozialordnung eingebettet werden sollte.

Die Nährmittelfabrik Dr. August Oetker konnte nach dem Krieg schon bald wieder gute Geschäfte machen. Die Nachfrage der Kundinnen nach Dr. Oetkers Backpulver explodierte 1919 geradezu. Die Bestellungen der Händler stiegen von Monat zu Monat an. Firmenchef Fritz Behringer weitete die Produktion so stark aus, wie es nur ging. Im Herbst 1919 sah es so aus, als würde das Unternehmen auf Dauer bis zu 50 Millionen Päckchen pro Monat absetzen. Allerdings fehlte es an Rohstoffen, um die nachgefragte Menge zu produzieren.

Der wichtigste Zulieferer war damals ein Unternehmen mit dem Namen Chemische Fabrik vorm. Goldenberg, Geromont und Cie. Die Firma hatte ihren Sitz in Winkel im Rheingau und lieferte Weinstein und Zitronensäure nach Bielefeld. Fritz Behringer bat diesen Lieferanten inständig, ihm mehr Rohstoffe zu beschaffen: »Schickt nur, was ihr könnt«, forderte er sie auf, »Oetker kann alles gebrauchen«. Die Chemische Fabrik Goldenberg reagierte prompt und der Erfolg blieb nicht aus. Im April 1920 produzierten die Oetkers so viel Backpulver wie noch niemals zuvor in ihrer Geschichte. 40 Millionen Päckchen

»Backin« gingen an die Händler. Eine Hochstimmung erfasste den Firmenchef Behringer und die Mitarbeiter. Die neue Zeit begann verheißungsvoll.

Auch Caroline Oetker und ihre Schwiegertochter Ida fassten neuen Mut. Um die junge Frau und ihre beiden kleinen Kinder kümmerte sich zu dieser Zeit ein Jugendfreund ihres verstorbenen Mannes, Richard Kaselowsky. Was als Fürsorge begann, sollte bald mehr werden. Ida Oetker und der drei Jahre ältere Kaselowsky fanden Gefallen aneinander. Es passte ja so gut. Der Mann war ledig und stammte ebenfalls aus einer namhaften Bielefelder Familie.

Richard Kaselowsky war am 14. August 1888 geboren worden und somit etwas älter als Rudolf Oetker. Er hatte das Gymnasium in Bielefeld bis zur Quinta besucht, war dann aber mit seinen Eltern für drei Jahre nach Berlin gezogen, da sein Vater, der Kaufmann Richard Kaselowsky senior, als nationalliberaler Abgeordneter in den preußischen Landtag gezogen war. Kaselowskys Mutter Elise war eine geborene Delius und stammte aus der damals wohl vornehmsten Familie des Bielefelder Textiladels.

Seine Abiturprüfung hatte der junge Kaselowsky 1907 in Bielefeld abgelegt. Anders als der zielstrebige Rudolf Oetker hatte er nicht recht gewusst, was er mit seinem Leben machen sollte. So hatte er zunächst ein Jurastudium in Bonn und Berlin begonnen, es aber nach anderthalb Jahren abgebrochen. Bei der Rheinisch-Westfälischen Disconto-Gesellschaft in Bochum hatte Kaselowsky dann eine Lehre als Bankkaufmann durchlaufen. Im Oktober 1910 hatte er sich als Einjährig-Freiwilliger zum Militär gemeldet und war in München eingerückt. Doch dort war er schwer erkrankt. Weil ihn chronische Kreislaufstörungen plagten, war er als untauglich aus dem Militärdienst entlassen worden.

Danach war Kaselowsky wieder nach Berlin gezogen und hatte eine Zeit lang beim Bankhaus Delbrück, Schickler & Co. gearbeitet. In der Hauptstadt des Kaiserreichs hatte er seinen Schulfreund Rudolf Oetker wieder getroffen, und die beiden hatten häufig ihre Freizeit miteinander verbracht. Im April 1913 war Kaselowsky zur weiteren Ausbildung nach London übergesiedelt, wo er in einer Bank hospitiert hatte. Aber der Mittzwanziger hatte schon bald auch die Lust am Geldgeschäft verloren. In England hatte Kaselowsky einen erfolgreichen Geflügelzüchter kennen gelernt und seinen Vater um die Erlaubnis zum Berufswechsel gebeten. Als er sie bekam, hatte er auf einer Farm im englischen Orpington eine entsprechende Lehre angefangen.

Im Frühjahr 1914 war Richard Kaselowsky nach Deutschland zurückgekehrt und hatte für einige Monate eine Lehranstalt für Geflügelzucht in Erlangen besucht. Anschließend hatte er in der Nähe von Bad Nauheim, wo seine Eltern mittlerweile lebten, einen eigenen Zuchtbetrieb begonnen. Der Ausbruch des Kriegs hatte für ihn als Untauglichen – anders als für seinen Freund Rudolf Oetker – keinen Einschnitt in sein Leben mit sich gebracht.

Im Jahr 1916 war der Geflügelzüchter Kaselowsky dann doch eingezogen worden. Zu seinem Glück war er aber nicht an die Front geschickt worden, sondern zum Stellvertretenden Generalkommando des XVIII. Armeekorps in Frankfurt gekommen. Dort hatte er keine sonderlich aufreibende Arbeit gehabt, so dass er die Zeit nutzen konnte, um nach Dienstschluss an der Universität betriebswirtschaftliche Vorlesungen zu hören. Richard Kaselowskys Unstetigkeit hatte sich im Laufe der Jahre nicht gelegt, auch das Interesse an der Geflügelzucht erwies sich als nicht dauerhaft. Dafür schien ihn ein später Ehrgeiz gepackt zu haben. Er studierte zielstrebig und verließ die Universität als examinierter Diplomkaufmann. Im Juli 1919 wurde er sogar mit einer Dissertation über den »Rheinisch-Westfälischen Kuxenmarkt« promoviert.

Am 14. August 1919 heiratete Dr. Richard Kaselowsky die Witwe seines Freundes Rudolf Oetker. Die Hochzeit wurde in Bad Nauheim gefeiert, wo die Eltern des Bräutigams lebten. Die junge Ida Kaselowsky war froh, dass ihre beiden Kinder auf diese Weise einen Vater bekamen, und auch ihre Schwiegermutter Caroline Oetker sah die Verbindung mit Wohlgefallen. Sie kannte den jungen Kaselowsky als Freund ihres verstorbenen Sohnes schon seit vielen Jahren. Die »Frau Kommerzienrat« war eine standesbewusste Dame, und es gefiel ihr, dass die

Heirat ihrer Schwiegertochter mit Kaselowsky zwei Bielefelder Industriellenfamilien miteinander verband.

Ihr Ansehen verdankte die Familie, deren Wurzeln in Tilsit bei Königsberg liegen, einem Vorfahren namens Ferdinand Kaselowsky. Dieser kluge und tatkräftige Mann war Mitte des 19. Jahrhunderts aus Potsdam nach Bielefeld gezogen, um dort eine Textilfabrik zu bauen. Ferdinand Kaselowsky war ein begnadeter Techniker und Maschinenbauer gewesen. Bevor er nach Bielefeld gezogen war, hatte er im Auftrag des preußischen Staats im schlesischen Erdmannsdorf eine große Flachsspinnerei aufgebaut. Sogar in England hatte er in der Textilindustrie gearbeitet, um Erfahrungen zu sammeln.

Nach Bielefeld hatte ihn dann eine Gruppe alteingesessener Leinenkaufleute unter Führung von Hermann Delius geholt. Sie hatten eine jener maschinellen Spinnereien aufbauen wollen, wie sie in England mit großem Erfolg betrieben wurden, und Kaselowsky war ihnen als technischer Leiter empfohlen worden. 1855 hatten die Aktionäre Ferdinand Kaselowsky zum Gründungsdirektor ihrer Ravensberger Spinnerei ernannt und ihn auch am Kapital beteiligt.

In kurzer Zeit hatte Richard Kaselowskys Großonkel die Spinnerei zu einem erfolgreichen Betrieb entwickelt und war dabei reich geworden. Anfang der 1860er Jahre war er der größte Steuerzahler der Stadt. Von seinem Geld hatte er sich das prächtigste Anwesen in Bielefeld gekauft. Um das Haus ließ er einen großen Park mit Kastanien, Buchen und Platanen anlegen, für den sich unter den Bielefeldern schnell der Name »Kaselowskys Garten« eingebürgert hatte. Später einmal sollte daraus der Stadtgarten von Bielefeld werden. Das Objekt war für Ferdinand Kaselowsky mehr als ein Haus gewesen, es war ein Ausweis des Aufstiegs für den Zugezogenen. »Man möchte glauben, dass Kaselowsky den Kauf gerade dieses Grundstücks betrieb, weil er den Erfolg als eine späte symbolische Aufnahme in das Bielefelder Leinenpatriziat verstehen konnte«, schrieb sein Biograf Peter Lundgreen.

Weil Ferdinand Kaselowskys Ehe kinderlos geblieben war, hatte der Unternehmer anderen Mitgliedern seiner Familie zum Aufstieg verholfen. Von dieser Fürsorge hatte vor allem sein Neffe Richard profitiert wie auch dessen gleichnamiger Sohn, der spätere Ehemann der Ida Oetker. Nach Ferdinand Kaselowskys Tod war Richard Kaselowsky senior in die hochherrschaftliche Villa eingezogen, wo dann auch sein Sohn aufwuchs.

Als der junge Richard Kaselowsky im Sommer 1919 die Oetker-Witwe heiratete, war das eine Eheschließung in schwieriger Zeit. Schon bald nach der Hochzeit zogen sich dunkle Wolken über der Familie und dem Unternehmen Dr. August Oetker zusammen. Die spektakulären Absatzerfolge beim Backpulver und Puddingpulver waren die Folge einer über die Kriegsjahre aufgestauten Nachfrage gewesen. Schon im Mai 1920 war der Boom wieder vorbei. Ein Rückgang war zu erwarten gewesen, doch mit einem so scharfen Einbruch hatte niemand gerechnet: Die Bestellungen der Händler fielen um 75 Prozent. Nun erwies sich, dass es ein Fehler gewesen war, Rohstoffe in einer Menge zu bestellen, als würde der Boom ewig dauern.

Aber das war nicht mehr zu ändern. Die Ware war geordert worden, und die Chemische Fabrik Goldenberg hatte, wie bestellt, geliefert. Die Lager waren voll. Doch Oetkers Einnahmen brachen schlagartig weg. Die Bielefelder Firma konnte die Rechnungen ihres Lieferanten nicht bezahlen. Im Sommer 1920 erreichten die Schulden eine Höhe, die nun auch die langjährigen Geschäftsfreunde im Rheingau beunruhigte. Oetker-Teilhaber Fritz Behringer hatte das Familienunternehmen in eine bedrohliche Situation manövriert, und es war unklar, wie es weitergehen konnte.

Die Verbindungen zwischen Oetker und der Chemischen Fabrik Goldenberg waren zu diesem Zeitpunkt schon sehr gefestigt. Dr. Oetkers Backpulver war damals noch ein biologisches Produkt. Anstelle eines chemischen Säuerungsmittels, wie es in späteren Jahren verwandt werden sollte, enthielt es Weinstein. Diese feinpulverige weiße Substanz, die auch bei der Weinherstellung entsteht, hatte August Oetker von jeher aus den Vereinigten Staaten bezogen. Er hatte den Rohstoff allerdings nicht direkt bei einem US-Hersteller gekauft, sondern über die Chemische Fabrik Goldenberg, die die Alleinvertretung in Deutschland hatte.

In den Jahren vor dem Ersten Weltkrieg hatte August Oetker manchmal die Sorge erfasst, was wohl passieren würde, wenn er den Weinstein nicht geliefert bekäme. Er hätte sein Backpulver dann nicht mehr in der gewohnten Weise produzieren können. In der von ihm benötigten Qualität konnte er Weinstein nirgendwo sonst kaufen. Diese Abhängigkeit hatte dem Unternehmer missfallen. Mit seinem Sohn Rudolf hatte er immer wieder einmal darüber diskutiert, ob man den Rohstoff nicht selber herstellen könnte. Sie waren aber jedes Mal zu dem Schluss gekommen, dass sie dazu nicht in der Lage waren.

Den Herren im Vorstand und Aufsichtsrat der Chemischen Fabrik Goldenberg war natürlich nicht entgangen, in welcher Abhängigkeit sich Oetkers Unternehmen befand. Sie selbst waren allerdings ebenfalls abhängig geworden, denn die Firma Oetker hatte sich im Laufe der Jahre zum größten Abnehmer ihrer Chemikalien entwickelt. Daher waren die beiden Unternehmen 1916 eine förmliche Überkreuzbeteiligung eingegangen. Die Firma Oetker hatte 20 Prozent der Aktien der Chemischen Fabrik Goldenberg übernommen, die ihrerseits entsprechend am Oetker-Gewinn beteiligt wurde. Auf diese Weise hatte man die Geschäftsbeziehung zementieren wollen.

Das war die Ausgangslage in der Krise der Firma Oetker zu Beginn der zwanziger Jahre. Jetzt witterten die Großaktionäre der Chemischen Fabrik Goldenberg ihre Chance. Sie kamen auf die naheliegende Idee, die Schieflage des Bielefelder Unternehmens zu einer Übernahme zu nutzen. Eine gewisse Logik sprach für eine solche Lösung. Der Gründer August Oetker war tot, und ein unternehmerischer Erbe fehlte in der Backpulverfabrik. Selbstbewusst meldeten die Eigentümer der Chemischen Fabrik Goldenberg ihre Ansprüche in Bielefeld an.

Geschäftsführer Fritz Behringer stand in den Verhandlungen mit dem Rücken zur Wand. Er wusste: Wenn der Lieferant seinen Kredit fällig stellte, war der Untergang des Hauses Oetker unausweichlich. Das Unternehmen verfügte nicht über die Mittel, seine Schulden auf einen Schlag zu begleichen. Die Chemische Fabrik Goldenberg verlangte, dass die Firma Oetker als Erstes in eine Aktiengesellschaft umgewandelt werden sollte, deren Mehrheit sie übernehmen wollte. Sie versprach, im Gegenzug auf ihre Forderungen zu verzichten. Behringer sah keine andere Möglichkeit, als seine Unterschrift unter ein vorläufiges Abkommen zu setzen.

Im Herbst 1920 wurden die Witwe Caroline Oetker und ihre Schwiegertochter Ida in die Verhandlungen einbezogen. Die beiden Frauen waren entsetzt, als sie hörten, wie schlimm es stand. Der verstorbene August Oetker hatte in seinem Testament den Willen niedergelegt, dass das Unternehmen für seinen Enkelsohn Rudolf-August erhalten bleiben sollte. Seit dem Tod des Gründers waren noch keine drei Jahre vergangen – und schon, so schien es den Frauen, war das Erbe verspielt. Aus dem Unternehmen, das der Familie einst einen großen Wohlstand gebracht hatte, sollte eine anonyme Aktiengesellschaft unter fremder Mehrheit werden. Es war eine deprimierende Aussicht.

In dieser Situation schaltete sich Richard Kaselowsky in die Verhandlungen ein. Sein Ziel war es, die Unabhängigkeit des Unternehmens Oetker zu erhalten. Er habe dies als eine »Freundespflicht« dem toten Rudolf Oetker gegenüber empfunden, hieß es in einer späteren Firmenchronik. Aber es ist ebenso gut möglich, dass es Kaselowsky darum ging, selbst die Herrschaft im Unternehmen Oetker ausüben zu können. Die Zeit spielte für ihn, den damals 32-Jährigen.

Mit seiner Schwiegermutter im Rücken setzte Kaselowsky den Geschäftsführer Behringer unter Druck, eine andere Lösung zu finden. Kaselowsky argwöhnte, dass Behringer mit der von ihm befürworteten Umwandlung der Firma Oetker in eine Aktiengesellschaft auch persönliche Interessen verfolgte. Behringer war nach dem Krieg alleiniger Besitzer des Trocknungswerkes geworden, das er im Krieg für die Firma Oetker hatte errichten lassen. Dort waren in der Zeit fehlender Rohstoffe so genannte Ersatznahrungsmittel hergestellt worden. Nach dem Krieg ließen sich diese Erzeugnisse nicht mehr absetzen und das Werk arbeitete mit Verlusten. Nach dem damaligen Stand der Vereinbarungen, die Behringer mit der Chemischen Fabrik Goldenberg getroffen hatte, sollte die Anlage in die zu gründende Oetker AG eingehen.

Fritz Behringer war kein sonderlich robuster Mann. Ihm fehlten die Härte und Unerschrockenheit, auf die es in einer solchen Auseinandersetzung ankam. Seine Position zwischen den Kontrahenten war äußerst unangenehm. Die Sorgen um die Zukunft des Unternehmens Oetker lasteten schwer auf dem Mann, dem der Firmengründer August Oetker drei Jahre zuvor die Nachfolge anvertraut hatte. Vermutlich machte er sich Vorwürfe wegen der leichtfertigen Bestellungen, mit denen er die Firma in Schwierigkeiten gebracht hatte. Die anschließenden Diskussionen mit den Direktoren der Chemischen Fabrik Goldenberg und mit Kaselowsky zermürbten ihn. Diesem Druck war er nicht gewachsen. Am 9. Februar 1921 starb Fritz Behringer.

Damit war für Richard Kaselowsky der Weg frei. Mit Wirkung vom 1. März 1921 machte Caroline Oetker ihren Schwiegersohn zum Teilhaber der Firma Oetker. Gleichzeitig durfte auch ihr Schwager Louis Oetker in den Kreis der Eigentümer aufrücken. Er sollte fortan in Bielefeld die Abteilungen für Verkauf und Werbung leiten. Die Verantwortung für Produktion, Finanzwesen und den Rohstoffeinkauf lag bei Richard Kaselowsky, der auch in den Aufsichtsrat der Chemischen Fabrik Goldenberg zog.

Als die Verhandlungen über die beabsichtigte Übernahme wieder aufgenommen wurden, erklärte Richard Kaselowsky, dass die Familie ihre Mehrheit an der Firma Oetker unter keinen Umständen abgeben wolle. Daher komme die bereits verabredete Umwandlung des Unternehmens in eine Aktiengesellschaft nicht in Frage. Das war ein neuer Ton. Aber die Gegenseite akzeptierte unter der Bedingung, dass die Firma Oetker ihre Schulden bezahlte. Man sei sogar bereit, nicht auf die Abnahme weiterer großer Mengen an Rohstoffen zu bestehen, die Oetker während des Booms 1919 bestellt hatte. Im Gegenzug müsse aber künftig ein größerer Anteil des Gewinns an die Chemische Fabrik Goldenberg abgeführt werden.

Das war ein vernünftiger Kompromissvorschlag. Erst sah es so aus, als würden sich beiden Seiten einig. Dann aber forderte Kaselowsky, dass die erhöhte Gewinnbeteiligung nur so lange gelten dürfe, bis die Verluste wettgemacht seien. Der neue Chef gab sich in den Gesprächen betont zuversichtlich und stellte in Aussicht, dass die Firma Oetker ihre Schulden innerhalb eines bestimmten Zeitraumes begleichen und überdies alle bereits getätigten Bestellungen abnehmen würde. Nach einigem Hin und Her schlossen beide Seiten einen Vertrag, in dem die Tilgungstermine für den offenen Lieferantenkredit und die Abnahmepreise für künftige Rohstofflieferungen festgelegt wurden.

Dieser Vertrag war im Kern gleichbedeutend mit einer gewaltigen Wette um das Unternehmen Dr. August Oetker. Es war eine riesige Spekulation. Denn als die Vereinbarung geschlossen wurde, herrschte in Deutschland eine horrende Inflation. Der Verlauf dieser Geldentwertung sollte am Ende darüber entscheiden, ob die Firma Oetker ein Familienunternehmen blieb oder nicht.

Viele Deutsche machten damals die junge Republik für die Inflation verantwortlich. In Wahrheit war sie eine Folge des Kriegs, dessen Kosten nicht durch höhere Steuern finanziert worden waren. Nach dem Plan der kaiserlichen Regierung hätten die Kriegsgegner nach ihrer Niederlage den Deutschen Entschädigungen zahlen sollen. Damit hätten die Anleihen, die das Deutsche Reich seinen Bürgern in gewaltigem Umfang verkauft hatte, zurückgezahlt werden können. Aber die Rechnung ging nicht auf. Als der Krieg verloren war, musste Deutschland bluten. Im Versailler Vertrag bestimmten die Siegermächte, dass die Deutschen im Westen Elsass-Lothringen und Eupen-Malmedy abtreten mussten und im Osten die Provinzen Posen und Westpreußen. Nach einer Volksabstimmung kam Nordschleswig größtenteils zu Dänemark. Das Saarland durfte bis zu einer Abstimmung für 15 Jahre von Frankreich wirtschaftlich genutzt werden. Die Verluste für das Deutsche Reich waren gewaltig. Drei Viertel der Förderung von Zink und Eisenerz waren für die heimische Industrie verloren, ferner ein Viertel der Steinkohle und ein Sechstel der Getreideernte.

Der jungen Regierung war nach dem Waffenstillstand kaum etwas anderes übrig geblieben, als auf Pump zu regieren. Sonst hätte sie einen Zusammenbruch der öffentlichen Ordnung riskiert. 1921 setzten die Siegermächte den von Deutschland zu leistenden Schadenersatz auf 132 Milliarden Goldmark fest. Die Reparationen sollten in Dollar-

Jahresraten über mehrere Jahrzehnte gezahlt werden. Aber schon die erste Rate konnte die Regierung nur aufbringen, indem sie Geld druckte und es anschließend an den Devisenmärkten gegen Dollar verkaufte. Sofort fiel der Wechselkurs der Mark gegenüber dem Dollar und dem Sterling. Der Todeslauf der deutschen Währung begann. Die Preise schossen in die Höhe, Importwaren wurden schnell unbezahlbar. 1922 lag die Inflationsrate bei 1 300 Prozent. Als im Juni dieses Jahres in Berlin der Reichsaußenminister Walther Rathenau auf offener Straße erschossen wurde, war der Rest des Vertrauens in die deutsche Politik und die deutsche Währung zerstört. In Deutschland und anderswo tauschten Sparer und Anleger ihre Mark-Guthaben in stabile Währungen um.

Auch bei der Firma Oetker in Bielefeld spielten sich turbulente Szenen ab. Im Juni 1923 kostete ein Päckchen Backpulver über 1 000 Mark. »Unsere Kunden kamen mit Waschkörben von Papiergeld angefahren«, heißt es im Bericht eines Mitarbeiters. »Nun musste dieses Papiergeld gezählt und zur Bank gebracht werden, um es in Goldvaluten umzuwandeln. Auf dem Weg zur Bank hatte es aber schon wieder den größten Teil seines Wertes eingebüßt.« Das Unternehmen musste für einen Teil seiner Rohwaren mit harten US-Dollars bezahlen, nahm aber selbst nur stark entwertetes Geld ein. »So war unsere ganze Arbeit in jenen Wochen und Monaten nichts anderes als ein grandioser Ausverkauf zu Schleuderpreisen, wobei die Substanz in rapider Weise dahinschwand«, erinnerte sich ein leitender Oetker-Mitarbeiter später.

Aber die Inflation bot auch Chancen. Viele Spekulanten nutzten die Gelegenheiten, die ihnen das Währungsdrama verschaffte. Gerissene Börsenhaie wie Hugo Stinnes, Friedrich Flick und Otto Wolff kauften in kurzer Zeit Hunderte von Firmen zusammen. Das Prinzip war einfach: Man erwarb Unternehmen oder andere Sachwerte mit Hilfe von Bankkrediten und zahlte diese später mit entwertetem Geld zurück. In der Praxis war das natürlich schwieriger. Denn niemand konnte genau wissen, wie lange die Inflation fortschreiten würde. Die Reichsbank intervenierte von Zeit zu Zeit und es gelang ihr bisweilen, die Geldentwertung zu bremsen und den Wechselkurs der Mark zu stabilisieren.

An dem Tag, als Richard Kaselowsky den Vertrag mit der Chemischen Fabrik Goldenberg abschloss, war wieder einmal so etwas Unvorhergesehenes passiert. Die Mark hatte sich in ihrem Wechselkurs zum Dollar deutlich verbessert. Das hatten auch die Herren der Chemischen Fabrik Goldenberg sorgfältig registriert und daraus geschlossen, dass die Inflation nun gestoppt werden würde. In diesem Fall würde die Firma Oetker durch die neuen Verpflichtungen erdrückt werden. Eine feindliche Übernahme des Unternehmens wäre dann ein leichtes Spiel.

Doch es kam anders. Der Verfall der deutschen Währung setzte sich nach einer kurzen Pause noch rasanter fort. Den Nutzen daraus hatten Kaselowsky und die Seinen. Die Firma Oetker musste nun real erheblich weniger Geld für die Rohstoffe bezahlen, als ursprünglich erwartet worden war. Während das Bielefelder Unternehmen seine Preise für Backpulver und Puddingpulver in immer größeren Stufen erhöhte, konnte es einen Teil seiner Zutaten nun mit nahezu wertlosem Papiergeld bezahlen.

In einer Firmenchronik, die im Jahr 1941 erschien, wurde der Kampf aus Sicht der Familie Oetker nacherzählt. Die jüdischen Namen der früheren Gegner und Geschäftspartner mochte man zu dieser Zeit nicht einmal mehr nennen, die Chemische Fabrik Goldenberg wurde in dem Buch als »Firma X« bezeichnet und ihr Aufsichtsratschef hieß »Dr. Y.«. Dieser habe mit der damaligen Vereinbarung versucht, Richard Kaselowsky auszutricksen, lautete der Tenor der Darstellung. »Wie die Inhaber der Firma Dr. August Oetker später erfuhren, hatte Herr Dr. Y. geglaubt, mit diesem Abkommen eine besonders feste Schlinge um den Hals der Firma Oetker legen zu können.« Aber die Bielefelder Strategen, die ihr Glück auf den Fortgang der Inflation gesetzt hatten, hatten den besseren Riecher bewiesen. Die Geldentwertung hatte sich beschleunigt, statt eingedämmt zu werden. »Neidischen Auges musste nur Dr. Y. sehen, wie seine schöne Schlinge unbrauchbar wurde und die Lage der Firma Dr. August Oetker sich immer mehr besserte.«

Richard Kaselowsky weigerte sich in den zwanziger Jahren, die wertlos gewordene Forderung der Chemischen Fabrik Goldenberg auf Goldmark umzustellen. Deren Vorstand reichte daraufhin bei Gericht eine Klage gegen Oetker ein. In der rechtlichen Auseinandersetzung verfielen die Bielefelder auf eine neue Strategie. Sie wiesen alle Forderungen zurück und behaupteten nunmehr, von den langjährigen Geschäftspartnern durch übermäßig hohe Preise »ganz gewaltig übervorteilt und bewuchert« worden zu sein. Tatsächlich gelang es Kaselowsky und Louis Oetker auf diese Weise, die Chemische Fabrik Goldenberg für die laufenden Lieferungen zu einer Preissenkung zu bewegen.

Auf dem Höhepunkt der Auseinandersetzung lud die Chemische Fabrik Goldenberg zu einer Aufsichtsratssitzung, auf der alle Probleme zur Sprache kommen sollten. Wegen des schwelenden Streits war Richard Kaselowsky gebeten worden, nicht zu erscheinen. Aber der Oetker-Chef ließ sich nicht abhalten und reiste an. Er sah die Chance für einen Befreiungsschlag. Auf der Sitzung schlug er einen Vergleich vor, der alle Streitigkeiten zwischen Oetker und der Chemischen Fabrik Goldenberg ein für alle Mal beenden sollte. Nach einigem Hin und Her akzeptierten die Herren.

In diesem Vergleich verpflichtete sich die Firma Oetker nach eigener Darstellung, die ihr gelieferte Ware auf Goldmarkbasis, also zu ihrem realen Wert, zu bezahlen. Die Firma Oetker erklärte sich überdies grundsätzlich bereit, auch in Zukunft bei dem langjährigen Lieferanten einzukaufen. Dafür erhielt Richard Kaselowsky die Zusage, dass die gegenseitige Beteiligung zwischen Oetker und der Chemischen Fabrik Goldenberg aufgelöst werden sollte.

Das war ein großer Sieg. Mit dem Ausruf »Frei!« wurde das entsprechende Kapitel in einer späteren Firmenchronik überschrieben. »Oetker war frei und das Erbe des Gründers war für den Enkel gerettet«, heißt es in dem Band, der zum 50-jährigen Bestehen des Unternehmens erschien. Darin wurden Kaselowsky und Louis Oetker wegen ihrer Verdienste in diesem Unabhängigkeitskampf mit dem Gründer verglichen. August Oetkers Erfolge lägen auf der Hand, heißt es dort. »Was aber gelegentlich übersehen wird, ist die Tatsache, dass neben dem Gründer als gleichgewichtig die Erhalter stehen.«

*Louis Oetker, ein Bruder des Gründers, trug maßgeblich dazu bei,
die Unabhängigkeit der Firma Oetker zu erhalten.*

Als Richard Kaselowsky in einer Rede im Jubiläumsjahr 1941 auf die 20 Jahre zurückliegende Auseinandersetzung einging, entlarvte er sich als Antisemiten. Unter Hakenkreuzfahnen führte er bei einer Festveranstaltung aus, man habe damals die Unabhängigkeit der Firma Dr. August Oetker behaupten müssen »gegenüber jüdischen Rohstofflieferanten, die es verstanden hatten, sich während des Kriegs Einfluss zu verschaffen«. Gemeinsam mit dem Bruder des Firmengründers, Louis Oetker, sei es ihm aber gelungen, »den jüdischen Einfluss auszuschalten«.

In dieser Übernahmeschlacht hatten Kaselowsky und die Oetkers in mehrfacher Hinsicht großes Glück. Nicht nur die Inflation kam den Bielefeldern im rechten Moment zu Hilfe. Ausgerechnet zu der Zeit, als Oetker sich mit seinem langjährigen Lieferanten überwarf, tat sich auch noch eine neue Quelle für die Rohstoffe auf. Ein anderes Unternehmen, die Chemische Fabrik Budenheim, wollte gerne mit Oetker ins Geschäft kommen und bot dem Bielefelder Unternehmen Weinstein aus eigener Herstellung an. Allerdings war die Qualität der Ware zunächst erheblich schlechter als die des amerikanischen Erzeugnisses.

Louis Oetker erkannte sofort die Chance, von den Amerikanern und ihren deutschen Vermittlern unabhängig zu werden. Er beauftragte seinen Laborchef Rudolf Flebbe, gemeinsam mit den Chemikern bei Budenheim an einer Verbesserung des Weinsteins zu arbeiten. Die Kooperation war schließlich von Erfolg gekrönt. Am Ende der Entwicklung erwies sich der deutsche Weinstein sogar als noch besser als das Konkurrenzprodukt aus den USA. Daraufhin erwarb Kaselowsky eine Beteiligung an dem neuen Rohstofflieferanten.

In späteren Firmenchroniken wird die Budenheimer Fabrik als unerwarteter Helfer in der Not beschrieben. Merkwürdig ist allerdings, dass dieses Unternehmen 1923 gegründet und in unmittelbarer Nähe zur Chemischen Fabrik Goldenberg errichtet wurde. Das nährt den Verdacht, dass sich damals leitende Mitarbeiter von Goldenberg mit tatkräftiger Unterstützung durch Louis Oetker selbstständig gemacht haben, um ihren früheren Arbeitgeber auszubooten. Tatsächlich sollte es nur wenige Jahre dauern, bis die Chemische Fabrik Goldenberg in Konkurs ging, während Budenheim zu einem festen Bestandteil des Oetker-Konzerns aufstieg.

Während die Bielefelder Nahrungsmittelfabrik ihre Unabhängigkeit behauptete, entschlossen sich die Oetkers in Krefeld, die Eigenständigkeit ihres Unternehmens Deuß & Oetker aufzugeben. Am Niederrhein hatten sich schon 1919 vier andere Familienbetriebe der Textilindustrie in einer Interessengemeinschaft gefunden, die bei Wareneinkauf und im Absatz kooperierten. Die Brüder Rudolf und Paul Oetker, die nach dem Tod ihres Vaters die Geschäfte führten, zeigten ebenfalls Interesse an einer solchen Zusammenarbeit. Gemeinsam mit den Inhabern dieser vier Firmen gründeten sie im Oktober 1920 die Vereinigte Seidenwerke Aktiengesellschaft, kurz Verseidag. Rudolf und Paul Oetker zogen in deren Vorstand ein und ihre Mutter Milly übernahm einen Sitz im Aufsichtsrat.

9. »Ein Verdrängen Oetkers erwies sich als unmöglich«

Die Goldenen Zwanziger Jahre

Als Richard Kaselowsky im Sommer 1919 Ida Oetker heiratete, wurde er Stiefvater ihrer beiden Kinder Ursula und Rudolf-August. Die neue Familie wuchs schnell heran. Auf den Tag genau ein Jahr nach der Heirat kam eine Tochter zur Welt. Das Mädchen wurde auf den Namen Ilse getauft. Im folgenden Jahr, 1921, gebar Ida Kaselowsky einen Sohn, der nach seinem Vater und Großvater den Namen Richard bekam. Ein drittes Kind der Kaselowskys wurde 1922 auf den Namen Theodor getauft, und 1927 sollte dann noch eine kleine Ingeborg hinzukommen.

Die beiden Familien wuchsen eng zusammen. Louis Oetker und Richard Kaselowsky ergänzten sich an der Spitze des Unternehmens gut. Der eine war eher ein Verkäufer, der andere ein Finanzmann und Organisator. Ihre Temperamente glichen sich aus. Während Kaselowsky manches Mal mit dem Kopf durch die Wand wollte, nahm der Bruder des Firmengründers die Mitarbeiter und Geschäftspartner durch seine ruhige und besonnene Art für sich ein. Ohne Zweifel war Kaselowsky der dynamischere der beiden Männer, er war jünger und ambitionierter.

Nach der Währungsreform 1923 ging es wieder aufwärts in der deutschen Wirtschaft. Die Amerikaner zeigten sich bei den Reparationen entgegenkommend und reduzierten deren Last. Noch wichtiger war, dass die USA der deutschen Wirtschaft Kapital zur Verfügung stellten, indem sie Anleihen kauften und Kredite gaben. Amerikanische Banken investierten immense Summen in den deutschen Markt, sie steckten ihr Geld in Unternehmen und liehen es Städten und Kommunen für Investitionen.

Vor diesem Hintergrund entschloss sich Richard Kaselowsky 1924, ein Zweigwerk in Hamburg zu gründen. Von dort aus sollte der norddeutsche Raum mit Oetker-Produkten beliefert werden. Städte wie Königsberg, Stettin, Berlin, Dresden, Leipzig und Halle waren von Hamburg aus auf dem Wasserwege erreichbar, und so ließen sich erhebliche Frachtkosten einsparen. Der Unternehmer reiste nach Hamburg und kaufte ein Speicherhaus an der Elbe in Altona. Im April 1924 schickte er zwei seiner fähigsten Angestellten in den Norden, die dort den Betrieb nach Bielefelder Vorbild aufbauen sollten.

Kaselowsky wollte keine Zeit verlieren. Während das Gebäude am Hafen noch umgebaut wurde, produzierten die Bielefelder ihr Backpulver bereits im Hamburger Stadtteil Bahrenfeld. Dort hatte ihnen die Firma L. C. Oetker Räume zur Verfügung gestellt. An der Spitze dieses Unternehmens stand immer noch Albert Oetker, der drei Jahre jüngere Bruder des verstorbenen August. Neben Marzipan hatte er noch ein weiteres Geschäft aufgebaut und begonnen, Obst zu konservieren und Marmeladen herzustellen.

Schon bald, nachdem der Betrieb in dem Speicherhaus an der Straße zwischen Landungsbrücken und Fischmarkt begonnen hatte, beschäftigte die Firma Oetker in Hamburg 70 Menschen. Es dauerte nicht lange, bis das Zweigwerk auch in die Produktion von Backessenzen einstieg. Die geschäftstüchtige Gründerwitwe und Haupteigentümerin Caroline Oetker ließ es sich nicht nehmen, die Fabrik in der Hansestadt in Augenschein zu nehmen. Bei den Abfüllerinnen bemerkte die Frau Kommerzienrat zu ihrer Freude, »dass nicht nur die Bielefelder Mädchen die durch jahrelange Tätigkeit erworbene Fingerfertigkeit besaßen, sondern dass auch bereits in Altona die Arbeit flott von der Hand ging«.

1924 nahm noch ein zweites Zweigwerk die Produktion auf. Dieser Betrieb war in Danzig eingerichtet worden, das damals ein Freistaat war. Von dort aus wollte Kaselowsky die Verbraucher in den östlichen Gebieten versorgen, die Deutschland mit dem Ersten Weltkrieg verloren hatte.

Auch in Bielefeld selbst standen die Zeichen auf Expansion.

Kaselowsky und Louis Oetker bauten die Abteilung, in der die Papierbeutel und Faltschachteln hergestellt und bedruckt wurden, zu einem eigenständigen Großbetrieb aus. Sie schafften eine Vielzahl neuer Schneide- und Druckmaschinen an. Seither konnte das Unternehmen zahlreiche Verpackungen, die es zuvor bei anderen Firmen kaufen musste, selbst herstellen. Im März 1925 zogen Arbeiter dafür einen Neubau an der Bielefelder Steinmetzstraße hoch.

Ein neuer Mann brachte Schwung in die Oetker-Werbung. Paul Sackewitz war in eine Firma gekommen, die beim Backpulver einen Marktanteil von 95 Prozent hatte. Er erkannte, dass der Absatz nur zu steigern war, wenn sich mehr junge Frauen für die Hausbäckerei erwärmten. Zeitungsanzeigen allein reichten nicht. Sackewitz kam auf die Idee, Oetker-Propagandisten im ganzen Land Vorträge und Kurse über das Backen halten zu lassen. 1926 wurde dafür ein Außendienst aufgebaut. Kleine Trupps reisten durch die Lande, mieteten sich in Gasthäusern und Scheunen ein, und führten abends der weiblichen Dorfbevölkerung vor, wie man mit Dr. Oetkers Erzeugnissen Kuchen backte. Die Vorführer verteilten Kostproben unter ihren Zuhörerinnen und forderten sie auf, beim Kauen auf Mandeln zu achten. Die Frau, die eine fand, bekam ein Kochbuch geschenkt. Um auch den Pudding zu bewerben, machte Sackewitz den deutschen Müttern in Zeitungsanzeigen regelrechte Vorhaltungen. »Gibst du deinem Kinde auch genügend Oetker-Pudding, damit es gedeiht?«, lautete die strenge Frage.

In Berlin und später auch in einigen anderen Großstädten gründete das Unternehmen gemeinsam mit der Firma Henkel so genannte Oetker- und Persil-Schulen. Junge Frauen konnten sich dort in die Kunst des Kuchenbackens und die Feinheiten der Hauswäscherei einführen lassen. Es gab Gratisproben und andere Werbegeschenke, darunter einen praktischen Rührknüppel für den Waschkessel, der sich zur Freude vieler Jungen auch beim Schlagballspiel einsetzen ließ.

Richard Kaselowsky sorgte unterdessen dafür, dass die altertümlichen Produktionsabläufe in der Nahrungsmittelfabrik rationalisiert wurden. Er informierte sich in einem Buch des US-Industriellen Henry

Ford über die Vorteile des damals noch so genannten laufenden Bandes. Im eigenen Betrieb ließ er eine Schwebebahn und ein Rollenband einrichten. Die Arbeit wurde leichter, aber auch eintöniger.

Kaselowsky setzte, nachdem er sich einmal etabliert hatte, alles daran, seinen Einflussbereich auszuweiten. So gelang es ihm 1925, neben der Firma Oetker ein weiteres traditionsreiches Bielefelder Unternehmen unter seine Kontrolle zu bringen. Auf Kaselowskys Betreiben übernahm die Firma Oetker die Mehrheit der Anteile bei der Druck- und Verlagsgesellschaft E. Gundlach AG.

Dieses Familienunternehmen war 1847 von einem Buchbindermeister namens Ernst Ludwig Gundlach gegründet worden. Als die Söhne des Gundlach-Gründers Ende des 19. Jahrhunderts die Leitung der Firma übernommen hatten, war einer ihrer Kunden der junge Apotheker August Oetker gewesen. Für dessen Backpulverfabrikation hatten die Gundlachs Tüten und Verpackungen bedruckt. Ein Zufall war, dass die Gundlach-Brüder dieselben Vornamen trugen wie zwei der Bielefelder Oetker-Brüder – August und Louis.

Anders als der stets auf Unabhängigkeit bedachte August Oetker hatten sich die Gundlachs schon frühzeitig vom Modell einer Familienfirma verabschiedet und Ausschau nach weiteren Kapitalgebern gehalten. Zur Jahrhundertwende hatten sie ihr Unternehmen in eine Aktiengesellschaft umgewandelt und neue Kapitalgeber eingeladen. Zu diesen neuen Aktionären bei Gundlach hatte Richard Kaselowskys gleichnamiger Vater gehört.

Mit dem Geld ihrer neuen Aktionäre war die E. Gundlach AG um die Jahrhundertwende in ein weiteres Geschäftsfeld vorgestoßen. Das Druck- und Verlagshaus hatte im September 1900 eine Tageszeitung auf den Markt gebracht, den *Bielefelder General-Anzeiger*. Das Wagnis hatte sich gelohnt. Mit seiner bürgerlich-liberalen Ausrichtung hatte sich das Blatt neben dem konservativen *Bielefelder Tageblatt* und der sozialdemokratischen *Volkswacht* etablieren können. 1918 hatte der Gundlach-Vorstand den Namen der Zeitung geändert, da sie auch außerhalb Bielefelds viele Leser gefunden hatte. Aussichtsreicher schien daher der Name *Westfälische Neueste Nachrichten*.

Es ist anzunehmen, dass Richard Kaselowsky die Gundlach-Aktien seines 1921 verstorbenen Vaters geerbt hat und dieses Aktienpaket dann mit Mitteln der Firma Oetker aufgestockt hat. 1925 übernahm der machtbewusste Oetker-Chef schließlich den Vorsitz im Gundlach-Aufsichtsrat. Die beiden Söhne des Firmengründers Ernst Gundlach waren zu diesem Zeitpunkt bereits tot. Aus der Familie gab es nur noch ein Mitglied, das in der Firma eine Rolle spielte: den damals 31-jährigen Hans Gundlach, der seit fünf Jahren im Vorstand saß. Unter den neuen Machtverhältnissen konnte sich der junge Gundlach nicht lange an der Firmenspitze halten. Ob er freiwillig ging oder herausgedrängt wurde, ist nicht überliefert worden. Jedenfalls verließ Hans Gundlach 1928 das Unternehmen und gründete umgehend seine eigene Firma in Bielefeld, die ebenfalls Verpackungen produzierte.

Für Richard Kaselowsky und die Familie Oetker bedeutete die Übernahme der E. Gundlach AG einen Einstieg in ganz neue Geschäftsfelder. Gundlach druckte nicht nur Verpackungen und Plakate, sondern auch Bücher. Und neben den *Westfälischen Neuesten Nachrichten* verlegte das Unternehmen eine Vielzahl traditionsreicher Fachzeitschriften wie das Fahrradblatt *Der Rad-Markt* und die *Deutsche Nähmaschinen-Zeitung*.

Das Unternehmen entwickelte sich gut, nachdem Kaselowsky und die Oetkers es unter ihre Kontrolle gebracht hatten. 1925 gründete die Gundlach AG ein Zweigwerk im benachbarten Wiedenbrück, weil die Kapazitäten im Stammwerk nicht mehr ausreichten. Die Industrie orderte damals so viele Verpackungsbeutel, dass Gundlach auch noch einen kleineren Hersteller in Aschersleben bei Magdeburg übernahm. Für Oetker druckte Gundlach in hoher Auflage die Koch- und Backbücher sowie Rezepthefte.

Mit ihren Gewinnen aus der Nährmittelfabrik finanzierten Kaselowsky und die Oetkers in den zwanziger Jahren neben der Gundlach-Übernahme noch weitere Beteiligungskäufe. So stiegen sie unter anderem bei der Kochs Adlernähmaschinen-Werke AG ein, einem überaus renommierten und alteingesessenen Bielefelder Unternehmen. Kaselowsky und die Oetkers übernahmen einen Großteil der

Aktien, möglicherweise sogar die Mehrheit. Das zeigte sich darin, dass der Oetker-Chef 1928 im Aufsichtsrat des Nähmaschinenherstellers das Amt des stellvertretenden Vorsitzenden ausübte.

Dieses Mandat war nicht sein einziger Posten außerhalb der Firma Oetker. Im Aktienhandbuch des Jahres 1930 sind hinter Kaselowskys Namen nicht weniger als fünf Mandate vermerkt. Der Oetker-Teilhaber war damals Aufsichtsratschef der Chemischen Fabrik Budenheim AG in Mainz, der E. Gundlach AG sowie der Vogt & Wolf Aktiengesellschaft in Gütersloh, einer Fleischwarenfabrik, in deren Aufsichtsrat sein Vater schon gesessen hatte. Offenbar besaß die Familie Kaselowsky also auch hier einen Anteil, der dann durch die Firma Oetker noch ausgebaut wurde, denn auch Louis Oetker erhielt später einen Sitz im Aufsichtsrat von Vogt & Wolf.

Überdies gehörte Richard Kaselowsky in den späten zwanziger Jahren auch dem Aufsichtsrat der Deutschen Bank AG an. Es ist denkbar, dass der Kontakt zu dem Geldinstitut durch seinen Schwager Ferdinand Meyer zustande kam. Der Bruder Ida Kaselowskys war Syndikus der Deutschen Bank. Mit diesem Mandat gelang es Kaselowsky, einen Platz in einem der einflussreichsten Kreise einzunehmen, die es in der Wirtschaft der Weimarer Republik gab. Allerdings war das Gremium in dieser Zeit noch nicht so exklusiv, wie es später einmal werden würde. 1930 zählte der Aufsichtsrat der Deutschen Bank nicht weniger als 115 Mitglieder.

In den späten zwanziger Jahren verschärfte sich in der Backpulverbranche die Konkurrenz. Große Konzerne der US-Lebensmittelindustrie machten sie daran, mit ihren Erzeugnissen den deutschen Markt aufzurollen. Die Angreifer schalteten eine Vielzahl von Anzeigen in deutschen Zeitungen und Illustrierten. Doch die Firma Oetker verteidigte ihr Terrain. Louis Oetker ließ die Werbung für »Backin« verstärken und es gelang ihm, Dr. Oetkers Position bei den deutschen Hausfrauen zu behaupten.

Das geschah zu einer Zeit, als der US-Autohersteller General Motors die renommierte Adam Opel AG übernahm und viele andere Unternehmen den Besitzer wechselten. Ein Konsortium unter Führung der

US-Bank J. P. Morgan bot auch den Oetkers und Kaselowsky an, alle Anteile an der Bielefelder Firma zu kaufen. Dasselbe Bankhaus hatte 1929 in den USA schon die Anteile der Familie Dohme an der Pharmafirma Sharp & Dohme übernommen. Alfred R. L. Dohme hatte sich von seinen Aktien getrennt, weil es in der Familie keinen Nachfolger für die Firmenspitze gab.

Im Gegensatz zu den Verwandten in den Vereinigten Staaten wollten die Oetkers und Kaselowskys ihre Firma nicht verkaufen. Als die Bielefelder die Offerte zurückwiesen, starteten die US-Backpulverproduzenten einen neuen, noch größeren Werbefeldzug in Deutschland. Dieses Mal wehrten sich Richard Kaselowsky und Louis Oetker nicht nur mit Reklame. Die Bielefelder verlegten sich aufs Prozessieren. Sie verklagten die US-Konkurrenz vor deutschen Gerichten wegen zahlreicher Verstöße gegen das Nahrungsmittelgesetz. Sie machten beispielsweise geltend, dass die Werbung der Amerikaner gegen Vorschriften zur Kennzeichnung von Lebensmitteln verstieße. Auf diesem Gebiet war der Bielefelder Laborchef Rudolf Flebbe ein gewiefter Fachmann, der Chemiker kannte sich wie kaum ein zweiter im Labyrinth der gesetzlichen Bestimmungen aus. Im Laufe mehrerer Jahre strengte die Firma Oetker nicht weniger als zwölf Verfahren gegen ausländische Wettbewerber an. Die meisten davon gewannen die Bielefelder auch.

Die US-Konkurrenten erkannten, dass sie es auf dem deutschen Markt schwer haben würden und boten den Bielefelder Marktführern ihren vollständigen Rückzug an. Im Gegenzug sollte die Firma Oetker die Kosten für die bislang investierte Werbung erstatten. Kaselowsky und Louis Oetker berieten sich mit ihren Mitarbeitern. Vor allem Flebbe riet ab. Es liefen noch zwei Prozesse, die Oetker ebenfalls gewinnen würde, prognostizierte er. Tatsächlich endeten die Verfahren aber mit einem Vergleich, bei dem auch die Firma Oetker zahlen musste. Das änderte aber nichts daran, dass das Bielefelder Unternehmen die Abwehrschlacht gewann. Der US-Backpulverhersteller zog sich vom deutschen Markt zurück.

Als die Geschäfte gut liefen und der Reichtum der Oetkers wuchs, entschloss sich die Familie, dem im Krieg gefallenen Rudolf Oetker in

Bielefeld ein Denkmal zu setzen. Der Sohn des Firmengründers und promovierte Naturwissenschaftler war ein musischer Mensch gewesen. Er hatte Klavier und Orgel gespielt und vor dem Krieg Stunden bei dem Bielefelder Musikdirektor Wilhelm Lamping genommen. Dieser Künstler hatte darunter gelitten, dass es in der Stadt keinen Festsaal gab, in dem er seine Konzerte leiten konnte. So war Rudolf Oetker auf den Gedanken gekommen, dass die Familie einen Teil der Gewinne dazu verwenden könnte, ihrer Heimatstadt eine Konzerthalle zu schenken.

Neun Jahre nach dem Tod ihres einzigen Sohnes stellte Caroline Oetker eine größere Summe für eine Konzerthalle zur Verfügung. Die Düsseldorfer Architekten Tietmann und Haake entwarfen einen imposanten Bau. Er hatte einen neunjochigen Arkadenportikus aus eng beieinander stehenden Pfeilern, die fast so hoch ausfielen wie das Gebäude selbst. 1930 wurde die Tonhalle eingeweiht, die mehr als 1 500 Konzertbesuchern Platz bot. Das Bauwerk erhielt den Namen Rudolf Oetkers und wurde ihm und »seinen im Weltkrieg mit ihm gefallenen Bielefelder Kameraden« gewidmet. Anderthalb Millionen Mark ließ sich die Familie Oetker die Konzerthalle kosten, die noch Jahrzehnte später für ihre besondere Akustik gerühmt werden sollte.

Als das Orchester im Oktober 1930 die Halle mit der 1. Symphonie in c-Moll von Johannes Brahms einweihte, saß Caroline Oetker mit dem Ehepaar Kaselowsky in der ersten Reihe. Es war eine Einweihungsfeier in düsterer Zeit. Ein Jahr zuvor waren an der New Yorker Börse die Aktienkurse ins Bodenlose gestürzt. Mit großem Knall war am 24. Oktober 1929 eine Spekulationsblase geplatzt. Innerhalb weniger Stunden waren die stark überbewerteten Papiere um 90 Prozent gefallen. Finanzpanik hatte sich ausgebreitet und das gesamte Kreditsystem zum Einsturz gebracht. Auch Deutschland war in den Abwärtssog geraten, als die US-Banken ihren Schuldnern im Ausland die Kredite gekündigt hatten. Der gesamte Welthandel brach ein.

Die deutsche Wirtschaft traf der Schlag besonders hart. Das Land war von ausländischem Kapital ebenso abhängig wie vom Export seiner Industriewaren. Eine Höllenfahrt begann. Bis zum Tiefpunkt im

Jahr 1932 fiel die Industrieproduktion um ein Drittel. Die Zahl der Arbeitslosen stieg in der offiziellen Statistik auf sechs Millionen, tatsächlich dürften es aber acht Millionen gewesen sein. Jeder Dritte, der arbeiten wollte, hatte keine Stelle. Und viele von denen, die nicht entlassen worden waren, arbeiteten nur wenige Stunden und für weniger Lohn. Fünf Jahre sollte diese Depression anhalten.

Die Weltwirtschaftskrise stürzte auch in Bielefeld viele Menschen in bittere Not. 1929 waren in der Stadt bereits 11 000 Menschen arbeitslos, zwei Jahre später hatte sich die Zahl verdoppelt. Auch in der Nahrungsmittelfabrik Dr. August Oetker gab es Massenentlassungen. 1930 hatten Ingenieure eine neuartige Maschine gebaut, mit deren Hilfe in der gleichen Zeit viel mehr Papierbeutel hergestellt werden konnten. In der Krise wurde der Wunderapparat stillgelegt, und zwar, wie es später hieß, auf Wunsch Caroline Oetkers. In einer Zeit knapper Aufträge sollten nicht noch mehr Arbeiter nach Hause geschickt werden müssen. Vermutlich fürchtete Firmenchef Kaselowsky aber auch Sabotageakte der Belegschaft.

Auch bei der Textilfirma Verseidag der Krefelder Verwandten ging es bergab. Die Menschen in der Gemeinde Schiefbahn waren fast völlig von dem Werk abhängig. In früheren Jahren hatten fast alle Jugendlichen, die von der Schule abgingen, dort zu arbeiten angefangen. Jetzt fanden viele keine Lehrstelle. Im Frühsommer 1930 wurde Kurzarbeit eingeführt, Entlassungen waren trotzdem nicht zu vermeiden. Zuerst traf es nur die Familien, aus denen mehrere Mitglieder in der Fabrik arbeiteten und die den Verlust eines Einkommens besser verkraften konnten. Das *Niederrheinische Tageblatt* schrieb: »Da die Vereinigten Seidenwebereien das einzige Unternehmen am Platz sind, so kann man begreifen, dass in den Kreisen der Arbeiterschaft eine sehr pessimistische Stimmung herrscht.«

Die Lage verschlimmerte sich noch. Anfang 1931 holte die Firmenleitung bei den Behörden die Zustimmung, 250 ihrer 950 Mitarbeiter zu kündigen. Die Mehrheit der Verbliebenen hatte nur noch Arbeit für 24 Stunden in der Woche. Einige Monate später zog allerdings die Konjunktur kurzfristig wieder an, so dass etliche der zuvor Entlassenen wieder eingestellt werden konnten. Die Firma erhielt eine Reihe von Großaufträgen für Kleider- und Krawattenstoffe. Im Frühjahr 1932 machte der Vorstand der Belegschaft sogar den Vorschlag, dass für eine gewisse Zeit eine Nachtschicht eingeführt werden sollte, um die Arbeit zu bewältigen. Im Gegenzug forderten die Arbeiter, dass die Firma sich verpflichtete, ein Jahr lang auf Entlassungen und Kurzarbeit zu verzichten. Als der Vorstand das ablehnte, verweigerte die Arbeitnehmervertretung ihre Zustimmung zur Nachtschicht.

Der Konflikt verschärfte sich, als die Verseidag für das Werk in Schiefbahn Kurzarbeit einführte, während in anderen Zweigbetrieben voll gearbeitet wurde. Solchermaßen unter Druck gesetzt, traten die Schiefbahner Arbeiter nun doch zur Nachtschicht an. Aber schon im August 1932 waren die Auftragszahlen wieder so abgesunken, dass die Arbeitszeit erneut verkürzt werden musste. Familienväter arbeiteten an fünf statt sechs Tagen, Ledige an vier. 60 Krawattenweber erhielten den Entlassungsschein.

Die Zeit der Wirtschaftskrise war für den Krefelder Zweig des Oetker-Clans auch deshalb eine besonders einschneidende Phase ihrer Geschichte, weil die Familie von einer Reihe früher und dicht aufeinander folgender Todesfälle heimgesucht wurde. Verseidag-Vorstand Rudolf Oetker starb im Oktober 1930 überraschend während einer Geschäftsreise nach Berlin. Er wurde wie sein 1918 verstorbener Bielefelder Cousin August nur 56 Jahre alt und hinterließ eine Frau und fünf Kinder.

Der Tod des Krefelders Rudolf Oetker war ein großer Verlust für die Familie und auch für die Firma, weil drei Jahre zuvor schon Rudolfs jüngerer Bruder Paul unerwartet gestorben war. Er war der Personalchef der Verseidag gewesen. Der passionierte Herrenreiter hatte bei einem Ausritt an einem Novembertag 1927 einen Herzinfarkt erlitten, dem er 51-jährig erlegen war.

Milly Oetker sollte ihre beiden Söhne nicht lange überleben. Sie starb im Juli 1931. Immerhin war ihr ältester Enkel zu diesem Zeitpunkt schon 30 Jahre alt. Rolf-Bernd Oetker war also fähig, in dem Unternehmen Führungsaufgaben zu übernehmen und die Interessen der Familie gegenüber den anderen Großaktionären der Verseidag zu vertreten.

1933 – 1945

Oetker im Dritten Reich

10. »Dank dem selbstlosen Entgegenkommen des Parteigenossen Kaselowsky ...«

Der Oetker-Chef im »Freundeskreis Himmler«

Im Dezember 1931 bat Adolf Hitler den Industriellen Wilhelm Keppler, einen Kreis von Fachleuten aus der Wirtschaft zu bilden. Die Unternehmer und Manager sollten die NSDAP in wirtschaftspolitischen Fragen beraten. Keppler, ein nationalsozialistischer Idealist, war schon seit Jahren ein Mitglied der Hitler-Partei und übernahm die Aufgabe gern. In der Wirtschaft war er keine große Nummer. Als Direktor der Odin-Werke, die Foto-Gelatine herstellten, gehörte er nicht zur ersten Garde deutscher Manager.

Auf Hitlers Wunsch nahm Keppler mit einer Reihe von Unternehmensführern Kontakt auf und stieß bei den Herren nicht auf Ablehnung. Es gelang ihm, die Bankiers Hjalmar Schacht und Kurt von Schröder, den Stahlindustriellen Albert Vögler, den Kaliproduzenten August Rosterg, den Siemens-Manager Rudolf Bingel und einige andere Wirtschaftsgrößen zu Gesprächsrunden zu versammeln. Die meisten der Herren rechneten damit, dass Hitler bald an die Macht kommen könnte. Sie wollten dafür sorgen, dass er als Reichskanzler eine aus ihrer Sicht vernünftige Wirtschaftspolitik machte.

Das Programm der NSDAP stammte aus dem Jahr 1920 und war sozialistisch. Verlangt wurden zum Beispiel die »Abschaffung des arbeits- und mühelosen Einkommens« und die »Brechung der Zinsknechtschaft«. Gottfried Feder, der Vorsitzende des Wirtschaftsrats der Partei, vertrat überdies die Ansicht, dass die Unternehmen zu sehr auf Rentabilität achteten und zu wenig auf den Bedarf der Konsumenten. Die in der Partei einflussreichen Brüder Otto und Gregor Strasser forderten sogar, die Industrie müsse verstaatlicht werden. Selbst

Grund und Boden sollten nach ihrer Meinung in Gemeineigentum überführt werden. Ein Gräuel war den frühen Nationalsozialisten überdies die Tatsache, dass sich Vertreter der Banken in den Aufsichtsräten der großen Aktiengesellschaften breit gemacht hatten.

Hitler selbst war in wirtschaftspolitischen Fragen nicht festgelegt. Von Wirtschaft verstand er wenig, sie interessierte ihn auch nicht. Ihm ging es allein um die Macht. Um sie zu erlangen, brauchte er die Unterstützung der Unternehmer. Er hatte frühzeitig erkannt, dass er sie gewinnen konnte, wenn er sich den Herren der Wirtschaft als ein Kämpfer gegen den Bolschewismus präsentierte. Daher tönte er bei einer Rede im Januar 1932 im Düsseldorfer Industrieclub: »Wir haben den unerbittlichen Entschluss gefasst, den Marxismus bis zur letzten Wurzel in Deutschland auszurotten.« Das kam bei diesem Publikum gut an.

Die Herren des Keppler-Kreises trafen sich einige Male zum Meinungsaustausch, ohne dass dabei programmatisch viel herauskam. Aber darauf kam es auch gar nicht mehr an. Hitler selbst war längst entschlossen, das Wirtschaftssystem beizubehalten, sollte er an die Macht kommen. Er suchte nicht den politischen Rat der Industriellen, sondern wollte ihr Geld für seine teuren Wahlkämpfe. Die meisten der Mächtigen in der Wirtschaft gaben ihr Geld Anfang der dreißiger Jahre allerdings lieber den konservativen und reaktionären Parteien als der schwer berechenbaren NSDAP. Als einziger Großunternehmer spendete Fritz Thyssen schon vor der Machtergreifung großzügig an die NSDAP.

Der Keppler-Kreis spielte bei der Finanzierung der NSDAP wohl keine Rolle. Aber die Mithilfe einiger seiner Mitglieder war doch eine Voraussetzung für Hitlers Machtergreifung. »War der Keppler-Kreis unter dem Firmenschild einer wirtschaftspolitischen Beratung der NSDAP gegründet worden, so diente er in Wahrheit dazu, der Partei unter der Industrie die nötige Resonanz zu verschaffen, die Hitler für seine Kanzlerschaft brauchte«, resümiert der Historiker Reinhard Vogelsang.

Hitlers Weg zur Macht war steinig. Im Jahr 1932 sah es so aus, als würden sich die Nationalsozialisten zu Tode siegen. Zwei Jahre zuvor hatten sie bei der Reichstagswahl einen Überraschungserfolg erzielt und aus dem Stand 18 Prozent der Wählerstimmen geholt. Damit waren sie zur zweitstärksten Partei aufgestiegen. Bei der Reichstagswahl im Juli 1932 waren die Nationalsozialisten dann sogar mit 37 Prozent der Wählerstimmen die stärkste Partei geworden. Aber sie hatten keine Mehrheit im Parlament errungen. Andererseits hatten auch die bürgerlichen Parteien seither keine Mehrheit mehr. Sie hätten sie selbst dann nicht gehabt, wenn sie mit den Sozialdemokraten koaliert hätten. So regierte Reichskanzler Franz von Papen weiter, der das Vertrauen Hindenburgs und dessen Einflüsterers Kurt von Schleicher hatte.

Als im November 1932 wieder einmal ein neuer Reichstag gewählt wurde, blieb die NSDAP zwar stärkste Kraft, doch sie verlor zwei Millionen Stimmen. Es schien so, als hätte die Hitler-Partei ihren Zenit bereits überschritten. Es schien, als müsste ihr charismatischer Führer auf ewig in der Opposition bleiben. In dieser Situation entwarfen die Mitglieder des Keppler-Kreises Schacht und der Bankier von Schröder sowie Keppler selbst eine Eingabe an Hindenburg, mit dem Ziel, den unwilligen Reichspräsidenten dazu zu bewegen, Hitler als Führer der stärksten Partei zum Reichskanzler zu ernennen.

Zahlreiche Industrielle unterzeichneten die Eingabe, darunter auch solche, die nicht dem Keppler-Kreis angehörten. Aber der Vorstoß hatte keinen Erfolg. Hindenburg ließ Hitler zweimal zu sich kommen, aber der greise Feldmarschall mochte den NSDAP-Chef nicht. Der Hauptgrund für Hindenburgs Weigerung aber war, dass sich sein Vertrauter Kurt von Schleicher unterdessen entschlossen hatte, es nun selbst als Reichskanzler zu versuchen. Der Reichswehrgeneral war seit langem der mächtige Mann im Hintergrund. Er hatte im Sommer 1932 mit Hindenburgs Hilfe seinen Günstling, den Reichskanzler Franz von Papen, ins Amt gehievt. Der musste jetzt seinem früheren Förderer weichen.

Kurt von Schleichers politisches Ziel war ein anderer Staat, ihm war die Weimarer Republik zu modern, seine Vision war eine Restauration. Nachdem er im Dezember 1932 Reichskanzler geworden war, versuchte er, die Nationalsozialisten zu spalten und neue Mehrheiten in der Gesellschaft zu bilden, um Hitler den Wind aus den Segeln zu nehmen. Aber der General scheiterte auf ganzer Linie. Da fasste Franz von Papen den Plan, mit Hitlers Hilfe die Macht zurückzugewinnen. Papen war sogar bereit, dem NSDAP-Führer den Posten des Kanzlers zu überlassen. Er selbst wollte sich mit dem des Vizekanzlers zufrieden geben. Eine Gefahr sah er darin nicht, schließlich war er ja derjenige, der in der Gunst des mächtigen Reichspräsidenten stand.

Um seinen Plan mit Hitler zu besprechen, musste Papen den NSDAP-Führer möglichst diskret treffen. Wilhelm Keppler und der Industrielle Ewald Hecker vermittelten eine Zusammenkunft der beiden Männer. Und noch ein weiteres Mitglied des Keppler-Kreises war hilfsbereit: der Kölner Bankier Kurt von Schröder. In dessen Haus trafen am 4. Januar 1933 Papen und Hitler zusammen. Die Männer wurden sich schnell einig. Und es sollte nach dieser Verabredung keinen Monat dauern, bis Papen auch Hindenburg endlich so weit hatte.

Am 28. Januar trat der glücklose Schleicher, der keinen Rückhalt mehr hatte, zurück. Und nur zwei Tage später, am 30. Januar 1933, ernannte Reichspräsident Hindenburg Adolf Hitler zum Reichskanzler. Das kam für die Öffentlichkeit völlig überraschend. Nicht eine Wahl hatte Hitler in das Regierungsamt gebracht, sondern die Absprache einer kleinen Clique einflussreicher Leute.

Die Anhänger Hitlers und der NSDAP feierten den Triumph überall im Reich. In Bielefeld zogen noch am Abend etwa 1200 Nationalsozialisten mit Fackeln durch die Innenstadt. Die einstmals liberalen *Westfälischen Neuesten Nachrichten* kommentierten Hitlers Aufstieg wohlwollend: »Hitler selbst ist eine staatspolitisch noch unverbrauchte Kraft. Hinter ihm steht aber seine Bewegung mit ihrem Glauben an ihren Führer.«

Die Heimatstadt der Firma Dr. August Oetker war während der Weimarer Zeit eine Hochburg der Sozialdemokratie gewesen. Bei den Wahlen im September 1930 hatte die NSDAP dort deutlich schlechter abgeschnitten als im Reichsdurchschnitt. Aber als zwei Monate später der Kreistag und die Stadtverordnetenversammlung neu gewählt werden mussten, weil einige Vorstädte eingemeindet worden waren, hatte sich die NSDAP sprunghaft von zwei auf zwölf Mandate verbessert. Der Triumph der jungen Partei war noch gesteigert worden, als die Stadtverordnetenversammlung den Zahntechniker Emil Irrgang zu ihrem Vorsitzenden gewählt hatte. Damit war Bielefeld 1930 zur ersten deutschen Großstadt mit einem Nationalsozialisten an der Spitze des Kommunalparlaments geworden.

Erst bei den Reichstagswahlen am 5. März 1933, zu einer Zeit also, als Hitler schon Reichskanzler war, überholten die Nationalsozialisten in Bielefeld die Sozialdemokraten. Wie anderorts hatte sich der Wind schnell gedreht. Schon am 20. April 1933 erhielt der Bürgerpark an der Rudolf-Oetker-Halle zu Hitlers Geburtstag den Namen des neuen Machthabers. Am Abend prangte auf der Konzerthalle ein großes, hell leuchtendes Hakenkreuz. An der Fassade des Gebäudes war ein riesiges Porträt des »Führers« angebracht worden.

Der 1. Mai 1933 war zum ersten Mal ein gesetzlicher Feiertag in Deutschland. Als »Tag der nationalen Arbeit« sollte er nach dem Kalkül der Nationalsozialisten ein erhebendes Ereignis für die Massen werden. Während Hitler in Berlin über das Ethos der Arbeit sprach, sammelten sich in Bielefeld die Beschäftigten der großen Betriebe und stellten sich gemeinsam mit Trupps von SA, SS und der Schutzpolizei auf. Dann zogen die Menschen in Marschkolonnen durch die Straßen. Vor jeder Abteilung gingen Hitlerjungen und trugen Schilder mit den Firmennamen darauf.

Auch Richard Kaselowsky hatte sich eingereiht. Alle Unternehmer und Betriebsleiter waren gehalten, an diesem Tag zusammen mit ihren Arbeitern und Angestellten zu marschieren, um auf diese Weise eine besondere Einigkeit zu demonstrieren. 50 000 Menschen waren bei dem Aufmarsch in Bielefeld auf den Beinen. Auf der Schlusskundgebung wurde aus Berlin eine Rede des Reichspräsidenten Hindenburg übertragen, anschließend war Propagandaminister Joseph Goebbels zu hören.

Wie zahlreiche Industrielle trat der Chef der Firma Dr. August

Oetker an diesem 1. Mai 1933 der Nationalsozialistischen Arbeiterpartei bei. Richard Kaselowsky erhielt die Mitgliedsnummer 2473997. Es war für mehrere Jahre die letzte Gelegenheit zum Parteieintritt. Denn die Parteiführung verfügte ab diesem Zeitpunkt eine Aufnahmesperre. Sie fürchtete, die alte Kampfbewegung würde verbürgerlichen. In den Wochen seit Hitlers Ernennung zum Reichskanzler war die Zahl der Parteimitglieder auf 2,5 Millionen Menschen hochgeschnellt. Fast 1,7 Millionen Deutsche hatten in dieser kurzen Zeit die Aufnahme in die NSDAP beantragt. Die »alten Kämpfer« waren in die Minderheit geraten. Besonders nach der Reichstagswahl am 5. März 1933 waren die Menschen massenhaft in die Partei geströmt. Man nannte sie spöttisch die »Märzgefallenen«.

Richard Kaselowsky gehörte vermutlich nicht zu den frühen Unterstützern der NSDAP. Nach der Machtergreifung galt er aber als ihr treuer Gefolgsmann. Als die Bielefelder Industrie- und Handelskammer im Juni 1933 gleichgeschaltet und ein neuer Vorstand gewählt wurde, fand sich Kaselowskys Name auf der Einheitsliste. Und 1935 gehörte er zu den 25 Bielefelder Bürgern, die für sechs Jahre zu Ratsherren ernannt wurden, nachdem sie vom Beauftragten der NSDAP berufen worden waren. Es sollte nach der Machtergreifung auch nicht lange dauern, bis Richard Kaselowsky Aufnahme in den wohl exklusivsten Kreis von NS-Unterstützern fand.

In diesem Keppler-Kreis übernahm 1933 ein jüngerer Mann die Regie. Nachdem Keppler nach der Reichstagswahl im März als Hitlers Berater in die Reichskanzlei gezogen war, ergriff sein Neffe Fritz Kranefuß die Führungsrolle in dem Industriellenzirkel. Kranefuß war ein ausgesprochen ehrgeiziger Mann, und der Keppler-Kreis schien ihm ein ideales Vehikel für seine Ambitionen. Er arbeitete schon länger an der Seite seines Onkels und war im Frühjahr 1932 auch der NSDAP beigetreten. Nach der Machtergreifung trat Kranefuß, der in den zwanziger Jahren in einem jüdischen Bankhaus gearbeitet hatte, in die SS ein und verschrieb sich ihr mit Haut und Haaren.

Kranefuß fasste den Plan, den Keppler-Kreis an Heinrich Himmler, den so genannten Reichsführer SS, zu binden. Die Gelegenheit fand er bald. Vor dem Parteitag 1933 wollte Hitler sich bei den Wirtschaftsleuten erkenntlich zeigen und ließ von Himmler der Partei wohl gesonnene Banker und Industrielle als Gäste nach Nürnberg einladen.

Im Zusammenhang mit diesen Einladungen erhielt der Keppler-Kreis einen neuen Namen, er mutierte zum »Freundeskreis des Reichsführers SS«. Die neue Bezeichnung stammte vermutlich weder von Himmler noch von Kranefuß oder Keppler. Vielmehr kreierte wohl ein einfacher SS-Mann den Namen, wie später mehrere Industrielle bestätigten. Der Anlass war eher banal: Während des Parteitags waren etliche Ehrengäste im Nürnberger Grand Hotel untergebracht. Die Herrschaften, unter ihnen viele Diplomaten, nutzten auch Gesellschaftsräume des Hotels. Weil manche Gäste die Reservierungen ignorierten, kam der für den Keppler-Kreis zuständige SS-Mann auf die Idee, den Saal mit einem Respekt gebietenden Schild freizuhalten, auf dem stand: »Reserviert für den Freundeskreis Reichsführer SS.«

Kranefuß nahm die Bezeichnung sogleich auf, denn sie entsprach genau seinen Zielen. Der Keppler-Kreis wurde deutlich aufgewertet, und er bekam einen mächtigen Mentor: Heinrich Himmler. Der SS-Chef übernahm seinerseits die ihm angetragene Rolle gerne. Himmler witterte in dem Zirkel aus Industriellen und Bankmanagern eine Möglichkeit, seine Macht auszuweiten. Dabei hatte er an wirtschaftspolitischen Ratschlägen nicht das geringste Interesse. Seine Absicht war vielmehr, der SS durch die Gründung eigener Betriebe ein wirtschaftliches Fundament zu geben. Es war wichtig, dafür Vertraute und Verbündete in der Wirtschaft zu gewinnen. Himmler sorgte sogleich dafür, dass der Leiter der SS-Wirtschaftsverwaltung Oswald Pohl in den Kreis eintrat. Eine ganze Reihe weiterer höherer SS-Führer kam fortan zu den Zusammenkünften.

Wie gelangte Richard Kaselowsky in den Freundeskreis Himmler? Ausschlaggebend für die Aufnahme des Oetker-Chefs in den Zirkel der Himmler-Freunde dürfte seine Rolle beim Verkauf der *Westfälischen Neuesten Nachrichten* im Jahr 1935 gewesen sein. Nach der Machtergreifung war die Zeitung sofort auf die neue Linie eingeschwungen. Viele Artikel strotzten vor hasserfülltem Antisemitismus.

Nachdem die Zahl der jüdischen Rechtsanwälte in Bielefeld im April 1933 auf zwei beschränkt worden war, hatten die *Westfälischen Neuesten Nachrichten* einen mit Berufsverbot belegten Juristen verhöhnt: »Was werden Sie nun machen ohne diese dicken Honorare?« Dem Ausgegrenzten wurde der Bergbau empfohlen: »Dortmund soll eine ganze Anzahl Kohlengruben in seiner näheren und weiterer Umgebung haben. Ob da kein Platz für Sie wäre? Schipp, Schipp, Hurra!«

Die regionalen NSDAP-Fürsten hatten schon früh ein Auge auf die gut gehenden *Westfälischen Neuesten Nachrichten* geworfen. Die Zeitung erfreute sich einer großen Leserschaft und hatte ein florierendes Anzeigengeschäft. Das parteieigene *NS-Volksblatt für Westfalen* schrieb dagegen rote Zahlen. Wie die meisten lokalen Parteiblätter war es schlecht gemacht und für den normalen Leser langweilig. Nach der Machtergreifung waren zwar Abonnementbestellungen aus Behörden und von Geschäftsleuten eingegangen, die sich den neuen Herren empfehlen wollten, doch das reichte nicht. So entstand in der Führung des Gaus Westfalen-Nord der Plan, das *NS-Volksblatt* mit den *Westfälischen Neuesten Nachrichten* zu fusionieren.

Eine Abgabe ihrer Zeitung bedeutete für die E. Gundlach AG einen herben Verlust. Vorstand und Aufsichtsrat waren nicht erfreut von der Aussicht, sich von diesem Zeitungsgeschäft zu trennen. Auf einer Sitzung des Aufsichtsrats am 9. August 1935 stand das Ansinnen der Parteioberen auf der Tagesordnung. Eine schlichte Ablehnung des Übernahmewunsches kam zu diesem Zeitpunkt aber nicht mehr in Frage, weil der Aufsichtsratsvorsitzende Kaselowsky bereits anders entschieden hatte.

Der Oetker-Chef wollte den mächtigen Parteifreunden behilflich sein. Für die Fusion hatte sich sogar Hitlers Stellvertreter eingesetzt. Rudolf Heß hatte Kaselowsky darum gebeten, die *Westfälischen Neuesten Nachrichten* der Partei zur Verfügung zu stellen. Das Protokoll der Gundlach-Aufsichtsratssitzung vermerkt, dass Kaselowsky »auf alle Fälle wünschte, dass ein Weg gesucht werde, um die Wünsche der Partei über ein Zusammengehen der beiden Zeitungen zu erfüllen«.

Die Diskussion kreiste daher nur noch um die Modalitäten des Zeitungsverkaufs. Im Mittelpunkt der Debatte stand die Frage, wie nach der Abgabe der *Westfälischen Neuesten Nachrichten* die Druckmaschinen der E. Gundlach AG ausgelastet werden könnten. Eine Lösung war in Sicht. Der Gundlach-Vorstand hatte gerade eine kleine Fachzeitschrift gekauft und er verhandelte mit zwei weiteren Zeitschriften, die bis dahin in der Druckerei des *NS-Volksblatts* gedruckt worden waren.

Am 14. August 1935 wechselten die *Westfälischen Neuesten Nachrichten* den Eigentümer. Die Zeitung wurde mit dem *NS-Volksblatt* zusammengelegt, erschien aber weiterhin unter ihrem angestammten Namen. Kaselowskys Kurs bei der Fusion wurde von den Parteiführern honoriert. Der Presseamtsleiter des NSDAP-Gaus Westfalen-Nord Arno Schröder kommentierte den Zusammenschluss einige Jahre später so: »Dank dem Verständnis und dem selbstlosen Entgegenkommen des Parteigenossen Dr. Kaselowsky kam es zu der von Gauleiter Dr. Meyer erstrebten Vereinigung der *Westfälischen Neuesten Nachrichten* mit dem *NS-Volksblatt* und damit zur Gründung eines auch wirtschaftlich stark fundierten Gauorgans für das östliche Westfalen.«

Diese Formulierung deutet darauf hin, dass die E. Gundlach AG für die Tageszeitung von der NSDAP 1935 keinen Kaufpreis erhalten hat. Für diese Annahme spricht auch, dass in späteren Firmenchroniken des Unternehmens nicht von einem Verkauf der *Westfälischen Neuesten Nachrichten* die Rede ist, sondern von einer »Übergabe«, eine nicht ganz freiwillig gegebene Sachspende also. Richard Kaselowsky und die E. Gundlach AG durften aber hoffen, von den politischen Machthabern auf andere Weise entschädigt zu werden. So erhielt Gundlach bald darauf beispielsweise den Druckauftrag für das *Gaublatt der Nationalsozialistischen Frauenschaft und des Deutschen Frauenwerkes Westfalen-Nord*.

Das NS-Regime bot deutschen Verlegern schon in den ersten Jahren nach der Machtergreifung besondere Geschäftschancen. Unter den jüdischen Unternehmern wurden im »Dritten Reich« als erste die Verleger aus dem Wirtschaftsleben verdrängt. Jüdische Presseunternehmer wurden unter Druck gesetzt, bis sie die von ihnen herausgegebenen Zeitungen und Zeitschriften an so genannte Arier verkauften. Auch die E. Gundlach AG war höchst interessiert, sich solche Objekte einzuverleiben, wie aus dem Protokoll der Aufsichtsratssitzung vom August 1935 hervorgeht. Dort heißt es im Zusammenhang mit dem angestrebten Ersatz für die *Westfälischen Neuesten Nachrichten*: »Wir verhandeln darüber hinaus mit drei nicht-arischen Verlegern, die ihre Zeitungen abgeben müssen.«

Anders als es in späteren Firmengeschichten dargestellt wurde, ging die Gundlach-Zeitung 1935 nicht vollständig in Parteieigentum über. Vom Tag der Fusion an sollten noch fünf Jahre vergehen, in denen die E. Gundlach AG an der Zeitung wirtschaftlich beteiligt blieb, die nun laut Untertitel »Amtliches Organ der NSDAP und sämtlicher Behörden« war. Erst 1940 stieg das Unternehmen ganz aus, wie Dokumente belegen. »Seit dem 1. Juli 1940 sind die *Westfälischen Neuesten Nachrichten* 100-prozentig in den Besitz der NSDAP übergegangen«, meldete Gaupresseamtsleiter Arno Schröder im selben Jahr.

Eine Erklärung für den Ausstieg zu diesem Zeitpunkt könnte darin liegen, dass die E. Gundlach AG mittlerweile entschädigt worden war. Sie hatte mehrere »Zeitschriften aus nicht-arischer Hand im Gebiet der Ostmark« hinzukaufen können, also jüdisches Eigentum im Gebiet des 1938 angeschlossenen Österreichs.

Ohne Zweifel war es Richard Kaselowsky mit der Abgabe der *Westfälischen Neuesten Nachrichten* gelungen, sich die örtlichen Parteifürsten gewogen zu machen. Gauleiter Alfred Meyer würdigte den Unternehmer bei einer Feierstunde mit den Worten: »Wenn heute hier im Minden-Ravensberger Land die Partei über dieses große, stolze, schöne Organ verfügen kann, dann dankt sie es in erster Linie Ihnen, Parteigenosse Dr. Kaselowsky.«

Wie er später berichtete, zeigte sich der Gauleiter 1935 unter anderem dadurch erkenntlich, »dass wir den Pg. Dr. Kaselowsky als den Betriebsführer im Gau Westfalen-Nord dem Führer als Ehrengast für die großen jährlichen in Nürnberg stattfindenden Parteitage vorgeschlagen haben«. Adolf Hitler habe den Oetker-Chef dann Jahr für Jahr eingeladen, so Meyer in einer Rede vor der Belegschaft der Nahrungsmittelfabrik.

Vor allem der Nürnberger Parteitag im Jahr 1935 sollte als ein herausragendes Ereignis in die NS-Geschichte eingehen. Auf Anordnung Hitlers waren kurzfristig zwei Gesetze ausgearbeitet worden, die der Reichstag anlässlich des Parteitags am 15. September 1935 beschloss. Diese Nürnberger Gesetze waren das so genannte Reichsbürgergesetz, das die Bürgerrechte auf »Staatsangehörige deutschen oder artverwandten Blutes« beschränkte, und das »Gesetz zum Schutz des deutschen Blutes und der deutschen Ehre«, das die Heirat von Juden mit »Ariern« verbot.

Der genaue Zeitpunkt des Beitritts von Richard Kaselowsky zum Freundeskreis Himmler ist nicht überliefert. Aber es spricht manches dafür, dass der Oetker-Chef schon 1935 oder 1936 in Nürnberg Anschluss an den exklusiven Zirkel fand. Eine erhalten gebliebene Anschriftenliste aus dem Jahr 1939 enthält den Namen Kaselowsky als eines von zu dieser Zeit 36 Mitgliedern im Freundeskreis Himmler. Falls sich der Oetker-Chef erst kurz vor Erstellung dieser Liste der Runde angeschlossen hätte, wäre das eher als belastend zu werten. Der Leiter des SS-Wirtschafts- und Verwaltungshauptamtes Oswald Pohl sagte nach dem Krieg im Nürnberger Prozess: »Von 1937 an waren jedenfalls die Mitglieder des Freundeskreises ausgesuchte politisch zuverlässige und loyale Leute, sonst wären sie nicht von Himmler eingeladen worden. Die Auslese wurde von Kranefuß, dem engen Vertrauten von Himmler, gemacht, der als Industrieller die Kreise der Industrie sehr wohl kannte.«

Was war das für eine Runde, in die der Oetker-Chef aufgenommen wurde? Die Mitgliederliste von 1939 liest sich wie ein »Who is who?« der deutschen Wirtschaft. Aus den Vorständen und Aufsichtsräten der wichtigsten deutschen Unternehmen und Banken rekrutierten sich die »Freunde«. Dabei war es für Interessenten aus der Wirtschaft alles andere als einfach, in den Kreis aufgenommen zu werden. Zahlreiche Industrielle versuchten in den dreißiger Jahren, Mitglied zu werden und boten sogar Geld für die Aufnahme. Aber jeder, der sich in den Freundeskreis einzukaufen versuchte, wurde von Kranefuß schon aus diesem Grund zurückgewiesen. Himmler selbst hatte eine Abneigung gegen Unternehmer und Manager, die nur auf ihren finanziellen Vorteil bedacht waren, und titulierte solche Leute als »Wirtschaftshyänen«. Nach Aussagen eines Mitglieds zählte »Sauberkeit des Anwärters in der Wirtschaftspraxis« zu den persönlichen Voraussetzungen für eine Aufnahme in den Freundeskreis. Die Bewerber überprüfte Kranefuß und schlug dann Himmler jedes Mal von neuem vor, wer zur nächsten Zusammenkunft eingeladen werden sollte.

Neben den Herren aus der Wirtschaft gehörten dem Freundeskreis Himmler eine Reihe höherer Beamter aus den Ministerien für Wirtschaft, Finanzen und Verkehr an. Vor allem aber war nach der Anbindung des Keppler-Kreises an Himmler eine Reihe höherer SS-Führer dazugestoßen. Dadurch kamen die Wirtschaftsherren in Kontakt mit Leuten wie Otto Ohlendorf, dem damaligen Amtschef im gefürchteten Reichssicherheitshauptamt, mit Himmlers Chefadjutanten Karl Wolff und dem Chef des SS-Sanitätsamts Dr. Fritz Dermietzel. Der Freundeskreis blieb gleichwohl ein informeller Club, der weder Mitgliedsbücher noch Satzung kannte. Er war auch formell keine Unterorganisation der SS.

Bis 1939 trafen sich die Unternehmer, Bankiers und SS-Führer nur unregelmäßig, dann lud Kranefuß die Herren einmal im Monat ein. Richard Kaselowsky reiste zu den Treffen in Berlin jeweils am zweiten Mittwoch eines Monats. Der Unternehmer versuchte gewöhnlich, die Zusammenkunft mit anderen Terminen zu verbinden. Üblicherweise trafen sich die Herren abends im »Haus der Flieger«. Nach einem Cocktail dinierte der Freundeskreis in wechselnder Tischordnung. Anschließend zog man sich zu Gesprächen in die Clubräume zurück.

Der Ort des Geschehens hatte für Richard Kaselowsky eine besondere Bedeutung. Das »Haus der Flieger« war zuvor der Preußische Landtag gewesen. In dem prachtvollen Gebäude hatte Kaselowskys Vater zur Zeit des Kaiserreichs als nationalliberaler Abgeordneter gewirkt. Im »Dritten Reich« war aus dem früheren Plenarsaal dann so etwas wie der Ballsaal der Diktatur geworden, nachdem Hermann Göring als letzter preußischer Ministerpräsident das Parlament 1933 abgeschafft hatte und das Gebäude zum »Haus der Flieger« hatte umbauen lassen. Sein Reichsluftfahrtministerium lag gleich nebenan.

Für die Herren aus der Wirtschaft waren die Abende im Freundeskreis eine einmalige Gelegenheit, informelle Gespräche mit einflussreichen Männern aus Ministerien und der Partei führen zu können. Obwohl in diesem Kreis eigentlich niemand wagen konnte, bei politischen Themen oppositionelle Ansichten zu äußern, scheint es doch zu Missstimmungen gekommen zu sein. Nach einem nicht näher benannten Zwischenfall erließ Kranefuß nach Aussage eines Mitglieds jedenfalls ein förmliches Verbot politischer Debatten. Später war auch die Kriegslage ein heikles Thema.

Andererseits machte es aus Sicht von Kranefuß keinen Sinn, wenn im Freundeskreis nur Belanglosigkeiten und Privatangelegenheiten besprochen wurden. Doch Himmler selbst war strikt dagegen, den Wirtschaftsleuten einen tieferen Einblick in die Arbeit oder gar die Verbrechen der SS zu geben. Daher ging Kranefuß mit der Zeit dazu über, die Abende mit Vorträgen und Filmvorführungen zu gestalten. Da ging es dann um Tibet, den Teppich von Bayeux oder die Umsiedlung der Baltendeutschen.

Einmal trat Heinrich Himmler selbst als Vortragsredner auf. Der SS-Chef referierte über die germanische Frühgeschichte, für die er sich seit langem begeisterte. Nach Kriegsbeginn ließ er sich dann aber nur noch selten auf den Veranstaltungen seines Freundeskreises sehen. Wenn er doch kam, galt das als etwas ganz Besonderes. Die Herren empfingen ihn stehend, und Himmler begrüßte jeden mit Handschlag. Nach dem Essen brach er gleich wieder auf. Bis nach Mitternacht dauerten nur die Feierstunden am Grab König Heinrichs I., zu denen Himmler neben anderen Gästen auch die Herren seines Freundeskreises in den Quedlinburger Dom lud. Im Gedenken an den König – dessen Vornamen der Reichsführer SS trug – legte Himmler zum mitternächtlichen Glockenschlag einen Lorbeerkranz nieder.

Im Februar 1937 folgte der Freundeskreis der Einladung zu einem zweitägigen Programm in das Gestapo-Hauptquartier an der Berliner Prinz-Albrecht-Straße. Reinhard Heydrich referierte über den Sicherheitsdienst und die Sicherheitspolizei. Ein SS-Untersturmführer sprach über das Judentum, ein Kriminalrat über den Kommunismus. Nach einem Mittagessen im Gestapo-Kasino ließen sich die Wirtschaftsleute zu einem Besuch bei der Leibstandarte Adolf Hitler kutschieren. Am folgenden Tag hörten sie im Polizeiinstitut in Charlottenburg aus dem Munde eines SS-Obersturmbannführers, wie das Regime gegen Homosexuelle und Frauen, die ein Kind abgetrieben hatten, vorging.

1939 besichtigen die Finanz- und Industrieherren das Konzentrationslager Sachsenhausen, wo Leichtbausteine nach einem neuen Verfahren produziert wurden. Drei Jahre zuvor hatte der Freundeskreis schon einen Ausflug nach Dachau gemacht. Dort hatte Himmler die Herren persönlich durch das Konzentrationslager geführt und verschiedene Häftlinge antreten lassen. Friedrich Flick sollte von dem Besuch in Dachau die großen sauberen Hallen in Erinnerung behalten, in denen Häftlinge Metallschränke herstellten. Himmler war daran gelegen, den Wirtschaftsleuten den Eindruck humaner Haftbedingungen im KZ zu vermitteln. Dennoch war einigen Besuchern aufgefallen, dass die Gesichter der vorgeführten Häftlinge das Gegenteil bewiesen. Die meisten Ausflügler waren daher erleichtert gewesen, als sie nach dem Konzentrationslager noch eine im SS-Besitz befindliche Porzellanfabrik hatten besichtigen dürfen.

Manchmal traf sich der Freundeskreis Himmler auch im Goebbels-Ministerium. Dort durften sich der Oetker-Chef und die anderen neue Filme über die Luftwaffe oder die Waffen-SS anschauen. Im Laufe der Zeit wurden die Zusammenkünfte den meisten Herren aber zunehmend lästig. In den Kriegsjahren hatten die Unternehmer Wichtigeres zu tun, als sich zu Clubabenden einzufinden. Manche Mitglieder sagten ihre Teilnahme immer häufiger ab. Kranefuß reagierte darauf ungehalten. Er scheute sich nicht, solche Mitglieder bei nächster Gelegenheit förmlich zu ermahnen. Mit Richard Kaselowsky hatte er in dieser Hinsicht allerdings keine Probleme. Ihm bescheinigte Kranefuß später in einem Brief an Himmlers Adjutanten: »Trotz der verschiedensten durch die Verkehrsverhältnisse usw. bedingten Erschwerungen hat sich Herr Dr. Kaselowsky immer bemüht, an unseren Zusammenkünften teilzunehmen.«

Es gibt eine Fotografie, die Kaselowsky gemeinsam am Tisch im Gespräch mit dem Reichsführer SS zeigt. Doch wie nahe sich Himmler und Kaselowsky im Freundeskreis kamen, ist nicht überliefert. Immerhin hatten die beiden Männer ein gemeinsames Thema außerhalb von Politik und Wirtschaft. Beide hatten eine Zeit lang denselben, sehr seltenen Beruf ausgeübt: Hühnerzüchter. Heinrich Himmler hatte in Waldtrudering einen Hühnerhof betrieben, bis ihn Hitler 1929 zum Führer der damals 300 Mann starken SS ernannt hatte. Kaselowsky hatte von 1914 bis 1916 in Bad Nauheim Hühner gezüchtet.

Als der Freundeskreis seinen Mentor Himmler im Dezember 1943 in dessen Feldquartier in Ostpreußen besuchte, gehörte Kaselowsky zur Reisegruppe. Nach einer 13-stündigen Fahrt in einem Zug mit Schlafwagen und einer kurzen Busfahrt trafen die Herren gegen zehn Uhr am Vormittag in der Feldkommandostelle bei Lötzen ein. In einer Baracke mit dem Namen »Wurzhütte« wurden Weißwürste zum Frühstück serviert, dann folgte die Besichtigung der Anlage.

Mittags sprach Himmler zu den Herren. Aber wer gehofft hatte, etwas Neues über die Kriegslage zu erfahren, wurde enttäuscht. Der Reichsführer SS lamentierte stattdessen über seinen schlechten Ruf beim deutschen Volk, räumte allerdings ein, dass dieser immerhin nützlich sei, um Ruhe und Ordnung im Reich zu erhalten. Nach einer Filmvorführung und dem Chorgesang junger Panzerjäger bat Himmler die Freunde noch zum Tee. Gegen 19 Uhr brachte der Bus die Reisegruppe wieder zum Bahnhof.

Mit seiner Einladung wollte Himmler die Herren des Clubs bei Laune halten. Im Lauf der Jahre war der Freundeskreis für ihn zu einer wichtigen Einnahmequelle geworden. Die Zusammenkünfte dienten nach Einschätzung des Historikers Reinhard Vogelsang vermutlich sogar ausschließlich dem Zweck, die Geldbörsen der Mitglieder für den Reichsführer SS zu öffnen. Alles in allem kamen so rund acht Millionen Reichsmark für Himmlers Schatulle zusammen.

Richard Kaselowsky (dritter von links) begegnete Heinrich Himmler (links) bei den Treffen des Freundeskreises Reichsführer SS.

Die SS wurde zwar aus der Parteikasse der NSDAP alimentiert, aber die Zuwendungen waren nach Himmlers Geschmack knapp bemessen. Für »besondere Aufgaben«, wie Himmler es nannte, hatte er überhaupt keinen Etat. So war er froh über die Freigebigkeit seines Freundeskreises. Der Bankier von Schröder hatte in seinem Kreditinstitut, dem Bankhaus Stein, ein Sonderkonto eingerichtet, auf das Himmlers Freunde die Spenden überweisen konnten.

Die Geldflüsse konnten nach dem Krieg nur teilweise geklärt werden. Detaillierte Spenderlisten sind lediglich aus den Jahren 1943 und 1944 erhalten geblieben. Die höchsten Überweisungen kamen demnach mit jeweils 100 000 Reichsmark von Flick, Siemens-Schuckert,

Wintershall, den Vereinigten Stahlwerken und dem IG-Farben-Konzern. Die Deutsche und die Dresdner Bank spendeten jeweils 50 000. Richard Kaselowsky griff tief in die Unternehmenskasse, um sich Himmler gewogen zu halten. Mit Spenden von zweimal 40 000 Mark blieb der Oetker-Chef nur wenig unter den Summen, die die finanzkräftigen Großbanken überwiesen.

Himmler verwendete das Geld nach eigenem Gutdünken. Er unterstützte einzelne SS-Angehörige, die in eine finanzielle Notlage geraten waren. Er bezuschusste Forschungsreisen nach Tibet und die Lehr- und Forschungsgemeinschaft »Ahnenerbe«. Er bedachte den Menschenzüchtungsverein »Lebensborn«, in dessen Entbindungsheimen rund 11 000 meist uneheliche Kinder zur Welt kamen. Er ließ Bücher für SS- und Polizeieinheiten anschaffen. Viel Geld floss auch in die Wiederherstellung der Ruine Wewelsburg bei Paderborn. Während des Kriegs ließ der Reichsführer SS mit dem Geld aber auch neue SS-Einheiten ausrüsten, die in Bosnien und in Rumänien aufgestellt wurden.

Der SS-Chef bedankte sich bei Kaselowsky und den anderen Spendern stets mit persönlichen Briefen, in denen er allerdings nicht näher darauf einging, wozu er das Geld verwendete. Die Freunde hätten ihm geholfen, »wiederum viele Wunden zu heilen, vielen Menschen zu helfen und manches für Deutschland Wertvolle, besonders auf wissenschaftlichem Gebiet, in Gang zu setzen«, schrieb er beispielsweise 1942.

Im Freundeskreis Himmler machte Richard Kaselowsky mit einer Vielzahl von Verbrechern persönliche Bekanntschaft – so zum Beispiel mit dem Massenmörder Reinhard Heydrich. Als Heydrich im Juni 1942 in Prag bei einem Attentat umkam, gedachte Kranefuß seiner mit einer Gedenkrede. Über den kaltblütigen Organisator der Terrorherrschaft hörten die Industriellen und Bankiers, dass er »im täglichen aufreibenden Kampf mit den Reichsfeinden gestanden« habe. Kaselowsky traf auch Otto Ohlendorf, der als Befehlshaber der Einsatzgruppe D im Osten für die Ermordung von 91 000 Menschen verantwortlich war.

Unklar ist allerdings, wie viel die nicht der SS angehörigen Mitglieder des Freundeskreises von den Verbrechen erfuhren. Der Historiker Reinhard Vogelsang kommt in seiner gründlichen Untersuchung zu dem Schluss, dass es eine besondere Mitwisserschaft der Wirtschaftsherren nicht gegeben habe: »Im Ganzen wird man feststellen dürfen, dass die gleiche Verschleierungstaktik, wie sie gegenüber der Bevölkerung praktiziert wurde, auch gegenüber dem Freundeskreis Anwendung fand.«

Im Freundeskreis Himmler waren nicht nur überzeugte und willfährige Nationalsozialisten. Mit dabei war zum Beispiel auch Karl Blessing, der 1958 Präsident der Deutschen Bundesbank werden sollte. Blessing war in den dreißiger Jahren als Reichsbankdirektor entlassen worden, weil er die inflationistische Rüstungsfinanzierung nicht hatte verantworten wollen. Die Verschwörer des 20. Juli 1944 wollten ihn, der als herausragender Fachmann galt, zum Reichsbankpräsidenten machen. In den Monaten vor dem Attentat auf Hitler verbrachte Blessing mehr Zeit mit Männern aus dem Widerstand als im Freundeskreis Himmler.

Von Richard Kaselowsky ist dagegen keinerlei Sympathie mit der Opposition und dem Widerstand überliefert worden. Allerdings gehörte der Oetker-Chef auch nicht zu jenen Mitgliedern des Kreises, die in die SS aufgenommen wurden und Ehrenränge trugen wie der SS-Standartenführer Emil Meyer von der Dresdner Bank oder sein Vorstandskollege, der SS-Obersturmbannführer Karl Rasche. Vogelsang brachte die heterogene Zusammensetzung des Freundeskreises später auf die Formel: »Ein Club tüchtiger Geschäftsleute und begabter Bürokraten, begeisterter und kritischer Nationalsozialisten, Widerstands-Sympathisanten und SS-Mörder, vor allem aber ganz gewöhnlicher Opportunisten.«

Es liegt auf der Hand, was Richard Kaselowsky mit seiner Mitgliedschaft im Freundeskreis bezweckte. Es ging dem Industriellen um Beziehungen, die in der Wirtschaft des »Dritten Reiches« ja eine außerordentlich große Rolle spielten. Der Kreis war zwar keine wichtige Schaltstelle im System, er bot seinen Mitgliedern aber immerhin die Möglichkeit zur Durchsetzung ihrer eigenen Interessen im Beziehungsgeflecht der NS-Wirtschaft. Kaselowsky konnte hier wichtige Kontakte in die Reichsbürokratie und zu Parteistellen knüpfen. Und er bekam die Möglichkeit, bei Verhandlungen um die Zuteilung von Rohstoffen und Aufträgen an seine guten Verbindungen zu den Machthabern zu erinnern.

Dem Unternehmen Dr. Oetker ging es während der NS-Zeit ausgesprochen gut. Als während des Kriegs die Bevölkerung dirigistisch über Lebensmittelmarken versorgt wurde, blieb Puddingpulver stets ein fester Bestandteil der Ernährung. Diesem Produkt wurde sogar ein besonderer Abschnitt auf den Lebensmittelkarten eingeräumt. »Es bleibt erstaunlich, welche große Bedeutung damals auch von der Regierung dem Backpulver und Puddingpulver und dementsprechend allem, was dazugehört, zuerkannt wurde«, sollte sich noch 20 Jahre nach dem Krieg der langjährige Oetker-Prokurist Gustav Puls wundern. »Im Vergleich zu 1914/18 war deshalb diesmal die Lage für die Firma Dr. Oetker in mancher Hinsicht zunächst etwas günstiger.«

Kaselowskys Unternehmen profitierten im »Dritten Reich« in zunehmendem Maße von Staatsaufträgen. Bei Gundlach wurden seit 1939 Lebensmittelmarken gedruckt. In Millionenauflage produzierte das Bielefelder Unternehmen ferner Bezugsscheine für Schuhe, Mäntel, Zigaretten und andere Waren. Ein wachsendes Geschäft war auch der Druck von Formularen für die NS-Bürokratie. Gundlach druckte außerdem Verpackungen für die Verpflegung der Frontsoldaten und Landkarten für den Generalstab. Noch in den letzten Kriegsmonaten sollten bei Gundlach Plakate gedruckt werden, nicht für Pudding wie zu Friedenszeiten, sondern amtliche Warnhinweise vor ausländischer Spionage und Defätismus: »Feind hört mit!« Nicht zuletzt durch seine Behördenaufträge war das Unternehmen so gut ausgelastet, dass die Belegschaft in Doppelschicht arbeiten musste.

Während des Krieges war die Firma Gundlach stärker auf das Wohlwollen der Machthaber angewiesen, als dies für Unternehmen der Rüstungsindustrie galt. Die Erzeugnisse des Druck- und Verlagshauses galten als nicht kriegswichtig. Das örtliche Arbeitsamt versuchte immer wieder, dem Unternehmen Arbeitskräfte zu entziehen, um sie in der Waffen- und Munitionsherstellung einzusetzen. Nicht immer gelang es den Gundlach-Managern, das abzuwehren.

Der Gundlach-Vorstand scheute sich nicht, die Lücken in der Belegschaft durch Zwangsarbeiter aufzufüllen. Das Unternehmen beantragte bei den Behörden die Zuweisung von 185 so genannten Fremdarbeitern, die es bald darauf auch bekam. Die Mehrheit dieser Zwangsarbeiter war aus den von der Wehrmacht eroberten Ländern Osteuropas nach Bielefeld verschleppt worden. Einige dieser Menschen wurden schwer misshandelt, wie aus einem Schreiben einer deutschen Gundlach-Arbeiterin hervorgeht, die nach dem Krieg von Übergriffen des Gundlach-Generaldirektors Friedrich Schaarschmidt berichtete: »Er hat dann den Leiter der Gestapo und zwei weitere Gestapobeamte kommen lassen, unter dem Hinweis, eine Russin habe gestohlen. Ging des Abends mit diesen genannten Herren unter Mitnahme einer Russin in den Keller, von dem dann gleich darauf entsetzliches Geschrei gedrungen ist. Nach ein paar Tagen hat diese Russin dann verschiedenen deutschen Arbeiterinnen ihren vollständig blutunterlaufenen Unterkörper gezeigt.«

Bei einem anderen Unternehmen, an dem Oetker beteiligt war, wurden in noch größerem Umfang Menschen zur Arbeit gezwungen. Die Kochs Adlernähmaschinen-Werke waren im Krieg vollständig auf Rüstungsproduktion umgestellt worden. Die Zahl der Fremdarbeiter belief sich dort auf rund 670 Menschen, von denen die meisten aus der Sowjetunion verschleppt worden waren.

11. »Ein Nationalsozialistischer Musterbetrieb«

Das Unternehmen im Dritten Reich

Im September 1933 starb Louis Oetker. Der jüngere Bruder des Firmengründers war geschäftsführender Teilhaber der Bielefelder Nahrungsmittelfabrik gewesen. »Der Tod ereilte ihn inmitten des Werkes, dem er sein bestes Können gewidmet hatte«, hieß es in einem Nachruf.

Richard Kaselowsky war nun der alleinige Chef. Als »Betriebsführer« wurde er zum unumschränkten Herrscher des Bielefelder Unternehmens. Der Betriebsrat war abgeschafft worden. Dafür regierte nun die Deutsche Arbeitsfront (DAF) mit. Diese Massenorganisation war 1933 nach der Zerschlagung der Gewerkschaften als Zwangsgemeinschaft sowohl für Arbeiter als auch für Arbeitgeber gegründet worden. Sie sollte eine »Volks- und Leistungsgemeinschaft« herbeiführen und die Arbeiter in den NS-Staat integrieren. Mit Freizeitangeboten und Urlaubsreisen wurde der DAF-Ableger »Kraft durch Freude« (KdF) zur beliebtesten Organisation des NS-Regimes.

Als Verbindungsmann zwischen der DAF und der Firma arbeitete ein Mann namens Otto Krüger, eine Art Politkommissar der NSDAP. Krüger hatte den Auftrag, den Betrieb nach »nationalsozialistischen Grundsätzen« auszurichten. Er begann, bei Oetker ein innerbetriebliches Überwachungssystem aus Zellen und Blöcken einzurichten. Zwischen zehn und 20 Beschäftigte bildeten jeweils einen Block, dem ein so genannter Betriebsblockobmann vorstand. Vier bis sechs solcher Blöcke ergaben eine Betriebszelle, von denen es insgesamt 13 im Unternehmen gab.

Daneben kümmerte sich eine Betriebsfrauenwalterin um die weiblichen Beschäftigten und ein Betriebsjugendwalter um die Lehrlinge. Für Freizeit und Feierabende der Oetker-Mitarbeiter war der KdF-Wart zuständig, der Ausflüge und Kameradschaftsabende organisierte. Ihm unterstellt war der KdF-Betriebssportwart, dessen Aufgabe der Betriebsobmann Krüger mit den Worten beschrieb: »Wirklich gesunde Menschen, die furchtlos, mit eisernen Nerven und klaren Augen die Gefahr sehen, ihr begegnen und sie niederringen, das ist der Mensch, den wir formen wollen und müssen. Wir wollen, um die Zukunft Großdeutschlands für immer zu sichern, den gesunden, starken, lebensfreudigen und damit lebensbejahenden Menschen.«

Die Firmenleitung konzentrierte sich derweil lieber auf praktische Verbesserungen. Richard Kaselowsky unternahm beträchtliche Anstrengungen, die Wohnungsnot in Bielefeld zu beheben. Die Firma Oetker vergab günstige Kredite an ihre Beschäftigten und ließ auch selbst Häuser bauen. In der Siedlung Senne I wurden im Auftrag der Nahrungsmittelfabrik 100 Eigenheime für kinderreiche Familien errichtet. Die Häuser hatten fünf Zimmer, einen Viehstall und einen Garten von rund 1 000 Quadratmetern. Landwirtschaftslehrerinnen brachten den Frauen bei, wie sie einen Gemüsegarten anlegen konnten. Bis 1938 stieg die Zahl der Immobilien, die das Unternehmen finanzierte, auf 800.

Der Bau solcher Siedlungen diente allerdings nicht allein dem Zweck, jungen Familien zu Wohnraum zu verhelfen. Er war auch Teil der Vorbereitung des Regimes auf den großen Krieg. »Das Konzept der Heimstättensiedlung diente im Rahmen der ›Erzeugungsschlacht‹ der Intensivierung der Nahrungsmittelproduktion und Sicherstellung der Ernährung im künftigen Krieg«, schreibt Renate Harter-Meyer in ihrem Buch über die Hausfrauen im Nationalsozialismus. »Eine zusätzliche Anzahl von Frauen in der Stadt wurde qualifiziert, sich unter schwierigen Bedingungen selbst zu ernähren. Auch das war wichtig, denn im künftigen Krieg würde der Ernährer im Feld sein.«

Früh schon zielte die Politik der Nationalsozialisten auf »Nahrungsmittelfreiheit«, damit das Land im Ernstfall von Importen unabhängig wäre. Im Ersten Weltkrieg war es in den deutschen Städten zu

Hungerprotesten gekommen. Nicht zuletzt aus diesem Grund war die Bevölkerung kriegsmüde geworden. So etwas sollte nach Hitlers Willen nicht noch einmal passieren.

»Wenn auch unsere Waffe auf diesem Gebiet nur der Kochlöffel ist, so soll seine Durchschlagskraft nicht geringer sein als die anderer Waffen«, mahnte Reichsfrauenführerin Gertrud Scholtz-Klink 1937 ihre Geschlechtsgenossinnen. Sie gehörte zu den hochrangigen NS-Funktionären, die die Bielefelder Nahrungsmittelfabrik in den dreißiger Jahren besichtigten.

Die Firma Oetker half schon vor dem Krieg dabei mit, die deutschen Hausfrauen zur sparsamen Verwendung von Lebensmitteln zu erziehen. 1936 ließ sie 700 000 Exemplare eines Rezepthefts mit dem Titel »Fett sparen und doch lecker backen« drucken. Ein Jahr später folgte in einer Auflage von drei Millionen Stück der Titel »Backen macht Freude auch mit wenig Fett und Eiern«. Und unmittelbar nach Kriegsbeginn beauftragte Richard Kaselowsky seine Versuchsküche, die Rezepte so umzuarbeiten, dass die Hausfrauen mit weniger Zutaten auskamen. Das Ergebnis wurde unter dem Titel »Zeitgemäße Rezepte« fast zehn Millionen Mal gedruckt.

In den Jahren 1936 und 1937 veranstalteten Oetker-Mitarbeiter jeweils 25 000 Backkurse im Deutschen Reich. In den Großstädten kamen in der Regel 500 Frauen zu einem solchen Kurs, in Kleinstädten rund 300. Werbechef Sackewitz versprach sich viel von solchen Veranstaltungen: »Die Werbung durch diese Art der Belehrung der Hausfrauen ist außerordentlich eindringlich. Es ist nicht anzunehmen, dass eine Frau, die einen solchen Kursus mitgemacht hat, noch jemals nach anderen Rezepten oder mit einem anderen Backpulver backen wird.«

Die NS-Frauenschaft und die Funktionärinnen im so genannten Reichsnährstand unterstützten die Firma Oetker bei ihren Siedlungsprojekten, die Kurse im Kochen und Backen stießen dagegen bisweilen auf Argwohn. So wies die Reichsabteilungsleiterin Volkswirtschaft-Hauswirtschaft eigens in einem Rundschreiben die Gaue an, »dafür Sorge zu tragen, dass die Kreisabteilungsleiterinnen den Besuch der von Backpulverfabriken bzw. Gas- und Elektrizitätswerken usw. veranstalteten Back-, Kochkurse nicht empfehlen«. Es sei nicht ihre Aufgabe, sich »für die Werbung für bestimmte Industrieerzeugnisse einspannen zu lassen«.

Umgekehrt ließ sich die Firma Oetker sehr wohl in die Propaganda des Regimes einspannen, wie Hans-Gerd Conrad am Beispiel des Frauenbilds in der Oetker-Werbung darlegte: »Die Aufgabe der Frau ist es, Mann und Kinder zu verwöhnen, für ihre Gesundheit und ihr Wohlergehen zu sorgen und ihren Alltag so angenehm wie möglich zu gestalten. Indem Dr. Oetker diese Rolle der Frau in der Werbung zuordnete, lag das Unternehmen ganz auf der Linie, die von den Nationalsozialisten betrieben wurde.« Das galt in jeder Hinsicht.

1937 erhielten 30 Unternehmen in Deutschland die Auszeichnung »Nationalsozialistischer Musterbetrieb«. Eines davon war die Firma Dr. August Oetker. Sie galt in den Augen der NS-Funktionäre als eines jener Unternehmen, die »den Gedanken der Betriebsgemeinschaft auf das Vollkommenste verwirklicht haben«. Die Musterbetriebe waren in einem Wettbewerb ermittelt worden, der »Leistungskampf« genannt wurde. Die Auswahl der Sieger hatte bei der Deutschen Arbeitsfront gelegen. Für den »Betriebsführer« bedeutete die Wahl eine große Ehre. Am 30. April 1937 reiste Richard Kaselowsky zur Preisverleihung nach Berlin. Im Preußenhaus nahm er aus der Hand Adolf Hitlers die »Goldene Fahne« der DAF entgegen.

In einer Jubiläumsschrift von 1941 gab Richard Kaselowsky die folgende Erklärung für die Auszeichnung: »Die Frage, warum wir Nationalsozialistischer Musterbetrieb geworden sind, beantworten, heißt, die Geschichte unseres Hauses schreiben, dessen Gründer, Dr. August Oetker, man als einen Nationalsozialisten des Herzens bezeichnen darf.« Er habe den Nachfolgern die Verpflichtung hinterlassen, nicht nur das wirtschaftliche Ergebnis zu sehen, sondern auch ihr Augenmerk auf die »Betreuung der Gefolgschaft zu richten«.

Wie für die meisten deutschen Unternehmen brachte das »Dritte Reich« der Firma Dr. August Oetker eine neue wirtschaftliche Blüte. »Die Produktionsanforderungen stiegen seit 1933 ständig«, heißt es in einer Chronik. Bald nach der Machtergreifung hatten auch die

DER FÜHRER

Ich verleihe auf Vorschlag
des Reichsorganisationsleiters der
NSDAP. und Leiters der Deutschen
Arbeitsfront dem Betrieb

Dr. August Oetker

Bielefeld

heute am Nationalfeiertag
des Deutschen Volkes die Bezeichnung

NATIONALSOZIALISTISCHER
MUSTERBETRIEB

Die Auszeichnung erfolgt auf Grund
von Verdiensten im Sinne meiner
Verfügung vom 29. August 1936 über
nationalsozialistische Musterbetriebe.
Mit der Überreichung dieser Urkunde
erhält die Betriebsgemeinschaft das
Recht, die Flagge der Deutschen Arbeitsfront mit goldenem Rad und
goldenen Fransen zu führen.

Berlin, den 1. Mai 1937

Hochleistungsmaschinen, die während der Wirtschaftskrise stillgelegt worden waren, in Betrieb genommen werden können. Das Hamburger Zweigwerk arbeitete seit 1934 in Doppelschichten. Es produzierte etwa zehnmal so viel wie im Gründungsjahr 1924. Die Waren gingen nach Berlin, Ostpreußen und Schlesien, aber auch per Schiff nach Übersee. Eine Vielzahl neuer Maschinen wurde aufgestellt, darunter ein Faltschachtelautomat für die beliebte »Götterspeise«.

Um den Absatz ihrer Erzeugnisse weiter anzukurbeln, gingen die Bielefelder Werbemanager neue Wege. Sie ließen nach eigenen Plänen eine Hand voll Filmvorführfahrzeuge herstellen. An der Rückwand hatten diese Busse eine Leinwand. Damit waren die Werber nicht mehr auf Säle angewiesen, wenn sie ihre Streifen im Deutschen Reich vorführten. Nicht selten reichte die Zahl der Zuschauer vor den Filmwagen an die 1 000.

In den Jahren 1935/36 ließ das Unternehmen in Bielefeld die beiden Fabrikbauten, die der Gründer um die Jahrhundertwende errichtet hatte, abreißen, um Platz für eine neue Fabrik zu schaffen, die noch rationeller arbeitete. Ein entscheidendes Motiv beim Neubau war der Wunsch der Firmenleitung nach einem Festsaal, »einer Stätte, an der sich die Gefolgschaft bei feierlichen Anlässen versammeln konnte«, wie es hieß. Bis dahin hatten die Feiern, deren Zahl im NS-Staat stark zugenommen hatte, im Abfüllsaal des Puddingpulvers stattgefunden. Für die neue Fabrik wurden über 400 Tonnen Eisen verbaut. Die Bauherren richteten sich dabei bereits auf einen Krieg ein, es wurden nach Firmenangaben »die Anforderungen des Luftschutzes berücksichtigt«.

Eine maßgebliche Rolle beim Neubau spielte Karl Oetker, den Kaselowsky 1934 nach Bielefeld geholt hatte. Er stammte aus Altona und war jener Neffe des Bielefelder Firmengründers, der sich nach dem Ersten Weltkrieg einem Freikorps angeschlossen hatte. 1932 hatte er zunächst als Berliner Generalvertreter für die Back- und Puddingpulverfabrik zu arbeiten begonnen. In Bielefeld wurde er Prokurist, später dann Direktor und »stellvertretender Betriebsführer«. 1937 wurde Karl Oetker auch Anwärter auf die NSDAP-Mitgliedschaft, angeblich aber nicht auf seinen eigenen Wunsch, sondern unter dem Zwang Kaselowskys. Ein Freund namens Emil Berckemeyer sollte Karl Oetker jedenfalls nach dem Krieg bescheinigen: »Ich entsinne mich auch, dass Herr Oetker – es war im Jahr 1937 – unter Druck der Geschäftsleitung der Firma Dr. August Oetker gezwungen wurde, in die Partei einzutreten, was ihn einen seelischen Kampf gekostet hat.«

In der Familie Oetker hat man ihn wegen seiner Parteimitgliedschaft damals wohl kaum scheel angesehen. Kaselowsky war – wie übrigens auch sein Bruder – schon seit 1933 Parteigenosse, und seine Frau Ida war ebenfalls in die Partei eingetreten und engagierte sich in der NS-Frauenschaft.

Das Unternehmen Dr. August Oetker warf in den dreißiger Jahren hohe Gewinne ab. Die Liquidität der Nahrungsmittelfabrik war so gut, dass es Richard Kaselowsky leicht fiel, im Februar 1936 einen Großkredit an die E. Gundlach AG zu geben, deren Aktien mehrheitlich im Oetker-Besitz lagen. Mit dem Geld stockte die Druckerei ihre Vorratslager an Papier und Leder auf, damit sie auch in einer Kriegswirtschaft würde weiter produzieren und liefern können. Einer der größten Kunden Gundlachs waren damals die Reemtsma Cigarettenfabriken, in deren Auftrag das Unternehmen in den dreißiger Jahren einige Millionen Alben für Sammelbilder produzierte. Raucher konnten diese Abbildungen von Königen, Dichtern und Filmstars, die den Zigaretten beilagen, in die Bücher kleben.

1938 richtete die Bielefelder Firma Oetker in Berlin eine Geschäftsstelle ein. Seit der Vierjahresplan galt, konnte das Unternehmen etliche Rohstoffe nicht mehr frei einkaufen. Man brauchte behördliche Zuteilungen und Genehmigungen. Kaselowsky begriff, dass es in dieser Situation hilfreich sein würde, wenn das Unternehmen mit eigenen Leuten in der Reichshauptstadt vertreten wäre. Sie konnten bei Parteifunktionären und Beamten vorsprechen, um die benötigten Kontingente zu sichern.

Den »Anschluss« Österreichs an das Deutsche Reich nutzte Kaselowsky 1938 für die »Heimholung« einer Zweigniederlassung, die August Oetkers früherer Prokurist Hornberg viele Jahre auf eigene

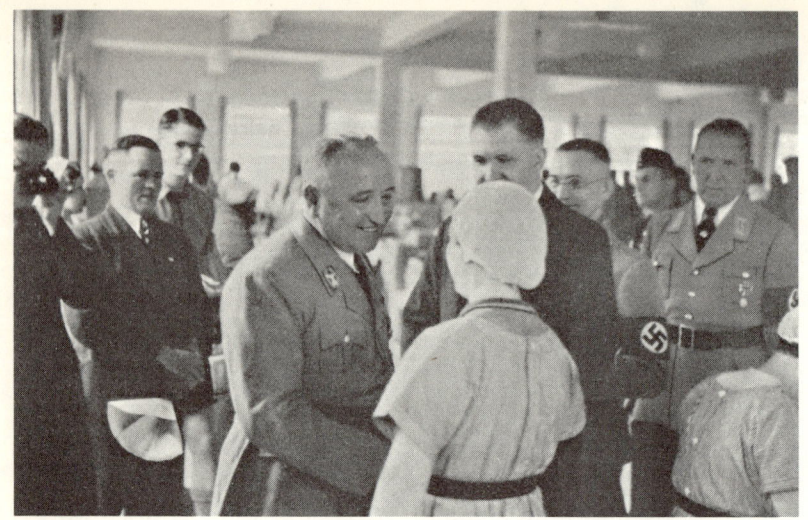

Der Führer der Deutschen Arbeitsfront, Robert Ley, besichtigte den Betrieb in Bielefeld. Der junge Mann im Hintergrund links ist vermutlich Rudolf-August Oetker.

Rechnung geführt hatte. Der Betrieb in Baden bei Wien wurde jetzt wieder dem Bielefelder Stammhaus unterstellt. Ebenso geschah es mit drei Werken in Brünn, Budapest und Maribor. In der Bielefelder Oetker-Zentrale wurde, jedenfalls was das Geschäftliche betraf, auch der deutsche Überfall auf Polen begrüßt. Die Firma Dr. Oetker hatte seit Mitte der zwanziger Jahre ein Werk in Danzig. Die Geschäfte waren aber schlecht gelaufen. »Wandel schuf erst die Niederlage Polens«, schrieb ein Firmenchronist 1940. »Seitdem steht die Firma dort im kraftvollen Aufstieg.«

Sowohl in Bielefeld als auch in Hamburg produzierte Dr. Oetker während des Kriegs auf Hochtouren. Die Zweigfabrik an der Elbe erwies sich bald als zu klein. Weil das Grundstück am Altonaer Hafen keinen Platz für eine Erweiterung bot und es überdies wegen der geplanten Umgestaltung des Elbufers irgendwann aufgegeben werden musste, beschloss Kaselowsky einen Umzug. Die Stadt Hamburg bot dem Unternehmen ein 15 000 Quadratmeter großes Fabrikgelände am Grünen Deich im Stadtteil Hammerbrook an. Es handelte sich um einen Gebäudekomplex, der von einer in Konkurs gegangenen Wollkämmerei genutzt worden war. Kaselowsky überzeugte sich davon, dass Gebäude und Räume in gutem Zustand waren, und kaufte das Grundstück. Es lag am Flüsschen Bille und hatte damit Anschluss an den Wasserverkehr.

1941 war es so weit, und die Belegschaft des Hamburger Zweigbetriebs konnte die Produktion in die erheblich größere Anlage verlegen. »Die Einrichtungsarbeiten im neuen Werk erlitten durch die Schwierigkeiten, die der sich allmählich verschärfende Krieg mit sich brachte, unvermeidliche Verzögerungen«, heißt es in einer Chronik dieses Betriebes. »Arbeitskräfte und Material wurden knapp, Verdunkelungsvorschriften, Fliegeralarme und die ersten Bombenschäden ließen Stockungen eintreten; aber zäh und unbeirrt wurde weitergearbeitet.«

Im Dezember 1941 konnte die Produktion am neuen Ort anlaufen. Entsprechend der Auftragslage bei Backpulver, Puddingpulver, Soßenpulver und Kindermehlstärke war die Auslastung der neuen Fabrik enorm. »Die Gesamtproduktion erreichte nach verhältnismäßig kurzer Anlaufzeit eine selbst in Friedenszeiten nicht gekannte Höhe.« 380 Arbeitskräfte waren im Einsatz, zum allergrößten Teil Frauen. Der Platz war so reichhaltig, dass Fabrikdirektor Albert Vogelsang auch einen Vortragssaal und eine Lehrküche einrichten ließ. Hamburger Hausfrauen konnten hier unter Anleitung Tag für Tag Kuchen und Plätzchen für ihre Angehörigen an der Front backen. Die Zutaten mussten sie allerdings selber mitbringen.

Die hauswirtschaftlichen Verbände animierten die Frauen und Mütter immer wieder neu, ihren Männern und Söhnen Feldpostpäckchen zu senden mit Fotos von den Lieben daheim und Selbstgebackenem: »Der Soldat wird gerade jetzt an die Kuchendüfte denken, die in der Vorweihnachtszeit das Haus durchziehen. Zu Hause kann er nicht sein, aber eine Kostprobe können wir schicken!« Der Mangel war 1941 allerdings schon deutlich spürbar: »Zwar werden wir nicht so viel und so üppig backen wie in Friedenszeiten, aber trotzdem gibt es auch von weniger Zutaten sehr leckere Kuchen und Plätzchen.«

Unverzichtbar war in jedem Fall das Backpulver. Wegen der hohen Nachfrage der Wehrmacht und weil die Hausfrauen während des Kriegs mehr als zuvor selber backten, stieg der Oetker-Umsatz bis 1943 von Jahr zu Jahr. Im dritten Kriegsjahr schaltete das Unternehmen sogar Anzeigen, um den Absatz zu drosseln: »Bitte kaufen Sie Dr. Oetker Backpulver ›Backin‹ nicht über ihren jedesmaligen Bedarf, damit alle etwas bekommen können.« Wenn damals in Deutschland gebacken wurde, geschah das in zwei von drei Fällen nach Dr. Oetker-Rezepten. Bis Kriegsbeginn hatten die Backbücher, vor allem »Backen macht Freude«, eine Auflage von mehr als sieben Millionen Stück erreicht. Das Schulkochbuch war sogar über acht Millionen Mal verkauft worden.

Am 13. Januar 1941 feierte das Unternehmen in Bielefeld sein 50-jähriges Bestehen. Ein halbes Jahrhundert war vergangen, seit Dr. August Oetker in der Stadt eine Apotheke übernommen hatte, aus der dann allmählich die Fabrik hervorgegangen war. Der große Festtag begann mit einem Betriebsappell. Nachdem die Fahnen in den Saal getragen worden waren, begrüßte NS-Betriebsobmann Otto Krüger die versammelten Gäste und bat als Erstes um ein Gedenken für alle toten Soldaten, »die ihr Leben im heldenhaften Einsatz ließen, um den Fortbestand ihres Volkes und ihrer Nation zu sichern«.

Viele der rund 2 500 Oetker-Beschäftigten waren in feldgrauer Uniform zum Festakt erschienen: Soldaten auf Heimaturlaub. Der prominenteste Zuhörer unter den Gästen war Dr. Alfred Meyer, Gauleiter des Gaues Westfalen-Nord der NSDAP. Diese Parteiorganisation feierte in derselben Woche ihr zehnjähriges Bestehen. In das Veranstaltungsprogramm der Partei war auch das Oetker-Jubiläum aufgenommen worden. Firmenchef Kaselowsky bedankte sich artig für diese Ehre und sagte, das Fest habe »dadurch eine Weihe erhalten, die wir ihm in diesen Kriegszeiten sonst nicht hätten geben können«.

Der »Betriebsführer« rekapitulierte in seinem Vortrag die Geschichte des Unternehmens von seinen Anfängen an. Dabei waren seine Worte ganz im Ton der Zeit. Das Unternehmen sei seit jeher ein sozialer Betrieb und eine »Arbeitsheimat« der Beschäftigten gewesen, schwadronierte Kaselowsky: »Aber mit wirklicher innerer Wärme und Freude konnte man sich der Menschenführung erst dann widmen, als mit der Machtergreifung die Barrieren der Vorurteile und Klassenunterschiede verschwanden und Betriebsführer und Gefolgsleute sich wieder als Soldaten und Kameraden im Heer der Arbeit gegenübertraten.« Das klang fast sozialistisch.

Die Oetker-Betriebe in Danzig und in Wien hätten nach der »Heimkehr ihrer Länder ins Reich« große wirtschaftliche Erfolge »im Leistungskampf« errungen, hob Kaselowsky hervor. Er berichtete freimütig, dass der Ausbruch des Kriegs dem Unternehmen gut bekommen sei. »Trotz mancherlei Schwierigkeiten, die durch Einberufungen, Dienstverpflichtungen, Einarbeiten von Ersatzkräften, Mangel an Arbeitskräften eingetreten sind, ist es gelungen, durch rationellste Ausnutzung aller technischen Möglichkeiten die Produktion mengenmäßig erheblich zu steigern und den uns zugewiesenen Versorgungsausgaben gerecht zu werden.«

Aus Angst vor Spionage mochte der Betriebsführer nicht die Zahlen zu den Oetker-Lieferungen an die Wehrmacht nennen, die er sich notiert hatte. »Ich darf Ihnen aber hier vielleicht, ohne militärische Geheimnisse auszuplaudern, erzählen, dass unsere Soldaten, wo auch immer sie gekämpft haben mögen, ob in Polen oder in Norwegen, in Belgien oder in Holland, immer wieder berichteten, dass sie überall den ›Hellen Kopf‹ angetroffen haben als vertrauten Gruß der Heimat.«

Im Namen seiner Schwiegermutter Caroline Oetker, der die Firma immer noch zu 70 Prozent gehörte, kündigte Kaselowsky an, dass es Jubiläumsprämien für die Mitarbeiter geben werde und dass die Betriebsrenten erhöht werden sollten. Schon bei ihrem 60. Geburtstag 1927 und ihrem 70. hatte sich die Frau Kommerzienrat der Belegschaft gegenüber großzügig gezeigt.

Kaselowsky schloss mit dem Appell: »Und so wollen wir denn weiterarbeiten im Vertrauen auf unseren Führer und in dem unzerstörbaren Glauben an das ewige Leben des deutschen Volkes.«

Anschließend sprach Gauleiter Meyer zu dem »Herrn Betriebsführer und hoch verehrten Parteigenossen Dr. Kaselowsky« und den übrigen »Kameraden und Kameradinnen der Arbeit« im Saal. Er sei persönlich zum Gratulieren gekommen, weil er sich an das Wort halte: »Treue um Treue«. »Es gab eine Zeit, da es nicht populär und auch nicht zweckdienlich war, sich zur Partei zu bekennen. Damals schon tat es euer Betriebsführer, meine Kameraden und Kameradinnen, in den Zeiten, als die Partei in schwersten Kämpfen stand.« Er dankte Kaselowsky für seinen »Bekenntnismut zum Führer und zur Nationalsozialistischen Deutschen Arbeiterpartei«.

Der Gauleiter rühmte den Bielefelder Betrieb als einen »Stützpunkt der Volksgemeinschaft«, auf die es im Krieg besonders ankomme. »Warum steht unsere Front im Inneren heute so fest? Weil wir diese Volksgemeinschaft, diese Verbundenheit, dieses Gefühl, aufeinander angewiesen zu sein, Schicksals- und Notgemeinschaft zu sein, weil dieses alles nicht nur eine Idee, eine Phantasie ist, sondern Wirklichkeit geworden ist. Deshalb kann der Führer sich heute so frei den großen Aufgaben widmen, weil die Heimatfront in Ordnung ist.« Zum Schluss seiner Rede forderte Meyer die versammelte Oetker-Belegschaft auf, ihren Betriebsführer mit einem dreifachen »Sieg-Heil« hochleben zu lassen.

Betriebsobmann Krüger dankte Kaselowsky für zahlreiche soziale Einrichtungen, für die Pensionskasse und den Sportplatz, für Heiratsbeihilfen und Ferienzuschüsse. Dem Firmenchef rief der nationalsozialistische Funktionär im Namen der Belegschaft zu: »Ihnen gehören die Herzen der ganzen Gefolgschaft, Ihnen schlagen die Herzen aller Hellkopfkinder entgegen, die in Ihnen ihren lieben Hellkopfvater verehren.« Das anschließende »Sieg-Heil« der Oetker-Mitarbeiter und Gäste galt dann aber dem »Führer« und Reichskanzler Adolf Hitler. Nach der Feierstunde besichtigten der Gauleiter und die Ehrengäste die Produktionsanlagen. Am Nachmittag pilgerten sie zur Rudolf-Oetker-Halle, wo das Städtische Orchester und der Lehrergesangverein Werke von Mozart, Beethoven und Thomas zu Gehör brachten.

12. »*Ein sehr wohlhabender Mann*«
Rudolf-August Oetkers Lehr- und Kriegsjahre

Als Rudolf-August Oetker am 20. September 1916 in Bielefeld auf die Welt kam, war sein Vater schon tot. Es war bereits ein halbes Jahr vergangen, seit Rudolf Oetker bei der Schlacht um Verdun erschossen worden war. Seine kleine Tochter Ursula hatte der Leutnant bei einem Besuch in der Heimat auf den Arm nehmen können, seinen Sohn hat er nie gesehen.

Als der Junge getauft wurde, erhielt er die Namen seines Vaters und seines Großvaters. August Oetker, der das Back- und Puddingpulverunternehmen aufgebaut hatte, war 1916 noch keine 55 Jahre alt, aber ein von Gram erfüllter und gebrochener Mann. Er starb, als sein Enkelsohn gerade in seinem zweiten Lebensjahr war. An den Gründer des Unternehmens, das er einmal erben würde, konnte Rudolf-August Oetker somit keine Erinnerung haben.

Aber da gab es ja noch die Mutter und auch die Großmutter, und es gab die Firma. Für den ersten Sohn einer jeden Unternehmerfamilie galten damals mehr noch als in späterer Zeit besondere Regeln. Der Bankier Alwin Münchmeyer, selbst Spross einer alten Hamburger Kaufmannsfamilie, beschrieb die Lebensperspektive eines Kindes seines Standes mit den Worten: »Das Leben lag bereit wie ein Maßanzug, in den die jeweils nachfolgende Generation nur hineinzuschlüpfen brauchte.« Für den jungen Oetker traf das nur eingeschränkt zu. Als er heranwuchs, war ungewiss, ob er jemals die Herrschaft über das Unternehmen ausüben würde. Ja, ob die Firma überhaupt als Familienunternehmen Bestand haben würde, war nicht sicher.

Der Stammhalter wuchs unter den strengen Augen einer Patriarchin auf. Nach dem Tod des Firmengründers hatte Caroline Oetker das Unternehmen geerbt. Die Witwe war der Rolle der Inhaberin durchaus gewachsen. Schon ihre Mutter hatte mit Erfolg ein Geschäft geführt. Auch Caroline Oetker verstand sich auf Zahlen und ließ sich nichts vormachen.

Rudolf-August verlebte eine behütete Kindheit in der Fabrikantenvilla Am Johannisberg 10. Zu der anderthalb Jahre älteren Schwester Ursula kamen im Lauf der Jahre vier Halbgeschwister aus der Ehe der Mutter mit Richard Kaselowsky. Der Junge besuchte das Ratsgymnasium in Bielefeld, wo er sich als mittelmäßiger bis schlechter Schüler durchschlug. Immerhin gelang es ihm, wie ein Zeugnis belegt, bei den Lehrern den Eindruck zu erzeugen, dass es nicht an mangelndem Fleiß lag: »Trotz größter Anstrengungen tat es nur zu mäßigen Leistungen genügen.« Größere Erfolge hatte der Junge dagegen im Sport. Oetker war ein begeisterter Reiter und er nutzte die Tatsache, dass sein Stiefvater Kaselowsky auf dem Gestüt Ebbesloh in Gütersloh eine Pferdezucht betrieb.

Die Nöte, die die Weltwirtschaftskrise für Millionen Deutsche mit sich brachte, spürte Rudolf-August Oetker nicht. Der Wohlstand der Familie hatte sich während der Goldenen Zwanziger Jahre kräftig vermehrt. Aber der Pubertierende war alt genug, um die aufgewühlte Atmosphäre im Deutschland der frühen dreißiger Jahre zu empfinden.

Im September 1933 starb sein Großonkel Louis Oetker. Für den Heranwachsenden bedeutete dies insofern eine Wegmarke, als er nun Mitinhaber des Unternehmens wurde. Rudolf-August und seine Schwester Ursula erhielten jeweils zehn Prozent der Firmenanteile. 70 Prozent blieben bei der Großmutter, zehn Prozent besaß Richard Kaselowsky.

Rudolf-August Oetker kam in Bielefeld offenbar schon früh mit der SS Heinrich Himmlers in Berührung. Wahrscheinlich geschah das, ohne dass die Initiative von ihm selbst ausging. Nach der Machtergreifung setzte Himmler alles daran, seine SS zur Elite des neuen Staats zu machen. Sein erklärtes Ziel war ein Orden, in dem sich »die Tradition echten Soldatentums, die vornehme Gesinnung, Haltung und Wohlerzogenheit des deutschen Adels und die schöpferische Tatkraft des

Industriellen auf dem Boden der rassischen Auslese mit den sozialen Forderungen der Zeit« verbänden. Himmler entwarf in seinen Reden ein Bild seiner Formation, das sich vorteilhaft abhob von den Schlägerhorden der SA. Die proletarischen Braunhemden wirkten damals vor allem auf das gehobene Bürgertum abstoßend.

Doch Himmler fehlte eine Massenbasis. Im Frühjahr 1933 ging er daran, sein Reich auszuweiten. »Der Reichsführer riss die Tore seiner SS weit auf, um die anpassungswillige Oberschicht des Reiches in die Schutzstaffel einzulassen«, beschreibt Heinz Höhne diese Mitgliederoffensive in seinem Buch über den »Orden unter dem Totenkopf«. Himmler warb in Kreisen des Adels, des Bürgertums und der Finanzwelt für die SS, die er geschickt als Formation für den »feinen Nazi« präsentierte. Und er hatte Erfolg. »In die SS strömten Schichten, die das soziale Bild der Schutzstaffel radikal änderten«, so Höhne.

Im Zuge dieser Anwerbung verleibte Himmler seiner SS auch komplette Organisationen ein – an erster Stelle die ländlichen Reitervereine. Fast alle Vereinsreiter in Ostpreußen, Holstein, Oldenburg, Hannover und Westfalen zogen sich die schwarze SS-Uniform an. Dabei spielte die politische Einstellung der Neumitglieder kaum eine Rolle. SS-Veteranen registrierten damals sogar mit Unmut, dass auch Deutschnationale aufgenommen worden waren. In ihren Augen waren das »Reaktionäre«.

Auf diese Weise wurde vermutlich auch Rudolf-August Oetker Mitglied der Reiter-SS. Jedenfalls standen im Sportteil der *Westfälischen Neuesten Nachrichten* am 11. Juni 1934 die Ergebnisse eines Turniers. Da stand zu lesen, dass Rudolf-August Oetker beim »Jagdspringen Klasse A für Angehörige der SA und der SS« den fünften Platz belegt hatte. Das Pferd hieß Harald und gehörte seiner Schwester Ursula. Bei der »Dressurprüfung Klasse A für Angehörige der SA und der SS« war der junge Oetker sogar Sieger geworden.

Im Herbst 1934 war Rudolf-August Oetker dabei, als der Ravensberger Rennverein sein Kehraus-Rennen zum Saisonschluss veranstaltete. Mitreiten durften laut einer Zeitungsmeldung nur »die Angehörigen der nationalen Verbände, der Reichswehr und der Polizei«. Wohl weil sie eine solche Mitgliedschaft nicht nachweisen konnten, gingen drei der ursprünglich acht gemeldeten Reiter nicht an den Start. Rudolf-August Oetker aber ritt auf Alphaha vom Gestüt Ebbesloh die 1400-Meter-Strecke und entschied den Wettkampf für sich. »Das Rennen war eine offene Sache, aber schon beim Abläuten zeigte sich, dass es Alphaha kaum zu nehmen sein würde«, berichteten die *Westfälischen Neuesten Nachrichten.*

Nach dem Abitur machte Oetker ein Volontariat, vermutlich in einem befreundeten Betrieb. 1936 wurde er zum Reichsarbeitsdienst einberufen. Wie alle jungen Männer zwischen 18 und 25 Jahren musste auch der Fabrikantensohn einen sechsmonatigen Arbeitsdienst ableisten. Meist wurden die jungen Leute zur Bodenkultivierung für die Landwirtschaft eingesetzt. Sie mussten je nach Bodenqualität versumpfte Flächen trockenlegen oder für Bewässerung sorgen. Zum ersten Mal in seinem Leben arbeitete Rudolf-August Oetker Tag für Tag mit einem Spaten. Nicht selten stand er bei der Arbeit bis zum Bauch im Wasser.

Dieser Arbeitsdienst war eines von mehreren Mitteln zur Schaffung der so genannten Volksgemeinschaft. Das Leben im Lager und die gemeinsame körperliche Arbeit der jungen Menschen sollten dazu beitragen, Standesunterschiede in der Gesellschaft einzuebnen. Oetker musste lernen, sich einzugliedern. Etwas Besonderes blieb er aber doch im Kreis der jungen Männer. Rudolf-August Oetker verstand es überdies, sich beliebt zu machen. Zur Freude seiner Kameraden habe Oetker damals schon mal »ein paar Omnibusladungen junger Mädchen aus der Bielefelder Fabrik« heranschaffen lassen, wusste der *Spiegel* zwei Jahrzehnte später zu berichten.

1937 zog Rudolf-August Oetker nach Hamburg. Sein Stiefvater hatte arrangiert, dass er bei der Vereinsbank eine Lehre machen konnte. Anders als beim Arbeitsdienst stand er nun wieder unter der Kontrolle seiner Familie. Die gestrenge Großmutter hatte dafür gesorgt, dass der junge Mann einen Diener und Begleiter bekam: einen Mann namens Haase, der auf den Unternehmenserben aufpassen sollte und der Familie in Bielefeld regelmäßig Bericht erstatten musste. Aber um Oetker musste man sich keine Sorgen machen. Zwei Jahre später bestand er die Abschlussprüfung vor der Industrie- und Handelskammer Hamburg.

Seine Wehrpflicht absolvierte Oetker bei einer Aufklärungseinheit. Wegen einer Erkrankung wurde er aber vorzeitig entlassen. Als der Krieg im September 1939 mit dem deutschen Überfall auf Polen begann, musste der damals 23-jährige Oetker nicht einrücken. Möglicherweise hielt der Stiefvater mit seinen guten Verbindungen die Hand über den jungen Konzernerben. Kaselowsky konnte geltend machen, dass Rudolf-August Oetker der einzige Sohn seines im Ersten Weltkrieg in Verdun gefallenen Vaters war. Für das Vaterland hatte die Familie Oetker also schon einmal einen Erben geopfert.

Rudolf-August Oetker sah sich im Hamburger Zweigwerk des Bielefelder Unternehmens um. In der Fabrik an der Großen Elbstraße in Altona machte er sich mit der Produktion vertraut und half in weißer Hose und Jacke im Mischsaal mit. Die Arbeiterinnen und Arbeiter erlebten in dieser Zeit einen kollegialen Juniorchef, der pünktlich, geschickt und schaffensfroh war, wie eine Firmenschrift zehn Jahre später festhielt: »Er führte die Sackkarre wie jeder andere auch.«

Aber anders als »jeder andere« lebte der Unternehmersohn bereits auf großem Fuß. Rudolf-August Oetker verfügte in Hamburg über ein Domizil in bester Lage. Er besaß ein großes Haus an der Bellevue, einer besonders vornehmen Straße am Ostufer der Außenalster. Schon früh gründete er auch seine eigene Familie. Er hatte eine Frau namens Marlene Ahlmann kennen gelernt und sie 1939 geheiratet. Die Verbindung war standesgemäß, Marlene Ahlmann war die Tochter eines Fabrikanten aus Rendsburg. Ihre Familie besaß dort eine Eisengießerei. Das junge Paar bekam schnell Nachwuchs. Marlene Oetker gebar am 16. Juli 1940 in Hamburg eine Tochter. Sie wurde auf den Namen Roselie getauft, den sie später in Rosely abändern sollte.

Oetkers Hausnummer an der Bellevue war 15. Im Haus mit der Nummer 13 wohnte eine Frau namens Elli Lipmann. Sie musste den zweiten Vornamen Sara führen, denn sie war eine Deutsche jüdischen Glaubens. Die Lipmanns waren wohlhabende Leute. Neben anderem besaßen sie hinter ihrer Villa ein zweites angrenzendes Grundstück von mehr als 3 200 Quadratmetern. Carl Lipmann hatte das Gelände im Jahr 1925 gekauft und darauf von einem Lübecker Gartenarchitekten einen privaten Tennisplatz und einen Obstgarten anlegen lassen.

1940 sah sich seine Frau Elli gezwungen, dieses Grundstück zu Geld zu machen. Die Diskriminierung und Verfolgung der Juden in Deutschland hatten zu diesem Zeitpunkt ein Ausmaß erreicht, dass eine Auswanderung dringend geboten schien. Elli handelte damals als Generalbevollmächtigte ihres Mannes, der zu dieser Zeit offenbar bereits ins Ausland geflohen oder inhaftiert war.

Der Kontakt der Lipmanns zu dem jungen Herrn Oetker aus dem Nachbarhaus kam wohl durch einen Makler zustande. Der Unternehmenserbe zeigte jedenfalls großes Interesse an dem Grundstück und hatte keine Scheu, jüdisches Eigentum zu kaufen. Nach einigen Verhandlungen wurden sich beide Seiten einig. Am 20. März 1940 erschien Rudolf-August Oetker bei einem Hamburger Notar und unterzeichnete für die Firma Dr. August Oetker den Kaufvertrag. Frau Elli »Sara« Lipmann ließ sich durch einen Bevollmächtigten vertreten.

Nach dem Krieg sollten viele derjenigen, die sich während der NS-Herrschaft jüdischen Besitz angeeignet hatten, zu ihrer Verteidigung vorbringen, sie hätten einen angemessenen Preis bezahlt. Im Falle des Rudolf-August Oetker lagen die Dinge aber offensichtlich anders. Lipmann hatte für das Grundstück 117 000 Reichsmark bezahlt und für Tennisplatz und Obstbäume weitere 14 000 Reichsmark ausgegeben. Oetker wollte »nach längeren Verhandlungen« nur 58 000 Reichsmark zahlen, also weniger als die Hälfte des ursprünglichen Kaufpreises. Dabei nutzte er die Not der Verkäufer aus, die ohnedies schon, wie sie in einem Brief an die Behörden klagten, »in den letzten Jahren erhebliche Vermögenseinbußen erlitten hatten«.

Tatsächlich bekam Oetker das Grundstück dann sogar noch günstiger. Oberste Instanz bei allen Grundstücksverkäufen von Juden war der NSDAP-Gauleiter und Reichsstatthalter. Ihm mussten sämtliche Verträge zur Genehmigung vorgelegt werden. Diese Behörde meinte es besonders gut mit dem jungen Geschäftsmann aus Bielefeld. In ihrem

Bescheid vom 13. Juni 1940 über den Immobilienverkauf setzte sie den Preis zu Gunsten Oetkers überraschenderweise auf 45 500 Reichsmark herab. »Eine krasse Form der Bereicherung«, urteilt der Historiker Frank Bajohr, der den Vorgang in den Akten des Hamburger Staatsarchivs entdeckte.

Elli Lipmann erhob im Juli 1940 Einspruch. »Wenn der Käufer Oetker, von dem nicht bezweifelt werden kann, dass er ein sehr wohlhabender Mann ist, sich den Luxus des Ankaufs von RM 58 000 erlauben wollte, dürfte keine Veranlassung vorliegen, diesen Kaufpreis noch herabzusetzen«, schrieb ihr Anwalt Ernst Kaufmann, der Jude war und sich daher nur noch »Konsulent« nennen durfte. Aber die Behörde lehnte ab.

Man kann darüber spekulieren, ob Oetker das Grundstück der Lipmanns vielleicht deshalb billiger erhielt, weil sich die Staatspartei erkenntlich zeigen wollte für die Überlassung der *Westfälischen Neuesten Nachrichten*. Dafür spricht, dass der Genehmigungsbescheid über den Grundstückskauf zeitlich zusammenfällt mit dem vollständigen Übergang der Oetker-Anteile in NSDAP-Besitz.

Ob Rudolf-August Oetker plante, das Grundstück bebauen zu lassen oder den Garten und den Tennisplatz selbst zu nutzen, ist nicht bekannt. Schon bald nach dem Kauf wurde er zur Wehrmacht nach Berlin eingezogen. Im Jahr 1940 tat Rudolf-August Oetker Dienst beim Oberkommando des Heeres, wie aus einer Firmenchronik hervorgeht. Daneben arbeitete der Juniorchef aber auch noch im Berliner Büro der Firma Dr. August Oetker. Diese Firmenvertretung pflegte die Kontakte zu den amtlichen Stellen und hatte dafür zu sorgen, dass den Oetker-Betrieben in Bielefeld und Hamburg die benötigten Rohstoffe zugeteilt wurden. Vom Berliner Büro aus wurden aber auch beinahe sämtliche Auslandsaktivitäten des Oetker-Konzerns gesteuert.

In der Zeit des »Dritten Reiches« war die Firma Oetker in Berlin nur durch dieses Lobby-Büro vertreten, das von dem Prokuristen Hans Crampe geleitet wurde. Dort wurde unter anderem geplant, wie sich das Unternehmen in den von der Wehrmacht besetzten Ländern etablieren konnte. »Die Entwicklung der politischen Verhältnisse während des Krieges brachte es mit sich, dass ein großer Teil des europäischen Auslandes in der Ernährungswirtschaft stark von Deutschland abhängig ist. Unter diesen Verhältnissen hat die Berliner Stelle eine außerordentlich große Bedeutung für alle Oetker-Unternehmungen«, heißt es in der Firmenchronik von 1941. Deren Verfasser mochte aber nicht ins Detail gehen, »zumal sich begreiflicherweise die Firma Dr. August Oetker gerade in manchen von diesen Ländern infolge der politischen Umgestaltung vor ganz neue Aufgaben gestellt sieht«.

Im weiteren Verlauf des Kriegs kam Rudolf-August Oetker schließlich zur Waffen-SS. Unter welchen Umständen er sich dieser Truppe anschloss, ist nicht geklärt. Der Unternehmer selbst hat sich öffentlich niemals dazu geäußert. Durch Dokumente ist belegt, dass der Konzernerbe am 22. März 1942 in die Waffen-SS aufgenommen wurde.

Die Waffen-SS bildete ab dem Sommer 1940 eine selbstständige militärische Organisation, die an der Front und in den besetzten Gebieten zum Einsatz kam. Anfänglich bestand sie aus der so genannten SS-Verfügungstruppe und den Totenkopfverbänden, die die Wachmannschaften der Konzentrationslager stellten. Nach dem Polenfeldzug hatte Himmler begonnen, die Waffen-SS massiv auszubauen. Gegen Ende des Kriegs sollte die Truppe annähernd eine Million Mann zählen, zehnmal so viel wie 1940. Erst seit 1943 wurden auch Wehrpflichtige eingezogen. Im März 1942 müsste sich Oetker also freiwillig zur Waffen-SS gemeldet haben.

Die Waffen-SS unterstand Hitler persönlich und nicht dem Oberkommando der Wehrmacht, ihre Soldaten kämpften aber taktisch im Rahmen des Heeres. Die Soldaten dieser Truppe galten als besonders furcht- und erbarmungslos. Zahlreiche Angehörige der Waffen-SS begingen Kriegsverbrechen, und ganze Einheiten beteiligten sich auch an den Einsatzgruppen, die für den Mord an den Juden eingeteilt waren.

Gleichwohl meinen Fachleute und Historiker heute, dass die Waffen-SS nicht mit der SS gleichgesetzt werden dürfe. »Als Garde der Partei konzipiert, für den fanatisch-erbarmungslosen Krieg der Weltanschauungen und Eroberungen trainiert, rückte die Waffen-SS im Laufe der Jahre immer deutlicher von dem Himmler-Orden ab«, schreibt etwa Heinz Höhne. »Der Alltag des Zweiten Weltkriegs verwandelte die Legionäre des Reichsführers in fast normale Soldaten, kaum zu unterscheiden von den Angehörigen der Wehrmacht.«

Wenn die Zeitungen in den Nachkriegsjahren über das Leben des »Puddingprinzen« Rudolf-August Oetker berichteten, wurde dessen Soldatenzeit stets auf den Einsatz an der heimatlichen Verpflegungs-front verkürzt. Da war dann zu lesen, Oetker hätte in einem Berliner Werk des Unternehmens gearbeitet, obwohl es ein solches zu dieser Zeit nicht gab. Anderen Quellen zufolge soll der Konzernerbe im Hauptverpflegungspark der Waffen-SS in Berlin tätig gewesen sein.

Erst Jahrzehnte nach dem Krieg kam zufällig heraus, dass der Waffen-SS-Mann Rudolf-August Oetker keineswegs nur am Schreibtisch ge-sessen oder in Verpflegungsbetrieben gewesen war. Oetker hatte auch am Feldzug in Russland teilgenommen. Dieses Geheimnis lüftete er, vermutlich unbeabsichtigt, selbst. Zu seinem 70. Geburtstag lud Oetker 1986 den Journalisten Hans Baumann von der *Welt* ein, um sich fest-lich porträtieren zu lassen. Baumann erlebte den alten Herrn in Plau-derlaune und beschrieb ihn in seinem Artikel mit dem Satz: »Er hat Freude am Erzählen, hört aber auch aufmerksam zu.« Der Journalist hörte seinerseits sehr genau hin, als der Patriarch über sein Leben berichtete, und notierte anschließend: »Heute wundert er sich, dass er überhaupt noch lebt. Im Krieg hat er in Russland mehrere Monate ganz allein unter den Russen gelebt. Erst später stellte sich heraus, dass dieses Dorf mitten in einem Partisanengebiet lag.«

Rudolf-August Oetker überstand den Krieg unversehrt. Sein jünge-rer Halbbruder Richard Kaselowsky wurde durch einen Unterleibs-schuss schwer verwundet. Über ihn hieß es in einem Brief 1944, er könne »infolge seines andauernden sehr schlechten gesundheitlichen Befindens auf absehbare Zeit keinerlei irgendwie geartete Aufgaben übernehmen.« Der junge Kaselowsky lebte zu dieser Zeit auf dem Gut Ebbesloh bei Bielefeld.

Kaselowsky senior hatte nach seinem Eintritt in die Firma Oetker einen Vertrag unterzeichnet, in dem er sich verpflichtet hatte, die Füh-rung des Unternehmens abzugeben, sobald Rudolf-August Oetker das

27. Lebensjahr vollendet hatte. Der Zeitpunkt war aus symbolischen Gründen gewählt worden. 27 Jahre alt war Dr. Rudolf Oetker gewesen, als sein Leben 1916 in Verdun ausgelöscht worden war. Sein Sohn sollte nach dem Wunsch der Großmutter den Weg weitergehen, der dem Vater vorgezeichnet gewesen war.

Aber als der Tag der geplanten Übergabe im September 1943 kam, war an einen Rückzug Kaselowskys nicht zu denken. Rudolf-August Oetker war Soldat in der Waffen-SS. Und unter den erschwerten Bedingungen des Kriegs hätte die Familie auch sonst wohl nicht auf die Erfahrung und die Verbindungen des langjährigen »Betriebsführers« Kaselowsky verzichten mögen.

13. »Ich kaufe die Aktien«
Expansion während der NS-Zeit

R ichard Kaselowsky begeisterte sich von Jugend an für die Schifffahrt. Im Laufe der Jahre hatte er eine Sammlung von Schiffsmodellen zusammengetragen. 1928 hatte er aus der Leidenschaft erstmals ein Geschäft gemacht und sich an einem Tankschiff namens
»Winnetou« finanziell beteiligt. Das Interesse an der Frachtschifffahrt
hing durchaus mit dem Stammgeschäft zusammen. Die Nahrungsmittelfirma Oetker importierte ja seit Jahrzehnten eine Vielzahl von Rohstoffen aus Übersee.

So lag es nicht ganz fern, dass das Bielefelder Unternehmen in das
Reedereigeschäft einsteigen könnte. Die genauen Umstände dieses Einstiegs sind allerdings unklar. 1934 soll die Firma Dr. August Oetker
ein Viertel aller Aktien an der Hamburg-Südamerikanischen Dampfschifffahrts-Gesellschaft AG erworben haben. So stellt es die Hamburg Süd, die heute vollständig im Besitz der Familie Oetker ist, in
ihren Chroniken dar.

Das Datum des Einstiegs ist mit ziemlicher Sicherheit falsch. Nach
den Recherchen von Joachim Wölfer, Autor eines 1977 erschienenen
Buches über die Geschichte der Reederei, sind Kaselowsky und die
Oetkers erst 1936 bei der Hamburg Süd eingestiegen. Bis zu diesem
Zeitpunkt seien 90 Prozent der Aktien im Staatsbesitz gewesen. Dann
habe das Reichsfinanzministerium sie an private Investoren verkauft.
Käufer der Aktien seien die Vereinsbank in Hamburg und einige ihrer
Aktionäre gewesen, zu denen Richard Kaselowsky gezählt habe. Diese
Darstellung ist im Kern zutreffend. Laut Geschäftsbericht wurde
Kaselowsky erst am 30. Juni 1937 in den Aufsichtsrat gewählt.

Wie war der NS-Staat in den Besitz der Schifffahrtsaktien gekommen? Und warum hat er sie dann wieder verkauft? Die Verstaatlichung der traditionsreichen Reederei war keine Aktion der Nationalsozialisten, sondern ein Ergebnis der Weltwirtschaftskrise. Nach dem Crash war der internationale Güteraustausch auf ein Minimum geschrumpft. Anfang der dreißiger Jahre kam die Schifffahrt fast zum Stillstand. Die deutschen Reedereien gerieten in große Schwierigkeiten. Sie hatten hohe Schulden und geringe Einnahmen. Sie mussten Kapazitäten abbauen und stärker kooperieren.

Die großen deutschen Reedereien rückten im Zuge der Krise zusammen. Anfang 1930 erwarb der Norddeutsche Lloyd die Mehrheit der Aktien der Hamburg Süd und schloss sich anschließend mit der Hapag zusammen. Seither waren die drei größten Schifffahrtsgesellschaften in einer so genannten Hapag-Lloyd-Union vereinigt. Unter der Aufsicht ihrer Kreditgeber versuchten die Manager, die Kosten zu senken, indem sie nicht mehr benötigte Schiffe abwrackten und Seeleute entließen. Aber das half wenig. Die Krise verschärfte sich noch, als mehrere ausländische Währungen abgewertet wurden. Damit brach den Reedereien ein Großteil ihrer ohnehin schmalen Einnahmen weg, die zu rund 80 Prozent aus fremden Währungen bestanden hatten. Der Weimarer Staat zeigte ein großes Interesse am Erhalt der deutschen Handelsflotte und griff immer wieder stützend ein. Die Reedereien erhielten öffentliche Hilfen, zum Teil in Form von Subventionen, zum Teil als Kreditgarantien. Mit jeder Hilfe wuchs allerdings der Einfluss des Reichs, bis schließlich die Mehrheit der Aktien im Besitz des Staats war.

Nach der Machtergreifung der Nationalsozialisten wurde der Schifffahrtskoloss schrittweise wieder auseinander genommen. Das Reichsfinanzministerium erwirkte bei den Reedereien, dass sich die Gesellschaften die Meere untereinander aufteilten. Die Regelung sah unter anderem vor, dass die Hapag und der Norddeutsche Lloyd ihre Fahrten nach Südamerika einstellten und diesen Dienst allein der Hamburg Süd überließen.

Die NS-Regierung hatte aber kein Interesse, die direkte wirtschaftliche Kontrolle über die Reedereien dauerhaft auszuüben. Als die Konjunktur anzog und sich auch die weltwirtschaftliche Lage besserte, machte sich das Finanzministerium auf die Suche nach Käufern für die Aktien. Die Beamten wurden bald in Kreisen der Hamburger Wirtschaft fündig.

Im September 1936 gab die Vereinsbank eine Mitteilung an die Presse: »Ein hamburgisches Konsortium, das unter der Führung der Vereinsbank in Hamburg steht und dem die Commerz- und Privat-Bank AG, Hamburg, und die Firmen Nottebohm & Co., Gebrüder Schröder & Co. und Theodor Wille angehören, hat die im Besitz des Reiches befindlichen rund acht Millionen Reichsmark Aktien der Hamburg-Südamerikanischen Dampfschifffahrts-Gesellschaft (Aktienkapital zehn Millionen Reichsmark) erworben.« Es ist bemerkenswert, dass von der Firma Oetker als einem neuen Aktionär der Reederei auch zu diesem Zeitpunkt noch keine Rede war.

Das Hamburger *Fremdenblatt* vermeldete den Aktienverkauf unter der Schlagzeile: »Hamburg Süd wieder in Privatbesitz«. Und die Wirtschaftsredakteure der *Kölnischen Zeitung* priesen die Privatisierung der Reederei als ein Beispiel für die zurückhaltende Wirtschaftspolitik der Nationalsozialisten. Die neue Staatsführung handle nach dem Grundsatz, »dass der Staat in der Wirtschaft nur zu ordnen und zu wachen habe, dass es aber Sache der Wirtschaft sei, ihre Aufgaben aus eigener Kraft und eigener Verantwortung durchzuführen«. Die Zeitung berichtete ferner, dass das Bankenkonsortium die staatliche Auflage bekommen hatte, einen Großteil der Aktien an andere Investoren weiterzugeben.

Einer dieser Käufer dürfte dann Richard Kaselowsky gewesen sein, der damals über gute Verbindungen zur Vereinsbank in Hamburg verfügte. Überdies gibt es Indizien dafür, dass die Familien Oetker/Kaselowsky damals auch ein Aktienpaket der Vereinsbank hielten.

Über die Motive und Modalitäten ihres Einstiegs in das Reedereigeschäft hat sich die Familie Oetker später nicht näher ausgelassen. Unstrittig ist in jedem Fall, dass die Familie in einer frühen Phase des »Dritten Reiches«, ob nun 1934 oder erst zwei Jahre später, zum Zuge kam. Es ist denkbar, dass Richard Kaselowsky damals von zwei Mitgliedern des Freundeskreises Himmler auf die geschäftlichen Chancen, die die Schifffahrt bot, aufmerksam gemacht worden ist. Diesem Herrenclub gehörten mit Karl Lindemann und Emil Helfferich die Aufsichtsratschefs der beiden größten deutschen Reedereien Hapag und Norddeutscher Lloyd an. Auch die Bekanntschaft mit dem Hamburger NSDAP-Bürgermeister Carl Vincent Krogmann, der ebenfalls ein Mitglied im Freundeskreis Himmler war, könnte nützlich gewesen sein.

In der Geschichte der Industriellendynastie markiert die Beteiligung an der Reederei einen wichtigen Wendepunkt. Dieser Aktienkauf war das erste große finanzielle Engagement, das die Bielefelder Oetkers außerhalb ihres ursprünglichen Arbeitsgebiets eingingen. Sie stießen nun auf ein zweites Geschäftsfeld vor. Die Beteiligung an der Hamburg Süd bedeutete damit einen ersten Schritt hin zur Diversifikation, auf die die Familie auch in späteren Jahren großen Wert legen sollte.

Mit dem Einstieg bei der Hamburg Süd beteiligten sich die Oetkers an einer Reederei mit großer Tradition. Schon 1871 hatte eine Gruppe Hamburger Kaufleute diese Reederei gegründet, die ein großer geschäftlicher Erfolg geworden war. Um die Jahrhundertwende hatte sie mit 32 Schiffen den Heimathafen Hamburg mit den wichtigen Häfen Brasiliens und des La Plata verbunden. Die Hamburg Süd hatte zahlreiche deutsche Auswanderer nach Südamerika gebracht, deutsche Industrieerzeugnisse exportiert und auf dem Rückweg Kaffee in die deutsche Heimat transportiert. Nach dem Ersten Weltkrieg hatte sie dann aber all ihre Schiffe an die Alliierten abgeben müssen. In den zwanziger Jahren hatte die Hamburg Süd eine neue Flotte aufbauen können. Auf ihren Schiffen waren Auswanderer aus Europa nach Südamerika und wohlhabende Argentinier auf Kreuzfahrt oder zur Sommerfrische nach Europa gefahren. Seit 1927 war die prächtige Cap Arcona das viel bewunderte Flaggschiff der Reederei.

Im »Dritten Reich« stieg die Hamburg Süd dann in das Geschäft mit der Deutschen Arbeitsfront ein. Deren Freizeitableger »Kraft durch Freude« war ein riesiger Tourismusveranstalter und charterte bei der Reederei die »Monte Olivia« und andere Schiffe, auf denen deutsche Arbeiter und andere »Volksgenossen« auf Urlaubsreise gehen konnten. Später ließ die KdF-Organisation auch eigene Schiffe bauen, so zum Beispiel die Wilhelm Gustloff, die durch die Hamburg Süd bereedert wurde.

Neben den Tourismusreisen betrieb die Schifffahrtsgesellschaft in den dreißiger Jahren das Frachtgeschäft. Sie brachte Apfelsinen, Bananen und Äpfel aus Südamerika ins »Dritte Reich«. In einige ihrer Schiffe ließ die Reederei Kühlanlagen einbauen und transportierte fortan auch tiefgefrorenes Fleisch aus Argentinien nach Deutschland. Die Passagierzahlen gingen in den dreißiger Jahren bis auf zwei Ausnahmen stetig zurück. Zu den Olympischen Spielen 1936 kamen zahlreiche wohlhabende Südamerikaner auf Schnelldampfern nach Deutschland. Und die zweite große und wachsende Gruppe unter den Passagieren der Hamburg-Süd-Linienschiffe reiste in den dreißiger Jahren ohne Rückfahrtticket nach Brasilien und Argentinien: jüdische Kaufleute, Anwälte, Ärzte und Bankiers, die vor den Nazis flohen.

Es dauerte nach der Weltwirtschaftskrise sieben Jahre, bis die Hamburg Süd zum ersten Mal wieder so profitabel war, dass sie ihre Aktionäre am Erfolg beteiligen konnte. 1937 schüttete die Schifffahrtsgesellschaft eine Dividende aus, die dann aber auch gleich sehr üppig ausfiel. Zudem hatte die Reederei in dieser Zeit ihre Flotte erheblich vergrößert. Bei Kriegsbeginn 1939 verfügte sie über 52 Schiffe mit 385 324 Bruttoregistertonnen.

Der Unternehmer Richard Kaselowsky hatte aber nicht nur ein großes Faible für Schiffe. Eine seiner weiteren Vorlieben war das Reisen, und zu den Privilegien seines Lebens gehörte es, dass er an Orten, die ihm gefielen, Grundbesitz erwerben konnte. »Mein Vater hatte die Angewohnheit, wenn er es irgendwo schön fand, dort ein Haus zu kaufen«, berichtete sein Stiefsohn Rudolf-August Oetker später. Daher verfügte die Familie bereits in den dreißiger Jahren über ein Haus an der Ostsee, eines an der Nordsee und ein weiteres Domizil in Bayern. Dann entdeckte der Pferdeliebhaber Kaselowsky Baden-Baden für sich.

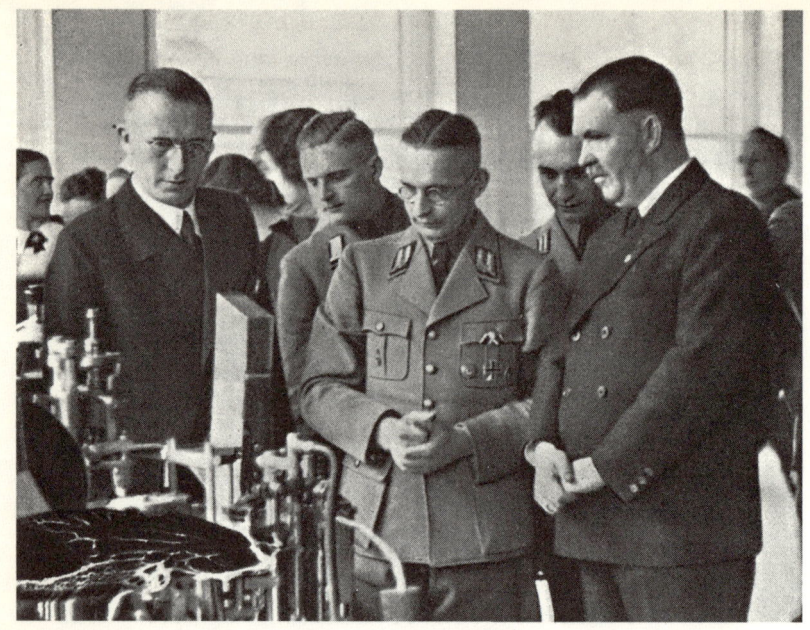

Unter den Nationalsozialisten expandiert die Firma. Anlässlich der Einweihung eines Neubaues besichtigten Gauleiter Meyer (Mitte) und Richard Kaselowsky eine Abfüllmaschine.

Die Kur- und Bäderstadt im Schwarzwald war schon seit Anfang des 19. Jahrhunderts ein Treffpunkt der Reichen und der Eleganten. Der Oetker-Chef war mehrfach zu Pferderennen dorthin gereist. Als er den Entschluss fasste, sich in Baden-Baden einen Feriensitz zuzulegen, kam es zum großen Familienkrach. Ida Kaselowsky war strikt gegen die Anschaffung einer weiteren Immobilie, nicht des Geldes, sondern der zusätzlichen Arbeit wegen. »Sie hatte ja immer die Last mit den Häusern, angefangen bei notwendigen Reparaturen bis hin zum Personal«, erinnerte sich ihr Sohn Rudolf-August später.

Von der Auseinandersetzung bei den Kaselowskys erfuhr auch Caroline Oetker. Die alte Dame war zu dieser Zeit immer noch eine resolute und geschäftüchtige Frau. Ihre Ausgaben notierte sie penibel in ein Wirtschaftsbuch. Immer wieder erhielt die Frau Kommerzienrat von Banken Angebote zur Anlage ihres privaten Vermögens. Ein Münchener Geldhaus hatte ihr gerade Aktien des Brenner's in Baden-Baden offeriert. Der Besitzerfamilie, deren Name das Hotel trug, sei das Geld ausgegangen, und sie habe die Bank daher beauftragt, nach neuen Investoren zu suchen.

Caroline Oetker hatte sich für den Vorschlag ihrer Bank zunächst nicht erwärmen können, aber als sie mitbekam, dass sich ihre Schwiegertochter und deren Mann wegen eines Hauskaufs in Baden-Baden in den Haaren lagen, überlegte sie es sich anders. Ihr Enkel Rudolf-August Oetker erinnerte sich später an ein Gespräch im Hause Oetker-Kaselowsky: »Über dieser Auseinandersetzung kam meine Großmutter hinzu und sagte zu meinem Vater: Ich habe dir einen Vorschlag zu machen. Mir sind gerade die Hotel-Brenner-Aktien angeboten worden. Ich kaufe die Aktien. Du kannst dir dort eine Wohnung einrichten, und deine Frau hat keinen Ärger!«

Ähnlich wie bei der Hamburg-Süd-Beteiligung ist auch in diesem Fall der Zeitpunkt des Aktienkaufs unklar. Nach Rudolf-August Oetkers Schilderung, die er Mitte der neunziger Jahre gab, gelangten die Aktien 1938 in den Besitz der Familie. Aber es gibt auch andere Angaben. Einer Chronik des Hotels ist zu entnehmen, dass die Oetkers die Aktienmehrheit des Unternehmens erst zu einem Zeitpunkt erwarben, als in Europa bereits der Krieg in vollem Gang war.

Die Vorgeschichte ist unstrittig: Das Brenner's Park-Hotel war durch die Weltwirtschaftskrise zu Beginn der dreißiger Jahre in die roten Zahlen geraten. Zwar waren immer noch zahlreiche wohlhabende Amerikaner nach Baden-Baden gekommen, aber Gäste aus vielen anderen Ländern waren ausgeblieben. Die Betriebskosten hatten alle Einnahmen aufgefressen, so dass die Brüder Kurt und Alfred Brenner sogar ihre Reserven hatten auflösen müssen.

Mit dem wirtschaftlichen Aufschwung waren die Übernachtungszahlen ab 1936 wieder gestiegen, aber dann machte der Krieg den Brenners einen Strich durch die Rechnung. Als Hitlers Truppen am 10. Mai 1940 ihren Angriff auf Frankreich begannen, lag Baden-Baden im Aufmarsch- und Operationsgebiet. Alle Hotels mussten schließen, auch das Brenner's. Die erzwungene Betriebspause brach den Inhabern wirtschaftlich das Genick. Die Brennergeschwister berieten sich und beschlossen, Ausschau nach neuen Teilhabern zu halten. Das Ergebnis davon ist in der Chronik des Brenner's nachzulesen: »Als die Hotels nach dem Ende des Westfeldzugs wieder eröffnet werden durften, waren die Verhandlungen mit der Familie Oetker, die dem ›Brenner's‹ seit langem verbunden war und das Haus regelmäßig besuchte, so weit abgeschlossen, dass die Aktienmehrheit in deren Besitz übergehen konnte.« Der Kauf kann demnach frühestens im März 1941 vollzogen worden sein, denn das war der Monat, in dem das Brenner's Park-Hotel wieder eröffnete.

Rudolf-August Oetker war zu dieser Zeit ein Mittzwanziger und hat vermutlich bei der Übernahme des Hotels persönlich nicht mitgewirkt. Möglicherweise glaubte er also tatsächlich, dass die Familie das Brenner's Park-Hotel noch zu Friedenszeiten erwarb. Es ist aber auch denkbar, dass der Konzernerbe den Zeitpunkt des Kaufabschlusses in seinen Ausführungen ein wenig vorverlegte, weil es ihm später peinlich war, dass die Familie ein Luxushotel ausgerechnet zu einer Zeit kaufte, als sich Europa im Kriegszustand befand.

Der Kauf des Hotels bedeutete für die Familie Oetker in wirtschaftlicher Hinsicht nicht viel. Gemessen an den Umsätzen mit Nahrungsmitteln war das Hotelgeschäft von geringer Größe. Aber es gab einen anderen Aspekt, unter dem die Oetkers das Hotel sahen. Für die Stellung der Familie in der Gesellschaft markierte die Übernahme des Brenner's eine ganz entscheidende Veränderung: Sie gab ihr schlagartig Glanz.

Das Renommee, das die Oetkers mit der Übernahme auf sich zogen, lässt sich nur ermessen, wenn man die Geschichte dieses vornehmen Hotels kennt. Schon die Römer hatten in Baden-Baden die Thermalquellen genossen und Kaiserbäder gebaut. In der Mitte des 19. Jahrhunderts war die Stadt zu einem Bad von Weltrang aufgestiegen. Die Stadt im windgeschützten Talkessel der Oos zeichnet sich durch ein mildes Klima aus. 1858 war das Internationale Rennen von Iffezheim begründet worden, das anfangs vom Jockey-Club Paris ausgerichtet

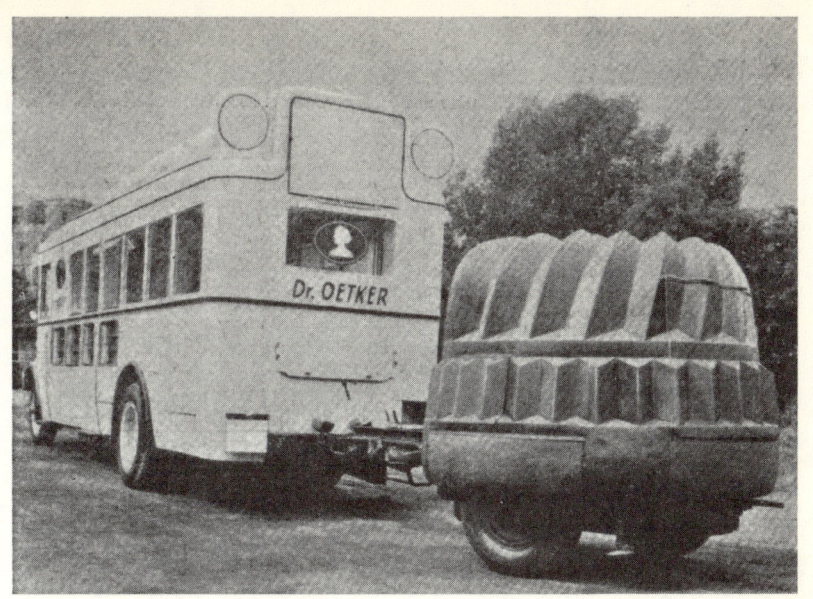

Oetker ist in der Werbung krativ: Seit den dreißiger Jahren kamen Werbewagen zum Einsatz.

wurde. Das Casino in Baden-Baden hatte auch den russischen Schriftsteller Dostojewskij zu seinen Spielern gezählt. »Baden-Baden, die Perle und der Stolz des badischen Landes, bildet über den Sommer und bis in den Herbst hinein den Sammelplatz der eleganten Welt aller Nationen, wie wenige oder keines der anderen berühmten deutschen Bäder«, hatte ein Journalist um 1860 geschrieben.

Zu dieser Zeit hatte das Brenner's Park-Hotel noch »Stéphanie-les-Bains« geheißen. Der berühmteste Gast war damals kein Geringer als Kaiser Napoleon III. von Frankreich gewesen. Er hatte sich in Baden-Baden von den Regierungsgeschäften erholt und dort den preußischen Prinzregenten und die Könige von Sachsen und Hannover zu Gesprächen getroffen. Aller Diplomatie zum Trotz hatten Frankreich und Deutschland zehn Jahre später aber doch miteinander im Krieg gestanden.

Die deutsche Reichsgründung war Baden-Baden nicht gut bekommen. Die preußische Verwaltung hatte die Spielbank geschlossen, woraufhin die russischen Adligen und andere vergnügungssuchende Gäste Monte Carlo den Vorzug gegeben hatten. Das Stéphanie-les-Bains, das im Besitz einer französischen Gesellschaft gewesen war, war in Konkurs gegangen. Bei der Zwangsversteigerung 1872 hatte der wohlhabende Pforzheimer Schneidermeister und Hoflieferant Alois Brenner den Zuschlag erhalten. Er hatte den Namen des Hotels in »Stephanienbad« eingedeutscht, aber das Publikum war weiterhin international und von hohem Rang geblieben. In den siebziger Jahren des 19. Jahrhunderts war Eduard, Prince of Wales, mehrmals als Kurgast im Brenner's abgestiegen, Johann Strauß war öfters gekommen, und auch die Fürsten Otto von Bismarck und Albert von Thurn und Taxis hatten wiederholt Quartier in dem prächtigen Bau genommen.

1883 hatte dann Brenners Sohn Camille das Hotel übernommen. Über ihn schrieb Kurt Grobecker später in einer Chronik des Hotels: »Um die Jahrhundertwende galt er als der erfolgreichste Hotelier, der ganz neue Maßstäbe gesetzt hatte. Dies gilt nicht nur für die luxuriöse Ausstattung seines Hotels, sondern auch für die von vielen späteren Erfolgshoteliers kopierte perfekte Organisation der Arbeitsabläufe und die viel bestaunten technischen Einrichtungen, die noch nicht selbstverständlich waren: Das ganze Haus war mit einer für damalige Verhältnisse hellen Gasbeleuchtung ausgestattet. Die Badezimmer waren so üppig eingerichtet, wie man das nicht einmal in den herrschaftlichen Villen Baden-Badens gewohnt war, und hatten schon fließend kaltes und warmes Wasser.«

Als Camille Brenner 1914 gestorben war, hatten seine Söhne Kurt und Alfred bereitgestanden. In den zwanziger Jahren hatten sie ihren Ruf weiter ausbauen können. Große Künstler waren bei den Brüdern abgestiegen: Henry Bernstein, Wilhelm Furtwängler, Franz Lehár und Carl Zuckmayer. Der Schriftsteller Gerhart Hauptmann, der 1912 den Nobelpreis für Literatur bekommen hatte, war ein besonders häufiger Gast. Wie schon in den Vorkriegsjahren waren auch gekrönte Häupter nach Baden-Baden gekommen, doch in noch größerer Zahl waren ungekrönte Herrscher wie Hugo Stinnes, Henry Ford und Baron Rothschild angereist. Für die internationale Industrieelite war das Brenner's die bevorzugte Adresse in Baden-Baden.

Dass ein Haus mit einer solchen Geschichte zu Beginn der vierziger Jahre in den Besitz der Familie Oetker kam, war für deren Aufstieg zu einer bedeutenden Industriellenfamilie eine wichtige Station. Das Brenner's war kein gewöhnliches Unternehmen. Das Hotel repräsentierte ein Stück europäischer Kulturgeschichte – und damit Prestige. Durch die Übernahme vollzogen die Bielefelder Puddingproduzenten weithin sichtbar einen sozialen Aufstieg in den Kreis der herausgehobenen Familien Deutschlands. In der Schicht des deutschen und internationalen Geldadels stieg ihr Ansehen beträchtlich.

Obendrein warf das Haus sogar Gewinn ab. Selbst während des Kriegs entwickelte sich das Geschäft erfreulich. Die Brüder Brenner blieben nach der Übernahme durch Oetker als Hoteldirektoren im Amt. Zwar fehlte es an Personal, denn viele Männer unter den früheren Hotelangestellten waren an der Front und die Frauen mussten in der Rüstungsindustrie arbeiten. Aber die Belegung des Hotels war gut. Allerdings waren nicht alle Gäste freiwillig dort. 1942 ließ das Auswärtige Amt beispielsweise in dem Luxushotel die Mitglieder der US-Botschaft internieren.

Die Einnahmen stiegen so sehr, dass alle Schulden, die auf dem Hotel lasteten, zurückgezahlt werden konnten. 1942 kassierten die Aktionäre in Bielefeld erstmals eine Dividende. Und 1943, dem Jahr der Stalingradkatastrophe, erhielten die Oetkers eine weitere Gewinnausschüttung aus Baden-Baden.

Die Familie wusste kaum, wohin mit ihrem Geld. Während des Kriegs gelang es Kaselowsky, seinen Einfluss in der deutschen Schifffahrt auszuweiten. Anfang 1941 beteiligte er sich mit sechs anderen Kaufleuten an einer Kommanditgesellschaft, die die Aktien der Deutschen Levante-Linie AG übernahm. Kaselowskys Anteil lag zunächst bei 6,1 Prozent. Im April 1944 konnte er seinen Besitz an dieser Reederei noch einmal vergrößern und seine Beteiligung auf 11,5 Prozent aufstocken.

Richard Kaselowsky und die Oetkers beteiligten sich während der NS-Diktatur nicht nur an traditionsreichen Unternehmen wie der Hamburg Süd und dem Brenner's Park-Hotel. Sie gründeten im »Dritten Reich« auch neue Firmen. Dabei schreckte Kaselowsky nicht einmal davor zurück, gemeinsame Geschäfte mit der SS zu machen.

1943 gründeten die SS, die Firma Oetker und die Hamburger Phrix-Werke AG gemeinsam eine Firma zur Herstellung künstlicher Nahrungsmittel. Das Unternehmen hieß Hunsa-Forschungs-GmbH und saß in Hamburg. Der Name ging auf ein kleines Volk zurück, das im Himalaja lebt. 1942 war in der Schweiz und Deutschland ein Buch des Mediziners Ralph Bircher erschienen, das den Titel trug: »Hunsa – Das Volk, das keine Krankheiten kennt«. Der Sohn des Arztes und Müsli-Erfinders Max Bircher-Benner beschrieb darin das Leben eines Gebirgsvolks im späteren Pakistan, das sich einer besonderen Gesundheit erfreute. »Wir haben ein Volk vor uns, das nach bisherigen Begriffen vieles in seiner Nahrung entbehrt, was für die Gesundheit, die Leistungsfähigkeit und das Lebensglück notwendig ist«, so Bircher, »ein Volk, welches sich jahraus jahrein mit spartanischer Knappheit ernähren und überdies alljährlich eine längere Hungerzeit durchmachen muss – und dieses Volk ist nicht, wie wir erwarten müssten, schwächlich und heruntergekommen, müde und mürrisch, von Krankheiten geplagt und schmutzig, sondern es ist das gesündeste und lebensfrischeste Volk, das auf Erden bekannt ist, ein Volk praktisch ohne Krankheiten, ein Volk, das selbst in den Prüfungen der Kälte und des Hungers lacht und seine guten Seiten nicht vergisst.«

Ralph Bircher empfahl die Hunza, wie die spätere Schreibweise dieses Volkes lauten sollte, in seinem Buch als Vorbild für die »zivilisierten Völker«. Diese Menschen nähmen fast ausschließlich pflanzliche Nahrung zu sich, darunter viel Rohkost und Obst, griffen höchst selten zu Genussmitteln oder Salz. Die Nahrung stamme aus dem »eigenen, in voller Gesundheit stehenden Boden« und sei sehr knapp. Einmal jährlich, im Frühling, hungerten die Hunza. Wortreich wandte sich Bircher gegen »alle jene verfeinerten, konzentrierten, einseitigen, geschönten und konservierten Nahrungsmittel, die der Weltmarkt oft sehr billig und verführerisch anbietet«. Das las sich fast wie eine Anklageschrift gegen moderne Nahrungsmittelhersteller, wie die Firma Oetker einer war.

Weder Oetker noch Phrix und schon gar nicht der SS ging es um gesunde Ernährung, als sie die Hunsa-Forschungs-GmbH gründeten. Das Motiv der SS war vielmehr, den größer werdenden Mangel in der Heimat und an der Front zu beheben. Dazu wollte Himmler neue Wege gehen. »Das an allen Fronten auf dem Rückzug befindliche Dritte Reich hatte sich in weiser Voraussicht auf die mögliche Unterbrechung der Lebensmittel-Zufuhren eingestellt«, schreibt der Journalist Peter-Ferdinand Koch in seinem Buch über die Geschäfte der SS. »Synthetische Schonkost sollte dem ohnehin darbenden Deutschen als Interimslösung auf den Teller kommen.«

Bei diesem Geschäft wollte die Firma Oetker dabei sein. Das Unternehmen übernahm für 180 000 Reichsmark ein Drittel der Anteile an der Hunsa-Forschungs-GmbH. Zweck des Gemeinschaftsunternehmens war laut Handelsregister »die Förderung der Forschung auf dem gesamten Gebiet des Nahrungsmittelwesens und der Grundstoffe für die Erzeugung von Nahrungsmitteln, insbesondere auf dem Gebiet der Weiterverarbeitung von den in der Industrie sich ergebenden Neben- und Restprodukten«. Es ging also vor allem darum, aus industriellen Abfällen neuartige Lebensmittel zu gewinnen.

Mit den Phrix-Werken kooperierte Oetker schon länger. Phrix produzierte in Wittenberge mit Hilfe von KZ-Häftlingen Zellwolle, Zellstoff und Zellfaser. Als Nebenprodukt entstand dabei Nährhefe, die Oetker und Phrix über die gemeinsame Tochterfirma Toq-Handels-GmbH vertrieben.

In seinem Hunsa-Buch hatte Bircher von Experimenten des schottischen Arztes Robert McCarrisson berichtet, der lange Zeit im Kaschmir gelebt hatte. McCarrisson hatte zu überprüfen versucht, ob es die Ernährungsgewohnheiten waren, denen die Hunza ihre Gesundheit verdankten. Zu diesem Zweck hatte er ein Rattenvolk mit der Kost der Hunza gefüttert und ein anderes Rattenvolk mit dem, was die Menschen im Londoner Stadtteil Whitechapel aßen: Weißbrot und

Feinmehlspeisen, Marmelade, Fleisch, Hering, Konserven, Zucker-waren und ausgekochtes Gemüse. Dabei hatte er herausgefunden, dass die mit Großstadtkost gefütterten Ratten krank und bissig wur-den, während die anderen völlig frei von Krankheiten blieben.

Ähnliche Experimente wie McCarrisson unternahm auch die SS – allerdings nicht mit Ratten, sondern mit Menschen. Die SS legte Wert darauf, dass die von den Experten der Hunsa-Forschungsfirma kre-ierten Nahrungsmittel auf ihre Unbedenklichkeit überprüft wurden, bevor eine Massenfertigung anlief. Zuständig für die Kontrolle war ein Mediziner namens Ernst-Günther Schenck, der seit 1940 das Amt des Ernährungsinspekteurs der Waffen-SS bekleidete und 1944 auch noch die Oberaufsicht über die Truppenverpflegung der Wehrmacht dazubekommen sollte. Der Medizinprofessor hatte 1942 von Himmler einen Auftrag »zur sofortigen Durchführung jeder Art von Ernäh-rungsversuchen in den Konzentrationslagern« bekommen. Himmler war in Sorge darüber geraten, dass viele KZ-Häftlinge als Zwangsar-beiter ausfielen, weil sie an Hunger starben. »Schenck hatte die Hunsa-Präparate wohl kaum selbst gekostet, abgemagerte KZ-Häftlinge übernahmen das«, so Koch. »Sie mussten sich mit Wurstersatz mäs-ten, ihren Hunger mit Broten aus Stroh oder Brühen voller Insekten stillen.« Zu einer Massenfertigung der »Ekelkost« sei es aber wegen des Endes des Dritten Reiches nicht gekommen.

Um welche Art von Erzeugnissen es sich dabei vermutlich gehandelt hat, erfährt man aus dem Bericht von Ernst Martin, einem Häftling des KZ Mauthausen. Er arbeitete als Schreiber des SS-Arztes und erinnerte sich später besonders an eine so genannte »Eiweißwurst«. Martin beschrieb sie mit den Worten: »Es war diese dem Aussehen und Geruch nach eine Art von Leberstreichwurst. Ich wurde damals erst stutzig, als ich aus der Korrespondenz des SS-Standortarztes erfuhr, dass diese Wurst aus der Lenzinger Zellulose- und Papierfabrik kam. Meine Nachforschungen ergaben nun, dass diese Wurst aus den Ab-fällen von Abwässern aus der Zellulose-Aufschließung mit Zusatz von Leberparfümierung dort erzeugt wurde.« Zahlreiche Häftlinge seien nach dem Verzehr an Darmerkrankungen gestorben.

14. »Durch einen Terrorangriff wurden uns genommen ...«

Die Familien Oetker und Kaselowsky im Bombenkrieg

Im Sommer 1940 fielen die ersten Bomben auf Bielefeld. Die Briten reagierten damals auf deutsche Luftangriffe gegen ihre Industrieanlagen und Wohnviertel. Anfangs, als die Zerstörungen noch gering waren, nahmen es die Bielefelder Bürger mit Humor und wünschten sich gegenseitig »eine splitterfreie Nacht«. Aber mit der Zeit erwiesen sich die nächtlichen Luftalarme als aufreibend und belastend.

Im September 1940 und im Frühjahr 1941 fielen Bomben, die eigentlich eine Bahnlinie treffen sollten, auf die Betheler Anstalten. Sie töteten 13 kranke Kinder und eine Pflegerin. Die NSDAP übernahm die Beisetzung. Die Propaganda klagte den »Kindermord von Bethel« an. Das Ganze war eine einzige Heuchelei. Parteibonzen amüsierten sich heimlich, das Klagen klinge ja so, als ob »wir unser Herz für erblich Belastete entdeckt hätten«. In Wahrheit hatten das Regime und seine ärztlichen Helfer zu dieser Zeit schon mit der so genannten Euthanasie begonnen. Pastor Friedrich von Bodelschwingh fragte den Mindener Regierungspräsidenten in einem Brief: »Soll ich die Tat der Engländer verurteilen und kurz darauf meine Hand reichen zu einem ›Kindermord‹ in Bethel weit größeren Umfangs?«

Als Deutschland den Krieg im September 1939 mit dem Überfall auf Polen begann, eröffnete die deutsche Luftwaffe zugleich auch den Bombenkrieg – mit einem terroristischen Luftangriff auf Warschau. Dass die Deutschen den Bombenkrieg erfunden hätten, wie später behauptet wurde, stimmt allerdings nicht. Die ersten Sprengsätze hatte 1911 ein italienischer Militärflieger in der Nähe von Tripolis abgeworfen, die Opfer waren Araber. Später hatten Franzosen, Briten und

Spanier in ihren Kolonien Aufständische aus der Luft angegriffen. Im Spanischen Bürgerkrieg hatte dann die deutsche Legion Condor Sprengsätze in großer Zahl auf wehrlose Städte niedergehen lassen, eine davon war Guernica.

Es dauerte nach Kriegsbeginn nur wenige Monate, bis die Deutschen die Bedrohung aus dem Himmel am eigenen Leib erfuhren. Im Frühjahr 1940 flog die britische Luftwaffe ihre ersten Angriffe auf das »Dritte Reich«. Die Flugzeuge der Royal Air Force bombardierten Fabriken und Wohnsiedlungen. Hatte Premierminister Winston Churchill eine andere Wahl? England stand damals allein im Kampf gegen ein siegreiches Großdeutschland, das bereits Frankreich, Belgien, Holland, Polen und die Tschechoslowakei besetzt hielt. Als Reaktion auf die britischen Angriffe ließ Hitler dann London, Birmingham, Coventry und Glasgow bombardieren.

Das neue Oetker-Zweigwerk in Hamburg-Hammbrook erhielt die ersten Treffer schon, als dort noch keine Maschine aufgestellt war. Nach einem Angriff im Oktober 1940 brannten die oberen Stockwerke in einem der Fabrikgebäude am Grünen Deich aus. Das Werk lag in einer Gegend, die eine Reihe lohnender Ziele für die britischen Bomber bot. Eisenbahnstrecken, Schleusen, Kraftwerke und die große Elbbrücke waren in der Nähe. Im Mai 1941 traf ein Reihenabwurf von Sprengbomben die im Aufbau befindliche Nahrungsmittelfabrik. Die Schäden konnten schnell wieder beseitigt werden. Später fielen auch Brandbomben, aber die Feuer wurden jedes Mal durch Mitarbeiter gelöscht.

Nachdem die deutsche Wehrmacht am 22. Juni 1941 in die Sowjetunion eingefallen war, weitete Churchill den Luftkrieg auf die deutsche Zivilbevölkerung aus. Zum Oberbefehlshaber der Bomberflotte ernannte er den unerbittlichen Arthur Harris. Der Luftmarschall ließ Lübeck von oben in Brand setzen und schickte im Mai 1942 fast 1 000 Flugzeuge zum Bombardement nach Köln. Anfang 1942 waren die USA in den Krieg eingetreten und unternahmen seither präzise Luftschläge gegen deutsche Rüstungsfabriken und militärische Ziele. Die Royal Air Force hingegen konzentrierte sich auf nächtliche Angriffe deutscher Städte mit dem Ziel, »die Moral der deutschen Zivilbevölkerung insgesamt zu zerstören, und die der Industriearbeiter im Besonderen«, wie Churchill es vorgegeben hatte.

Bis zum Sommer 1943 war Hamburg 141-mal aus der Luft angegriffen worden. Die Verluste und Schäden waren aber gering ausgefallen. In der Nacht vom 24. auf den 25. Juli griffen dann aber 700 britische Bomber auf einmal die Hansestadt an. Die Bomben fielen vor allem auf die Stadtteile des Hamburger Westens, auf Altona, St. Pauli und Eimsbüttel. Zerstört wurde neben zahlreichen anderen Gebäuden auch der alte Elbspeicher, in dem sich bis 1941 das Oetker-Zweigwerk befunden hatte.

Die Villa des jungen Konzernherrn Rudolf-August Oetker am Ostufer der Alster erhielt ebenfalls einen Treffer, der das Haus zertrümmerte. Es ist denkbar, dass diese Bombe einer Eisenbahnbrücke galt. Zur Tarnung der Lombardsbrücke hatten die Behörden die Binnenalster mit einer Plane abdecken lassen und über die Außenalster, an der Oetkers Haus lag, eine Brückenattrappe gelegt. Ob Rudolf-August Oetker an diesem Tag in Hamburg war, ist nicht überliefert. Verbürgt ist aber, dass er sich wenige Tage später in der Hansestadt aufhielt, als sich dort eine der schlimmsten Katastrophen des Zweiten Weltkriegs ereignete: die »Operation Gomorrha«, ein menschenverschlingender Feuersturm.

Das Oetker-Zweigwerk am Grünen Deich war beim ersten Luftangriff unbeschädigt geblieben. Doch die Arbeit stand still. Viele Werkangehörige waren obdachlos geworden. In der Stadt herrschte Panikstimmung. Rund 1500 Menschen waren getötet worden. Instinktiv schienen die Hamburger aber zu wissen, dass ihnen das Schlimmste noch bevorstand. Auch in der Oetker-Fabrik bereiteten sich die männlichen Mitarbeiter auf einen zweiten Angriff vor.

In der Nacht vom 27. auf den 28. Juli stand eine 30 Mann starke Werkluftschutztruppe bereit. Es war eine besonders warme Sommernacht nach einem ungewöhnlich heißen Tag. Noch um 18 Uhr waren 30 Grad Celsius gemessen worden. Fabrikdirektor Albert Vogelsang war im Werk, und auch der Bielefelder Juniorchef Rudolf-August Oetker. Als die Alarmsirenen um 23.40 Uhr aufheulten, stand jeder

Mann auf seinem Posten. Dann kehrte wieder Ruhe ein, und sie hielt fast anderthalb Stunden an.

Kurz nach ein Uhr in der Nacht fiel die erste Bombe auf Hamburg. Sie traf das Arbeiterviertel Hammerbrook. Im Oetker-Werk begriffen die Menschen schnell, dass jede Gegenwehr zwecklos war. Bomben jeglicher Größe fielen auf die Fabrik. 700 britische Bomber waren in dieser Nacht unterwegs, und weil die Briten zur Täuschung der deutschen Flugabwehr Stanniolstreifen abgeworfen hatten, erreichten sie mit ihrer Ladung fast ausnahmslos Hamburg. Erst durchschlugen Sprengbomben die Dächer und Geschosse, dann setzten Brandbomben die Gebäude in Flammen.

Das Speichergebäude des Oetker-Werks an der Bille wurde durch Sprengbomben zerfetzt, ein Holzbau und der Verwaltungssitz brannten bis auf die Grundmauern ab. An Löschen war nicht zu denken. Eine gewaltige Feuerwand versperrte den Zugang zum Fluss. Aber auch sonst wäre eine Brandbekämpfung unmöglich gewesen. Zu massiv war der Angriff aus der Luft. Rudolf-August Oetker und die anderen Brandwachen begriffen, dass es ums nackte Überleben ging. Alle flüchteten sich in die Luftschutzräume des Werks. Später sollten Mitarbeiter die Umsicht und den Einsatz loben, die Oetker in dieser Nacht zeigte.

Im Keller hatten Frauen und Kinder der Werkangehörigen Schutz gesucht. Die Räume lagen unter einem Betongebäude und einem Turm, die schließlich von Brandbomben getroffen wurden. Von oben her brannten die Stockwerke aus und die schweren Maschinen brachen durch die Decken. Die Eingeschlossenen hofften inständig, dass der Beton über ihnen standhalten würde. Glücklicherweise erwiesen sich die Gebäude als stark genug, und die Keller blieben unversehrt.

Im Luftschutzraum der Fabrik stieg die Temperatur ins Unerträgliche. Anders als in vielen anderen Kellern in der Umgebung war die Hitze aber nicht tödlich. Oetker und die anderen Insassen hatten derweil nicht die geringste Vorstellung davon, was während des Angriffs draußen vor sich ging. Wie konnten sie auch? So etwas war noch nie da gewesen.

Die vielen Brandherde vereinigten sich noch während des Angriffs zu einem einzigen großen Feuer. Ein Feuersturm entstand: Die heiße Luft schoss wie in einem gigantischen Kamin mehrere Kilometer nach oben. In den Straßen der getroffenen Stadtviertel stellte sich daraufhin ein Unterdruck ein, der alle Frischluft ansaugte und hoch in den Himmel jagte. Die Temperaturen stiegen an manchen Stellen auf 1 000 Grad.

Das Zentrum des Feuersturms lag in Hammerbrook, wo die Oetker-Fabrik stand. Die Feuergewalt wirkte verheerend. Ganze Gebäude, die von den Bomben unversehrt geblieben waren, entzündeten sich von einer Sekunde auf die nächste. Der Wind hatte eine Geschwindigkeit von 75 Meter pro Sekunde und riss Bäume aus der Erde. Menschen verbrannten und erstickten. Wer draußen war, und noch lebte, lag am Boden, um Sauerstoff zu bekommen. Viele der Toten sollten später in dieser Haltung gefunden werden.

Fast eine Stunde lang fielen Brandbomben auf die Stadt. Sie setzten rund 16 000 Wohnblocks im Osten Hamburgs in Flammen. Drei Stunden wütete der fürchterliche Feuersturm. Etwa 40 000 Menschen kamen in den Flammen und im Gas ums Leben, genau sollte sich das auch später niemals feststellen lassen. Unter vielen Häusern, die abgebrannt waren, waren die aufgeheizten Keller zu Todeskammern geworden. In manchen sollte es noch zwei Wochen später glühen.

Erst am Morgen des 29. Juli 1944 konnten Rudolf-August Oetker und die anderen Eingeschlossenen den Keller unter der Backpulverfabrik verlassen. Die Gebäude ringsum lagen in Trümmern. Aus den Ruinen ragten zerborstene Reste empor. Es war ein Bild des Grauens und der Verwüstung. In der unmittelbaren Umgebung der Fabrik waren Tausende Menschen gestorben. Bei den Überlebenden stellte sich neben dem Schrecken tiefe Resignation ein.

Die Stadtteile Hamm und Hammerbrook waren buchstäblich ausgelöscht worden. Später sollte man den Bombenangriff auf Hamburg in eine Reihe mit dem Atombombenabwurf auf Hiroshima stellen. Seine eigenen Leute nannten den Chef des Bomberkommandos Harris einen »Schlächter«, denn kein Luftangriff zuvor hatte je eine solche Katastrophe ausgelöst.

Die Bomben der Alliierten kosteten 1942 und 1943 mehr als Hunderttausend Deutschen das Leben, und Millionen wurden obdachlos. Aber wo es darum ging, die deutsche Rüstungsmaschine zu zerstören, erwiesen sich die Luftangriffe als ziemlich wirkungslos. Es gelang der deutschen Kriegsindustrie sogar noch bis zum Herbst 1944, ihre Produktion von Panzern, Flugzeugen und Munition zu steigern. Gleichwohl sind Militärhistoriker überzeugt, dass die alliierten Bomber die deutsche Kriegswirtschaft erheblich beeinträchtigt haben. Ohne die Luftangriffe wäre der Militärkoloss Deutschland noch stärker geworden.

Der Wiederaufbau des Oetker-Werks in Hammerbrook ist ein Beispiel dafür, mit welcher Zähigkeit Betriebsleiter und Arbeiter nach den Angriffen wieder ans Werk gingen. 20 Frauen und zwei Männer, die in dem Betrieb gearbeitet hatten, waren umgekommen. Viele andere waren aus der Stadt geflüchtet. Die Verbliebenen hatten es in ihrem Pflichtgefühl schwer, durch die Trümmer zur Fabrik zu gelangen. Meterhohe Schuttberge versperrten ihnen den Weg. Die Behörden erklärten das Areal zum Sperrgebiet. Unzählige Leichen mussten in den betroffenen Stadtteilen geborgen werden. Für diese Arbeit zogen die Behörden auch Häftlinge aus dem nahe gelegenen Konzentrationslager Neuengamme heran.

Zyniker bezeichneten das Viertel nahe der Oetker-Fabrik in einem Anflug von Galgenhumor als die Gegend der Warenhäuser (»da waren Häuser«). Der Betrieb selbst hatte mehrere Gebäude und alle Büros eingebüßt. Viele Maschinen waren zerstört oder schwer beschädigt, der Fuhrpark war ebenso vernichtet worden wie alle schriftlichen Unterlagen. Fabrikdirektor Vogelsang richtete in seinem Privathaus in Othmarschen ein provisorisches Kontor ein und leitete den Wiederaufbau. In vielen Betrieben wurden Lohnzuschläge an diejenigen gezahlt, die nach der Katastrophe zur Arbeit erschienen, vermutlich auch bei Oetker.

Gerettet werden konnte ein Teil der Rohware, wenn auch der Zucker zu einer festen Masse verschmolzen war. Erstaunlicherweise war die Transformatorenanlage unbeschädigt geblieben. Dieser Umstand gab den Ausschlag dafür, dass die Oetker-Leute darangingen, das Werk an derselben Stelle wiederaufzubauen. Die Moral war dahin – aber was sollte man anderes tun, als weiterzumachen? Hatten die Briten gehofft, die Bombardierten würden einen Aufstand gegen das NS-Regime machen, so hatten sie sich getäuscht.

Das Bielefelder Stammwerk schickte in den folgenden Wochen Maschinen und Einrichtungen. Es nahm aber auch zahlreiche Hamburger Oetker-Mitarbeiter, die keinen Arbeitsplatz und häufig auch keine Wohnung mehr hatten, in Bielefeld auf. Derweil versuchte eine Kernmannschaft im Niemandsland, die Produktion von Nahrungsmitteln wieder in Gang zu bringen. Mit bemerkenswertem Erfolg, wie eine Firmenchronik festhielt: »Als dann aber am 28. Oktober, genau drei Monate nach der Zerstörung, die ersten beiden Abfüllmaschinen wieder anliefen und eine kleine Produktion ausstießen, konnten der Betriebsleiter und alle, die mit ihm gearbeitet hatten, voll Stolz auf die Leistung blicken, die innerhalb eines Vierteljahres den hoffnungslosen Trümmerhaufen zu neuem Leben erweckt hatte.«

Als Rudolf-August Oetker während des Feuersturms im Luftschutzkeller des Hamburger Zweigwerkes saß, war seine Gattin Susanna in Bielefeld gewesen. Sie war bereits die zweite Ehefrau des damals 27-jährigen Oetker. Die erste Ehe war schnell wieder geschieden worden, und die gemeinsame Tochter Rosely lebte mit ihrer Mutter und ihrer Großmutter in Rendsburg. Seine zweite Frau hatte Oetker vermutlich in Berlin kennen gelernt. Die junge Frau, die sich Susi nennen ließ, hatte mit Mädchennamen Jantsch-Schuster geheißen. Ihr Vater war Versicherungsunternehmer.

Am 17. März 1944 brachte Susi Oetker in Bielefeld einen Sohn zur Welt – den Stammhalter und potenziellen Nachfolger. Das Kind bekam den Namen seines Urgroßvaters: August. Es erblickte achteinhalb Monate nach der Hamburger Bombenkatastrophe das Licht der Welt. Es hatte also nicht viel gefehlt, und der kleine August Oetker hätte das gleiche Schicksal erlitten wie sein Vater, der bereits bei seiner Geburt Halbwaise war.

Im Zweiten Weltkrieg warfen Amerikaner und Briten insgesamt

1,4 Millionen Tonnen Bomben auf Deutschland. Der größte Teil davon fiel in den letzten neun Monaten des Kriegs. Eine halbe Million Deutsche fiel diesen Luftangriffen zum Opfer. Unter ihnen waren vier Mitglieder der Familie Oetker-Kaselowsky.

Der 30. September 1944 war ein sonniger Herbsttag in Westfalen. Die US-Bomber kamen an diesem Samstag aus heiterem Himmel. Niemals zuvor hatten die Alliierten Bielefeld mit so vielen Flugzeugen aus der Luft angegriffen. Wollten sie die Bahnanlagen treffen oder wollten sie Terror verbreiten? Als die Bomben ab etwa 14 Uhr auf die Stadt niederprasselten, zertrümmerten sie große Teile im historischen Kern und in der Neustadt.

Bei dem Angriff erhielt das Gundlach-Werk mehrere Treffer. Dort war an diesem Samstag noch eine Stunde zuvor gearbeitet worden. Als die Bomber kamen, waren nur noch einige Handwerker im Druckereibetrieb. Einer von ihnen kam ums Leben. Das Kesselhaus erhielt einen Volltreffer, der die Stromversorgung unterbrach. »Bielefeld war in eine schwarze Wolke gehüllt«, erinnerte sich Kurt Uthoff, der damals Lehrling bei Gundlach war. »Obwohl die Sonne schien, war sie hinter den Rauchschwaden nicht zu erkennen.«

In Bielefeld mangelte es zu dieser Zeit an öffentlichen Schutzräumen. Viele Bürger hatten die Keller ihrer Häuser mit Holzstützen befestigt. Auch Richard Kaselowsky hatte unter seiner Villa Am Johannisberg 10 einen Luftschutzraum einrichten lassen. Als die Sirenen heulten, war die Familie des Unternehmers in den Keller der Villa geflüchtet. Dort harrte sie aus. In dem Gewölbe saßen neben den Eheleuten Ida und Richard Kaselowsky ihre beiden gemeinsamen Töchter. Ilse Broelemann war 24 Jahre alt und mit einem Bielefelder Unternehmenserben verheiratet. Ihre Schwester Ingeborg Kaselowsky war 17. Ein Treffer auf das Haus löschte das Leben dieser vier Menschen schlagartig aus.

Wahrscheinlich war es ein Volltreffer. Es gibt aber auch einen Hinweis darauf, dass der Familie die Kohlevorräte zum Verhängnis wurden. Wie das in vielen Häusern zu dieser Zeit üblich war, lagerten auch die Kaselowskys im Keller ihre Kohlen, obwohl es verboten war.

*Richard Kaselowsky, hier in Uniform und mit Parteiabzeichen, kam 1944
bei einem Luftangriff der Alliierten ums Leben.*

Wohin hätte man sie auch auslagern sollen? Die Gefahr wurde vielfach unterschätzt. Zahllose Menschen starben im Zweiten Weltkrieg nach einem Bombenangriff im Keller, ohne verschüttet worden zu sein. Sie erstickten an Brandgasen wie Kohlenmonoxid. Häufig hatten die Kohlen in der Hitze zu schwelen begonnen. Dass das auch der Familie Kaselowsky widerfuhr, ist wahrscheinlich. Denn es ist anzunehmen, dass der Fabrikant Kaselowsky mit seinen Möglichkeiten den Keller der Villa bombensicher gemacht hatte. In aller Regel trugen die Keller die Last eines darüber in Trümmer zerfallenden Hauses, wenn die Decken mit Eisen- oder Holzstempeln abgestützt waren.

Mit den Kaselowskys starben in Bielefeld 600 Menschen. Der Betriebsführer der Firma Oetker war das prominenteste Opfer. Die Nachricht von seinem Tod machte die Runde. Richard Kaselowsky war 56 Jahre alt, als er starb. Ein Zufall wollte, dass der Oetker-Betriebsführer fast auf den Tag genau so alt wurde, wie der Unternehmensgründer August Oetker. Beide Männer starben überdies wenige Monate vor dem Ende eines mehrjährigen Kriegs.

Die Todesanzeige für die Familie Kaselowsky begann mit den damals gebräuchlichen Worten: »Durch einen Terrorangriff wurden uns genommen ...« Die Nachricht vom Tod Kaselowskys drang bis nach Berlin. Dort hielt es der Freundeskreis-Organisator Kranefuß im Oktober 1944 für angebracht, Heinrich Himmler über den Tod des Unternehmers zu informieren. Kranefuß richtete sein Schreiben aber nicht direkt an den Reichsführer SS, sondern an dessen Referenten, den SS-Standartenführer Dr. Rudolf Brandt. Weil es sich bei der Mitteilung also um einen SS-internen Vorgang handelte, dürfte Kranefuß' Einschätzung ehrlich gewesen sein: »Herr Dr. Kaselowsky gehörte bekanntlich dem Freundeskreis an und hat sich, wenn er auch nicht einer unserer alten Freunde aus der Zeit vor der Machtübernahme war, dort außerordentlich bewährt. In menschlicher wie sachlicher Hinsicht ist er, wie man es nur von sehr wenigen Wirtschaftsführern sagen kann, ein Vorbild gewesen. Der von ihm geführte Betrieb konnte schon zu einer Zeit als Musterbetrieb gelten, als es den Begriff ›nationalsozialistischer Musterbetrieb‹ noch nicht gab.«

Für Rudolf-August Oetker bedeutete der Tod seines Stiefvaters, dass sich seine eigene Chance, den Krieg zu überleben, verbessert hatte. Kaselowsky hatte sich zu seinen Lebzeiten bemüht, seinen Stiefsohn aus der Gefahr herauszuhalten. Sein Tod bewahrte Oetker möglicherweise davor, das Schicksal unzähliger Männer seiner Generation zu teilen, die im »totalen Krieg« ihr Leben verloren. Nach einem Lehrgang war Oetker 1944 zum Untersturmführer der Waffen-SS befördert worden. Das war der niedrigste Offiziersrang und entsprach dem eines Leutnants beim Heer. Nach dem Bombenangriff im September 1944 wurde der Konzernerbe dann aber aus dem Militärdienst entlassen. Er durfte sich auf den Weg nach Bielefeld machen und sich um das Familienunternehmen kümmern.

Fritz Kranefuß schrieb vier Wochen später noch einen zweiten Brief an Himmlers Referenten Brandt. Darin berichtete er von einem Besuch. »Gestern war Herr Rudolf Oetker, der Stiefsohn des verstorbenen Herrn Dr. Richard Kaselowsky, bei mir und ich hatte die Möglichkeit, ihn zu fragen, an wen von den verschiedenen Kindern ein Schreiben des Reichsführers zu richten sein würde. Er nannte mir seine ältere Schwester, Frau Ursula Oetker, Rittergut Hornoldendorf bei Detmold.« Diese gelte derzeit als »Familienoberhaupt«. Kranefuß selbst hielt es für passender, wenn Himmler den fälligen Kondolenzbrief dem jungen Rudolf-August schickte. »Er ist der eigentliche Erbe der Oetkerschen Betriebe und wird wohl nun die Nachfolge seines Stiefvaters als Betriebsführer antreten.«

Rudolf-August Oetker war gerade 28 Jahre alt geworden, als ihm 1944 die Verantwortung für die Firma zufiel. Er war jetzt weitgehend auf sich gestellt. Allerdings hatte er auch während der Kriegsjahre vieles von seinem Stiefvater lernen können, was die Führung eines Unternehmens betraf und die Verwaltung von Finanzbeteiligungen. Seit 1941 gehörte Oetker der Geschäftsführung an, schon Ende 1942 war er in den Aufsichtsrat der Hamburg Süd eingezogen. »Einen besseren Vater als Richard Kaselowsky könnte ich mir nicht vorstellen«, sollte Oetker mehr als fünf Jahrzehnte später sagen, »einen besseren Lehrherrn für mich auch nicht.«

Im März 1945 stießen die amerikanischen Streitkräfte bis in die Nähe Bielefelds vor. Die örtlichen Machthaber waren uneins darüber, ob und wie die Stadt verteidigt werden sollte. Während der Kreisleiter der NSDAP bis zum Schluss fanatisch blieb, begriff Oberbürgermeister Budde, dass es zu Ende war. Am 4. April wehte die weiße Fahne vom Rathaus und signalisierte die Kapitulation der Stadt. Die NS-Parteigrößen flüchteten. Budde fuhr den anrückenden Besatzern mit dem Fahrrad entgegen und erklärte, dass sie keinen Widerstand zu erwarten hätten.

Drei Tage nach dem Einrücken der Amerikaner starb Caroline Oetker im nahe gelegenen Dorf Ebbesloh auf dem Gestüt der Kaselowskys. Die Witwe des Firmengründers wurde 77 Jahre alt. Sie vollendete ein Leben, das ihr schwere Schicksalsschläge versetzt hatte. Caroline Oetker hatte im Ersten Weltkrieg ihren einzigen Sohn verloren und in der Folge dann auch ihren Mann. Im Zweiten Weltkrieg hatte sie erleben müssen, wie ihre Schwiegertochter mit ihrem Mann und ihren beiden Töchtern den Bomben zum Opfer fielen.

Immerhin blieb es Caroline Oetker erspart, zu erfahren, wie sich 1945 der Name der Reederei Hamburg Süd mit einer der größten Katastrophen der Schifffahrt verband. Wenige Tage vor Kriegsende wurde das Flaggschiff der Gesellschaft zu einem Massengrab für Tausende von unschuldigen Menschen.

Die Cap Arcona war 1927 als Luxusliner mit Schwimmbad, Turnhalle und Tennisplatz gebaut worden. Mit ihren drei Schornsteinen galt sie vielen Menschen als das schönste Schiff ihrer Zeit, als die »Königin des Südatlantiks«. Nach dem deutschen Überfall auf Polen war sie 1939 nach »Gotenhafen« verlegt worden, wie die Besatzer damals den polnischen Hafen Gdynia nannten. Dort hatte sie der deutschen Kriegsmarine als Wohnschiff gedient. Auf der Cap Arcona hatten junge Männer auf ihren Einsatz als U-Boot-Fahrer gewartet und junge Frauen waren in Lehrgängen auf dem Schiff zu Marinehelferinnen ausgebildet worden. Für eine kurze Zeit hatte das Schiff 1942 sogar als Kulisse für einen ersten Film über den Untergang der Titanic gedient.

Als die Russen gegen Ende des Kriegs nach Polen vorrückten, hatten der Kapitän und die Besatzung das Schiff wieder seeklar gemacht. Sie hatten auf der Cap Arcona deutsche Flüchtlinge aus dem Osten in Sicherheit gebracht: verwundete Soldaten, NSDAP-Funktionäre und Zivilisten. Bei drei aufeinander folgenden Reisen waren 26 000 Menschen in den Westen befördert worden. Kapitän Gerdts hatte allen Grund, auf sich und seine Besatzung stolz zu sein. Aber wie sollte es weitergehen?

Im Februar 1945 lag die Cap Arcona in Neustadt in Holstein vor Anker. Die Maschinen waren defekt, das Schiff nicht mehr seetauglich. Am 20. Februar kam ein Fachmann der Kriegsmarine an Bord, inspizierte die technischen Anlagen und diskutierte mit dem Kapitän über Reparaturen und die weitere Verwendung des Schiffes. Als dieser Mann die Kapitänskajüte verließ, blieben sein Mantel und seine Dienstwaffe liegen. Mit dieser Pistole schoss sich der Kapitän der Cap Arcona gegen 22 Uhr eine Kugel in den Kopf. Was ihn in den Tod getrieben hat, wurde niemals aufgeklärt. Die Vermutung liegt aber nahe, dass er wusste oder ahnte, was geschehen würde.

Als der neue Kapitän Heinrich Bertram das Kommando auf der Cap Arcona übernahm, machte sich die SS gerade daran, die letzten Konzentrationslager zu räumen. Himmler wollte nicht nur Beweise der Verbrechen beseitigen, sondern auch die Zeugen. Die Häftlinge sollten den Alliierten nicht lebend in die Hände fallen, lautete der Befehl. Die Evakuierungen der Konzentrationslager und die folgenden Todesmärsche markierten den letzten Höhepunkt im Leiden vieler KZ-Opfer.

Dem Hamburger Gauleiter Karl Kaufmann war daran gelegen, dass die Briten in der Stadt nicht auf KZ-Opfer trafen. So trieben SS-Schergen rund 2 700 Gefangene des Konzentrationslagers Neuengamme nach Schleswig-Holstein. Dort sollten sie mit einigen Tausend anderen KZ-Häftlingen auf Transportschiffe gebracht werden – womöglich mit dem Plan, die Schiffe mit den Gefangenen zu versenken. Aber genau hat sich das bis heute nicht aufklären lassen.

Der Kapitän der Cap Arcona versuchte im April 1945 vergeblich, den Luxusdampfer für seine Reederei zu retten. Heinrich Bertram weigerte sich, Häftlinge an Bord zu nehmen. Er telefonierte mit dem Vorstandsvorsitzenden der Hamburg Süd John Eggert und versuchte dann mit Hilfe von Bekannten bei der Kriegsmarine, die Beschlagnahme des Schiffes durch die SS zu verhindern. Vergeblich. Es regierte rohe Gewalt. Ein SS-Kommando ergriff den Kapitän und drohte ihm mit standrechtlicher Erschießung. Da fügte Bertram sich. Vielleicht hätte Richard Kaselowsky, Großaktionär und Aufsichtsratsmitglied der Hamburg Süd, mit seinen SS-Kontakten mehr erreicht, aber der lebte ja nicht mehr.

Bis zum Abend des 30. April 1945 wurden rund 4600 Häftlinge an Bord der Cap Arcona gebracht. 500 Bewacher hielten sie in Schach. Einige Häftlinge hatten das Glück, in den früheren Luxuskabinen gefangen zu sein, wenn auch zu jeweils zwölf Mann. Viele der Häftlinge aber waren unter Deck in fensterlose Stauräume eingepfercht worden. Es fehlte an Trinkwasser und Proviant. An jedem der folgenden Tage starben 15 bis 30 Menschen. Die Leichen wurden an Deck gestapelt.

Am 3. Mai 1945 gegen 14.30 Uhr griffen britische Kampfflugzeuge die Cap Arcona und den Dampfer Thielbek, auf dem sich weitere 2800 KZ-Häftlinge befanden, mit Raketen an. Die Briten hatten wohl den Verdacht, dass führende Nationalsozialisten nach Norwegen fliehen wollten. Zudem lag ihnen daran, sämtlichen verbliebenen Schiffsraum zu zerstören. Aber es gibt auch Hinweise darauf, dass sie neuartige Waffen ausprobieren wollten.

Kapitän Bertram hatte eine weiße Flagge gehisst, und verzweifelte Häftlinge winkten mit weißen Tüchern. Doch das Schiff erhielt mehrere Treffer und geriet in Brand. Viele Häftlinge erstickten im Rauch. Andere liefen als lebende Fackeln umher und suchten Ausgänge. Panik hatte die Menschen erfasst. Im Treppenhaus stürzte die Decke herab und begrub die Fliehenden unter sich. In einer Stunde verbrannten mehr als 3000 Menschen. Einige wenige, die es nach oben schafften, gerieten an Deck in den Bordwaffenbeschuss der Bomber. Gegen 15.30 Uhr kenterte die Cap Arcona. Das Wasser war noch sehr kalt, so dass viele Häftlinge sofort ertranken. In Neustadt liefen Marineboote aus – allerdings nur, um Deutsche zu retten. Ihre Besatzungen schossen sogar auf Häftlinge, die sich an den Booten festklammerten. Weniger als 350 Gefangene überlebten.

Rund 7500 Menschen starben bei dem Drama in der Lübecker Bucht. Damit war die Bombardierung der Cap Arcona und der Thielbeck eine größere Katastrophe als die Versenkung der Wilhelm Gustloff, bei der über 5000 Menschen ihr Leben verloren, eine größere Katastrophe auch als der Untergang der Titanic, bei der rund 1500 Menschen ertranken. Aber da es KZ-Häftlinge waren, die auf den beiden Schiffen 1945 umkamen, und britische Bomberpiloten, die das ins Werk setzten, ist dieses Unglücks später kaum jemals gedacht worden.

Für die Stadt Hamburg ging das Kalkül ihres Gauleiters auf. Als britische Soldaten am 5. Mai 1945 nach Neuengamme kamen, war das Konzentrationslager fast menschenleer. Die Briten trafen keine der elenden und ausgemergelten Gestalten an, wie sie die alliierten Truppen in einigen anderen Konzentrationslagern finden sollten. Nichts offenbarte auf den ersten Blick die Verbrechen, die hier begangen worden waren. Während aus anderen Lagern die Fotografien und Filmaufnahmen geschundener Menschen um die Welt gingen, konnte sich die Hansestadt als ein Ort darstellen, in dem es während der NS-Zeit angeblich weniger schlimm als anderswo zugegangen war.

Seit 1945

Der Clan und seine
Konzerne

15. »Die meisten Verbraucher verlangten unsere Fabrikate«

Oetker profitiert von Währungsreform und Fresswelle

Am 8. April 1945 übergaben US-Einheiten die Stadt Bielefeld an die britische Militärführung. Auf der Potsdamer Konferenz im Juli und August 1945 beschlossen Truman, Stalin und Attlee, »nazistische Parteiführer, einflussreiche Nazianhänger und die Leiter der nazistischen Ämter« zu verhaften und zu internieren. Vermutlich schon bald darauf wurde auch Rudolf-August Oetker von der britischen Militärpolizei verhaftet. Er war einer von rund 70 000 Menschen, die die Briten im ersten Nachkriegsjahr internierten.

Oetker wurde nach Paderborn-Staumühle gebracht. Dort befand sich ein riesiges Gefangenenlager, das Civil Internment Camp No. 5. Während der NS-Zeit hatte die Anlage als provisorische Garnison der Waffen-SS gedient. Nach dem Krieg wurde Staumühle das größte Internierungslager der Briten. Zeitweilig wurden dort mehr als 10 000 Menschen gefangen gehalten. Zu Anfang wussten viele der Inhaftierten nicht, weshalb man sie eingesperrt hatte. Dass die Briten nach festgelegten Arrestkategorien verfahren waren, die in bestimmten Fällen zu einer automatischen Verhaftung führten, war ihnen nicht bekannt.

Unter den in Staumühle einsitzenden SS-Leuten glaubten zunächst nicht wenige, dass es zu einem Krieg zwischen den westlichen Alliierten und der Sowjetunion kommen würde. Diese Männer wollten gegen den Bolschewismus kämpfen und rechneten damit, bald wieder zum Einsatz zu kommen. Aus Stimmungsberichten, die Militärangehörige und Geistliche über das Lager verfassten, geht hervor, dass viele der Internierten am meisten fürchteten, an die Sowjetunion oder osteuropäische Länder ausgeliefert zu werden. Tatsächlich wurden zahlreiche Männer als mutmaßliche Kriegsverbrecher von den Briten nach Polen ausgeliefert. Im Lager Staumühle machten Gerüchte die Runde, die Ausgelieferten würden gar nicht angeklagt, sondern gleich misshandelt und umgebracht.

Rudolf-August Oetker bekam den Hass, den die Deutschen während des Kriegs in Osteuropa erzeugt hatten, am eigenen Leib zu spüren. Polnische Wachleute nahmen an ihm Rache für das, was sie unter der Naziherrschaft selbst erlitten hatten. Die Männer hatten offenbar erfahren, dass er der Waffen-SS angehört hatte. Dies war an der Tätowierung der Blutgruppe in der linken Achselhöhle zu erkennen, wie sie bei der Waffen-SS üblich war, oder an der Narbe, die entstand, wenn sie herausgeschnitten worden war. Die Wachleute schlugen Oetker so zusammen, dass er schwere gesundheitliche Schäden davontrug. Infolge der Misshandlungen musste Oetker später beim Gehen einen Stock benutzen.

Rudolf-August Oetker musste sich vermutlich schon während seiner Internierung in Staumühle einem Entnazifizierungsverfahren stellen. Über den Ausgang dieses Verfahrens ist bislang nichts bekannt geworden. Die Akten liegen heute noch unter Verschluss im Staatsarchiv in Düsseldorf. Es scheint sich um einen vergleichsweise langwierigen Prozess gehandelt zu haben. Oetker war an der Spitze der Nahrungsmittelfabrik tätig gewesen und Aufsichtsratsmitglied bei der Reederei Hamburg Süd. Vor allem aber war er Untersturmführer der Waffen-SS gewesen, in der auch Zehntausende von KZ-Wachen gedient hatten. Bei dieser Truppe war das Erschießen von Kriegsgefangenen eher die Regel als die Ausnahme gewesen. Im September 1946 wurde die Waffen-SS von den Alliierten zur verbrecherischen Organisation erklärt.

Die Akten aus dem Entnazifizierungsverfahren Rudolf-August Oetkers sind mit rund 175 Seiten etwa siebenmal so umfangreich wie die aus dem Verfahren Karl Oetkers, der immerhin stellvertretender Betriebsführer der Nahrungsmittelfabrik gewesen war. Karl Oetker durchlief 1946 ein Entnazifizierungsverfahren. Er konnte eine Vielzahl entlastender Aussagen für sich verbuchen, unter denen vermutlich eine »Bescheinigung« des Betriebsrats der Firma Oetker die größte Wirkung auf den Ausschuss hatte, denn sie war von zwei langjährigen SPD-Mitgliedern unterschrieben worden. In dem Schreiben hieß es über Karl Oetker: »Als Aktivisten haben wir ihn nie kennen gelernt. In seiner Eigenschaft als Personalchef hat er sich immer nach sachlichen Gesichtspunkten benommen und hat keinen Druck auf irgendjemanden ausgeübt, in die Partei einzutreten.« Auch bei Neueinstellungen und Beförderungen habe Karl Oetker NSDAP-Mitglieder nicht bevorzugt. Er habe sogar verhindert, dass ein Arbeitskollege durch den fanatischen Betriebsobmann bei der Gestapo angezeigt worden sei. Schließlich wurde Karl Oetker in die Kategorie V (»Entlastete«) eingestuft und als »politisch tragbar« eingestuft. Er sei »nur nominelles Mitglied« der NSDAP gewesen und politisch nicht hervorgetreten, hieß es.

Nur wenige deutsche Industrielle mussten sich vor Gericht für ihr Wirken während der NS-Zeit verantworten. Einer war der Rüstungsfabrikant Friedrich Flick. Ihn hatte der 1944 im Bombenkrieg umgekommene Richard Kaselowsky vom Freundeskreis Himmler her gut gekannt. In Flicks Nürnberger Prozess beschäftigten sich die Richter 1947 auch mit diesem Industriellen-Club. Das Gericht lastete Flick seine Mitgliedschaft in diesem Kreis aber nicht besonders an. »Wir können in den Veranstaltungen selbst nicht die finsteren Zwecke finden, deren Bestehen die Anklagebehörde behauptet hat.« Die US-Militärrichter mochten in den Zusammenkünften der Wirtschaftsgrößen »nichts Verbrecherisches oder auch nur Unmoralisches« erkennen. Ihr Fazit über den Freundeskreis Himmler: »Als Gruppe – er kann kaum als eine Organisation bezeichnet werden – hatte der Kreis keinen Anteil an der Festlegung der Politik des Dritten Reiches.«

Während des Kriegs hatten die Deutschen auf Kosten des besetzten Europas gut gelebt. Erst 1945 kam der Hunger. Was es auf Lebensmittelkarte gab, reichte nicht aus zum Überleben. Den Menschen in den Städten blieb oft nichts anderes übrig, als bei den Bauern in der Umgebung Wertsachen gegen Lebensmittel einzutauschen. Der Winter von 1946 auf 1947 war besonders hart. Kälte und Unterernährung brachten schätzungsweise 20 000 Deutschen den Tod. Die Alliierten halfen im Westen Deutschlands nach besten Kräften. Vor allem die Briten schafften aus ihrer Heimat tonnenweise Lebensmittel heran.

Die Firma Oetker hatte den Krieg, verglichen mit anderen Unternehmen, recht gut überstanden. Zwar waren etwa 40 Prozent der Gebäude und Anlagen durch Bomben zerstört worden. Aber schon unmittelbar nach Kriegsende konnte das Bielefelder Werk seine Produktion wieder aufnehmen. Allerdings fehlte es an den nötigen Rohstoffen zur Herstellung von Stärke, Backpulver und Puddingpulver. Um die Fabrik auszulasten, produzierte die Firma Oetker in den frühen Nachkriegsjahren auch Gewürz- und Teetabletten und Mottenpulver.

Als Rudolf-August Oetker im September 1947 die Leitung des Unternehmens übernahm, war er 31 Jahre alt. Er konnte sich allerdings auf eine ganze Garde erfahrener Führungskräfte stützen. »Damals waren die Herren in der Geschäftsleitung 15 Jahre älter als ich«, erinnerte er sich später. An der Spitze des Betriebes stand mit Karl Oetker ein Vetter seines Vaters. 1949 wurde er durch Karl Liedl, einen altgedienten Oetker-Manager, ersetzt.

In späteren Jahren sollte es der Unternehmer gerne so darstellen, als habe er nichts als Trümmer und einen guten Namen geerbt. Damit betrieb Rudolf-August Oetker allerdings Legendenbildung in eigener Sache. Eine realistische Bestandsaufnahme findet sich in einer Oetker-Firmenschrift aus dem Jahr 1966: »Die Firma Dr. Oetker, obwohl durch Luftangriffe in Bielefeld und Hamburg stark mitgenommen, stand dennoch schon bald wieder mit einer Maschinenkapazität bereit, die ausgereicht hätte, um ganz Deutschland mit Back- und Puddingpulver zu versorgen.«

Was für Oetker galt, traf im Prinzip auf die gesamte Industrie in Deutschland zu. Entgegen einer weit verbreiteten Annahme lag Deutschland 1945 keineswegs in Trümmern. Im Westen waren mehr als drei Viertel der Industrieanlagen bei Kriegsende intakt, im Osten sogar noch mehr. In der Nahrungsmittelindustrie ging es früher als in anderen Branchen wieder aufwärts.

Lebensmittel gab es damals nur über Bezugsscheine, aber nach einiger Zeit durften die Konsumenten wählen, welche Artikel sie haben wollten. In dieser Situation zahlte es sich für das Bielefelder Unternehmen aus, dass es über Jahrzehnte kräftig in Werbung investiert hatte. »So kam unsere Marke wieder zum Zuge, denn die meisten Verbraucher verlangten unsere Fabrikate«, heißt es in einer Unternehmensgeschichte.

Wie die Nahrungsmittelfabriken in Bielefeld und Hamburg kam auch die Druckerei E. Gundlach nach dem Krieg schnell wieder hoch. Zwar war das Werk durch Bomben zu drei Vierteln zerstört worden, doch das Verbliebene reichte, um schon bald wieder die Produktion aufzunehmen. Aus den Teilen von 40 zerstörten Druckerpressen hatten die Mitarbeiter vier funktionierende Maschinen zusammengesetzt. So konnten bei Gundlach schon bald wieder Lebensmittelmarken gedruckt werden – ganz so wie während der NS-Zeit.

Doch die Zeit blieb nicht stehen. Im Notjahr 1947 jährte sich bei Gundlach zum 100. Mal die Gründung des Unternehmens. Keiner der großen Festsäle Bielefelds hatte den Krieg unbeschädigt überstanden, daher musste das Jubiläum in einer Werkhalle gefeiert werden. Am Nachmittag gab es für die Gundlach-Belegschaft in der Kantine der Firma Oetker Butterkuchen und – was für besondere Freude sorgte – Bohnenkaffee. Bei der Tombola konnten die 520 Mitarbeiter einfache Gebrauchsgegenstände wie Kochtöpfe, Taschenmesser und Schnürsenkel gewinnen.

Zu kaufen gab es zu dieser Zeit in den Geschäften Bielefelds kaum etwas. Die Industrie und auch der Handel horteten einen Großteil der produzierten Waren, denn es war klar, dass es eine Währungsreform geben würde. Das NS-Regime hatte den Krieg überwiegend mit Krediten finanziert, für die die Reichsbank Geld gedruckt hatte. Die Folge war ein gewaltiger Überhang des sich im Umlauf befindlichen Geldes über die Güterproduktion. 1945 gab es Bargeld und Bankguthaben von 300 Milliarden Reichsmark, aber Waren und Dienstleistungen im Wert von nur 50 Milliarden Mark. Das Geld war fast wertlos geworden. Es blieb nichts anderes übrig, als es aus dem Verkehr zu ziehen.

Die Währungsreform vom 20. Juni 1948 erschien vielen Zeitgenossen als ein gleichmacherischer Akt. Tatsächlich wurden aber Sachwertbesitzer und Unternehmer begünstigt, während alle anderen weitgehend enteignet wurden. Guthaben und Schulden wurden so umgestellt, dass aus 100 Reichsmark im Endeffekt 6,50 D-Mark wurden. Für Grundstücke, Fabriken und Warenlager gab es dagegen keinen Abwertungssatz. Im Ergebnis bezahlten also die Kleinsparer den Krieg, während die Inhaber produktiver Besitztümer weitgehend unbehelligt blieben. Die Herren der Sachwerte hatten damit einen Vermögensvorsprung, den ihnen niemand mehr nehmen konnte, auch der später beschlossene »Lastenausgleich« änderte an den Verhältnissen nichts mehr. Anders als die große Mehrheit der Deutschen kamen Industriellenfamilien wie die Oetkers bei der Währungsreform nahezu ungeschoren davon.

Der Wirtschaft in den Westzonen brachte das Geld neuen Schub. Am Jahresende 1948 produzierte die westdeutsche Industrie schon wieder etwa 80 Prozent dessen, was sie im Boomjahr 1936 erzeugt hatte. Die Oetkers profitierten auch ganz unmittelbar von der Einführung des neuen Geldes. Ein Teil der Scheine wurde in der Bielefelder Druckerei E. Gundlach AG hergestellt, deren Aktien damals mehrheitlich im Besitz der Geschwister Ursula und Rudolf-August Oetker und ihres Halbbruders Richard Kaselowsky junior lagen. Bald druckte Gundlach auch die Schachteln für die US-Zigaretten Lucky Strike, Camel und Golddollar.

Der Plan, über das angestammte Geschäft mit Fachblättern wie der *Deutschen Nähmaschinen-Zeitung* hinauszukommen und beispielsweise auch Sachbücher und Belletristik sowie Illustrierte für ein breites Publikum herauszugeben, ließ sich hingegen nicht verwirklichen. Auch aus dem Vorhaben, wieder in das Zeitungsgeschäft einzusteigen, wurde nichts. Als die britischen Besatzungsbehörden die Lizenzen verteilten, ging der junge Kaselowsky leer aus. Sicherlich wussten die Briten, dass dessen Vater die *Westfälischen Neuesten Nachrichten* an die NSDAP abgetreten hatte.

Mit der neuen Währung rollte auch die Fresswelle an. Am Tag nach der Einführung der D-Mark sahen die erstaunten Westdeutschen in den Läden Waren, die es vorher entweder gar nicht oder nur auf dem Schwarzmarkt gegeben hatte. Nun war schlagartig alles da. Die Jahre der Entbehrung diktierten das Verlangen der Menschen. Gemüse und Kartoffeln waren nicht gefragt, die Deutschen wollten Fleisch, Butter, Sahne und Alkohol – bald sogar im Übermaß. »Bei Steinke, dem Bäcker nebenan, holte ich jeden Morgen zehn Schrippen, macht, dick mit goldgelber Butter bestrichen und auf Wachstuch aneinander gereiht, anderthalb Meter Frühstück«, erinnerte sich der *Stern*-Journalist Hans Nogly später. »Ich aß von links nach rechts mit der linken Hand, in der rechten einen Liter Vollmilch.«

Das Unternehmen Oetker profitierte sehr vom Heißhunger und vom Nachholbedarf der Deutschen. Schon bald nach der Währungsreform konnte Rudolf-August Oetker in Hamburg eine eigene Stärkefabrik errichten lassen. An Geld fehlte es ihm nicht. Anders als viele andere Unternehmen war die Bielefelder Nahrungsmittelfabrik schon wenige Tage nach der Währungsreform liquide, vermutlich, weil das Unternehmen in der Zeit des Hungers und der Knappheit Waren gehortet hatte. Als die Banken sahen, wie rasant sich der Umsatz bei Oetker entwickelte, waren sie gerne bereit, weitere Kredite zu geben. Das Geschäft boomte wie nie zuvor. Im Jahr 1950 produzierte das Unternehmen über 400 Millionen Päckchen Backpulver und 350 Millionen Päckchen Puddingpulver – ein historischer Rekord. Auch später sollte das Unternehmen nie wieder die Produktionszahlen erreichen wie fünf Jahre nach dem Krieg.

In den Nachkriegsjahren fingen die Oetkers an, ihr Vermögen unter den einzelnen Familienmitgliedern aufzuteilen. Nach dem Tod der Gründerwitwe Caroline Oetker in den letzten Tagen des Zweiten Weltkriegs gehörte das Unternehmen zu jeweils 45 Prozent den Geschwistern Ursula und Rudolf-August Oetker. Zehn Prozent besaß Richard Kaselowskys Sohn.

Diesen fünf Jahre jüngeren Halbbruder hatte Rudolf-August Oetker schon vor der Währungsreform ausbezahlt. Allerdings hatte der junge Kaselowsky dann zusehen müssen, wie sein Reichsmark-Guthaben wegen der horrenden Inflation dahinschmolz. Sein Erbe hatte langsam, aber sicher jeden Wert verloren. Schließlich hatte Ursula Oetker ihrem Bruder gegenüber durchgesetzt, dass Kaselowsky wieder eine Beteiligung an der Nahrungsmittelfirma erhielt. Er sollte sie so lange behalten, bis sich die Währungsverhältnisse stabilisiert hatten.

1949 wurde dem damals 28-jährigen Richard Kaselowsky aus den zahlreichen Beteiligungen des Oetker-Clans das Unternehmen E. Gundlach AG zugesprochen. Mit der Übernahme eines Aktienpakets aus dritter Hand gelang es ihm, die Mehrheit an Gundlach zu bekommen. Während Rudolf-August Oetker aus dem Kreis der Gundlach-Aktionäre ausschied, blieb seine Schwester Ursula mit einem Anteil von knapp 25 Prozent weiterhin an der Druckerei beteiligt. Ihr Ehemann Ernst Oetker zog in den Aufsichtsrat von Gundlach ein.

Der Platz an der Unternehmensspitze von Gundlach war frei geworden, denn der langjährige Vorstandsvorsitzende Friedrich Schaarschmidt war politisch belastet und hatte abtreten müssen. Als Kaselowsky junior im Juli 1949 in den Vorstand zog, um die Führung zu übernehmen, kannte er das Unternehmen kaum. Die kleine Feier zum 100-jährigen Bestehen, die 1947 stattgefunden hatte, war seine erste Begegnung mit dem traditionsreichen Druck- und Verlagshaus gewesen.

Kaselowskys Halbschwester Ursula Oetker hielt sowohl bei Gundlach als auch bei der Firma Oetker Anteile. Es hieß, dass sie auch in diesen Jahren vermittelnd zwischen den Halbbrüdern gestanden habe. Ursula Oetkers Verhältnis zu dem ein Jahr jüngeren Rudolf-August war offenkundig nicht frei von Spannungen. Ihr Bruder brauche jemanden, »der ihm ab und zu mal einen Ducker gibt«, zitierte der *Spiegel* die selbstbewusste Oetker-Schwester 1957. Zu einem Bruch zwischen den Geschwistern scheint es aber nicht gekommen zu sein. Ursula Oetker orientierte sich an dem Satz: »Dem Anderen das Anderssein verzeihen ist der Anfang aller Weisheit.«

Ursula Oetker war schon in jungen Jahren zu einer eigenwilligen Persönlichkeit geworden. Nach dem Wunsch ihrer Eltern hatte sie in den dreißiger Jahren einen Fürsten heiraten sollen. Aber sie hatte sich für ein anderes Leben entschieden. Sie liebte die Natur, Tiere und das

Leben auf dem Lande. So hatte sie einen Landwirtssohn geheiratet. Dieser Mann hieß Oetker wie sie selbst. Tatsächlich handelte es sich bei Ernst Oetker um einen entfernten Verwandten, einen Vetter vierten Grades. Er war 1907 in dem Ort Wiedensahl bei Stadthagen geboren worden, wo vermutlich die Wurzeln der gesamten Oetker-Familie liegen.

Seit 1939 bewirtschaftete Ursula Oetker mit ihrem Mann einen gewaltigen Besitz, das Rittergut Hornoldendorf in der Nähe von Detmold. Im Laufe des Kriegs war ihr Mann Ernst Oetker, der nach dem siegreichen Überfall auf Polen der NSDAP beigetreten war, zur Wehrmacht eingezogen worden. Bis zum Ende des Kriegs hatte Ursula Oetker vier Kinder zu Welt gebracht: Arend 1939, Renate 1940, Ernst August 1941 und Regine 1944. Mit Roland Oetker kam 1949 noch ein Nachzügler auf die Welt.

Rudolf-August Oetkers Familie wuchs in den frühen Nachkriegsjahren heran. Zu dem 1944 geborenen Stammhalter August kam 1947 die Tochter Bergit dazu, und im Jahr darauf brachte Susanna einen Sohn namens Christian zur Welt. 1951 wurde Richard Oetker geboren. Bald darauf zerbrach die Ehe. Susi Oetker heiratete 1952 den Prinzen Karl-Walrad zu Salm-Horstmar, der im Krieg ein Kavallerieregiment kommandiert hatte und sich in den sechziger Jahren zeitweilig der Nationaldemokratischen Partei Deutschlands (NPD) anschloss. Rudolf-August Oetker blieb nach seiner Scheidung zunächst solo. Die vier Kinder aus der zweiten Ehe wuchsen in seinem Hause und bei der Mutter in Düsseldorf auf.

In der Industriellenfamilie Oetker galt das Erbhofprinzip. Danach sollte das Stammunternehmen einem einzigen Erben zufallen. Rudolf-August Oetker hatte also die Möglichkeit, seine Schwester auszuzahlen. Zunächst machte er davon allerdings nur teilweise Gebrauch. 1954 besaß Ursula Oetker immerhin noch 20 Prozent an der Dr. August Oetker Nährmittelfabrik GmbH, die zu dieser Zeit an der Spitze der Firmengruppe stand. Noch bis 1961 sollte Ursula Oetker ihre Beteiligung halten.

Eine Vielzahl von Unternehmensbeteiligungen hatten Caroline

Oetker und Richard Kaselowsky ihren Erben hinterlassen. Die Anteile an der Reederei Deutsche Levante-Linie wurden 1947 auf die Nachfolger übertragen. Ursula Oetker bekam dabei mit 225 000 Reichsmark den größten Teil, ihr Bruder Rudolf-August erhielt 125 000 Reichsmark. Richard Kaselowsky junior bekam einen Anteil von 25 000 Reichsmark, aber schon drei Jahre darauf trat er ihn an seine Halbschwester Ursula ab. 1956 übernahmen die Geschwister Oetker dann die Anteile aller übrigen Kommanditisten, so dass die Deutsche Levante-Linie komplett zum Familienbesitz wurde. Später überließ Ursula Oetker ihrem Bruder Rudolf-August auch dieses Feld allein.

In der Erbmasse befanden sich auch einige Immobilien. Darunter waren mehrere Ferienwohnsitze, die Richard Kaselowsky angeschafft hatte, aber auch das Brenner's Park-Hotel in Baden-Baden, das an den Haupterben Rudolf-August Oetker fiel. Das heruntergekommene Hotel sei damals als Last und nicht als ein Vermögen angesehen worden, erklärte Oetker Jahrzehnte später die merkwürdig anmutende Aufteilung: »Nach dem Krieg bekamen meine Geschwister ein Haus und waren damit zufrieden. Für mich blieb das ›Brenner's‹, in dem damals der französische Oberkommandierende, General Koenig, residierte, und das sich innen in einem katastrophalen Zustand befand. So wurde denn die Parole ausgegeben, ich hätte sowieso am meisten bekommen und müsse deshalb auch das Hotel nehmen.«

Er sollte es nicht bereuen. Im Oktober 1949 überließen die französischen Besatzungsbehörden das Grandhotel seinem Eigentümer. Während der Nutzung hatten sie Quartiervergütungen gezahlt und vor ihrem Auszug leisteten sie auch noch Entschädigungen. Als wenige Monate später in Baden-Baden wieder eine Spielbank eröffnet wurde und die ersten Kurgäste kamen, war das Brenner's das einzige große Hotel am Ort, das Gäste beherbergen konnte.

Die Stimmung im Land hatte sich nach dem Krieg grundlegend gewandelt, was Rudolf-August Oetker sehr entgegenkam. Von »Restauration« konnte in Wahrheit keine Rede sein, jedenfalls, was das soziale Klima betraf. Von der »Volksgemeinschaft« der Nationalsozialisten mochten die Deutschen nun nichts mehr wissen, sie legten Wert auf Individualität und Distanz. Wer in Kriegsgefangenschaft gewesen war oder – wie Rudolf-August Oetker – in einem Interniertenlager, hatte dort meist eine engere Gemeinschaft mit Schicksalsgenossen erlebt, als ihm angenehm gewesen war. In den Nachkriegsjahren kehrte die Form wieder zurück, auch die Studenten siezten sich. Im »Dritten Reich« war das Duzen sehr verbreitet gewesen, ob beim Reichsarbeitsdienst, in der Wehrmacht oder im Bombenkeller. »Die Deutschen hatten das Formlos-Gewalttätige der NS-Zeit gründlich satt«, schreibt der Historiker Michael Stürmer.

Der junge Konzernerbe war streng erzogen worden. Das familiäre Erbe hatte ihn stark geprägt. »Wer Rudolf A. Oetker besonders in den fünfziger Jahren erlebt hatte, war betroffen darüber, wie sehr der Enkel die rigide Moral des Großvaters verinnerlicht hatte«, berichtete die Hamburgerin Ruth Pinnau in ihren Erinnerungen. Sie hatte Oetker 1950 bei einem Lunch und bald darauf ein zweites Mal auf einer Hochzeitsfeier getroffen. »Oetker machte weder auf dem Derby-Lunch noch auf der Hochzeit einen besonders glücklichen Eindruck«, so Ruth Pinnau. »Weil ich damals noch nicht wusste, dass er nie wirklich unbeschwert glücklich sein konnte, glaubte ich, seine Griesgrämigkeit sei durch die Scheidung von seiner zweiten Frau, Susanna Jantsch, ausgelöst worden. Sie hatte ihn verlassen, um in zweiter Ehe den Prinzen Salm zu heiraten.«

Oetker konzentrierte sich völlig auf die Arbeit. Dabei brauchte er sich in den Jahren des Wiederaufbaus um den Nahrungsmittelbetrieb wenig zu kümmern. An der Spitze des Betriebs arbeitete inzwischen Generaldirektor Delius, der schon unter Oetkers Stiefvater Kaselowsky tätig gewesen war. Er erledigte das Alltagsgeschäft. Oetker kümmerte sich um die Strategie und Expansion. 1954 entschloss er sich, die Nahrungsmittelfabrikation in Bielefeld von Grund auf erneuern zu lassen. Der Maschinenpark war überaltert und abgenutzt, die Produktion trug in vielen Bereichen noch handwerkliche Züge. Die Verpackungen für Puddingpulver, Backpulver, Vanillin-Zucker, Torteguss und andere Erzeugnisse waren bis dahin lediglich grafisch gestaltet worden. Künftig sollten sie farbige Bilder zeigen können. Außerdem entwarfen Oetkers Ingenieure gemeinsam mit Maschinenbaufirmen neuartige Hochleistungsmaschinen für das Mischen und Abfüllen des Pulvers. In Bielefeld-Brackwede ließ der Konzernherr schließlich ein neues Fabrikgebäude bauen.

Finanziert wurden solche Investitionen vor allem durch die enormen Gewinne, die im ersten Nachkriegsjahrzehnt möglich waren. Die Firma Oetker profitierte wie auch andere Unternehmen von den hohen Preisen, die Fabrikanten damals durchsetzen konnten. Kredite wurden meist nicht benötigt. Es handelte sich ja noch um einen so genannten Verkäufermarkt, auf dem die Anbieter die Könige waren und nicht die Kunden. Die kauften, was es gab, und zahlten, was verlangt wurde. In dieser komfortablen Lage konnten sich die Unternehmen rasch einen großen, modernen und damit wertvollen Maschinenpark aufbauen. Die Folge war ein hohes Wirtschaftswachstum – aber eben auch eine immense Konzentration von Vermögen in den Händen einiger weniger Unternehmer und Familien.

Erst Mitte der fünfziger Jahre änderte sich die Wirtschaftslage, und die Unternehmen mussten sich an der Nachfrage ausrichten. Die Fresswelle flaute ab, und die Firma Oetker sah sich gezwungen, sich neu zu orientieren, um ihren Umsatz zu steigern oder wenigstens zu halten. Die Erweiterung des Puddingsortiments reichte dafür nicht aus, im Gegenteil, der Umsatz in dieser Sparte ging sogar zurück. In Deutschland machte sich in vielen Haushalten der Trend zu Fertiggerichten bemerkbar, also mussten ganz neue Produkte her. So begann das Unternehmen, Quellstärke herzustellen, und schließlich brachte Dr. Oetker unter dem Namen »Galetta« einen Pudding auf den Markt, der nicht mehr gekocht zu werden brauchte.

In der Oetker-Werbung repräsentierte nun »Frau Renate« den Zeitgeist. »Sie verkörperte ideal den Typ der jungen berufstätigen Frau und diente als Leitbild all denen, die in der gleichen Lage waren: tagsüber tüchtig im Beruf, abends und am Wochenende traditionsbewusste Hausfrau«, schreibt Hans-Gerd Conrad in seiner Dissertation über die Marke Dr. Oetker. In einem Werbetext aus dem Jahr 1955 wird diese »Renate« im Kontrast zur herkömmlichen Hausfrau beschrieben. »Es ist die nette, adrette junge Hausfrau, die immer kurz vor Ladenschluss zum Kaufmann kommt und alles das einkauft, was sie für ihren kleinen Haushalt braucht.« Die schlaue Frau wisse genau, »wie man sich die Arbeit verkürzen und die Freizeit verlängern kann«. Eine Pflicht der »Frau Renate« blieb es allerdings, ihre Familie zu bekochen und zu verwöhnen. »Jeden Sonntag einen Kuchen – selbst gebacken mit Backin«, so lautete die Vorgabe in einer Anzeige dieser Zeit. Doch diese Mühe sollte nicht umsonst sein. »Zufriedene Mienen danken es Ihnen!«, versprach ein populärer Oetker-Reim.

Wenn die von Bielefeld ausgesandten Vorführtrupps durchs Land fuhren, um die Frauen im Kochen zu schulen, gab es für die Kinder ein Kasperletheater. Für kleine Mädchen brachte das Unternehmen ein »Oetker-Kochbuch für die Puppenstube« heraus. Oetker ließ jetzt auch Werbefilme produzieren, um sie in Kinos, Schulen und bei Kursen für angehende Hausfrauen vorzuführen. »Macht es, wie Renate tut – Macht es mit Dr. Oetker gut!«, lautete die Empfehlung aus Bielefeld. In der Vorweihnachtszeit 1956 lief schließlich der erste Oetker-Spot im Bayerischen Fernsehen.

Anfang der sechziger Jahre kreierte das Oetker-Labor einen neuen Grundstoff für Pudding, bald darauf kam »Aranca« auf den Markt. Die Nachspeise enthielt Gelatine, wurde mit Wasser kalt angerührt und schnell fest. Es dauerte allerdings einige Zeit, bis eine größere Zahl von Verbrauchern zu dem neuartigen Produkt griff. Um den Absatz anzukurbeln, heuerten die Oetker-Werber den Showmaster Vico Torriani an, der in TV-Spots fortan »Wünsch-Dir-Puddings« präsentierte.

16. »Sein Schiff niemals nur an einen Anker hängen«
Rudolf-August Oetker wird Reeder

Mit dem Zweiten Weltkrieg hatte Deutschland seine komplette Flotte an Handelsschiffen verloren. Von den Schiffen, die die Reedereien bei Kriegsbeginn besessen hatten, war 1945 noch etwa ein Drittel intakt gewesen. Im Potsdamer Abkommen aber waren Handelsschiffe als potenzielle Kriegsmittel klassifiziert worden. Sie hatten daher an die Siegermächte abgeliefert werden müssen und waren in den Besitz Frankreichs, Großbritanniens und der Sowjetunion übergegangen. Die deutschen Werften waren zum großen Teil demontiert worden.

Es schien in dieser Zeit so, als sei die traditionsreiche Hamburg-Südamerikanische Dampfschifffahrts-Gesellschaft am Ende ihrer Geschichte angekommen. Durch den Krieg und seine Folgen hatte die Reederei ein Vermögen von 90 Millionen Reichsmark verloren. Aus eigener Kraft würde sie nicht mehr auf die Beine kommen.

Doch diese Situation war nur auf den ersten Blick aussichtslos, denn sie barg erhebliche Chancen für Investoren. So war es für Rudolf-August Oetker nach dem Krieg ein Leichtes, zu seinem ererbten Besitz an der Reederei weitere Aktien der Hamburg Süd zusammenzukaufen. Vermutlich hatten er und sein Stiefvater Kaselowsky schon während des Kriegs den Plan verfolgt, ihren Einfluss bei der Reederei auszuweiten. Dies legt jedenfalls ein Satz aus der 1941 erschienenen Firmenchronik nahe, in der über ein kleines Motorschiff berichtet wurde, das das Hamburger Oetker-Zweigwerk angeschafft hatte: »So hat sich zu den mannigfachen Beförderungsmitteln der Firma Dr. August Oetker ein weiteres gesellt, das vielleicht einmal als ›Vorläufer einer achtunggebietenden Hochseeflotte‹ bezeichnet wird. Wer mag das alles wissen!«

Es gelang Rudolf-August Oetker nach dem Krieg aber zunächst nicht, die Mehrheit des Kapitals an der Hamburg Süd in seine Hände zu bekommen. Sein Anteil stieg bis auf 49 Prozent. Ein ähnlich großes Aktienpaket lag im Besitz der Hamburger Vereinsbank. Die beiden Großaktionäre verbündeten sich. Im März 1951 ließen Oetker und die Vereinsbank die Reederei in eine Kommanditgesellschaft umwandeln. Damit wurde aus der Hamburg Süd eine Personengesellschaft, für die die altgedienten Vorstandsherren John Eggert und Herbert Amsinck fortan persönlich hafteten. Überdies konnten die Gesellschafter ihre Anteile anders als bei einer Aktiengesellschaft nur mit Zustimmung der anderen Miteigentümer verkaufen. Eine feindliche Übernahme konnte es also nicht geben.

Wer sein Geld in den Jahren 1950 bis 1954 in Schiffe investierte, profitierte von enormen Steuervergünstigungen. In das Einkommensteuergesetz war der Paragraf 7d eingeführt worden, dem zufolge jeder Steuerzahler, der einer deutschen Reederei ein Darlehen zum Bau oder Erwerb von Handelsschiffen gab, die Kreditsumme auf einen Schlag von der Steuer absetzen konnte. Auf diese Weise konnten Großverdiener ihre Gewinne komfortabel in Schiffsanlagen unterbringen, ohne dass das Finanzamt einen Pfennig davon abbekam. Zwar mussten die Rückflüsse aus diesen Darlehen bei der Tilgung in späteren Jahren als Einnahmen versteuert werden, aber das nahm dem Steuersparmodell wenig von seinem Reiz.

Eine Zeit lang verwöhnte der Fiskus die Schiffsinvestoren sogar noch stärker. Die Steuergesetze boten Anlegern die Möglichkeit, die Schiffsgelder nicht als Darlehen zu geben, sondern in Form eines so genannten verlorenen Zuschusses. Das Geld wurde von den Reedereien nicht zurückgezahlt und musste daher auch von seinem ursprünglichen Besitzer nicht versteuert werden. Eine solche Konstruktion machte natürlich nur für die ausgesprochen exklusive Gruppe von Steuerzahlern Sinn, die Reedereien besaßen. Denn für sie war der Zuschuss trotz seines Namens nicht verloren.

Die Gesetze schienen geradezu zugeschnitten auf einen Mann wie Rudolf-August Oetker. Sie erlaubten ihm, die hohen Gewinne aus der Herstellung von Nahrungsmitteln ungeteilt für sich zu behalten, indem er sie in Handelsschiffe anlegte. Da es seine eigenen Schiffe waren, konnte er auf diese Weise ein beachtliches Vermögen auf Kosten anderer Steuerzahler bilden. In der Rolle als Reeder profitierte Oetker dann ein zweites Mal von staatlichen Subventionen.

Schon im Januar 1950 bestellte die Hamburg Süd auf Oetkers Betreiben erstmals Frachtschiffe. Den Auftrag zum Bau von vier Motorschiffen erhielten damals die Howaldtswerke in Hamburg. Das erste Schiff war nach 15 Monaten fertig gestellt und erhielt den Namen der Ehefrau Amsincks: »Santa Ursula«. Die Jungfernfahrt führte das Schiff von Hamburg über die Kanarischen Inseln nach dem La Plata. In Buenos Aires lud der Bürgermeister den Kapitän und Amsinck zu einem Festessen ein.

Die »Santa Ursula« war ein kleines Frachtschiff, gerade so groß und schnell, wie es den deutschen Reedereien im Petersberger Abkommen von 1949 erlaubt worden war. In zwölf Doppelkabinen fanden überdies 24 Passagiere Platz. Die Kabinen und Gesellschaftsräume hatten Stil. Das Schiff mit seiner Einrichtung hatte Cäsar Pinnau entworfen, ein außergewöhnlich talentierter Architekt, der schon beim Bau von Hitlers neuer Reichskanzlei in Berlin mit Hand angelegt hatte. Oetker war mit Pinnaus Arbeit hoch zufrieden. Der Architekt sollte auch bei allen weiteren Neubauten die Gestaltung übernehmen. Anfang 1952 hatte die Hamburg Süd vier Schiffe der so genannten Santa-Klasse in Betrieb, zu denen bald darauf zwei weitere kommen sollten.

Rudolf-August Oetker verfolgte mit der Reederei große Pläne. Im Aufsichtsrat des Unternehmens drängte der junge Großaktionär darauf, so schnell wie möglich wieder eine große Flotte aufzubauen. Die Herren von der Vereinsbank waren skeptisch. Sie sahen wenig Chancen, in den kommenden Jahren größere Frachtaufträge für die Strecke zwischen Hamburg und Südamerika zu bekommen, und fürchteten, die Schiffe würden nicht ausgelastet sein. Oetker reiste selbst nach Südamerika und erkundete bei Kaufleuten und Exportfirmen die Geschäftschancen einer deutschen Reederei. Seine private Marktforschung machte ihn noch optimistischer.

Zurück in Hamburg gelang es Oetker dennoch nicht, die Banker im Aufsichtsrat zu großen Investitionen zu bewegen. »Schiffe bauen, besonders Tanker, das war die Chance«, erinnerte er sich Jahre später an die damaligen Diskussionen. »Aber das war den Herren nicht beizubringen.« Vielleicht hing die Zurückhaltung der Bankdirektoren auch damit zusammen, dass sie sich nicht von ihrem ehemaligen Lehrling die Welt erklären lassen wollten.

Als der Großaktionär Oetker merkte, dass er mit seinen Vorstellungen bei der Hamburg Süd nicht durchdrang, gründete er seine eigene Reederei. Die Rudolf A. Oetker KG, kurz RAO genannt, wurde im November 1952 ins Handelsregister eingetragen. Diese Reederei operierte auf dem Gebiet der so genannten Trampschifffahrt, bei der Schiffe nicht nach Fahrplan verkehren, sondern nach Bedarf. Kühlschiffe transportierten Bananen, Fleisch und Fisch. In Tankern kam Melasse oder Rohöl.

Oetker wurde zum Reeder aus Leidenschaft. Diese Welt gefiel ihm, er ging auch häufiger auf einem seiner Schiffe mit auf große Fahrt. Als er in den fünfziger Jahren auf der »Ravensberg« unterwegs nach Südamerika war, setzte der Kapitän in der Nähe von Las Palmas eine Seenotübung an. Auf den ausdrücklichen Wunsch des Reeders, der so etwas noch nie erlebt hatte, wurde wie im Ernstfall sogar ein Rettungsboot zu Wasser gelassen. An Bord waren Oetker selbst und einige seiner Mitarbeiter aus Bielefeld.

Bei dieser Übung musste der Unternehmer allerdings die unangenehme Erfahrung machen, wie schnell so ein kleines Boot abtreiben kann. So sehr sich die Ausgesetzten auch in die Riemen legten, der Abstand zur »Ravensberg« wurde größer und größer. Niemand hatte außerdem bedacht, wie schnell es in diesen Breiten dunkel wurde. So kam es, dass die Besatzung der »Ravensberg« mit Scheinwerfern nach dem Schiffseigner suchen musste. Als sie ihn gefunden hatten, war das Abenteuer noch nicht zu Ende. Eine weitere halbe Stunde saßen Oetker und seine Leidensgenossen in dem schaukelnden Rettungsboot, bis es ihnen gelang, das Boot mit Hilfe einer Welle in die Aufhangvorrichtung zu bugsieren und sich an Bord hieven zu lassen.

Oetkers Begeisterung für die Seefahrt tat das keinen Abbruch. Er ließ sich keinen Stapellauf entgehen. Trotzdem war der Bielefelder Unternehmer in der Hamburger Gesellschaft anfangs ein Außenseiter und wurde bespöttelt. Ein Konkurrent witzelte, Oetker würde seine Schiffe am besten mit Backpulver taufen. In diesem Umfeld hatte er es nicht leicht, denn Oetker war überdies ein Mann, der sich mit Fremdsprachen schwer tat und manchmal auch mit der deutschen Grammatik. »Auf dem gesellschaftlichen Parkett Hamburgs wirkte Oetker damals noch ziemlich unsicher«, hat Ruth Pinnau beobachtet. »Wegen seiner Sparsamkeit und seines teilweise recht ungehobelten Benehmens eckte er häufig an, und mit der Einhaltung der Lebensmaximen seines Großvaters machte er sich und anderen das Leben schwer.«

Um sich in der Gesellschaft der Hansestadt zu etablieren, legte sich Rudolf-August Oetker 1953 eine überaus repräsentative Immobilie an der Elbe zu: das Anwesen »In de Bost«. Auf diese traditionsreiche und prestigeträchtige Villa, die ein Hamburger Kaufmann 1836 hatte erbauen lassen und die später dem Zeremonienmeister der Kaiser Wilhelm I. und II. gehört hatte, war Oetker durch den Architekten Pinnau aufmerksam gemacht worden. Der Preis von 125 000 Mark war dem Reeder erst zu hoch, aber dann griff er doch zu. Oetker ließ das klassizistische Haus durch Pinnau von Grund auf renovieren. Der Architekt entfernte die tief heruntergezogenen Decken und legte zugemauerte Stuckaturen wieder frei. Bald erstrahlte das vornehme Landhaus auf seiner Anhöhe wieder in der ursprünglichen architektonischen Schönheit. Alle zur Elbe weisenden Fenster waren als Türen herabgezogen und im Obergeschoss zudem mit kleinen Balkonen versehen worden. Ein großer Rasenteppich und alte Bäume umgaben das Haus, an der Westseite lag ein Rosarium.

Im Inneren zog sich die große Halle vom Erdgeschoss bis zum Dach hinauf und die Abendbeleuchtung wurde in der Kuppel mit verdecktem Licht erzeugt. Der Reeder stattete das Anwesen überdies stilgerecht mit antiken Möbeln aus und ließ Bilder von Spitzweg, Waldmüller, Boucher, Renoir und Morland aufhängen. Damit verlieh der aufstrebende Unternehmenserbe aus Bielefeld dem Haus eine Pracht, die es vorher wohl niemals besessen hatte.

Rudolf-August Oetker wurde nach dem Krieg zu einem Kunstsammler, wie es schon seine Eltern und Großeltern gewesen waren. Zu seinen besten Freunden zählte der Bielefelder Kunsthändler und Antiquar Paul Herzogenrath, der der Familie Oetker seit langem verbunden war. Für Rudolf-August wurde er zu einem väterlichen Freund und Mentor. Herzogenrath beriet ihn nicht nur in künstlerischen Fragen, sondern auch bei Personalentscheidungen und in privaten Angelegenheiten. Die ihn kannten, empfanden ihn als einen besonders liebenswürdigen und gebildeten Herrn.

Herzogenrath brachte Oetker auch dazu, zur Erweiterung der familiären Sammlung eine Kunsthistorikerin einzustellen. Und er war es auch, der die Verbindung zu dem Architekten Pinnau hergestellt hatte. Zunächst hatte sich der sparsame Oetker noch dagegen gesträubt, einen freien Architekten zu verpflichten. Wozu gab es im Unternehmen eine Bauabteilung? Aber Herzogenrath hatte ihm klar machen können, dass ein renommierter Baumeister wie Pinnau sowohl dem Image des Konzerns als auch dem Ansehen des Chefs gut bekommen würde.

Wenn an der »Bost« ein Schiff der Hamburg Süd vorbeikam, wurden sowohl auf dem Frachter als auch vor dem Oetker-Anwesen die Fahnen der Reederei gedippt. Nach Stapelläufen neuer Schiffe empfing der Reeder seine Gäste zu großen Festen in der »Bost«. Bald lud Oetker die Hamburger Gesellschaft auch zu einem alljährlichen Derby-Frühstück ein, »wobei sich Oetker in den ersten Jahren noch daran hielt, den obligaten Hummer zu servieren«, wie Ruth Pinnau bemerkte. »Aber bald setzte sich gegen die kulinarische Tradition sein Spargeist durch, und man begnügte sich mit Bratkartoffeln und Spiegelei.«

Mitte der fünfziger Jahre stand im Management der Hamburg Süd der Generationenwechsel an. Der hochbetagte John Eggert und Herbert Amsinck, dessen Großonkel einst zu den Gründern der Reederei gehört hatte, traten ab. Rudolf-August Oetker ließ sich bei dieser Gelegenheit als persönlich haftender Gesellschafter in das Handelsregister eintragen. Gleichzeitig übernahm das Bielefelder Nahrungsmittelunternehmen die Reedereianteile aus dem Besitz der Vereinsbank und zweier weiterer Firmen. Auf diese Weise wurde die Familie Oetker alleinige Besitzerin der traditionsreichen Schifffahrtsgesellschaft.

An die Spitze der Reederei setzte Oetker nun Rolf Kersten, einen jungen Mann, mit dem er schon seine Ausbildung bei der Vereinsbank gemacht hatte. Kersten hatte später Jura studiert und war promoviert worden. Oetker hatte den gut aussehenden Assessor, den Freunde »Rolfi« nannten, in den fünfziger Jahren zufällig in einem Schuhgeschäft am Hamburger Jungfernstieg wieder getroffen und ihn gefragt, ob er nicht bei ihm anfangen wolle.

Kersten hatte nun einen ehrgeizigen Chef. Mit 40 Hochseeschiffen und einer Gesamttonnage von 370 000 Tonnen war Rudolf-August Oetker innerhalb weniger Jahre zum größten deutschen Privatreeder aufgestiegen. Der Unternehmer dirigierte die Flotte von vier verschiedenen Einzelgesellschaften: Neben der Hamburg Süd und der Reederei Rudolf A. Oetker KG waren das die Deutsche Levante-Linie und die Reeder-Union AG Kiel. Keine andere deutsche Reederei hatte in ihrer Flotte ein größeres Schiff aufzuweisen als Rudolf-August Oetker mit seinem 33 000-Tonnen-Tanker, dem er den Namen seiner Großmutter Caroline Oetker gegeben hatte.

Der *Spiegel* kommentierte den Aufstieg des Bielefelder Unternehmers 1957 in einer Titelgeschichte durchaus anerkennend: »Oetker hat das Verschieben von Gewinnen über die Drehscheibe des Schiffbaus mit einer in Westdeutschland sonst unerreichten Virtuosität und Kühnheit praktiziert. Wäre das Geld in den Bilanzen der Nährmittelfabriken stehen geblieben, dann hätte das Finanzamt es größtenteils kassiert. In den Reedereibüchern aber sorgten die ständigen Millionenabschreibungen nach Paragraf 7 dafür, dass buchmäßig nur Verluste entstanden und das Finanzamt mithin keine Gewinnsummen aufspüren konnte, die hätten versteuert werden müssen.« Die Redakteure des Nachrichtenmagazins schätzten, dass die Handelsflotte des Rudolf-August Oetker einem Vermögen von mehr als 400 Millionen Mark entsprach.

In späteren Jahren machte auch Oetker selbst keinen Hehl daraus, dass er seinen Aufstieg zum Großreeder nicht zuletzt dem deutschen Steuerzahler verdankte: »Damals haben wir uns entschlossen, der Hamburg Süd mit Hilfe der staatlichen Finanzierungshilfen einen Neuanfang zu ermöglichen«, schrieb er 1996 rückblickend. »Dieses war eine glückliche Entscheidung.«

Oetkers Schiffe nahmen in den fünfziger Jahren auch den Linienverkehr zwischen den USA und Brasilien wieder auf, den die Hamburg Süd schon zu Beginn des Jahrhunderts betrieben hatte. Die wiederbelebte Verbindung erhielt einen neuen, einprägsameren Namen: Columbus-Line. Überdies transportierten Oetkers Frachtschiffe von der Westküste der USA Holz und Stückgut nach Australien und Neuseeland und ab 1963 auch von der Ostküste aus. Für VW brachten Oetkers Schiffe Autos nach Nordamerika. Die Kühlschiffe der Hamburg Süd waren zu dieser Zeit an dem Namensbestandteil Polar zu erkennen und hießen Polar Brasil oder Polar Uruguay. Sie waren bereits so groß, dass ein Schiff ausreichte, um pro Fahrt den Jahresverbrauch einer mittleren Großstadt an Bananen heranzuschaffen. Eine Klasse sechs moderner Frachtschiffe für den Schnelldienst nach Südamerika war so elegant, dass sie auf ihre Liebhaber wie »weiße Schwäne des Südatlantiks« wirkten.

Das Design all dieser Schiffe stammte von Cäsar Pinnau. Der Architekt vereinte die dünnen Abgasrohre mit den Schiffsmasten und verlieh den Frachtern damit ein ungewöhnlich windschnittiges Aussehen. Oetker gefiel es, einen berühmten Baumeister zu beschäftigen. Dessen Vergangenheit störte ihn nicht im Geringsten. Pinnau, der zehn Jahre älter war als Oetker, hatte sich 1937 in Berlin selbstständig gemacht. Bald darauf war er von Hitlers Baumeister Albert Speer entdeckt und mit Aufträgen versorgt worden. Pinnau hatte für einen Besuch Mussolinis das ehemalige Reichspräsidentenpalais als Gästehaus renoviert und die Inneneinrichtung der neuen japanischen Botschaft besorgt.

Für die von Hitler und Speer geplante Große Straße quer durch Berlin hatte er Entwürfe für Regierungsgebäude, Hotels und Theater gezeichnet. Nach dem Krieg war Pinnau die von ihm angestrebte Lehrtätigkeit an der Hochschule für Bildende Künste in seiner Geburtsstadt Hamburg verwehrt worden und er hatte sich als Architekt niedergelassen.

Bald wurde er zu einem Baumeister für die besseren Stände. Oetker war beileibe nicht allein in seiner Pinnau-Verehrung. Auch Hitler-Biograf Joachim C. Fest sollte sich von dem Architekten in den siebziger Jahren ein Haus entwerfen lassen und ihn später in einem Essay gegen mögliche Anwürfe verteidigen: »Was ihn mit Speer verband, war der Ehrgeiz, groß zu bauen, die Lust am Planen und Projektieren mit nahezu unbeschränkten Mitteln, und man weiß nichts von künstlerischem Ausdruckswillen, wenn man dies bereits für kritikwürdig hält und nicht erst das, angesichts so grenzenloser Möglichkeiten freilich besonders gefährdete Ergebnis.«

Bauherr Oetker achtete genau aufs Geld, und Konflikte blieben nicht aus. Mehr als einmal suchte Pinnau Rat bei Oetkers Vertrautem Herzogenrath, wie er mit dessen »neurotischem Sparzwang« umgehen sollte. Herzogenrath empfahl ihm, Oetker einfach vor die Wahl zu stellen: »Take it or leave it.« Denn Pinnau war ja nicht von Oetker abhängig. Er arbeitete auch für andere Wirtschaftskapitäne, darunter Konrad Henkel, Helmut Horten und Heinrich Bauer. Doch sein wichtigster Auftraggeber neben Rudolf-August Oetker war ein anderer großer Reeder: Aristoteles Onassis. Für den Griechen entwarf Pinnau 1952 die Luxusjacht »Christina«, deren Fotos bald darauf durch die Gazetten gingen, und über die Richard Burton sagte: »Ich glaube nicht, dass es auf Erden irgendeinen Mann oder irgendeine Frau gibt, die sich nicht von dem völlig schamlosen Narzissmus, den dieses Schiff ausstrahlt, verführen lassen.«

Ruth Pinnau war mit ihrem Ehemann Dutzende Male als Urlaubsgast auf dem Schiff von Onassis. Sie lernte den schillernden Reeder ebenso gut kennen wie den Bielefelder Konzernerben. In ihren Lebenserinnerungen arbeitete sie die Parallelen im Leben der beiden Männer

Die Abschreibungsgesetze der frühen Bundesrepublik ermöglichten Rudolf-August Oetker den Aufstieg zum Großreeder. Hier die Cap San Augustin der Reederei Hamburg Süd vor New York City.

heraus. Der Grieche war ein Selfmademan – anders als der zehn Jahre jüngere Oetker, der eine Gruppe von Unternehmen und Beteiligungen geerbt hatte. Doch vieles verband sie: »Beide hatten im Alter zwischen 23 Jahren und 28 Jahren eine tief greifende, ihr eigenes Überleben gefährdende, durch Kriegsereignisse ausgelöste wirtschaftliche und gesellschaftliche Katastrophe durchzumachen, die einen Teil ihrer Familie dahinraffte. Onassis erlebte die Besetzung seiner Heimatstadt Smyrna (Izmir) und die Misshandlung, Tötung und Vertreibung der dort ansässigen Griechen durch die Türken. Und Rudolf-August Oetker litt unter der totalen Kapitulation und dem Zusammenbruch des NS-Regimes sowie dem durch einen Luftangriff 1944 verursachten Tod seiner Mutter, seines Stiefvaters Richard Kaselowsky und seiner beiden Halbschwestern.«

Beide Männer seien in eine Identitätskrise geraten, folgerte Ruth Pinnau. »Für Oetker brach die von seiner Familie und ihm akzeptierte nationalfaschistische Wertewelt zusammen, er wurde von den Siegermächten verhaftet und in ein Lager eingesperrt, wo ihn die Wachmannschaften malträtierten, ihm die Zähne einschlugen und ihn so verprügelten, dass er noch jahrelang danach am Stock gehen musste.« Wie Onassis sei auch Oetker wieder hochgekommen und habe unermüdlich an seinem Aufstieg gearbeitet.

Einmal ergab es sich, dass Ruth Pinnau zwischen den beiden Reedern, die sich nicht miteinander unterhalten konnten, weil Oetker kein Englisch sprach, vermittelte. Nach Pinnaus Beobachtung hatten die Männer, als sie auf dem Höhepunkt ihrer Macht angelangt waren, eine weitere Gemeinsamkeit: »Beide hüteten eisern ihr Prestige und duldeten keine starke Persönlichkeit neben sich, und während sie selber repräsentative Villen, Wohnungen, Chalets und Hotelsuiten an den schönsten Plätzen der Welt besaßen, bezahlten sie ihre Topmanager so mäßig, dass es gerade noch zu einem schlichten Einfamilienhaus reichte.«

17. »Die Leute meinen eben, bei Oetkers gibt es Geld«

Konzernherr Oetker expandiert

Geschäfte, die ihm durch Steuervergünstigungen oder andere Staatshilfen versüßt wurden, machte Rudolf-August Oetker besonders gerne. So kam er ins Filmgeschäft. Auf die Idee brachte ihn sein Zuckerlieferant für die Nahrungsmittelfabriken. Der Hamburger Kaufmann Julius de Crignis schwärmte Oetker davon vor, wie er sein Geld in Filmprojekten anlegte. Dieses Geschäft galt zu dieser Zeit unter Kennern als attraktiv, weil der Staat mit Bürgschaften einen Großteil des Risikos trug. De Crignis lud Oetker ein, sich an seiner Filmfinanzierungs-GmbH (Fifi) zu beteiligen. Oetker überlegte nicht lange und sagte zu. Er verpflichtete sich, Darlehen in Höhe von 2,4 Millionen Mark für Kinofilme bereitzustellen.

Die Fifi produzierte die Filme nicht selbst, sondern gab sie bei Produktionsfirmen in Auftrag. 1950 waren 19 Filme fertig. Doch die Streifen erwiesen sich als ziemliche Flops, manche landeten nach der Uraufführung wieder im Lager und spielten nicht einmal die Kopierkosten ein. Filme wie »Insel ohne Moral«, »Nur eine Nacht« und »Die weiße Sklavin« hatten weder einen künstlerischen Wert noch zogen sie die Leute ins Kino. Nur »Das doppelte Lottchen« von 1950, dessen Drehbuch Erich Kästner selbst geschrieben hatte, traf den Geschmack des Publikums.

Im Juni 1952 blieb dem Geschäftsführer der Fifi nichts anderes übrig, als beim Amtsgericht Hamburg Konkurs anzumelden. Für den Zuckerhändler war die Pleite tragisch, er hatte sein gesamtes Millionenvermögen in das Filmgeschäft gesteckt. Der Mann verließ Hamburg und nahm sich im Ruhrgebiet ein Zimmer für 30 Mark im Monat.

Rudolf-August Oetker musste eine Million Mark abschreiben, was ihn sehr schmerzte, aber er war um eine Erfahrung reicher geworden. Einige Jahre später bedauerte er in einem Interview belustigt, dass er bei seinem Ausflug in die Glitzerbranche nicht einmal eine hübsche Schauspielerin kennen gelernt habe.

In anderen Branchen hatte der Reeder und Fabrikant mehr Fortune. Schon 1949 beteiligte sich Oetker an dem angesehenen Privatbankhaus Hermann Lampe KG. Er erhoffte sich von einer festen und mit Kapital unterlegten Verbindung zu einem Bankhaus vor allem, dass die Einkäufer seines Unternehmens flexibler sein könnten. Wer als Erster ordern konnte, bekam bei der Beschaffung von Rohstoffen wie Kakao häufig den günstigsten Preis. Da war es ein Nachteil, wenn man lange auf die Kreditentscheidung einer Bank warten musste.

Die Lampe-Bank hatte bereits eine 100-jährige Geschichte hinter sich, als Oetker bei ihr einstieg. An ihrer Spitze stand der soignierte Hugo Ratzmann, der auf eine große Karriere als Finanzmann zurückblicken konnte. Im Kreis der Oetker-Getreuen sollte Ratzmann über viele Jahre der Senior sein, die Jüngeren nannten ihn ganz vertraut »Onkel Hugo«. Ratzmann hatte während der wilden zwanziger Jahre in den Diensten der Dresdner Bank gestanden und war in der Weimarer Zeit an der Sanierung etlicher großer Unternehmen beteiligt gewesen. Besonders der Zusammenbruch des Imperiums von Hugo Stinnes hatte ihn nachhaltig beeindruckt. Auch aus diesem Grund sah Ratzmann den Expansionsdrang des jungen Oetker zu Beginn der fünfziger Jahre mit Sorgen. »Denken Sie an Stinnes!«, mahnte er immer wieder.

Während Rudolf-August Oetker ständig neue Chancen entdeckte, wies Ratzmann unablässig auf die Risiken hin. So hielt der Bankier wenig von der Idee, dass Oetker nun auch noch in das Versicherungsgeschäft einsteigen wollte. Auf diesem Feld hatten sie nicht die geringste Erfahrung. Aber Oetker war nicht zu stoppen. Seit längerem ärgerte sich der kostenbewusste Unternehmer über die hohen Versicherungsprämien, die er für seine Schiffe und Fabriken an den Gerling-Konzern zahlen musste. Oetker witterte hohe Profite, und wollte einen

Teil davon abhaben. Naheliegend war für ihn daher eine Beteiligung an einer Versicherung, die im Gegenzug die Oetkerschen Risiken versichern durfte. Doch der Unternehmer musste feststellen, dass diese Branche so etwas wie eine geschlossene Gesellschaft darstellte. Weder über die Börse noch auf anderem Weg kam Oetker an größere Stückzahlen von Versicherungsaktien.

Kurzerhand gründete Oetker im November 1954 seine eigene Versicherung. Er gab ihr den Namen des südamerikanischen Neuweltgeiers Condor. Das Geschäft kam für die Condor Transport- und Rückversicherungs-AG fast automatisch. Immer wenn die Hamburg Süd ein neues Schiff zu versichern hatte oder der Vertrag einer alten Police auslief, kam die Condor zum Zuge. Allerdings übernahm die Oetker-Versicherung das Risiko – wie in der Branche üblich – niemals allein, sondern beteiligte weitere Gesellschaften daran. Im Gegenzug mussten diese Partner dann allerdings der Condor die Möglichkeit einräumen, sich an deren Schiffspolicen zu beteiligen.

Das Geschäft lief so gut an, dass Rudolf-August Oetker bereits ein halbes Jahr später den nächsten großen Schritt tat. Er gründete unter dem Namen Condor eine weitere Gesellschaft für die breite Masse der Versicherungskunden. Dort konnten die deutschen Verbraucher ihre Autos, Wohnungen und die Haftpflicht versichern lassen. Sein Assekuranzimperium rundete Oetker schließlich mit der Condor Lebensversicherungs-AG ab. Auch deren Manager mussten sich nicht anstrengen, um den ersten großen Kunden zu akquirieren, denn Rudolf-August Oetker brachte die Pensionskasse der Nahrungsmittelfabrik ein.

Der rastlose Unternehmer nutzte in den Wirtschaftswunderjahren jede Gelegenheit, sein Firmenimperium auszuweiten. So war der Konzernchef auch sofort hellhörig, als er erfuhr, dass der Lampe-Bank 40 Prozent der Anteile an der Frankfurter Bank für Brauindustrie angeboten worden waren. Diese Bank war an einer Vielzahl namhafter Bierbrauereien beteiligt, unter ihnen Berliner Kindl, Binding und die Dortmunder Ritterbrauerei.

Damals galten Brauereien mit ihrem üblicherweise großen Grundbesitz als ein besonders solides Investment auch für schlechte Zeiten. Doch als Rudolf-August Oetker ins Brauereigeschäft einstieg, benötigte er im Grunde längst keine Rücklagen mehr. Er verabredete sich mit dem Schweizer Geschäftsmann, der die Aktien angeboten hatte, im Brenner's Park-Hotel in Baden-Baden. Die Herren einigten sich darauf, dass Oetker die Hälfte des Aktienpakets übernehmen sollte. Die andere sollte an den Rüstungsfabrikanten Bührle gehen. Wenig später sprang Bührle aber wieder ab, vermutlich, weil er glaubte, dass Oetker ihn bei der Transaktion über den Tisch ziehen wollte. In dieser Situation machte der Bielefelder Konzernerbe alles zu Geld, was sich an kleineren Posten in seinem Aktiendepot befand. Doch erst mit Hilfe von Krediten konnte Oetker den Ankauf schultern. Es sollte allerdings nicht lange dauern, bis Oetker diese Schulden mit dem Gewinn aus seiner Back- und Puddingpulverfabrik wieder getilgt hatte. Überdies gelang es ihm, seinen Besitz an der Braubank auf über 50 Prozent auszubauen.

Bei seinen privaten und geschäftlichen Reisen flog Rudolf-August Oetker äußerst ungern. In Deutschland benutzte er die Bahn oder ein Auto mit Chauffeur. Manchmal steuerte Oetker auch eigenhändig einen VW-Käfer durch die Lande. Wenn er nach Nord- oder Südamerika reiste, nahm er ein Schiff, in aller Regel eines, das ihm selbst gehörte. Trotz seiner Abneigung gegen das Fliegen entschloss sich Oetker 1957, in das wachstumsträchtige Luftfahrtgeschäft einzusteigen. Der Reeder wusste, dass die große Zeit der Passagierschifffahrt abgelaufen war. Auf dem neuen Reisemarkt wollte Oetker vertreten sei. Der Name für die Airline war schnell gefunden. So wurde im November 1954 die Condor Flugdienst GmbH in das Hamburger Handelsregister eingetragen.

Auch in der Lebensmittelbranche nutzte Oetker manche Gelegenheit, sein Reich zu erweitern. Die Schwartauer Werke, die Marmelade, Bonbons und Backdekor herstellten, und die Lübecker Marzipan- und Backmassenfabrik (Lumaba) gehörten wie die Firma Langnese Honig im holsteinischen Bargteheide bereits zur Oetker-Gruppe. Doch 1958 gelang RAO, wie der Konzernchef intern unterzeichnete, ein weiterer spektakulärer Coup. Er kaufte die Söhnlein Rheingold KG. Sie war nach Henkell die zweitgrößte deutsche Sektkellerei, zu der mehrere Weingüter und auch ein gut gehendes Geschäft mit Spirituosen wie Wodka Gorbatschow gehörten.

Oetker kaufte den Karlsruher Suppenhersteller Eto und stieg in Berlin bei der Spirituosen- und Weinhandelsfirma Meyer ein, zu der eine Vielzahl von Feinkostläden gehörte und die den Slogan »Keine Feier ohne Meyer« verwandte. Als Reeder und Nahrungsmittelfabrikant lag es für Oetker nahe, diese beiden Bereiche zu verbinden. Das gelang ihm 1958 mit der Übernahme der Hanseatischen Hochseefischerei GmbH, die zu den Großen ihrer Branche gehörte. 1966 übernahm Oetker die Ültje KG, die Erdnüsse vertrieb.

Von den Absatzerfolgen beflügelt, setzte Rudolf-August Oetker auch im Stammgeschäft auf Expansion. Schon 1951 hatte er zusätzlich zu den Nahrungsmittelfabriken in Bielefeld und Hamburg eine Fabrik in Berlin-Charlottenburg gebaut. Doch neue Trends in der Ernährung zogen weitere Investitionen nach sich. In den USA waren die Herstellung und der Verkauf von Fertigtiefkühlkost schon seit langem verbreitet, in Deutschland kamen solche Produkte erstmalig in den sechziger Jahren in größeren Mengen auf den Markt. Vorreiter waren die internationalen Nahrungsmittelkonzerne Unilever und Nestlé. Oetker hatte schon 1957 eine Tochterfirma für das Tiefkühlgeschäft gegründet, über die Eis, Gemüse, Fleisch und Fisch vertrieben wurden. Die Aktivitäten firmierten zunächst unter dem Namen Frosti, später unter Oetker-Tiefkühlkost.

Im Ausland gründete Oetker mehr als ein Dutzend neuer Betriebe und Vertriebsfirmen. Vor allem Italien zog ihn an. Die Regierung in Rom gewährte Investoren außerordentliche Hilfen, wenn sie ihr Geld im mittleren und südlichen Teil des Landes investierten. Oetker ließ in Carisio, Crespellano, Ferentino und Bari vier Brauereien bauen, jeweils in der Nähe der Autobahnen. Damit sie in die Landschaft passten, verkleidete der Architekt Pinnau die Fassaden mit maisgelben Keramikkacheln, die aus Deutschland importiert werden mussten. Auf den Dächern wurde frei stehend der Schriftzug Prinz Bräu angebracht. Oetker hatte den Plan gefasst, den italienischen Biermarkt mit einer neuen nationalen Marke zu erobern und zu erweitern.

Für Politik hatte Oetker keine Zeit, auch in den Verbänden hielt er sich zurück. Gesellschaftliche Auftritte empfand er als eher unangenehme Verpflichtungen. Beim Jahresempfang des Bundesverbandes der Deutschen Industrie im Kölner Hotel Excelsior, zu dem auch Bundespräsident Theodor Heuss und Bundeskanzler Konrad Adenauer gekommen waren, hielt Oetker es nicht länger als eine halbe Stunde aus. Sein Mann in Bonn war in den Wirtschaftswunderjahren Alexander Elbrächter. Der promovierte Chemiker hatte als Betriebsleiter bei der Oetker-Firma Reese in Hameln gearbeitet. Als Mitglied der Deutschen Partei war Elbrächter in den Bundestag eingezogen und hatte dort in Ausschüssen die Interessen der Lebensmittelindustrie vertreten.

Rudolf-August Oetker zog sich im Lauf der Jahre eine Reihe neuer Manager heran. Als Prokurist und Sekretär arbeitete der sieben Jahre jüngere John Henry De La Trobe für ihn. Der Jurist, der einer aus Frankreich emigrierten Hugenottenfamilie entstammte, war ein Neffe Richard Kaselowskys und Stiefvetter Oetkers. Für Oetker wurde der junge Verwandte zu einem der engsten Vertrauten, der vom Sekretär (»Ich war sein Bleistift«) bis zum Generalbevollmächtigten aufstieg. 1968 setzte Oetker seinen Stiefvetter an die Spitze der Hamburg Süd, nachdem Rolf Kersten die Reederei im Streit verlassen hatte.

In einer seiner bayerischen Brauereien entdeckte Oetker Ende der fünfziger Jahre einen jungen Mann mit vielfältigen Fähigkeiten. Guido Sandler, zwölf Jahre jünger als Oetker, entstammte einer Kulmbacher Brauerfamilie. Er hatte eine Prüfung als Steuerfachgehilfe und eine als Milchkaufmann bestanden. In Innsbruck hatte der Betriebswirt später promoviert und anschließend in Weihenstephan noch ein Diplom als Braumeister erworben, bevor er 1958 als 30-Jähriger bei einer Oetker-Brauerei in Aschaffenburg anfing.

Als dem Inhaber während eines Aufenthalts in Brasilien eine Brauerei zum Kauf angeboten wurde, forderte er telegrafisch einen Experten aus Deutschland an. Sandler reiste nach São Paulo, prüfte die Anlage und riet Oetker mit guten Argumenten von einer Übernahme ab. Oetker war beeindruckt und bot Sandler an, künftig in Bielefeld an seiner Seite zu arbeiten. Sandler ergriff die Chance, auch weil er spürte, dass Oetker ein Unternehmer war, der seinen Mitarbeitern Freiräume ließ. Der Kontrast zwischen den beiden Männern hätte kaum größer sein können. Sandler hatte volles Haar, war Bayer, praktizierender Katholik und von kleiner Statur.

Schon 1966 ernannte Oetker den Manager zu seinem Generalbevollmächtigten. Nach den Jahren des Wachstums und der Zukäufe etablierte er eine neue Spitze seiner Gruppe. Dazu gehörte neben Sandler und De La Trobe der Finanzexperte Rudolf Stelbrink. Den Steuerfachmann Stelbrink hatte Oetker Anfang der fünfziger Jahre in sein Unternehmen geholt. Er war ihm wegen seiner Hartnäckigkeit und Genauigkeit aufgefallen – als Inspektor des Bielefelder Finanzamts hatte Stelbrink Oetkers Bücher überaus gründlich geprüft. Bald darauf hatte Stelbrink die Seiten gewechselt und sich seither mit beträchtlichem Erfolg um Oetkers Finanzen gekümmert.

Die drei Manager dirigierten die zunehmend verschachtelte Oetker-Gruppe, die insgesamt zwar bereits 15000 Menschen beschäftigte, aber im rechtlichen Sinne kein Konzern war, weil sie keine wirtschaftliche Einheit darstellte. In dem Spitzentrio war Sandler der Primus, zumal ihm Oetker die Leitung der Geschäfte der Stammfirma und der Getränkefirmen übertragen hatte. Weil es dem Inhaber so gefiel, musste Sandler auch am Sonntagvormittag ins Büro kommen. Dann besprach Oetker mit seinem Generalbevollmächtigten neue Pläne.

In diesen Jahren hatte der Name Oetker in Deutschland einen großen Klang. Einerseits verbanden damit Millionen Hausfrauen Back- und Puddingpulver, andererseits hinterließ er in der Geschäftswelt tiefen Eindruck. »In den Börsensälen und Kontoren der Bundesrepublik gilt das Bielefelder Haus als eine der einflussreichsten und kapitalkräftigsten Gruppen, die sich nach dem Kriege in der Wirtschaft neu formiert haben«, schrieb der *Spiegel*. Immer wenn der Aktienkurs eines Unternehmens stieg und Gerüchte über eine vermeintliche Übernahme aufkamen, fiel neben den altbekannten Namen

Flick und Quandt immer öfter auch der Name Oetker. Der junge Konzernherr fühlte sich wohl mit diesem Image. »Tja, die Leute meinen eben, bei Oetkers gibt es Geld«, hatte er schon 1957 gesagt.

Nicht ohne Stolz zählte der Konzernherr im Gespräch mit Journalisten einmal auf, was er in den vergangenen Monaten an Offerten auf den Schreibtisch bekommen hatte. Darunter waren der saarländische Rundfunksender Europa I, ein Bergwerk in Indonesien und eine unbewohnte Insel in der Südsee. Dem zweimal geschiedenen Oetker wurde aber von einer alleinstehenden Gräfin mit Palais in Wien auch angetragen, eine Einheirat zu erwägen. Die Dame hatte aber ebenso eine Absage erhalten wie der Erfinder eines Auto-Radars, das angeblich entgegenkommende Fahrzeuge durch Häuserwände orten konnte. Manchmal griff Oetker aber auch freudig zu, wenn ihm etwas angeboten wurde. Eine Drehorgel beispielsweise, die wollte er gerne besitzen.

Auch als er noch eine große Versicherungsgesellschaft kaufen konnte, sagte Oetker nicht nein. Zwar hatte er schon die Condor-Gruppe, doch der fehlte ein schlagkräftiges Vertreterheer. Oetker hatte inzwischen gelernt, dass es viel Zeit brauchen würde, bis die junge Gesellschaft einen Außendienst aufgebaut hatte, der sich mit den Truppen der Konkurrenten messen konnte. In dieser Situation kam es ihm gerade recht, dass die Deutsche Angestellten-Gewerkschaft für ihre Mehrheit an dem Versicherungskonzern Deutscher Ring einen Käufer suchte. Oetker griff zu. 1964 übernahm er 71 Prozent des Aktienkapitals der Deutschen Ring Lebensversicherungs-AG.

Als ein besonders ertragreiches Investment sollte sich Oetkers Einstieg bei der Süßwarenkette Rudolf Hussel AG erweisen, der Oetker 1968 gelang. Unter der Führung des jungen Jörn Kreke baute das Hagener Unternehmen eine Parfümeriekette auf, die dem Unternehmen große Gewinne einbringen sollte: Douglas. Oetker, der rund 15 Prozent der Aktien übernommen hatte, profitierte von dieser Erfolgsstory.

In seinem Expansionsdrang fand Rudolf-August Oetker nicht nur Anerkennung. Schon Ende der fünfziger Jahre kursierte eine Broschüre mit dem Titel: »Das goldene Pulver«. Darin wurden Oetkers Aktivitäten in Rezeptform karikiert: »Man nehme die Gewinne aus den vorgenannten Geschäften und kaufe ...« Dieses »ganz spezielle Wirtschaftswunderkochbuch« zielte mit seiner Kritik im Kern freilich mehr auf die damals geltenden Steuergesetze als auf Oetker.

Differenzierter urteilte der Wirtschaftsjournalist Michael Jungblut in seinem Buch über *Die Reichen und die Superreichen in Deutschland*: »Wer unternehmerische Aktivität, wirtschaftliche Macht und Größe an sich schon bewundert, ohne nach ihrem Sinn und ihren Folgen zu fragen, der kann der Leistung Rudolf-August Oetkers seine Anerkennung nicht versagen. Wer dagegen nach dem volkswirtschaftlichen Sinn und der gesellschaftspolitischen Problematik privater wirtschaftlicher Macht- und Vermögenskonzentration sucht – deren Entstehen dazu noch aus öffentlichen Mitteln tatkräftig gefördert wurde – wird Oetkers Sammlerfleiß anders beurteilen.«

Während Oetker in der Unternehmenswelt ein großes Rad drehte, blieb er auf anderen Feldern kleinlich und geizig. Wie viele erfolgreiche Unternehmer hatte Rudolf-August Oetker ein zwiespältiges Verhältnis zum Geld. Die Fähigkeit zu großen Investitionen paarte sich mit einer peniblen Sparsamkeit im Kleinen. »Ich gebe nicht gerne Geld für etwas aus, das morgen nichts mehr wert ist«, bekannte er einmal. Brannte irgendwo Licht, wo es dunkel sein durfte, knipste Oetker es aus. Seine Schuhe trug er 20 Jahre. Über seine Sparsamkeit kursierten die absonderlichsten Geschichten: zum Beispiel dass er Oberhemden mit verschlissenen Kragen flicken ließ, indem aus einem Stück des Hemdrückens ein neuer Kragen gefertigt wurde, während das herausgeschnittene Stoffstück durch einen Flicken ersetzt wurde. Oetkers Freund Herzogenrath bestätigte der Frau des Architekten Pinnau diese Geschichte. Ruth Pinnau selbst fiel beim Tanzen die altmodische Form von Oetkers Frack auf. »Es war derselbe Anzug, von dem er mir und vielen anderen einige Jahre später sagte, dass er bereits 15 Jahre alt sei und er ihn bis an sein Lebensende tragen wollte.«

Seit den frühen fünfziger Jahren war der Reeder solo. Oetker konnte daher privat viel Zeit mit seinem Freund Herzogenrath und mit den

Pinnaus verbringen. Das Quartett besichtigte Grundstücke, Fabriken und feierte Schiffstaufen. Meist traf man sich in Hamburg, wo Cäsar Pinnau für die Hamburg Süd an der Ost-West-Straße 1960 ein spektakuläres Bürohaus errichtete, das mit seiner Fassade aus grün getöntem Glas hochmodern wirkte. Die großstädtische Leichtigkeit der Pinnaus, die das Leben genossen, ging Oetker jedoch ab. »Der meist verdrießliche und temperamentlose Ostwestfale, dem es schwer fiel, über seinen puritanischen Schatten zu springen, tat uns irgendwie Leid, da er mit so wenig Humor und Lebenslust ausgestattet war«, erinnerte sich Ruth Pinnau. Aber das war nur die eine Seite des Industriellen. »Besonders bei Ansprachen und auf Einweihungsfesten und Stapelläufen konnte er humorige Reden halten. Mit seinem westfälischen Dialekt, falsch gesetzten Endungen und Anekdoten aus dem Alltagsleben gab er sich leutselig und volksnah und lockerte damit das langweilige offizielle Protokoll auf.« Immerhin gönnte er sich einen, wenn auch kleinen Luxus: Oetker rauchte Pfeife und Zigarren und trank gern Schnaps.

Vor allem in Gegenwart Herzogenraths schien sich der Konzernherr wohl zu fühlen, wie Ruth Pinnau berichtete: »Mit ›Herzi‹ zusammen war der damals noch nicht wieder verheiratete Oetker ausgeglichener, zu Scherzen aufgelegt und entfaltete sogar einen gewissen westfälischen Charme.« Herzogenrath scheint für Oetker nach dem Krieg so etwas wie ein dritter Vater geworden zu sein. Als der Bielefelder Kunsthändler Ende 1961 starb, stand Rudolf-August Oetker weinend am Grab.

Anfang der sechziger Jahre traf Rudolf-August Oetker bei einer Einladung in der Hamburger Gesellschaft eine junge dunkelhaarige Frau, die ihm gefiel. Marianne von Malaisé war Mitte 20 und stammte aus München. Von ihren Freundinnen ließ sie sich Maja nennen. Sie hatte Sprachen studiert und arbeitete als Deutschlehrerin am Goethe-Institut in New York. »Sie sah außergewöhnlich gut aus, mit dunklem Haar und blauen Augen in einem großflächig ebenmäßig-rassigen Gesicht, mit einer charaktervollen, Willensstärke ausdrückenden Nase und einem bezaubernden Lächeln«, erinnerte sich Ruth Pinnau.

Die familiäre Herkunft der jungen Frau imponierte dem standes-
bewussten Oetker. Ihre Vorfahren väterlicherseits waren während der
Französischen Revolution nach Bayern geflohen und dort meist könig-
lich bayerische Offiziere gewesen. Ihr Großvater Ferdinand von Miller
hatte von 1844 an die königliche Erzgießerei in München geleitet.
Majas Vater Ferdinand von Malaisé war Diplomingenieur und hatte
für die Lokomotivfabrik Henschel gearbeitet. Ihre Mutter Therese
war eine geborene Münchmeyer und entstammte einer alteingesessenen Hamburger Kaufmannsfamilie. Ihr Onkel, der Bankier Alwin
Münchmeyer, zählte als langjähriger Präsident des Deutschen Indus-
trie- und Handelstages zu den einflussreichsten Männern der deutschen
Wirtschaft. Dessen Tochter Birgit war damals schon verheiratet. Unter
dem Namen ihres Mannes Breuel sollte sie es später noch zu beträchtlichem Einfluss bringen.

Als Rudolf-August Oetker und Maja von Malaisé zusammenkamen,
wurde eine Verbindung in den besten Kreisen geschlossen. Die Münchner *Abendzeitung* schwärmte vom »Flirt der großen Familien«. Zwei
Jahre nach dem ersten Treffen war Hochzeit in Hamburg. Jetzt war
Oetker, der fünffache Vater, bereit, sich erneut zu binden. Am 8. Februar 1963 heiratete der Konzernherr seine Maja im Hamburger Stadtteil Nienstedten. Der Altersunterschied der Brautleute war beträchtlich. Oetker war 46, seine Frau 28.

»Warum hatte sich Oetker für Maja von Malaisé so sehr interessiert?«, fragte sich Ruth Pinnau später in ihren Lebenserinnerungen.
»Ich glaube, das Prestige der Familie seiner neuen Braut war ausschlaggebend, weil ganz nach dem Geschmack des Konzernherrn.«
Oetkers Faible für Aristokraten war ihr auch bei anderen Gelegenheiten aufgefallen. »Nichts bewunderte er so sehr wie den Adel. Ein
großer Name imponierte ihm unendlich. Alles, was aus dieser Ecke
kam, genoss seine ganze Aufmerksamkeit und Referenz.« Dass sein
Großvater, der Kommerzienrat August Oetker, nicht geadelt worden
war, habe Rudolf-August als »bedauerliches Manko« empfunden.

In Bielefeld erwartete Maja Oetker keine leichte Aufgabe als Stiefmutter von fünf Kindern. Immerhin blieb ihr der Vorwurf erspart,

schuld daran zu sein, dass Oetker geschieden war. »Ich musste mich Gott sei Dank nie rechtfertigen«, offenbarte sie 35 Jahre später der Journalistin Dagmar von Taube in einem Interview. »Trotzdem, Stiefmutter sein ist eine tragische Rolle. Auch für die Stiefkinder. Das braucht Zeit und Geduld.«

Maja Oetker war nur sechs Jahre älter als die älteste Tochter ihres Mannes aus erster Ehe. Und so geschah es, dass Rosely Oetker bereits zwei Jahre nach ihrem Vater heiratete. Die junge Frau, die bei ihrer Großmutter in Rendsburg und in Internaten aufgewachsen war, hatte in Innsbruck studiert und unter ihren Kommilitonen den Unternehmenserben Folkart Schweizer kennen gelernt. Die Trauung fand im September 1965 nicht weit von Oetkers Villa »In de Bost« statt. Der Vater sah die Wahl seiner Tochter mit Wohlgefallen, verband doch die Ehe zwei traditionsreiche Industriedynastien miteinander. Die Familie Schweizer besaß in Schwaben eine Lederfabrik. In der Oetker-Firmenzeitschrift hieß es über Folkart Schweizer anerkennend: »Auch er entstammt einer alten Unternehmerfamilie, die seit mehreren Generationen in Murrhardt in Württemberg einen ansehnlichen Industriebetrieb besitzt und leitet.«

Im Hause des Vaters trafen dagegen zwei Welten aufeinander. Rudolf-August Oetker scheint in den sechziger Jahren einige Zeit gebraucht zu haben, um sich in die Rolle des Ehemanns der Maja von Malaisé einzufinden: »Durch die Heirat mit ihr erhöhte sich sein Selbstwertgefühl, obwohl es ihm am Anfang schwer fiel, seinen provinziellen Lebensstil abzulegen und einen dem Stand seiner aparten jungen Frau angemessenen Stil zu pflegen«, beobachtete Ruth Pinnau. »Typisch für seine ›Anpassungsschwierigkeiten‹ war, dass er die von Maja ausgewählten Kleider zurückgehen ließ, weil sie ihm zu teuer waren.«

Bei allem Geiz im Kleinen lebte Rudolf-August Oetker durchaus auf großem Fuß. Neben dem Stammsitz in Bielefeld und der Elbvilla in Hamburg unterhielt er zumindest zeitweilig Nebenwohnsitze auf der Nordseeinsel Juist sowie in London, die von Hausdamen betreut wurden. Schon früh hatte sich Oetker auch in Argentinien eine Hacienda

»Ein Flirt der großen Familien« jubelte die Münchner Abendzeitung *bei der Heirat von Rudolf-August Oetker und Maja von Malaisé.*

zugelegt. In späteren Jahren sollten noch ein Farmhaus in Namibia und ein Sommerhaus in Long Island bei New York dazukommen. In Bielefeld begnügte sich der Konzernherr mit einem ehemaligen Gartenhaus, das im Laufe der Jahre freilich eine Vielzahl von Um- und Anbauten erfuhr.

Als Oetker im Sommer 1969 mit seiner Frau mehrere Monate in Argentinien verbrachte, mutmaßten Beobachter, der Industrielle könnte sich auf Dauer im Ausland niederlassen. Oetker fühlte sich zu dieser Zeit von der Politik im Stich gelassen. Der Großreeder hatte es vor allem in Südamerika schwer. Brasilien und Argentinien versuchten, mit Hilfe von Vorschriften und Schikanen ausländische Frachter aus ihren Häfen zu drängen. Oetker hatte vergeblich gefordert, dass die Bundesregierung Druck machen und die Zusage von Entwicklungshilfe von einem Entgegenkommen der südamerikanischen Regierungen abhängig machen müsse.

Anfang 1969 schickte der Reeder einen Beschwerdebrief nach Bonn, den er gleichzeitig den Ministern Leber, Strauß, Schiller und Eppler zukommen ließ. Der Unternehmer drohte sogar mit Wegzug: »Die Verhaltensweise der Bundesregierung könnte eines Tages die Reeder zwingen, ins Ausland abzuwandern ...« Dass Oetker dann doch blieb, dürfte auch damit zusammenhängen, dass seine Reedereien im selben Jahr immerhin 30 Millionen Mark aus einem Schiffbauprogramm der Bundesregierung kassierten.

In den sechziger Jahren verbrachte Oetker etwa ein Drittel seiner Zeit in Bielefeld, ein Drittel in Hamburg und ein weiteres Drittel auf Reisen. In fast allen seinen Firmen war sein Büro im gleichen Stil mit alten englischen Möbeln ausgestattet worden, damit sich der Konzernherr überall heimisch fühlen konnte. Es war der Stil, den Oetker in den Häusern seiner Eltern und Großeltern kennen gelernt hatte. In Bielefeld arbeitete er in jenem holzgetäfelten Büro, in dem schon der Firmengründer August Oetker gesessen hatte.

Einmal ließ Oetker ein Kamerateam an sich heran. Der konservative Publizist Matthias Walden, ein enger Vertrauter des Verlegers Axel Springer, durfte dem deutschen Fernsehpublikum in 45 Minuten

»Einige Tage im Leben des Rudolf-August Oetker« zeigen. Über die Dreharbeiten mit Oetker berichtete der Reporter: »Dabei fiel immer wieder sein totaler Mangel an Eitelkeit auf. Er unternahm absolut nichts, um zu wirken. Dieser Eindruck erhielt sich während der ganzen Drehzeit: Wir hatten einen ungewöhnlich schlichten Mann vor der Kamera.«

Die Zuschauer sahen Oetker mit seiner schweren Aktentasche, auf dem Tennisplatz und beim Tischdecken zu Hause. Im Interview gab der Pfeifenraucher den treu sorgenden Patriarchen, dessen Firmen damals bereits rund 25 000 Menschen beschäftigten. Er äußerte die Sorge, »dass die Ordnung, in der wir leben, sich verändert«. Wohl auch als Reflex auf die 1968 einsetzende Umwälzung betonte er: »Ich bin ein Freund einer gewissen Ordnung.« Bei anderen Menschen sei ihm angenehm, so Oetker im Film, »dass einer ein zufriedener Mensch ist, dass ein Mensch innerlich und äußerlich bescheiden ist, dass er nicht was anderes sein will, als er ist.«

Seiner Vaterstadt blieb Rudolf-August Oetker immer verbunden. Mit Freude hatte er sich zum Ehrenmajor des Bielefelder Schützenvereins küren lassen. Aber er half auch mit bei der Gründung einer Universität in der ostwestfälischen Stadt. Schon Ende der fünfziger Jahre hatte er sich darangemacht, ein Vermächtnis seiner Großmutter zu erfüllen. Caroline Oetker hatte der Stadt ein Schwimmbad stiften wollen. Ihrem Enkel erschien es allerdings passender, den Bielefeldern eine Kunsthalle zu schenken. Das alte Kunsthaus war im Zweiten Weltkrieg bei demselben Bombenangriff zerstört worden, bei dem Ida und Richard Kaselowsky und zwei ihrer Töchter ums Leben gekommen waren.

Rudolf-August Oetker besprach die Idee zunächst mit dem damaligen Oberbürgermeister Artur Ladebeck. Der Sozialdemokrat war hoch erfreut und hatte auch nichts gegen Oetkers Wunsch einzuwenden, dass die Kunsthalle den Namen Richard Kaselowskys tragen sollte. Oetker gelang es, für den Bau des Museums auf Anregung Herzogenraths und Pinnaus einen weltweit renommierten Architekten zu beauftragen: den US-Amerikaner Philip Johnson, der schon zahlreiche Museen entworfen hatte. Dieser Baumeister hatte bei Gropius studiert und später den Begriff des »Internationalen Stils« geprägt. Oetker lernte den Architekten Anfang der sechziger Jahre bei einer Reise in die USA kennen. Dem deutschen Industriellen imponierte das Seagram Building in New York, das Johnson gemeinsam mit Mies van der Rohe entworfen hatte. »Es war nicht leicht, den viel beschäftigten Mann für ein Projekt in einer Stadt wie Bielefeld zu gewinnen«, sagte er später.

Für die Bielefelder Kunsthalle entwarf Johnson einen monumentalen Betonbau, der mit Sandstein verkleidet war. Ins Auge stach, dass der Architekt das zweite Obergeschoss als massiven Kasten auf das filigran erscheinende Sockelgeschoss gesetzt hatte. Doch das Ergebnis überzeugte viele. Der *Spiegel* urteilte nach der Fertigstellung: »Der sandsteinrote Bunker-Bau steht der Berliner Nationalgalerie Mies van der Rohes zwar an baukünstlerischem Rang nach, übertrifft sie jedoch an Funktionswert.«

Im Herbst 1968 sollte die Kunsthalle eingeweiht werden. Doch ein halbes Jahr davor begann sich der erste Widerstand in der Stadt zu regen. Bielefelds Außerparlamentarische Opposition (APO) protestierte gegen das Vorhaben, die Kunsthalle nach einem Mann zu benennen, der Mitglied im Freundeskreis Himmler gewesen war. In Flugblättern und Leserbriefen wandten sich mehrere Gruppen der politischen Linken gegen die Namensgebung und versorgten die Öffentlichkeit mit Informationen über den wenig bekannten Freundeskreis Himmler.

Die Proteste waren zu massiv, als dass man sie ignorieren konnte. Der Initiative hatten sich auch die kirchliche Jugend, die Sportvereine und die Pfadfinder angeschlossen. Daraufhin überließ Rudolf-August Oetker die Entscheidung den Politikern im Rat. Wie immer sie ausfalle, sein Verhältnis zum Rat werde dadurch nicht getrübt, soll Oetker gesagt haben. Die Stadtparlamentarier aller Fraktionen wollten dem großen Gönner den einmal geäußerten Namenswunsch dennoch erfüllen und beschlossen am 18. September 1968 einstimmig, dass die Kunsthalle »Richard-Kaselowsky-Haus« heißen sollte.

Zur Einweihung der Kunsthalle, die für den 27. September 1968 geplant war, hatten Rudolf-August Oetker und die Stadtoberen 1 200 Gäste eingeladen. Für die Festrede war der damalige Bundesforschungsminister Gerhard Stoltenberg verpflichtet worden. Hans Werner Henze hatte zum Preis von 50 000 Mark den Auftrag angenommen, ein Klavierkonzert zu komponieren, das bei der Eröffnungsfeier uraufgeführt werden sollte.

Doch dann hagelte es Absagen. Der Präses der evangelischen Kirche in Westfalen Ernst Wilm, der im KZ Dachau eingesperrt gewesen war, mochte nicht an einer Feier zu Ehren Kaselowskys teilnehmen. Eine Woche vor dem Fest sagte auch Nordrhein-Westfalens Ministerpräsident Heinz Kühn seine Teilnahme ab. Der Sozialdemokrat war erst spät durch die Proteste aufgeschreckt worden. In einem Brief schrieb Kühn nun, er halte es nicht für richtig, jemanden zu ehren, »der immerhin dabei mitgemacht hat, solche, die verbrecherisch an unserem Volk gewirkt haben, zu unterstützen«. Kühn folgten Stoltenberg und Bundesjustizminister Gustav Heinemann.

Nun verlor auch der Konzernherr die Lust an der Feier. So mussten nun kurzfristig alle Gäste durch den Oberbürgermeister wieder schriftlich ausgeladen werden. Die Diskussion um die Namensgebung habe eine »teilweise unwürdige Form« angenommen, hieß es zur Begründung auf den Karten.

An dem Tag, an dem die Kunsthalle hatte eingeweiht werden sollen, übergab Rudolf-August Oetker dem Bielefelder Oberbürgermeister einen offenen Brief. Darin erläuterte er die Vorgeschichte der Stiftung und seine ursprünglichen Vereinbarungen mit Ladebeck. Die Halle habe dem städtischen Kunstbesitz eine neue Bleibe geben sollen, nachdem das alte Kunsthaus im Zweiten Weltkrieg zerstört worden war. Gleichzeitig habe man der Bielefelder Opfer des Kriegs gedenken wollen, zu denen auch sein Stiefvater gehört habe. Dessen politisches Engagement habe dabei keine Rolle gespielt. Als kurz vor der Einweihung eine Diskussion über Kaselowskys Haltung während der NS-Zeit aufgekommen sei, habe der Stadtrat die Sachlage sorgfältig überprüft. Der Rat der Stadt Bielefeld sei zu dem Ergebnis gekommen, wie Oetker etwas ungelenk formulierte, »dass trotz des politischen Irrtums, den mein Vater begangen hatte, seine Verdienste in Bielefeld schwerer wogen«.

Bemerkenswert ist der folgende Satz Oetkers in dem Schreiben: »Deshalb blieb es bei dem Namen, und auch meine Familie konnte ihren Vorschlag, das Haus nach meinem Vater zu benennen, nicht mehr zurücknehmen.« Der Industrielle brachte indirekt zum Ausdruck, dass er nicht auf der Namensgebung bestanden hätte, wenn der Bielefelder Rat davon hätte abrücken wollen. Viele Zeitgenossen nahmen den Vorgang allerdings so wahr, als habe Oetker der Stadt damals seinen Willen aufgezwungen. Der Komponist Henze schrieb in der *Zeit*, der Ausgang im Namensstreit illustriere »fast klischeehaft den Einfluss der Industrieherrschaft auf die öffentlichen Belange der von ihr abhängigen Massen«.

Während es also bei dem Namen »Kaselowsky-Haus« blieb, verzichtete der Stifter darauf, im Foyer eine Büste seines Stiefvaters aufstellen zu lassen. Nur eine von ihm selbst unterzeichnete Gedenktafel ließ Rudolf-August Oetker anbringen. »Den Opfern des Zweiten Weltkrieges unserer Stadt, unter ihnen mein zweiter Vater Richard Kaselowsky«, stand darauf. Die Tafel stieß aus zwei Gründen auf Kritik. Die einen fanden, Kaselowsky sei in der NS-Zeit Täter und nicht Opfer gewesen. Andere stießen sich daran, dass die Familie Oetker den öffentlichen Raum für ihr privates Andenken nutzte. Immerhin hatten sich die Stadt Bielefeld und der deutsche Fiskus an dem Museumsbau erheblich beteiligt. Oetker konnte seine Spende ja von der Steuer absetzen. Von den Baukosten in Höhe von 12,5 Millionen Mark zahlte er am Ende 4,6 Millionen Mark.

18. »Ich musste retten, was zu retten war«
Arend Oetker saniert das Erbe seiner Mutter

Wenn die Leute über Ursula Oetker und ihre Familie sprachen, fiel schon mal das Wort von den »ärmeren Oetkers«. Meist war damit aber nur gemeint, dass die ältere Schwester Rudolf-August Oetkers ihre Beteiligung an der Nahrungsmittelfabrik aufgegeben hatte und sich auch von ihrem Besitz an den Reedereien getrennt hatte. Denn wirklich arm war auch dieser Teil der Familie niemals.

Seit 1939 lebten die »ärmeren Oetkers« auf dem Rittergut Hornoldendorf bei Detmold, das einst der Familie von Hammerstein gehört hatte. Ernst Oetker bewirtschaftete den riesigen Agrarbetrieb. Das prächtige Herrenhaus des Guts liegt in einem Privatpark, der von einer meterdicken Mauer umgeben ist. In der Mauer steht an einer Stelle eine mächtige tausendjährige Eiche, die von zwei Seiten von den Steinen eingefasst ist. Es gibt einen Bach und einen großen Garten. Ein ungemein idyllischer Ort und zugleich ein idealer Platz für die fünf Kinder, die Ursula Oetker zwischen 1939 und 1949 zur Welt gebracht hatte.

Der älteste Sohn machte den Eltern besonders viel Freude. Arend Oetker, der, noch vor dem Umzug auf das Rittergut, am 30. März 1939 in Bielefeld geboren worden war, war ein aufgewecktes Kind. Er war ein guter Schüler mit vielseitigen Interessen. Sein Deutschlehrer führte ihn in philosophische Gedankengänge ein. Oetker zeigte eine große musische Begabung. Er spielte Klavier, Querflöte und Horn und sang in einem Opernchor mit. Er war bei den Mitschülern beliebt, und sie wählten ihn zum Klassensprecher und zum Schulsprecher seines Gymnasiums. Schon früh hatte Arend Oetker den Wunsch, Unternehmer zu werden, und er hatte beste Voraussetzungen.

Ursula Oetker verfügte über einen ansehnlichen und vielfältigen Industriebesitz. Im Zuge der Vermögensteilung mit ihrem Bruder Rudolf-August Oetker und dem jungen Richard Kaselowsky hatte sie eine ganze Reihe von Unternehmensbeteiligungen übernommen. So kontrollierte sie beispielsweise die traditionsreichen Schwartauer Werke, an denen sich die Familie schon vor dem Krieg beteiligt hatte. Die Firma bei Lübeck, die aus einer chemischen Fabrik hervorgegangen war, hatte später neben Bohnerwachs auch Kunsthonig und Preiselbeerkompott zu produzieren begonnen. Anschließend hatten sich die Schwartauer Werke auf das Geschäft mit Marmelade konzentriert. Schon in den zwanziger Jahren hatten ihre Direktoren von englischen Marmeladeproduzenten Herstellungsverfahren gekauft.

In Bielefeld besaß Ursula Oetker drei Viertel der Aktien der renommierten Kochs Adlernähmaschinen AG und 25 Prozent des Druck- und Verlagshauses E. Gundlach, das von ihrem Halbbruder Richard Kaselowsky geführt wurde, der mit einem Anteil von 75 Prozent auch die Kontrolle über die Firma hatte. Ein Getränkehersteller in Buxtehude, die Altländer Gold GmbH & Co. KG, rundete den Firmenbesitz der »ärmeren Oetkers« ab.

Für Arend Oetker bot sich ein weites Feld unternehmerischer Betätigung. Er entschied sich nach dem Abitur und der Militärzeit, die er als Leutnant der Reserve beendete, zunächst für eine praktische Berufsausbildung. Er wollte Berufserfahrung sammeln, bevor er ein Studium der Betriebswirtschaft begann. Der Industrieerbe fand 1960 Aufnahme bei einem der angesehensten deutschen Finanz- und Handelsunternehmen, der Hamburger Firma Münchmeyer & Co. Die Bewerberzahlen waren dort so hoch, dass die Prokuristen Anfragen von Vätern nach Ausbildungsmöglichkeiten für ihre Söhne üblicherweise mit der Frage quittierten: »Ist er denn schon geboren?«

Für einen Oetker war es natürlich leichter. Das Unternehmen wurde von Alwin Münchmeyer geleitet, einem der einflussreichsten Wirtschaftsmännern der deutschen Nachkriegsgeschichte. Münchmeyer war erst Präsident des Deutschen Industrie- und Handelstages, dann Präsident des Bundesverbandes deutscher Banken. Bei Münchmeyer lernte

Arend Oetker Grundkenntnisse des Bankenwesens und des Außenhandels. Auch hier wählten ihn die anderen Auszubildenden zu ihrem Sprecher. Bereits während der Lehrzeit meldete er sich bei der Handelskammer zur Prüfung an, die der Kaufmannsgehilfe im Außenhandel mit »sehr gut« bestand.

An der Universität in Hamburg schrieb er sich im Fach Betriebswirtschaftslehre ein. Nach zwei Semestern wechselte Arend Oetker an die Freie Universität Berlin, wo er ebenfalls ein Jahr blieb. Dann zog er nach Köln um, dessen Universität eine besonders angesehene wirtschaftswissenschaftliche Fakultät hatte. Dort wollte er sein Studium abschließen und – wenn möglich – zum Doktor Oetker werden.

Anders als viele andere Sprösslinge reicher Familien war Oetker niemals in Gefahr, ein Müßiggänger zu werden. Die Semesterferien nutzte der Student für Praktika, Studienreisen und Kurse. Er durfte beim Krupp-Lenker Berthold Beitz hospitieren und konnte es sich erlauben, über Monate durch die USA zu reisen. An der Eliteuniversität in Harvard belegte er einen Marketingkurs.

Sein Interessenfeld ging weit über die Wirtschaft hinaus. Arend Oetker war ein politischer Kopf. Am Otto-Suhr-Institut in Berlin hatte er sich mit der Politischen Wissenschaft beschäftigt, in Hamburg begeisterte er sich für den Philosophen und Physiker Carl Friedrich von Weizsäcker, in Köln belegte er neben den Fächern der Betriebswirtschaft auch Sozialpolitik.

Sein Studium beendete Oetker 1966 als Diplomkaufmann mit »gut«. Er bewarb sich bei Erich Gutenberg, einer Koryphäe seines Fachs, als Doktorand. Als Thema seiner Dissertation wählte er eine Fragestellung aus dem Bereich der Familienunternehmen, wie er es zuvor schon bei seiner Diplomarbeit gemacht hatte. »Es gilt die Frage zu beantworten, ob es den nicht emissionsfähigen Unternehmen, die in der Regel Familienbetriebe sind, möglich ist, in einer Wirtschaft ihre Existenz zu sichern, die durch die Vorgabe immer schwieriger Finanzierungsmöglichkeiten gekennzeichnet ist?« Oetker machte sich also daran, zu untersuchen, ob den Familienunternehmen das Geld ausgehen würde.

Bei der Sammlung von Fallbeispielen machte der Doktorand dieselbe Erfahrung, die Journalisten und andere Interessierte häufig mit den Oetker-Firmen hatten: Er stieß nicht selten auf verschlossene Türen. »Sind die Eigentümer von nicht emissionsfähigen Unternehmen in Deutschland selten bereit, überhaupt Auskünfte über ihre Unternehmungen zu geben, so haben sie erst recht Argwohn, sich über die finanzielle Sphäre ihrer Betriebe zu unterhalten«, schrieb er. Jetzt vollzog Oetker theoretisch nach, was in seiner eigenen Familie immer gegolten hatte, nämlich »dass diese Unternehmer ihre Betriebe als Privatangelegenheit betrachten und eine Publizität als Verletzung eben dieser privaten Lebenssphäre«.

Arend Oetker konnte allerdings auf den guten Klang seines Namens in Kreisen der Familienunternehmen zählen. Zahlreiche Eigentümer empfingen ihn schließlich doch zum Gespräch über Generationenübergang und Gewinnausschüttung, diskutierten mit dem Endzwanziger über Familienrat, Erbhofprinzip und Testamentsvollstreckung. Oetker gewann neue Einblicke und kam zu dem Schluss, dass die deutschen Familienunternehmen in ihrer Stärke meist unterschätzt würden. Aber es gab eine Ausnahme von der Regel: »Nur in wenigen Fällen bei Identität von Familien, Firmen und Markennamen wird die Bedeutung überschätzt.« Unternehmen, die wegen ihrer Produkte so bekannt sind wie die Firma Oetker, standen und stehen bei vielen Menschen in einem übertriebenen Ruf der Größe und Bedeutung.

Arend Oetker pries in seiner Arbeit die Familienunternehmen. Sie hätten für die dort »arbeitenden Menschen einen hohen sozialen Wert«, behauptete der Unternehmerbe, allerdings ohne es zu belegen. »Arbeiter und Angestellte bekommen nicht nur Lohn, sondern sie fühlen sich durch ein persönliches Verhältnis zu ihrem Chef, dessen Familie und durch eine stärkere Identifizierung mit ›ihrem‹ Betrieb weiter in die Gesellschaft integriert.« Dieser Satz aus dem Jahr 1967 zeigt die konservative Grundhaltung des Unternehmerserben. Denn Arend Oetker vertrat ja offenbar die Ansicht, die »Integration« von Arbeitern und Angestellten »in die Gesellschaft« lasse noch zu wünschen übrig – sie stünden also noch außerhalb oder am Rande. Zugleich wies er aber Forderungen zurück, wonach die Familienunternehmer in der Pflicht stünden, für ihre Belegschaft mehr zu tun, als in Tarifverträgen vereinbart wurde. »Die Zeit hoher betrieblicher, freiwilliger Sozialleistungen ist allerdings vorbei.«

In seiner Arbeit charakterisierte er mehrere Typen von Familienunternehmern, die es auch im Oetker-Clan gegeben hatte. Mit seiner Beschreibung des Eigentümerunternehmers charakterisierte er einen Typus, dem sein Onkel Rudolf-August weitgehend entsprach: »Oberstes Ziel der Eigentümer ist es, bei angemessener Rentabilität ihr Unternehmen langfristig zu sichern. Sie haben den Wunsch, dass eines Tages ihre Kinder bzw. ihre Söhne das Unternehmen nach ihrem Tode fortführen.« Arend Oetkers Charakterisierung des angestellten Unternehmers wiederum liest sich so, als habe sein Stiefgroßvater Richard Kaselowsky Pate gestanden, dem ja nur ein kleiner Teil der Firma gehört hatte. Diesem Typus gehe es weniger um den reinen Erhalt des Unternehmens, schrieb Arend Oetker: »Die Größe des Unternehmens, der Umsatzzuwachs, erhöhen die Wichtigkeit seiner Position und damit auch sein Sozialprestige, während für den Eigentümer seine Unabhängigkeit einen größeren Wert besitzt.«

Am Beispiel der Firma Krupp erläuterte Oetker einen typischen Fehler von Familienunternehmen: ihre Trägheit. »Die Leitung des Unternehmens hatte zu selten den unternehmerischen Mut, sich von einem traditionellen Betriebszweig zu lösen, der langfristig unrentabel war, und versuchte demgegenüber zu selten, in neue rentable Produktionsgebiete vorzustoßen.« Auf diese Weise war der Stahlkonzern im Frühjahr 1967 in eine existenzbedrohende Krise geraten.

Bei den Oetker-Beteiligungen sah es zu dieser Zeit allerdings auch nicht viel besser aus. Ursula und Ernst Oetker hatten sich zu wenig um ihren industriellen Besitz gekümmert. Die Schwartauer Werke, Kochs Adlernähmaschinen und die Saftfabrik Altländer Gold waren am Ende der Wirtschaftswunderjahre nur noch Schatten ihrer selbst. Alle drei Unternehmen wirtschafteten schlecht.

Die Lage spitzte sich so zu, dass Arend Oetker seinen Lebensplan ändern musste. Nach dem Studium und der Dissertation hatte er zunächst für einige Jahre ins Ausland gehen wollen, bevor er sich um die Verwaltung des Familienvermögens kümmerte. Aber nun sah es so aus, als könnte es bald nichts mehr zu verwalten geben. »Ich musste retten, was zu retten war« – mit diesen Worten beschrieb er seine Situation später in der *Wirtschaftswoche*.

Mit 28 Jahren machte sich Arend Oetker daran, den Beteiligungsbesitz der Familie zu sanieren. Die Bestandsaufnahme ergab, dass die Schwartauer Werke zwar keinen Gewinn abwarfen, aber immerhin ihre Kosten erwirtschafteten. Dagegen stand die Kochs Adler AG, wie sich die Firma nun nannte, kurz vor der Pleite. Sie produzierte neben Haushaltsnähmaschinen auch Schreibmaschinen, vermochte aber auf beiden Gebieten nicht, der japanischen Konkurrenz standzuhalten. Am schlechtesten stand es um Altländer Gold, in Oetkers Worten war die Firma tatsächlich ein »Saftladen«. Doch dem Jungunternehmer gelang es, einen Käufer zu finden und den Verlust für die Familie auf zwei Millionen Mark zu begrenzen.

Aus dem Aufsichtsrat heraus dirigierte Arend Oetker die Kochs Adler AG auf einen neuen Kurs. Das Unternehmen konzentrierte sich unter seiner Ägide auf die Produktion von Spezialnähmaschinen für die Industrie, bei der es im Wettbewerb eine starke Position hatte. Die Fertigung wurde völlig erneuert. Das angestammte Firmengrundstück in der Bielefelder Innenstadt wurde geräumt und eine moderne Fabrik entstand vor den Toren der Stadt.

Auch für die Schwartauer Werke entwarf Arend Oetker eine neue Strategie. Sie bestand darin, sich auf solche Märkte zu konzentrieren, die den großen Lebensmittelkonzernen zu klein waren. Auf diesen Feldern wollte Arend Oetker die Marktführerschaft erobern, mindestens aber den zweiten Platz unter den Anbietern. Wo das nicht gelang, wollte er aussteigen. Tatsächlich gaben die Schwartauer Werke die Bonbonproduktion auf, als sie das von Oetker gesetzte Klassenziel nicht erreichten. Dagegen gelang es dem Unternehmen, sich sowohl bei Marmelade als auch bei Back- und Dekorartikeln auf dem Spitzenplatz zu behaupten. Bei zuckerfreiem Kaugummi (»Vademecum«) und Nussnougat reichte der Marktanteil für den zweiten Rang.

Bei der Personalauswahl bewies Oetker eine gute Nase. Als er bei den Schwartauer Werken das Ruder übernommen hatte, hatte er zwei Vertraute in das Unternehmen geholt. Einer war Werner Holm, den Oetker beim Studium in Köln kennen gelernt hatte. Hinzu kam von McKinsey Lutz Peters. Arend Oetker sorgte dafür, dass sich die beiden Manager mit ihrer Aufgabe identifizierten, indem er sie mit jeweils fünf Prozent an der Firma beteiligte. Die Konstruktion bewährte sich außerordentlich. Binnen 20 Jahren sollte sich der Umsatz der Schwartauer Werke auf 600 Millionen Mark verzehnfachen.

Diese Steigerung geschah auch durch Zukäufe. Unter Oetkers Ägide kauften die Schwartauer Werke eine Reihe kleiner Nahrungsmittelfirmen wie etwa die auf Pflaumenmus und Nussnougatcremes spezialisierten Winsenia Nahrungsmittelwerke in Winsen an der Luhe. Keinen Erfolg hatte Oetker dagegen mit seinem Versuch, sich mit seinen Schwartauer Werken auf dem Tierfuttermarkt zu etablieren. Nach Tests wurde »Fido« Anfang der achtziger Jahre wieder aus dem Markt genommen.

Während Manager die Alltagsarbeit machten, entwarf Arend Oetker die Strategie und zog die Fäden im Hintergrund. Er gründete eine Arend Oetker Holding, über die er seine Firmenbeteiligungen kontrollierte. Sein Büro unterhielt er in seiner Studienstadt Köln. Zwar lagen seine wichtigsten Beteiligungen in Schleswig-Holstein und in Bielefeld, aber Oetker hatte weitere Ambitionen, für die der Standort am Rhein besser war. Arend Oetker wurde zum begeisterten Kunstsammler, und Köln war die deutsche Kunststadt. Zudem zog es den Industriellen in die großen mächtigen Wirtschaftsverbände. Schon 1977 rückte er mit 38 Jahren als jüngstes Mitglied in das Präsidium des Bundesverbandes der Deutschen Industrie ein. Im Stifterverband für die Deutsche Wissenschaft vertrat er den Vorsitzenden.

In Köln lebte auch Arend Oetkers Familie. Der Industrieerbe hatte standesbewusst geheiratet, als er Ende der sechziger Jahre Claudia Wolff von Amerongen zur Frau nahm. Sie war die jüngste der drei Töchter des Kölner Stahlindustriellen Otto Wolff von Amerongen, einem der einflussreichsten deutschen Unternehmer der Nachkriegszeit. Den mächtigen und tüchtigen Schwiegervater sah Oetker mit Bewunderung. Wolff von Amerongen hatte 1940 mit nur 22 Jahren im Unternehmen seines kurz zuvor verstorbenen Vaters angefangen. Seit er in den fünfziger Jahren einen Handelsvertrag mit der Sowjetunion vorbereitet hatte und einen weiteren mit China, galt er als der große Diplomat der deutschen Wirtschaft. Als Präsident des Deutschen Industrie- und Handelstages, zu dem er 1969 gewählt wurde, gefiel sich Wolff in der Rolle des jovialen Grandseigneurs der deutschen Wirtschaft.

Bei den Schwartauer Werken konnte Arend Oetker bald schalten, wie er wollte. Manches spricht dafür, dass der junge Unternehmer schon in den siebziger Jahren dafür gesorgt hat, dass neben ihm keine weiteren Familienmitglieder Beteiligungen an der Konfitürefirma behielten. Die vier jüngeren Geschwister müssten demnach ausbezahlt oder mit anderem Vermögen abgefunden worden sein. Bekannt wurde lediglich, dass Arends Mutter Ursula Oetker Ende der siebziger Jahre ihren 25-Prozent-Anteil an der Druckerei E. Gundlach an Richard Kaselowsky verkaufte, der zu diesem Zeitpunkt schon fast 30 Jahre an der Spitze des Unternehmens stand. Sie versetzte ihren jüngeren Halbbruder damit in die Lage, das Unternehmen später komplett an seine Tochter und deren Ehemann übertragen zu können, ohne dass diese sich weiter mit den Oetkers abstimmen mussten. Es ist denkbar, dass der Erlös aus dieser Transaktion Arends Geschwistern zufloss.

Auf Arend Oetker, der sich als Sanierer bei mittelständischen Firmen bewiesen hatte, kam unerwartet eine neue und ungleich größere Aufgabe zu. Mitte der achtziger Jahre begann das Imperium seines umtriebigen Schwiegervaters zu bröckeln. Eine Ursache der Schwierigkeiten, in die die Kölner Stahlgruppe geriet, war der unüberlegte Kauf eines Stahlwerkes in Texas einige Jahre zuvor. In diesem US-Bundesstaat besaß Otto Wolff von Amerongen eine große Ranch. Nachdem er das Werk 1980 übernommen hatte, war die Stahlkonjunktur eingebrochen.

Außerdem hatten sich zwei riesige Bohranlagen, die der Otto-Wolff-Konzern nach Brasilien und Südafrika lieferte, als Zuschussgeschäft entpuppt und in der Unternehmenskasse für ein Minus von 50 Millionen Mark gesorgt. Es kam einfach alles zusammen. Horrende Verluste liefen auch bei einer Tochterfirma namens PHB-Weserhütte auf, die Maschinen und Anlagen wie Rolltreppen und Laderampen baute.

Ein Sanierer musste her. Ruhrgas-Chef Klaus Liesen und Preussag-Lenker Günter Saßmannshausen, die Wolff für diese Aufgabe gewinnen wollte, sagten ab. Schließlich übernahm Arend Oetker die undankbare, aber auch reizvolle Aufgabe, die Karre wieder aus dem Dreck zu ziehen. Im Juli 1986 wurde er Vorstandschef eines Konzerns, der mehr als 16 000 Mitarbeiter beschäftigte. Hauptaktionär Wolff von Amerongen, damals 67 Jahre alt, wechselte zum selben Zeitpunkt auf den Posten des Aufsichtsratsvorsitzenden. Seinen Nachfolger an der Vorstandsspitze präsentierte der Firmensenior der Öffentlichkeit mit den Worten: »Wir haben uns für ihn entschieden, obwohl er mein Schwiegersohn ist.«

Oetker selbst war nicht ganz unbeteiligt an den Problemen des Stahlkonzerns. Ohne ihn hätte Wolff die verlustreiche PHB-Weserhütte gar nicht mehr gehabt. Die Manager des Hoesch-Konzerns hatten in den frühen achtziger Jahren die PHB-Weserhütte mit ihrer Tochterfirma Orenstein & Koppel fusionieren wollen. Sie waren bei PHB-Weserhütte eingestiegen und hatten ihren Anteil ausgebaut, bis sich Otto Wolff und Hoesch mit etwa gleich großen Anteilen gegenübergestanden hatten. Dann aber hatte Arend Oetker die wenigen freien Aktionäre des Unternehmens aufgespürt und ihre Papiere gekauft. So hatte er seinem Schwiegervater zur Mehrheit bei der PHB-Weserhütte verholfen. Daraufhin hatte sich der Hoesch-Konzern zurückgezogen. Oetker hatte natürlich nicht gewusst, welche Probleme PHB-Weserhütte einmal verursachen würde.

Arend Oetker ging die Sanierungsaufgabe ausgesprochen tatkräftig an. Er beteiligte sich persönlich und kaufte von einem Neffen Otto Wolffs ein großes Aktienpaket an dem Konzern. Damit gelang es ihm, seinen Anteil an der Stahlgruppe bis auf 14 Prozent zu erhöhen. Um den Otto-Wolff-Konzern finanziell zu stabilisieren, mussten der Hauptaktionär und sein Schwiegersohn 50 Millionen Mark frisches Geld hineinschießen. Sie nahmen mehrere Immobilien des Konzerns in ihren Privatbesitz, so auch den Firmensitz in der Zeughausstraße.

Die Mittel für die Immobilien und seinen Firmenanteil nahm Arend Oetker vermutlich aus dem Erlös beim Verkauf der Kochs Adler AG in Bielefeld. 1986 hatte seine Familie ihre Anteile an der sanierten Nähmaschinenfirma zu einem guten Preis an den Kugelfischer-Konzern verkauft. Dem gehörte bereits die Bielefelder Nähmaschinen-fabrik Dürkopp. Somit konnten beide Firmen, die seit ihrer Gründung miteinander konkurriert hatten, zur Dürkopp Adler AG verschmolzen werden.

Im Fall PHB-Weserhütte entschlossen sich Wolff von Amerongen und Oetker 1987 zu einem harten Schnitt. Der Konzern drehte der geldvernichtenden Tochterfirma kurzerhand den Hahn ab. Weitere Verluste werde die Muttergesellschaft nicht ausgleichen, verkündete der Großaktionär zum Ärger der Gläubiger. Das Unternehmen mit 6 500 Beschäftigten ging daraufhin in Konkurs. Ein Ende mit Schrecken. Aber immerhin konnte auf diese Weise die größte Gefahr für den Bestand der gesamten Stahlhandelsgruppe beseitigt werden. Arend Oetker konnte sich nun ganz der Aufgabe widmen, den über Jahr-zehnte gewachsenen und zugleich zugewucherten Gemischtwaren-konzern aufzuräumen, in dem eine Vielzahl verschiedener Produkte produziert wurde: Bleche, Schrauben, Maschinen und auch Sanitärge-räte für Küche und Bad.

Die Anstrengungen trugen Früchte. Arend Oetker gelang es in relativ kurzer Zeit, den Kölner Konzern wieder auf Kurs zu bringen. Der Umsatz schrumpfte von fünf auf drei Milliarden, dafür schrieb das Unternehmen wieder schwarze Zahlen. Zweieinhalb Jahre, nach-dem er sein Amt angetreten hatte, bescheinigte ihm das *manager magazin*: »Der voreilig als industrielles Leichtgewicht und haupt-amtlicher Lobbyist abqualifizierte Oetker entpuppte sich in der Tat als gute Wahl für die Wolff-Spitze.«

Oetker und Wolff von Amerongen waren weitsichtig genug, zu er-kennen, dass die Geschichte des Otto-Wolff-Konzerns in nicht ferner

Zukunft ablaufen würde. Die Entwicklung in der Stahlbranche verlangte größere Unternehmenseinheiten. Die Kölner Gruppe schien den beiden Großaktionären zu klein, als dass sie ihre Eigenständigkeit im Umfeld stärkerer Konkurrenten dauerhaft bewahren könnte. 1990 kam der Paukenschlag. Otto Wolff von Amerongen, Arend Oetker und einige andere Mitglieder der Familie verkauften ihre Anteile an der Unternehmensgruppe an den Stahlriesen Thyssen. Der Kaufpreis lag bei 500 Millionen Mark.

Eines der letzten großen Familienunternehmen hatte aufgehört, zu existieren. »Der Verkauf ist das Eingeständnis des Scheiterns«, kommentierte der *Spiegel*. Tatsächlich war er aber wohl mehr der logische Endpunkt einer Entwicklung, da Thyssen bereits jeweils 50-Prozent-Anteile an den Otto-Wolff-Firmen Rasselstein und Stahlwerke Bochum besessen hatte. Und wenn man aus heutiger Sicht die Tatsache berücksichtigt, dass Thyssen selbst wenige Jahre später seine Eigenständigkeit verlieren und mit Krupp fusionieren sollte, muss man feststellen, dass Wolff von Amerongen und Oetker bei ihrem Ausstiegsentschluss die industrielle Logik sehr wohl auf ihrer Seite hatten. Überdies standen sie unter Zeitdruck, wenn sie verkaufen wollten. 1990 lief eine befristete Ausnahmeregelung aus, nach der Beteiligungsverkäufe mit dem halben Steuersatz belegt wurden. Die Gelegenheit wollten Wolff und Oetker nicht ungenutzt verstreichen lassen.

Während Wolff und Oetker bei der Sanierung und dem anschließenden Verkauf der Stahlhandelsgruppe gemeinsame Sache gemacht hatten und an der Kölner Zeughausstraße in benachbarten Büros arbeiteten, war das Verhältnis zwischen Arend Oetker und seiner Frau abgekühlt. Nach gut 20 Jahren trennten sich die Eheleute. Die Verbundenheit zwischen Otto Wolff und seinem Schwiegersohn aber blieb.

Zur gleichen Zeit, als sich Arend Oetker Meriten als Sanierer der Otto-Wolff-Gruppe machte, gelangen auch seinem jüngsten Bruder Roland Oetker die ersten großen Karriereschritte. Der zehn Jahre jüngere Roland hatte nach dem Abitur eine Ausbildung beim Bankhaus Sal. Oppenheim in Köln absolviert und später Jura und Volkswirtschaft studiert.

Nach dem juristischen Staatsexamen hatte er 1983 bei der Deutschen Bank in Frankfurt angefangen. Dort hatte er vornehmlich Unternehmen betreut, die an die Börse gehen wollten. Darunter waren die Modefirma Escada AG und der Einzelhandelskonzern Massa AG. 1986 warb dessen Gründer Karl-Heinz Kipp Roland Oetker ab und holte ihn in den Vorstand des Handelsunternehmens, das zu dieser Zeit in Deutschland 28 SB-Warenhäuser betrieb.

Es blieb ein kurzes Gastspiel. Schon im Sommer 1987 verließ der 37-jährige Oetker die Firma wieder. Die Verhältnisse hatten sich in kurzer Zeit grundlegend geändert. Denn für Oetker überraschend, hatte Kipp seine Massa-Aktien an die Asko-Gruppe verkauft. Mit deren Chef Helmut Wagner kam Oetker nicht klar. Er verließ die Firma Hals über Kopf. Über ein Anwaltsbüro ließ Oetker bei seinem Ausstieg eine Erklärung verbreiten, in der »von unüberbrückbaren Meinungsverschiedenheiten in einer zentralen Frage der langfristigen Unternehmenspolitik« die Rede war. Branchenjournalisten gegenüber deutete Oetker an, dass er den von Kipp geplanten Ausstieg bei Massa »nicht durchschaut« hatte. Möglicherweise sei er »in irgendeiner Form benutzt worden«. Fortan konzentrierte sich Roland Oetker, der auch als Anwalt beim Landgericht Düsseldorf zugelassen war, auf die Verwaltung des Familienvermögens. Er beriet Firmen wie die Biotechnikgruppe Leidinger in Hamburg. Im beruflichen Alltag pflegte er sich zeitweilig als Mitglied der »ärmeren Oetker-Linie« vorzustellen.

Tatsächlich war ja nicht zu leugnen, dass Rolands Mutter Ursula bei der Aufteilung des Familienvermögens schlechter abgeschnitten hatte als ihr geschäftstüchtiger Bruder Rudolf-August. Die Erbteilung hätten Ursula Oetkers Söhne als ein »schreiendes Unrecht« empfunden, befand die Journalistin Heide Neukirchen 1991 in einem Beitrag für die *Welt am Sonntag,* der die Überschrift trug: »Der Streit um das Oetker-Erbe war der Antrieb zum Erfolg«.

Ohne Zweifel legte die Journalistin den Finger in eine nicht ganz verheilte Wunde, als sie schrieb: »Als Jugendliche nahmen sich die Brüder Arend und Roland Oetker vor, ihrem Onkel, dem Besitzer des Backpulverimperiums, zu beweisen, dass sie auch aus einer ›minder-

wertigen Position‹ nach oben kommen konnten.« Arend Oetker hatte
es zwar vermieden, direkt über den Onkel und das Erbe der Mutter zu
sprechen. Aber er räumte ein, dass es ihm in seinem Unternehmerleben
um den Beweis gegangen sei, aus einer »minderwertigen Position«
Großes erreichen zu können. Doch als er einige Jahre später ein zweites Mal auf das heikle Thema der Vermögensaufteilung angesprochen
wurde, wollte er nichts von einem Wettstreit mit der Bielefelder Verwandtschaft wissen.

19. »... und ich verpasse jemandem ein gewisses Trauma«

Die Entführung des Richard Oetker

Richard Oetker bemerkte die Gefahr zu spät. Als Erster hatte der 25-jährige Student die Botanikvorlesung verlassen. Es war kurz vor sieben Uhr an einem düsteren Dienstagabend im Dezember 1976. Vom Hörsaalgebäude der Universität Weihenstephan in Freising bei München ging Oetker zu seinem Auto. Er hatte den Wagen, einen weißen VW Variant, in einer Parkbucht zwischen zwei Gebäuden abgestellt, die wie eine Sackgasse war. Als Richard Oetker sein Auto sah, fiel ihm auf, dass schräg dahinter ein VW-Bus stand. Das war merkwürdig. Oetker hatte sich angewöhnt, auf solche Dinge zu achten. Seit der Entführung des 28-jährigen Springreiters Hendrik Snoek einige Wochen zuvor war dem Sohn Rudolf-August Oetkers bewusst, dass er ein potenzielles Entführungsopfer war. Oetker hatte sich sogar bei der Polizei in Freising beraten lassen, wie er sich vor einem solchen Verbrechen schützen könnte.

»Ich bekam Angst, wollte zurück und drehte mich um«, erinnerte Oetker sich später an die Situation auf dem Parkplatz. »In dem Moment steht ein Mann in anderthalb bis zwei Metern Entfernung mir gegenüber.« Der Unbekannte war maskiert. Er trug eine Kosakenmütze, eine Brille und einen Oberlippenbart, der an den Mundwinkeln herunterhing wie bei einem Mongolen. Der Mann war kleiner als Oetker, der stattliche 1,93 Meter maß. Aber er trug eine Waffe in der Hand. Oetker bemerkte sogar einen Schalldämpfer. »Los, vorwärts, das Ding macht nur klack«, zischte der Fremde.

Richard Oetker leistete keinen Widerstand. »Ich hab' mich umgedreht, es war mir klar, wo's hingeht.« Er blickte auf den VW-Kastenwagen und versuchte, dessen Farbe zu erkennen und sich das Kennzeichen zu merken. Der Täter verstand es, Oetker ein Gefühl der Unterlegenheit zu vermitteln. »Na, mein Richardchen, haben wir dich endlich!« Mit dem Lauf seiner Waffe deutete der Maskierte auf den VW-Bus, in dem eine große Holzkiste mit geöffnetem Deckel stand. »Reinsteigen!«, befahl er. Richard Oetker, unter Schock, aber nicht in Panik, tat, wie ihm geheißen.

Die Kiste war vermutlich 1,60 Meter lang, 60 Zentimeter breit und 70 Zentimeter hoch. Sie war zu klein, als dass Oetker ausgestreckt darin Platz gefunden hätte. Er legte sich nach eigener Erinnerung »wie ein Embryo im Mutterleib« in diese Kiste. Über ihm wurde der Deckel geschlossen. Bevor der Entführer die Tür zum Laderaum zuschlug, rief er seinem Opfer zu: »Pass auf, da kommen noch mehrere.«

Die Kiste war mit einer Gegensprechanlage ausgestattet. Bald, nachdem der VW-Bus losgefahren war, hörte Richard Oetker eine freundliche Stimme, die sich von der des Bewaffneten auf dem Parkplatz angenehm abhob. »Guten Abend, Herr Oetker. Von nun an bin ich für Sie zuständig. Dem Entführer werden Sie nicht mehr begegnen.« Die Stimme in dem kleinen Lautsprecher wollte von dem Gefangenen wissen, wie es ihm in der Kiste ginge. Die Luft sei schlecht, klagte Oetker, und die Dunkelheit unangenehm. Er sei außerdem sehr aufgewühlt.

Zu seiner Beruhigung hörte der Entführte, dass sich seine Lage bessern werde, sobald der VW-Bus sein Ziel erreicht habe. Die Stimme erklärte ihm, er sei entführt worden, um bei seiner Familie Lösegeld zu erpressen. »Ihr Leben ist nicht in Gefahr. Es geht uns nur ums Geld.«

Der Entführer stellte Oetker »Hafterleichterungen« in Aussicht, wenn er sich »kooperativ« verhielte. Als Erstes sollte Oetker an den Wänden der Kiste rechts und links nach Handschellen greifen, die dort mit Drahtseilen angebracht waren, und sich fesseln. Ob er Hunger habe, erkundigte sich die Stimme. Oetker verneinte. Ihm sei nur kalt. Der Student, der zusammengekauert in der Holzkiste lag, trug nur einen Pullover über dem Hemd. Oetker solle versuchen, sich etwas zu bewegen, riet die Stimme.

Die Fahrt dauerte weniger als eine Stunde. Bevor der Wagen zum Stehen kam, registrierte Oetker, dass es bergab ging. Eine Tiefgarage, folgerte der Student. Tatsächlich war er aber auf einem Hof mit Höhenunterschieden. An den Hof grenzten mehrere Werkstätten. In einer davon wurde der VW-Bus geparkt. Über die Gegensprechanlage erhielt Oetker die Anweisung, eine Kapuze überzuziehen, die sich in der Kiste befand. Er hörte, wie zuerst die Seitentüren des Transporters und dann der Deckel der Kiste geöffnet wurden. Oetker nahm Schritte wahr und unterschiedliche Stimmen. Einer seiner Füße wurde mit einer Handschelle ans untere Ende der Kiste gefesselt.

Nachdem der Deckel wieder geschlossen worden war, ertönte die bekannte Stimme wieder über die Gegensprechanlage. Sein Bewacher stellte sich ihm als drogenabhängiger Psychologiestudent vor, den man gezwungen habe, bei der Entführung mitzumachen. Oetker fasste etwas Vertrauen. Er versuchte, die Initiative an sich zu ziehen und fragte, ob man sich nicht duzen könne. Oetker wusste, dass es in einer Situation wie dieser darauf ankam, einen persönlichen Kontakt zu den Tätern aufzubauen. »Dann willst du wahrscheinlich meinen Namen wissen, gell?«, mokierte sich sein Bewacher. Richard Oetker lachte. Als ihm die Stimme vorschlug, er solle sich einen Namen ausdenken, sagte der in der Kiste Eingesperrte: »Dann werde ich dich Checker nennen.« Das sei der Spitzname eines guten Freundes.

Der Bewacher schaltete einen Staubsauger ein, der die verbrauchte Luft aus der verschlossenen Kiste absaugte. Er setzte auch ein kleines Heizgerät in Betrieb, das sich im Wagen befand. Richard Oetker fragte, wie viel Lösegeld die Täter erpressen wollten. Er erhielt die Auskunft, dass wohl 21 Millionen Mark verlangt werden sollten. »So viel?«, entgegnete das Opfer: »Na, ich glaube nicht, dass mein Vater für mich so viel Geld ausgeben wird.« Der Bewacher fragte, an wen die Entführer ihre Forderungen richten sollten: an Oetkers Freundin in Freising oder den Vater in Bielefeld. Die »Freundin« sei seine Ehefrau Marion, korrigierte Oetker und bat, sie aus der Sache herauszuhalten. Sie habe keinen Führerschein. Dann nannte er dem Bewacher die private Telefonnummer seines Vaters.

Beim Oetker-Prozess in München betrachtete der Angeklagte Zlof den Nachbau der Kiste, in der Richard Oetker gefangen gehalten worden war.

Der Mann, der Richard Oetker am 14. Dezember 1976 in seine Gewalt gebracht hatte, hieß Dieter Zlof. Er war 34 Jahre alt, verheiratet und Vater zweier Söhne. Als er beschlossen hatte, einen Menschen zu entführen, verdiente Zlof sein Geld mit einer kleinen Autowerkstatt in München-Pasing. Hinter ihm lag ein bewegtes Leben. Zlof war 1942 in Slowenien geboren worden, von wo seine Eltern stammten, und in München aufgewachsen. Sein Vater, der in Slowenien Dorfpolizist gewesen war, hatte nach dem Krieg als Büromaschinenmechaniker gearbeitet. Dieter Zlof hatte eine schwere Kindheit hinter sich, was damit zusammenhing, dass der ohnehin gewalttätige Vater den Verdacht hatte, dass der Junge nicht sein leiblicher Sohn wäre.

Mit 17 Jahren war Dieter Zlof aus der Wohnung der Eltern ausgezogen und hatte eine kaufmännische Lehre in einem Bauunternehmen gemacht. Anschließend hatte er in München ein dreijähriges Wirtschaftsstudium absolviert und nebenher gejobbt, um Geld zu verdienen. Seine Frau hatte er 1966 kennen gelernt. Mit ihr unternahm der auch als Tauchlehrer ausgebildete Zlof große Reisen, doch 1970 war das Paar nach München zurückgekehrt und hatte zwei Jahre später geheiratet. Zlof hatte angefangen, mit Autos zu handeln und sie zu reparieren. Sie hatte in einer Reinigungsfirma eine Stelle gefunden.

Nachdem Zlof 1976 den Plan gefasst hatte, einen Menschen zu entführen, um Lösegeld zu erpressen, war er zum eifrigen Leser von Illustrierten geworden. In einem Magazin hatte er einen Artikel über den Konzernherrn Rudolf-August Oetker gelesen, in dem auch erwähnt wurde, dass Oetkers Sohn Richard in Weihenstephan Landwirtschaft und Brauereiwesen studierte. Bei der Auswahl seines Entführungsopfers hatte sich Zlof bewusst für einen jungen Mann entschieden. Ihm war von vornherein klar gewesen, dass er seinem Opfer schwere Strapazen zumuten würde. Keinesfalls wollte Zlof einen Menschen, bei dem zu befürchten war, dass er einen Herzinfarkt erleiden könnte. Zlof hatte sich über die Telefonauskunft Richard Oetkers Adresse besorgt und sich vor dem Mietshaus in der Egilbertstraße in Freising auf die Lauer gelegt, bis er den Studenten zum ersten Mal sah. Von nun an hatte er ihn immer wieder verfolgt. Zlof hatte den Studenten mit einer jungen Frau beobachtet, beim Einkaufen und beim Spazierengehen mit seinen beiden Hunden.

In seiner Werkstatt erklärte Zlof dem in der Kiste gefangenen Oetker über die Gegensprechanlage, dass die Handschelle an seinem Fußgelenk über einen Draht mit dem Stromnetz verbunden sei. Wenn er schreie oder sich zu befreien suchte, würde über ein weiteres Mikrofon an der Decke des Fahrzeugs ein elektrischer Schlag ausgelöst. Oetker fragte, ob das denn wirklich sein müsse. Zlof erklärte ihm, »der Boss« bestünde darauf. Tatsächlich hatte der technisch begabte Zlof selbst eine solch teuflische Anlage konstruiert.

Bevor der Entführer sein Opfer verließ, gab er ihm noch eine Zeitschrift zu lesen. In der Kiste war eine kleine Lampe angebracht. Dieter Zlof bestellte sich ein Taxi und ließ sich in der Nähe der Stelle absetzen, wo er eines von mehreren Autos geparkt hatte, die er bei der Entführung und Erpressung benutzte. In einer Telefonzelle wählte der Entführer Rudolf-August Oetkers Privatnummer in Bielefeld. Aber der Anschluss war besetzt. Zlof wartete und versuchte es erneut. Vergeblich.

Weil Richard Oetker nach seiner Vorlesung an der Universität nicht wie erwartet nach Hause gekommen war, rief Marion Oetker nach einigem Warten einen Freund an. Der junge Mann eilte gegen 22 Uhr in die Wohnung der Oetkers. Von dort aus telefonierte er mit der Polizei und fragte, ob es einen Unfall mit einem weißen VW Variant gegeben hatte. Dann bat er den Beamten auf der Wache, die Kripo davon zu verständigen, dass Richard Oetker vermisst werde. Der Polizist versprach, die Anzeige weiterzuleiten, und kündigte einen baldigen Rückruf der Kripo an.

Aber als das Telefon um 22.15 Uhr in der Wohnung der jungen Oetkers klingelte, war am anderen Ende der Leitung der Entführer. Da Zlof nicht nach Bielefeld durchgekommen war, hatte er Marion Oetkers Nummer gewählt. Er sagte der jungen Frau, dass Richard Oetker entführt worden sei, und verbot ihr, die Polizei einzuschalten. Als Marion Oetker in Tränen ausbrach, hängte Zlof ein. Er fuhr zu einer anderen Telefonzelle und rief erneut an, um eine baldige Lösegeldforderung anzukündigen. Ängstlich versicherte Marion Oetker, alles zu tun, was verlangt würde.

Kurz darauf meldete sich bei ihr die Polizei wegen der Vermisstenmeldung. Das habe sich erledigt, sagte die junge Frau, da sie ihren Mann nicht gefährden wollte. Sie versuchte, ihren Schwiegervater in Bielefeld zu erreichen. Vergeblich. Sie wählte die Nummer von Richards Mutter, Rudolf-August Oetkers geschiedener Ehefrau in Düsseldorf, die inzwischen Salm-Horstmar hieß. Ihr berichtete Marion Oetker, was passiert war. Später gelang es der jungen Frau auch noch, einen von Oetkers Generalbevollmächtigten in Bielefeld zu informieren. Der Manager schaltete die Bielefelder Kriminalpolizei ein, die anschließend die Behörden in München informierte.

Zlof fuhr nach seinen Anrufen zurück zu der Werkstatt, in der Oetker gefangen gehalten wurde. Über die Gegensprechanlage wandte er sich an sein Opfer in der Holzkiste. Oetker sollte ein Tonband besprechen. Was er sagen sollte, gab Zlof ihm vor: Es sei kalt, er habe nichts zu essen, seine Entführer seien brutale Leute. Über eine Zeitschaltung sei er an das Stromnetz angeschlossen. Der Text war darauf ausgerichtet, die ohnehin in großer Sorge befindliche Familie Oetker zu schockieren und zu ängstigen. Zu seinem Opfer sagte Zlof: »Je mehr Angst sie um dich haben, umso eher holen sie dich raus.«

Eine Stunde später, nachts gegen eins, bemerkte Richard Oetker, wie der Motor des VW-Busses gestartet wurde. Der Wagen setzte sich in Bewegung. Die Fahrt dauerte nur etwa 20 Minuten. Kurz nachdem sie zu Ende war, wurden wieder die Seitentüren des Laderaumes und der Deckel der Kiste geöffnet. Oetker, der sich wieder eine Kapuze hatte überziehen müssen, bekam Schokolade und Cola sowie eine Plastikflasche für seine Notdurft.

Um 2.20 Uhr erhielt Marion Oetker einen weiteren Anruf des Entführers. Zlof teilte ihr mit, dass ein Brief hinter einem Streukasten in der Jungfernturmstraße in München deponiert sei. Der Freund des Ehepaares chauffierte Marion Oetker dorthin und anschließend in seine eigene Wohnung. Dort las Marion Oetker den Brief, und die beiden hörten das Tonband ab.

Inmitten weiterer Drohungen und Bedingungen stand in dem Schreiben: »Richard Oetker ist an seinem Aufenthaltsort über eine Zeitschaltung, die für kommenden Freitag, 17. 12., 17.00 Uhr, aktiviert ist, an das Kraftstromnetz angeschlossen. Bei nicht rechtzeitiger Befreiung tritt zum genannten Zeitpunkt innerhalb von Sekunden der Tod ein. Die Auslösesumme beträgt 21 000 000,– DM (einundzwanzig Millionen) in gebrauchten, nicht notierten Tausendmarkscheinen, untergebracht in zwei kleinen Koffern. Die Bündelung hat in straffer Form mittels Tesafilm einmal längs und quer in Bündeln zu je 1,5 Mil. DM zu erfolgen. Als Übergabeperson wird Richards Bruder August **oder** Christian bestimmt. Der Überbringer hat mit dem Geld am Freitag, den 17. 12. 76 um 11.00 Uhr an der Rezeption des Hotels Sheraton in München Bogenhausen zu warten. Die Bekanntgabe des Aufenthaltsortes erfolgt drei Stunden nach Übernahme und Prüfung des Geldes.«

Am Morgen des 15. Dezembers 1976 passierte das Unglück. Zlof öffnete das Tor der Garage. Beim Hochschieben streifte eine Querstange, die sich auf der Innenseite des Tores befand, einen Gumminippel auf dem Dach des VW-Transporters. Im Inneren des Fahrzeuges, in dem das Mikrofon hing, war ein lautes Geräusch zu hören. Dadurch wurde ein Stromschlag ausgelöst. Richard Oetker wurde mit 220 Volt gequält. Sein Körper schlug gegen die Wände der Holzkiste. Dabei entstand neuer Lärm, der zu weiteren Stromschlägen führte. In wenigen Sekunden erlitt Richard Oetker so schwere Verletzungen, dass sich sein gesamtes Leben ändern sollte. Gebrochen wurden beide Oberschenkelhalsknochen sowie der siebte und der achte Brustwirbel. Auch die so genannten Hüftköpfe wurden verletzt. Zudem war der Herzrhythmus nach den Stromschlägen gestört.

Zlof, der das Leiden seines Opfers mitbekommen hatte, riss den Stecker aus der Dose. Er setzte sich eine Maske auf, zog die Handschuhe an und öffnete die Holzkiste. »Wollt ihr mich umbringen?«, schrie Oetker. Zlof versuchte, den unter starken Schmerzen leidenden Mann zu beruhigen und fühlte dessen Puls. »Die Schweine haben den Strom nicht abgeschaltet«, sagte er. Dann sperrte er Oetker erneut ein und fuhr den VW-Bus wieder in seine Werkstatt. Über die Gegensprechanlage wandte sich der Entführer mit der Frage an Oetker, ob er Hunger habe. Oetker bat um Milch und Semmeln. Er klagte über starke Schmerzen. Zlof erlaubte ihm, sich in der geöffneten Kiste aufzusetzen, und gab ihm Schaumstoffstücke zum Abpolstern. Später besorgte er Schmerztabletten.

Richard Oetker fragte seinen Bewacher, ob die für den übernächsten Tag geplante Geldübergabe nicht vorgezogen werden könnte. Die Schmerzen seien kaum auszuhalten. Zlof gab vor, dass er den Vorschlag mit den anderen Entführern besprechen müsste. Mittags rief er bei Marion Oetker an: »Richard geht es ein kleines bisschen schlechter, der hat versehentlich einen Stromschlag ausgelöst.« Der Entführer fragte, ob das Lösegeld bereits beschafft worden sei. Sie erklärte, es sei schwierig, gebrauchte Tausender in so großer Zahl zu beschaffen, aber der Großteil sei da. Die Übergabe könne am folgenden Tag stattfinden, versicherte sie.

Zlof kündigte einen weiteren Anruf in zwei Stunden an. Zwischenzeitlich musste Richard Oetker ein weiteres Tonband besprechen, das Zlof anschließend in der Stadt deponierte. Dann rief der Entführer wieder bei Marion Oetker an und beschrieb ihr das Versteck. Bald darauf hörte sie das Band ab, auf dem ihr Mann klagte: »Ich habe wahnsinnige Rückenschmerzen, auch im Beckenbereich tut alles weh.« Einen weiteren Anruf des Entführers erhielt die junge Frau gegen 23 Uhr. Dem Lösegeld sollte der Personalausweis und der Führerschein Richard Oetkers beigelegt werden, verlangte Zlof dieses Mal.

Am Morgen des 16. Dezembers gab Zlof, der als Bewacher stets eine Schweinchen-Dick-Maske trug, seinem schwer verletzten Opfer Cola und Traubenzucker. Oetker klagte darüber, dass er die Beine nicht mehr bewegen konnte. Sein Bewacher versprach, dass er bald frei sein werde und ärztlich versorgt werde. Richard Oetker, der eine Armbanduhr trug, merkte sich die Zeit, als »Checker« ihn verließ. Er prägte sich in den Tagen seiner Gefangenschaft eine Vielzahl von Einzelheiten ein, unter anderem auch den Preis, der auf ein Stück Schaumstoffmatte geschrieben worden war, das ihm sein Bewacher gegeben hatte.

Richards älterer Bruder August, der der Geldüberbringer sein sollte, flog am Morgen desselben Tages mit einer Firmenmaschine von Bielefeld nach München. Die Maschine landete um halb elf. Am Flughafen München-Riem empfingen ihn Kriminalbeamte und statteten ihn mit einem Sender aus. In einem Taxi, das von einem Polizeibeamten gesteuert wurde, wurde August Oetker zur Landeszentralbank chauffiert. Dort händigte man ihm zwei Lederkoffer mit dem Lösegeld aus.

Anschließend ging die Fahrt zum Hotel Sheraton. August Oetker wartete an der Rezeption, so, wie es der Entführer in seinem ersten Brief vorgeschrieben hatte. Nach einer Weile kam ein Anruf für ihn. Zlof forderte den Unternehmersohn telefonisch auf, sich zur Rezeption des nahe gelegenen Arabella zu begeben. Das Telefon dieses Hotels wurde nicht von der Polizei überwacht, wie der Entführer annahm.

August Oetker ging hinüber und nahm wenige Minuten später den zweiten Anruf entgegen. Er erhielt die Order, zu einem weiteren Hotel zu fahren. Im Bayerischen Hof sei ein Zimmer für ihn reserviert. Dort werde er die nächste Nachricht finden. Als August Oetker in dem Hotel ankam, wurde er auf das Freundlichste begrüßt. Er war ein Mitglied einer bekannten Industriellenfamilie, die selbst Luxushotels besaß. Von der Entführung wusste noch niemand etwas.

Tatsächlich war auf den Namen Oetker eine Suite gebucht worden. August Oetker bekam den Schlüssel zum Zimmer mit der Nummer 35 und ging hinauf. Irritiert sah er ein Schild an der Klinke: »Bitte nicht stören«. Oetker trat dennoch ein. Die Suite war nach der Abreise der letzten Gäste nicht gemacht worden. Ein Versehen des Zimmermädchens, wie sich später herausstellen sollte. August Oetker durchsuchte die Räume, aber er fand keine Nachricht. Er wurde nervös. Er fragte telefonisch beim Empfang nach, ob etwas für ihn abgegeben worden sei. Tatsächlich fand sich ein Briefumschlag. Man hatte schlicht vergessen, ihn dem Gast bei seiner Ankunft auszuhändigen, weil im Hotel gerade ein Empfang des bayerischen Ministerpräsidenten Alfons Goppel stattfand.

Ein Page brachte den Umschlag hinauf. August Oetker las den Brief.

»Bezahlen Sie das Zimmer!«, lautete die erste Anweisung. Anschließend sollte er mit einem Taxi zum Hauptbahnhof fahren und zu den Schließfächern gegenüber dem Gleis 26 gehen. »Gehen Sie zu dem Fach, zu dem der beiliegende Schlüssel passt.« Darin fände er weitere Anweisungen. August Oetker beglich die Hotelrechnung und ließ sich von dem Polizeibeamten im Taxi zum Hauptbahnhof fahren. Er war nervös, aber die Anwesenheit eines erfahrenen Polizisten beruhigte ihn. »Wir waren ein Team«, erinnerte er sich später an die »Schnitzeljagd«.

In dem Schließfach fand August Oetker einen Blechkoffer und einen Brief. In dem Schreiben wurde er angewiesen, mit den Geldkoffern und dem leeren Koffer aus dem Schließfach zu den Toiletten am Gleis 1 zu gehen. Von einer Toilettenfrau solle er sich einen Waschraum aufschließen lassen und das Geld umpacken. Sogar wie die Bündel in dem Koffer zu platzieren waren, hatte der Täter in einer Skizze dargestellt. Wenn er das Geld umgepackt habe, solle Oetker mit einem Taxi zum Karlstor fahren und in das Stachuszentrum hinuntergehen. In der Ladenpassage finde er eine Apotheke. Unter deren Reklameschild (»mit dem roten A«) solle sich Oetker postieren: »Stellen Sie den Koffer rechts neben sich vor die graue Eisentür.« Oetker müsse Geduld haben. »Sie bekommen neue Order, sobald sicher ist, dass Ihnen niemand gefolgt ist.«

Nachdem er die neuen Anweisungen gelesen hatte, eilte August Oetker zum Taxi zurück. Das Lösegeld war in zwei Koffern verstaut, nun hatte er noch einen dritten bekommen. Oetker besorgte sich einen Kofferkuli. Das nächste Problem: Am Gleis 1 gab es keine Waschräume. Oetker erkundigte sich bei Bahnbeamten und erfuhr: Die Waschräume waren am Gleis 11. Dort gab es auch eine Schelle, um eine Toilettenfrau zu rufen, die aufschließen konnte.

Oetker läutete mehrfach, aber niemand kam. Der 32-Jährige stand unter einem gewaltigen Stress. Er sorgte sich um das Leben seines Bruders. In ihrem ersten Brief hatten die Entführer angekündigt, dass Richard Oetker durch eine Zeitschaltung um 17 Uhr mit Starkstrom getötet werden würde. Kurz entschlossen ging Oetker in eine normale Toilette. Dort packte er das Geld um, wobei er ziemliche Schwierigkeiten hatte, es in dem Metallkoffer unterzubringen. Dann eilte er mit dem Gepäckstück, das knapp 40 Kilo schwer war, zurück zum Taxi und nannte dem Fahrer das Ziel Karlstor. Dort angekommen, lief er in die unterirdische Ladenpassage, fand die Apotheke und stellte sich, wie verlangt, unter das Schild. Den Koffer stellte er zwischen die Beine.

August Oetker musterte die Passanten und wartete eine ganze Weile. Es war mittlerweile halb zwei Uhr geworden. Nichts geschah. Nach einigen Minuten bemerkte Oetker, wie sich die Eisentür seitlich hinter ihm öffnete. Eine Hand griff nach dem Koffer. Oetker drehte sich um. »Nicht herschauen«, befahl Zlof, riss den Koffer an sich und schloss blitzschnell die Tür. Oetker hatte einen geduckten Mann mit Brille und einem über die Mundwinkel hinunterhängenden Schnauzbart wahrgenommen. Es dauerte nur wenige Sekunden, bis in Zivil gekleidete Polizeibeamte bei August Oetker waren. Die Zeit hatte ausgereicht, um Einsatzkräfte zum Stachus zu beordern. Aber die Fahnder konnten die Eisentür nicht öffnen. Wütend schlugen sie dagegen.

Zlof hatte die Übergabe des Lösegeldes sorgfältig geplant. Er hatte über Monate nach einem Ort Ausschau gehalten, an dem er die Beute an sich bringen könnte, ohne geschnappt zu werden. Der überaus selbstbewusste Zlof hielt sich für fähig, ein perfektes Verbrechen auszuführen. Er hatte das Stachus-Untergeschoss genau erkundet. Dort befand sich die größte unterirdische Ladenstadt Europas. In dem Bauwerk gab es Haltestellen, Ladenpassagen und Parkdecks sowie eine Vielzahl von Treppen und Versorgungsgängen. Bei einer seiner Touren hatte Zlof die Eisentür an der Apotheke entdeckt, die von Passanten in der Ladenpassage nicht geöffnet werden konnte. Diese Tür, so hatte er herausgefunden, war das Ende eines Ganges, der zu einer Treppe führte, über die man in einen weiteren mit Feuertüren versehenen Fluchtweg kam. Am anderen Ende war ein Ladehof. Er wurde als Parkplatz von den Lieferanten genutzt, die die Geschäfte in den Passagen belieferten.

Auf diesem Weg entkam Zlof am Mittag des 16. Dezembers 1976. Auf dem Weg zurück zu seiner Werkstatt rief er von einer Telefonzelle Marion Oetker an und sagte: »Vielen Dank für alles, wir lassen jetzt

Richard dann frei.« Er beorderte die junge Frau in ein Hotel nach Germering, wo sie später den Ort der Aussetzung erfahren sollte.

Richard Oetker hatte Stunden in der Kiste ausharren müssen, bis »Checker« gegen 16 Uhr wieder bei ihm war. Oetker hatte Schmerztabletten genommen, aber er litt dennoch sehr. Über die Gegensprechanlage forderte Zlof ihn auf, sich die Kapuze über den Kopf zu ziehen und aus der Kiste zu steigen, deren Deckel er geöffnet hatte. Als der Schwerverletzte das nicht schaffte, brach sein Bewacher mit einem Eisen die Seitenwand der Kiste aus. Oetker wurde aber angewiesen, in der Kiste liegen zu bleiben. Am Nachmittag, gegen fünf Uhr, fuhr der Entführer mit seinem Opfer los.

Oetker registrierte, dass die Fahrt etwa eine Stunde dauerte. Dann kam der Wagen zum Stehen und die Türen des Transporters wurden geöffnet. Oetker sollte aussteigen. Aber er konnte sich nicht bewegen. Sein Bewacher täuschte Gespräche mit Komplizen vor. Dann schleppte der Entführer Oetker aus dem VW-Transporter zu einem weiteren Auto, dessen Motor bereits lief. Richard Oetker, der furchtbare Schmerzen hatte, glaubte dabei, ein mitleidiges Schluchzen »Checkers« zu hören. Dann wurde er auf den Beifahrersitz gesetzt, dessen Rückenlehne anschließend heruntergekurbelt wurde. Von hinten wurde er anschließend in den Wagen gezogen.

Richard Oetker erhielt von seinem Bewacher die Anweisung, bis 100 zu zählen, bevor er die Kapuze abnahm. Er tat, wie ihm geheißen. Noch während er zählte, öffnete sich die Autotür wieder. Ein furchtbarer Moment für das Opfer. Oetker fürchtete, dass er nun doch noch erschossen würde. Aber die Tür fiel wieder ins Schloss. Nach einer Weile nahm Oetker die Kapuze ab und sah auf seine Uhr. Es war 18.35 Uhr. Knapp 48 Stunden war er in der Gewalt der Entführer gewesen. Trotz seiner gebrochenen Beine gelang es ihm, sich aufzusetzen. Die Hupe des Autos funktionierte nicht, aber er konnte die Scheinwerfer einschalten. Er versuchte, auf den Fahrersitz zu gelangen. Vergeblich. Zum Glück war der Wagen wenigstens warm. Richard Oetker war völlig hilflos.

Zu dieser Zeit hatte Marion Oetker an der Rezeption des kleinen

Hotels bereits einen Anruf bekommen. Zu ihrer großen Erleichterung erfuhr sie, dass ihr Mann freigelassen worden sei. Sie notierte sich, wo er zu finden war. Die Polizei war bei ihr, aber Marion Oetker wollte nur mit einer Ärztin und dem Freund losfahren. Tatsächlich waren die Polizeibeamten dann aber fünf Minuten früher auf dem Waldweg im Kreuzlinger Forst, auf dem ein brauner Opel Commodore stand. Darin fanden sie Richard Oetker.

20. »Man kann sich als Opfer nicht menschlicher verhalten ...«
Der Prozess um die Entführung

Noch bevor ein Notarzt zur Stelle war, zeigten die Beamten Oetker das Foto eines vorbestraften Mannes, den sie im Verdacht hatten, weil sie ihn vormittags in der Nähe des Hotels Sheraton beobachtet hatten. Oetker identifizierte ihn spontan als den Entführer. Der Mann trug einen ähnlichen Bart wie den, mit dem sich Zlof maskiert hatte. Außerdem fuhr der Verdächtigte, wie die Polizei ermittelt hatte, einen VW-Bus. Kurz darauf wurden dieser Mann und einige seiner Bekannten verhaftet. Richard Oetker war zu dieser Zeit schon im Universitätsklinikum Großhadern. Noch in der Nacht wurde er operiert. Es bestand Lebensgefahr.

Die Polizei führte Richard Oetker in seinem Krankenzimmer den Festgenommenen vor. Oetker war sich sicher, den Entführer vor sich zu haben. Auch August Oetker identifizierte den Festgenommenen bald darauf »mit hoher Wahrscheinlichkeit« als den Mann, der den Geldkoffer im Stachus-Untergeschoss an sich gerissen hatte. Aber er täuschte sich ebenso wie sein Bruder. Nach einigen Wochen stellte sich heraus, dass die Polizei den Falschen verhaftet hatte. Der Mann hatte ein hieb- und stichfestes Alibi. Er war unschuldig.

Es wurde eine Sonderkommission gebildet. Aber die Polizei kam mit ihren Ermittlungen nicht voran. Sie setzte neue Fahndungsmittel ein. Erstmalig konnten die Deutschen eine Telefonnummer wählen, um die Stimme eines Verbrechers anzuhören. Allerdings waren die Aufnahmen der Gespräche des Entführers mit Marion Oetker schwer zu verstehen.

Im April 1978, 16 Monate nach der Entführung, wurde ein Teil der

Kriminalbeamten wieder von dem Fall abgezogen. Zu dieser Zeit hatte die Polizei über 5 000 Hinweise verfolgt und 1 200 Menschen befragt. Eine heiße Spur hatte sie nicht. Von dem Lösegeld waren lediglich 24 Scheine aufgetaucht, die kurz nach der Entführung in österreichischen Wintersportorten umgetauscht worden waren. Wer sie hatte wechseln lassen, das hatte sich nicht ermitteln lassen.

Am 29. Dezember 1978 zahlte Dieter Zlof nachmittags bei einer Filiale der Deutschen Bank am Münchener Goethe-Platz drei Tausendmarkscheine auf sein eigenes Konto ein. Seit der Entführung waren zwei Jahre und zwei Wochen vergangen. Zlof war schon lange Kunde der Bank und plauderte mit dem Filialleiter. Unterdessen verglich die Kassiererin die Nummern der Geldscheine routinemäßig mit denen auf einer Liste. Dann sagte sie: »Herr Zlof, da ist ein Schein, der ist registriert!« Der Entführer gab sich ahnungslos. Der Filialleiter sagte, die Bank müsse die Polizei informieren. Die Beamten würden dann sicherlich auf Zlof zurückkommen.

Am Abend durchsuchten Beamte des Landeskriminalamtes Zlofs Haus. Das LKA hatte den Fall Oetker von der Kripo München übernommen. Der Kleinunternehmer wurde die ganze Nacht verhört. Zlof erklärte, er habe das Geld bei einer anderen Bank bekommen, ohne zu ahnen, dass es aus der Entführung stammte. Für einen Haftbefehl reichte es nicht. Zlof durfte nach Hause gehen. Aber er wurde beschattet und weitere Male verhört. Die Fahnder ermittelten Zlofs Umfeld. Während dieser Wochen gelang es Zlof allerdings mehrfach, die Observationsteams abzuschütteln. Er brachte es sogar fertig, das Lösegeld unbemerkt im Wald zu vergraben. Nachdem ihm die Polizei auf die Spur gekommen war, wollte Zlof auf Nummer sicher gehen. Zuvor war der Koffer unter der Ladefläche eines VW-Pritschenwagens, den Zlof in einer gemieteten Garage abgestellt hatte, versteckt gewesen und auf dem Speicher des Kindergartens eines Zlof-Sohnes.

Am 30. Januar 1979 wurde Dieter Zlof verhaftet. Er leugnete das Verbrechen. Der Entführer fühlte sich sicher. Was hatte die Polizei denn schon in der Hand gegen ihn? Es war tatsächlich wenig. Dass Zlof überhaupt gefasst wurde, verdankten die Behörden einer Schlamperei.

Nicht alle Tausendmarkscheine des Lösegelds waren 1976 registriert worden. Bei einer von 21 Millionen Mark hatten die Beamten in der LZB die Nummern in der Hektik nicht notiert. Und als die Liste später abgeschrieben wurde, um sie den Banken zur Verfügung zu stellen, wurden weitere Scheine vergessen oder mit falschen Nummern aufgeführt.

Zlof hatte eine solche Liste in einer Bankfiliale stehlen können. Er hatte die Kassiererin gebeten, 20 Tausender aus einem angeblichen Autoverkauf auf Übereinstimmungen mit der Liste zu überprüfen. Da viel Betrieb war, hatte die Frau die Liste ausgehändigt. Als sie andere Kunden bediente, war Zlof verschwunden. Später hatte Zlof Lösegeld und Liste abgeglichen und die unverdächtigen Scheine herausgesucht. Aber dann hatten die Banken von den Behörden eine neue korrigierte Liste erhalten, in die einer der drei Tausender aufgenommen worden war, die Zlof bei seiner Hausbank einzahlte.

Das Verfahren gegen den nicht geständigen Dieter Zlof wurde ein Indizienprozess. Er begann am 26. November 1979 und dauerte mehr als 50 Tage. Verhandelt wurde vor der 5. Strafkammer beim Landgericht München II. Die Voraussetzungen waren denkbar ungünstig. Denn bei den Ermittlungen hatte es eine Vielzahl von Pannen gegeben. So waren die Anrufe des Entführers bei Marion Oetker in einer so schlechten Qualität aufgezeichnet worden, dass auch Sprachwissenschaftler nicht sicher sagen konnten, ob Zlof der Sprecher war oder nicht. An dem Ort, wo Richard Oetker ausgesetzt worden war, waren sämtliche Spuren von Sanitätern zertreten worden. Zlofs Werkstatt war mittlerweile abgerissen worden.

Immerhin hatte die Polizei in einer von Zlof angemieteten Garage den Pritschenwagen gefunden, den Hohlraum entdeckt und zu Recht vermutet, dass darin der Geldkoffer versteckt gewesen war. Die Beamten hatten auch das Geschäft gefunden, in dem Zlof Schaumstoff gekauft hatte. Es gab eine Reihe von Zeugen, die Zlof bei der Vorbereitung der Tat beobachtet haben wollten, und weitere, die meinten, seine Stimme wieder zu erkennen. Aber viele dieser Zeugenaussagen, das wussten die Ermittler, waren das Ergebnis einer Massensuggestion, wie sie bei solchen Sensationsprozessen immer vorkam. Es gab noch weitere Indizien. In einem Diktat hatte Zlof zum Beispiel »Türniesche« geschrieben, so, wie es auch in einem der Erpresserbriefe stand. Diesen Rechtschreibfehler machten allerdings auch viele andere Menschen.

Zlof wurde von drei exzellenten Anwälten verteidigt: von Rolf Bossi, einem so genannten Staranwalt, seinem jungen Kanzleikollegen Steffen Ufer und dem Pflichtverteidiger Martin Amelung. Aber auch der Angeklagte selbst erwies sich als guter Advokat in eigener Sache, jedenfalls dann, wenn es darum ging, Widersprüche und Ungereimtheiten in Zeugenaussagen aufzuspießen. Ansonsten empfanden ihn viele Zuhörer als arrogant.

Richard Oetker kam auf Krücken in den Gerichtssaal. Wie bei wenigen Verbrechen wurde das Leid des Opfers unmittelbar sichtbar. Täglich musste der schüchtern wirkende Mann durch das Blitzlichtgewitter. Er saß meist mit gesenktem Kopf und verfolgte den Prozess aufmerksam. Bei seinen Aussagen sprach er mit einer ruhigen tiefen Stimme.

Oetker sagte aus, dass der Mann, der ihn auf dem Parkplatz an der Universität entführt hatte, ein anderer gewesen sei als jener »Checker«, der ihn bewacht hatte und mit dem er mehrfach gesprochen hatte. Ob Zlof dieser Bewacher war, konnte Oetker nicht sicher sagen. Nachdem er sich schon einmal getäuscht hatte, war er vorsichtig geworden. Was Oetker das Erkennen erschwerte: Die Stimme, die er in der Kiste gehört hatte, hatte Hochdeutsch gesprochen. Der Angeklagte hatte seit Prozessbeginn aber fast nur bayrisch gesprochen. »Aber während der wenigen hochdeutschen Worte, die er sagte, erinnerte mich seine Stimme sehr, sehr stark an die des Checkers«, so Oetker.

»Richard Oetkers Aussage ist makellos«, schrieb Gerhard Mauz im *Spiegel*. »So schwer er gezeichnet wurde, so inständig ist er bemüht, nichts Leichtfertiges zu sagen. Man kann sich als Opfer einer Tat nicht fairer, nicht menschlicher verhalten.« Oetker musste während des Prozesses unangenehme Situationen ertragen. Einmal schlug Zlofs Anwalt einen Größenvergleich der Hände des Angeklagten mit denen des Zeugen vor. Oetker hatte ausgesagt, dass »Checker« kleine Hände ge-

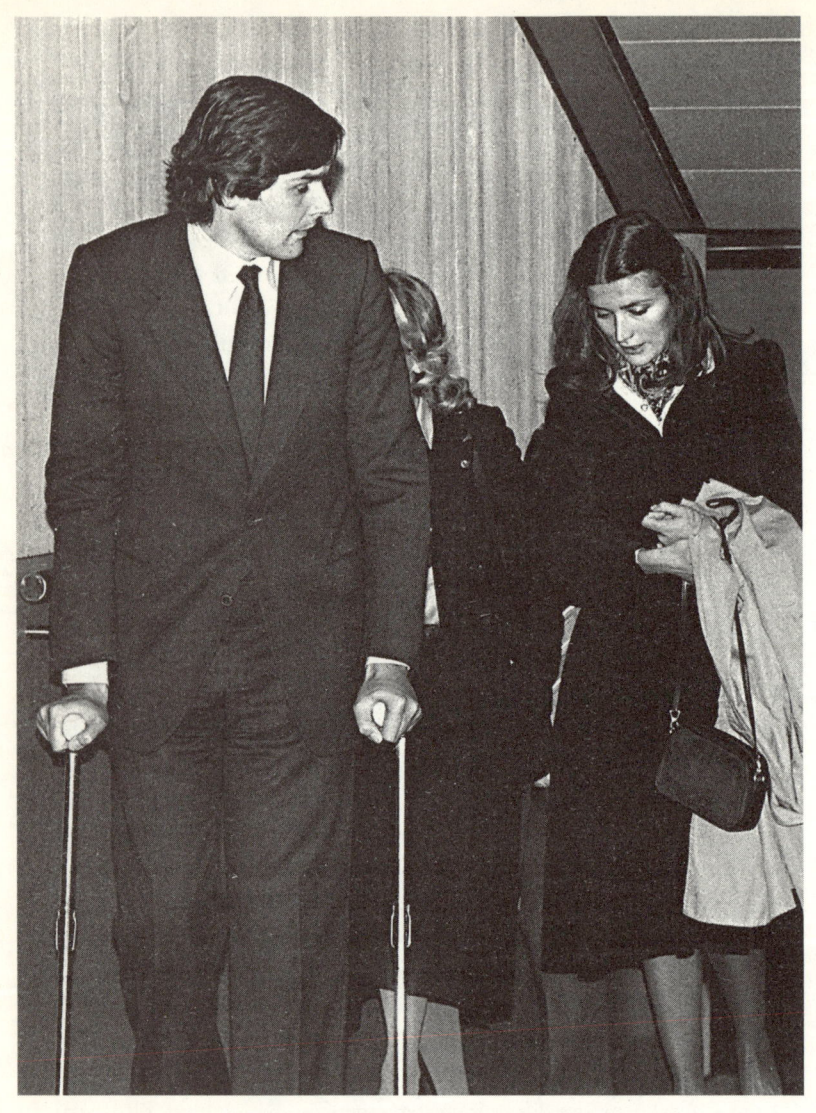

*Das Verbrechen hinterließ seine Spuren: Richard Oetker, hier in
Begleitung seiner Frau Marion, kam mit Krücken zur Gerichts-
verhandlung.*

habt habe. Zlof ging zur Zeugenbank und presste seine Hand gegen die seines Opfers, um zu demonstrieren, dass sie fast ebenso groß war. Nur der Angeklagte wusste zu dieser Zeit, dass er bei der Entführung zu kleine Handschuhe getragen hatte, um sein Opfer zu täuschen.

Während der Prozess lief, musste Richard Oetker als Patient schwere Entscheidungen treffen. In einer Operation ließ er sich zwei künstliche Hüftgelenke einsetzen, obwohl deren Haltbarkeit begrenzt war. Im Gericht sagte er: »Was nützt es mir, wenn ich jetzt 30 Jahre im Rollstuhl sitze und dann wieder rumlaufen kann? Meine Jugend habe ich dann an den Nagel gehängt.«

Über 200 Zeugen und Sachverständige traten auf. Vor allem zwei Zeugen belasteten Zlof schwer. Einer sagte aus, er habe Zlof zehn Tage vor der Entführung auf einem Gebrauchtautomarkt gesehen, auf dem der Opel Commodore gekauft worden war, in dem Richard Oetker gefunden wurde. Der Zeuge, für dessen BMW sich Zlof an diesem Tag ebenfalls interessiert hatte, zeigte sich seiner Sache ganz sicher. Allerdings erkannte der Verkäufer des Opels Zlof nicht wieder. Ein Kassierer aus einem staatlichen Reisebüro im österreichischen Kufstein identifizierte Zlof als den Mann, der bei ihm sechs Tausendmarkscheine eingetauscht hatte, von denen sich später erwies, dass sie aus dem Oetker-Lösegeld stammten.

Bei einer Reihe anderer Zeugen ergab sich dagegen im Prozess, dass sie sich nur wichtig machen wollten. Eine Verkäuferin wollte Zlof als den Mann erkannt haben, der bei ihr die Schaumstoffmatten gekauft hatte. Doch es stellte sich heraus, dass die Frau am fraglichen Tag nur Matten einer anderen Stärke und Preisklasse verkauft hatte. Zlofs Verteidiger nahmen solche Zeugen auseinander.

Die Prozessbeobachter waren hin- und hergerissen. Im *Spiegel* argumentierte Gerhard Mauz vor der Urteilsverkündung, dass im Fall der Oetker-Entführung die »Gefahr eines totalen Irrtums« besonders groß wäre: »Der Sohn einer prominenten Familie wurde entführt, schwer verletzt kam er gegen ein sensationelles Lösegeld von 21 Millionen Mark frei. So etwas darf nicht unaufgeklärt bleiben, das rührt an die Selbstachtung der Polizei, es hat das perfekte Verbrechen nicht zu geben. Doch der Erfolg blieb hartnäckig aus, und der Druck der öffentlichen Kritik wurde immer stärker.« In dieser Situation habe es Hinweise auf einen Täter gegeben, der von seiner ganzen Persönlichkeit geradezu der Prototyp eines Justizopfers sei. »Dieter Zlof ist außerstande, jedenfalls in der Rolle des Angeklagten, für sich einzunehmen.« Ob er an Zlofs Schuld glaubte, schrieb Mauz nicht.

Der Staatsanwalt begann sein Plädoyer mit den Worten: »Maßlose Geldgier, Skrupellosigkeit und Kaltblütigkeit, aber auch Einfallsreichtum und Intelligenz kennzeichnen die Täter, die Richard Oetker am 14. Dezember 1976 in ihre Gewalt gebracht und zwei Tage später nach Zahlung von 21 Millionen Mark Lösegeld wieder freigelassen haben.« Nach der Beweisaufnahme spreche alles dafür, »dass der Angeklagte Zlof im Zentrum dieser Tat steht«. Der Ankläger beantragte eine Freiheitsstrafe von 15 Jahren wegen erpresserischen Menschenraubs und schwerer Körperverletzung.

Zlofs Verteidiger wiesen in ihren Plädoyers darauf hin, dass Richard Oetker unmittelbar nach der Entführung einen Unschuldigen als Täter identifiziert hatte. Penibel führten die Anwälte aus, wie sich die Zeugen widersprochen hatten und wie das, was sie vor Gericht sagten, abwich von dem, was sie bei polizeilichen Vernehmungen zu Protokoll gegeben hatten. Die Verteidiger monierten, dass Zlof bei Gegenüberstellungen den Zeugen zusammen mit Vergleichspersonen präsentiert worden war, aus deren Gruppe er durch Größe und Kleidung deutlich herausstach. Effektvoll zählte Rechtsanwalt Ufer auf, was alles am Ende des Prozesses nicht aufgeklärt war: »Wo sind die Mittäter, die drei Verwahrorte, das Entführungsfahrzeug, die Holzkiste, das Lösegeld, der Geldkoffer, die Gegensprechanlage, die Handschellen, die weißen Handschuhe, die Faschingsmaske?«

Dieter Zlof, inzwischen 37 Jahre alt, hatte einen letzten großen Auftritt. Unter Tränen sagte er: »Ich kann nicht beweisen, dass ich unschuldig bin. Aber muss ich's denn beweisen, muss man mir nicht meine Schuld nachweisen?« Psychologisch geschickt räumte er ein, kein sympathischer Mensch zu sein. Aber er sei kein Verbrecher. Er wollte nicht um Gnade oder Milde bitten: »Ich will Gerechtigkeit.«

Er bekam sie. Am 9. Juni 1980 verurteilte die 5. Strafkammer beim Landgericht München II Dieter Zlof zu 15 Jahren Haft. Gleichzeitig wurde Zlof verurteilt, an Rudolf-August Oetker 21 Millionen Mark zu zahlen und 60 000 Mark Schmerzensgeld an Richard Oetker. Das Gericht war zu der Überzeugung gekommen, dass der Angeklagte an der Entführung maßgeblich beteiligt gewesen war. Er sei der Bewacher Oetkers gewesen, habe mit dessen Frau telefoniert und auch die Erpresserbriefe geschrieben. Bei ihm sei ein Pritschenwagen mit einem Kasten in der Ladefläche gefunden worden, der als Lösegeldversteck gedient habe. Außerdem habe er zur Tatzeit einen VW-Bus gehabt, wie er bei der Entführung benutzt worden sei. Er sei überdies als Käufer des Opel Commodore wiedererkannt worden und als Lösegeldwechsler. Noch weitere Umstände sprachen für eine Schuld Zlofs.

In der mündlichen Begründung schickte Richter Hans Dieter Zeiler voraus: »Wir haben uns die Entscheidung wahrlich nicht einfach gemacht. Aber auch Richter sind Menschen, können sich irren, dessen sind wir uns bewusst. Sollte es sich um ein Fehlurteil handeln, können wir nur sagen: ›Hier stehen wir. Wir können nicht anders. Gott helfe uns.‹« In der Presse wurde der Satz später so interpretiert, als hätten die Richter nach dem Motto Recht gesprochen: Im Zweifel gegen den Angeklagten. »Dieter Zlof wurde ohne direkte Beweise verurteilt«, schrieb Tyll Schönemann im *Stern*. »Wie mies, schlampig und unbeholfen müssen eigentlich Polizei und Staatsanwaltschaft noch arbeiten, bevor sich ein deutscher Richter hinstellt und sagt, wegen der unfähigen Ermittlungsbehörden, dilettantisch aufgenommener Telefongespräche, verwischter Spuren, unterlassener Tatortuntersuchung sei es ihm unmöglich, Recht zu sprechen?« Der Bundesgerichtshof verwarf aber den Revisionsantrag Zlofs.

Auch nach der Verurteilung beteuerte Zlof immer wieder seine Unschuld. Seine Frau glaubte ihm, seine Mutter nicht. Richard Oetker hatte keinen Zweifel an Zlofs Schuld. Bei Zlofs Anwälten wuchsen die Zweifel an der Unschuld ihres Mandanten mit jedem Jahr seiner Inhaftierung, in dem kein Lösegeldtausender auftauchte: Warum nur gaben die Entführer ihre Beute nicht aus?

Richard Oetker musste nach der Entführung nicht nur mit schweren Verletzungen fertig werden. Bis heute muss er mit der Tatsache leben, Opfer eines Verbrechens zu sein, das sich im kollektiven Gedächtnis der Deutschen so tief eingeprägt hat wie kaum ein anderes. Die Entführung war eine besonders spektakuläre Straftat, und auch die Jagd der Fahnder nach dem Täter und vor allem der Prozess waren außergewöhnliche Ereignisse, die vielen Menschen in Erinnerung geblieben sind. Und auch alles, was noch nach dem Urteil geschah, hat ein großes öffentliches Interesse gefunden.

Nachdem er 1980 verurteilt worden war, leugnete Dieter Zlof die Tat weiterhin. Nach 15 Jahren im Gefängnis wurde er 1994 aus der Haft entlassen. Während der Haftzeit war kein einziger Tausender von dem Oetker-Lösegeld aufgetaucht. Damit war jeder vernünftige Zweifel an Zlofs Schuld verschwunden. Zlof musste das Geld Ende der siebziger Jahre irgendwo versteckt haben.

Nach seiner Freilassung beschatteten Beamte des LKA den Entführer. Wie schon 1979 gelang es ihm aber, die Verfolger mehr als einmal abzuschütteln. In einem Waldstück in der Nähe von München grub Zlof, von den Fahndern unbemerkt, das Lösegeld aus. Obwohl er den Koffer 15 Jahre zuvor in mehrere Lagen Plastikfolie eingepackt hatte, waren Feuchtigkeit und Kleintiere eingedrungen. Als er seine Beute wieder in Händen hielt, musste Zlof feststellen, dass ein großer Teil des Geldes vermodert war. Der kaltblütige Mann machte sich dennoch daran, die Beute zu verwerten. Was konnte ihm schon passieren? Seine Strafe hatte er abgesessen. Mehr, als dass ihm das Geld abgenommen wurde, riskierte er also nicht.

Allerdings stand Zlof vor dem Problem, dass er das Geld umtauschen musste. Denn zwischenzeitlich hatte die Bundesbank neue Geldscheine eingeführt. Die alten braunen Tausender konnten nur noch bei Banken gegen neue gewechselt werden. Im Gefängnis hatte Zlof Freundschaft mit einem Heroindealer geschlossen. Dieser Mann war nach der Haft nach Asien ausgewandert und schlug sich dort mit Import- und Exportgeschäften durch. Er kam aber regelmäßig nach Deutschland. Zlof weihte ihn in seinen Plan ein, das Lösegeld zu verwerten. Daraufhin machte sich der Mann auf die Suche nach ausländischen Abnehmern.

Als er einen Interessenten gefunden hatte, mussten Zlof und sein Helfer die Geldscheine säubern und trocknen. Dazu quartierten sich die Männer in einem Forsthaus im Hunsrück ein, das den Eltern des Zlof-Komplizen gehörte. Sie besorgten sich 20 000 Blatt saugfähiges Papier und gingen an die Arbeit. Rund acht Millionen Mark waren nicht zu retten und wurden im Kamin verbrannt. Für 12,5 Millionen Mark galt, dass die Scheine entweder noch in gutem Zustand waren oder nur zu weniger als der Hälfte beschädigt. Dieses Geld versteckten die Männer in einer abseits gelegenen Fischerhütte, die ebenfalls dem Vater des Zlof-Komplizen gehörte.

1995 fuhr Zlof dann mit seinem Knastbruder nach London. Der geplante Umtausch platzte, als den Interessenten klar wurde, dass es sich um registrierte Scheine handelte. Während Zlof zu seiner Frau nach München zurückfuhr, versuchte sein Knastkumpel auf eigene Faust, 100 Scheine aus dem Lösegeld umzutauschen. Er verlangte 500 Mark pro alten Tausender und fand auch einige Abnehmer. Auf diese Weise kam das Geld in den Besitz etlicher Kleinkrimineller – und bald darauf in die Hände von Scheinaufkäufern der Polizei. Den Fahndern gelang es, die Spur der Scheine zurückzuverfolgen. Im Januar 1996 verhafteten Polizeibeamte den Zlof-Helfer im Hunsrück. Im Verhör belastete der Mann seinen Knastkumpel.

Nun gestand Dieter Zlof seinen Anwälten, dass er entgegen allen früheren Unschuldsbeteuerungen das Verbrechen doch begangen hatte. Jetzt wolle er alles erzählen. Eine Zuhörerin war bald gefunden. In langen Gesprächen gab Zlof seine Version der Ereignisse der Journalistin Nicole Amelung zu Protokoll, der Ehefrau des Zlof-Verteidigers Martin Amelung. Die bayerische Polizei erfuhr von dem Buchprojekt und beschlagnahmte das Manuskript im Dezember 1996. Das Buch erschien gleichwohl im Herbst 1997 unter dem Titel »Die Oetker-Entführung. Geständnis des Dieter Zlof: die Geschichte der 21-Millionen-Erpressung«.

Das 800-Seiten-Werk gibt Zlofs Sicht der Dinge wieder und ist ein

Dokument seiner Selbstgerechtigkeit. Zugleich offeriert es einige Antworten auf Fragen, die im Prozess nicht geklärt worden waren. Zlof erklärte ausführlich die Tricks, die er sich hatte einfallen lassen, um seinem Opfer vorzuspiegeln, dass es in der Gewalt einer ganzen Bande wäre. So hatte Zlof den für die Aussetzung Oetkers vorgesehenen Opel Commodore mit laufendem Motor und laufender Heizung in einem Waldstück geparkt. Anschließend war er per Anhalter zurück in die Stadt gefahren, um dann Oetker im VW-Bus zum geplanten Aussetzungsort zu steuern, wo er sein Opfer in den aufgeheizten Wagen legte. Oetker und die Polizei nahmen wie selbstverständlich an, dass Zlof-Komplizen dieses Auto in den Wald gefahren haben mussten.

Zlof schilderte in dem Buch auch seine Sicht, wie es zu den fürchterlichen Stromschlägen gekommen war. Demnach hatte er eine elektrische Anlage mit einem so genannten Akustomaten konstruiert, die dem Opfer bei einem bestimmten Geräuschpegel in der Kiste einen Schlag geben sollte, allerdings, wie Zlof beteuerte, nur etwa der Art, wie Kühe sie an Weidezäunen bekommen. Er habe die Anlage damals zuerst an sich selbst ausprobiert, so Zlof, dann allerdings den eingebauten Widerstand gegen einen neuen, unbenutzten ausgetauscht. Als er in den Tagen nach der Entführung aus den Zeitungen erfahren habe, wie schwer Richard Oetker verletzt worden war, habe er den Strom der Anlage noch einmal gemessen. Zu seinem Entsetzen habe er festgestellt, dass der Strom zehnmal größer gewesen sei, als beabsichtigt. Der Widerstand sei viel geringer gewesen, als er hätte sein sollen, behauptete Zlof. Also müsse er wohl beim Einbau zwei Teile verwechselt haben.

Die Schuld für diesen fatalen Fehler, der Richard Oetker seine Gesundheit kostete und beinahe auch sein Leben, diese Schuld sah der Entführer allerdings auch 20 Jahre nach der Tat nicht bei sich selbst. Zlof lud die Verantwortung beim Hersteller der Elektroteile ab: Die Widerstände seien farblich nicht deutlich genug markiert gewesen, behauptete der Mann, dem daran gelegen war, in der Öffentlichkeit nicht als brutaler Menschenquäler dazustehen.

Nicole Amelung verglich Zlofs Schilderungen mit den Prozessakten aus dem Gerichtsverfahren in den Jahren 1979 und 1980 und kam zu dem Schluss: »Das Frappierende an diesem Urteil war, dass man den Richtigen verurteilt, lediglich mit den falschen Werkzeugen ›zur Strecke gebracht‹ hatte: mit Zeugen, die sich geirrt oder bewusst die Unwahrheit gesagt haben, und mit Indizien, die nicht hätten ausreichen dürfen.«

Dieser Befund der Journalistin ist aber nicht überzeugend. Selbst wenn Zlofs spätes Geständnis in allen Einzelheiten stimmte, was zweifelhaft ist, so ergäbe sich daraus nur, dass das Gericht die Tat nicht in jedem Detail richtig rekonstruiert hätte. Dass Zlof 1980 auf Basis falscher Beweise verurteilt worden wäre, wie Nicole Amelung meint, davon kann in Wahrheit keine Rede sein. In der Jägersprache der Autorin ausgedrückt: Zlof wurde durchaus waidgerecht zur Strecke gebracht.

In dem Geständnisbuch legte Zlof immer noch nicht alle Karten auf den Tisch. Wo das Geld nach der Verhaftung seines Knastkumpels geblieben war, das verschwieg er auch noch, als er die Entführung zugab. Auch im Polizeiverhör schwieg er. Nach der Festnahme des Zlof-Helfers hatten LKA-Beamte die Fischerhütte durchsucht, das Lösegeld allerdings nicht mehr finden können.

Nach seinem Geständnis blieb Zlof auf freiem Fuß und suchte nach Abnehmern für das Geld. Er versuchte sogar, mit Rudolf-August Oetker ins Geschäft zu kommen. Der Konzernsenior war der rechtmäßige Eigentümer, er hätte die alten Scheine jederzeit problemlos umtauschen können. Einmal traf sich Oetkers Anwalt Walter Maaß in München zu einem Gespräch mit einem Anwalt Zlofs. Gesprochen wurde über ein Angebot Zlofs, das der Oetker-Anwalt als unmoralisch empfand: Rückgabe des Lösegeldes gegen Provision. »Wir machen keine Geschäfte mit Verbrechern«, beschied Maaß dem bayerischen Kollegen. »Herr Zlof soll nichts von dem Geld haben.« Dann würden die Millionen wohl auf dem Marienplatz in München verbrannt werden, sagte Zlofs Anwalt.

Es sollte nach diesem denkwürdigen Gespräch nicht lange dauern, bis Rudolf-August Oetker 12,5 Millionen Mark auf anderem Wege zurückbekam. Beamte des bayerischen LKA stellten Zlof eine Falle. Der Entführer wurde im Mai 1997 durch verdeckte Ermittler nach London gelockt, wo er schon einmal versucht hatte, die Beute zu verwerten. Auch diesmal war es Zlof gelungen, Helfer zu rekrutieren. Ein Komplize half ihm dabei, das Lösegeld in einer Büchersendung zu verstecken und durch eine Spedition von Deutschland nach England bringen zu lassen. Ein anderer mietete Autos.

Trotzdem ging der Oetker-Entführer in die Falle. Sonderfahnder von Scotland Yard überraschten Zlof am 27. Mai 1997 dabei, wie er das Lösegeld tauschen wollte, und verhafteten ihn. Für die Entführung konnte er auch in England nicht ein zweites Mal bestraft werden. Ein Londoner Gericht verurteilte ihn aber immerhin zu zwei Jahren Haft wegen »Annehmens gestohlener Güter«, das nach britischem Recht eine Straftat ist. Zlof wurde wohl zum Verhängnis, dass er das Geld auf englischem Boden von einem Spediteur ausgehändigt bekommen hatte.

Nach der Haft begann Zlof ein neues Leben. Seine Frau hatte sich zwar von ihm scheiden lassen, aber sie beschäftigte ihn dennoch in einer Imbissbude, die sie unter ihrem Mädchennamen eröffnet hatte. Als sich die Oetker-Entführung 2001 zum 25. Mal jährte, erhielt der Täter die Gelegenheit, in einer TV-Dokumentation des Norddeutschen Rundfunks seine Sicht der Dinge zu schildern.

Richard Oetker war anfangs gegen diesen Film, an den sich Danuta Harrich-Zandberg und Walter Harrich gemacht hatten. Dann überlegte er es sich anders und bat seinen Bruder, seinen Anwalt und seinen Arzt, den Filmemachern Interviews zu geben. Richard Oetker wollte auf diese Weise sicherstellen, dass die Perspektive des Opfers in einer Dokumentation dieses – ohne Zweifel mit beachtlicher Intelligenz ausgeführten – Verbrechens nicht zu kurz kam.

Später kritisierte die Opferschutzorganisation Weißer Ring, dass die Sicht des Täters immer noch zu viel Raum erhalten hätte. Tatsächlich durfte Zlof in dem Film unkommentiert Sätze sagen, die auf sein Opfer wie Hohn wirken mussten: »Das Leben ist nun mal eine Abfolge von Traumata, wenn man das so will. Die Frage ist nur, wie weit

Richard Oetker im Gerichtssaal: »Man kann sich als Opfer nicht menschlicher verhalten«, urteilten Prozessbeobachter.

schwinge ich mich dazu auf, jemand anderem bewusst ein Trauma zu verpassen. Und da habe ich eben Für und Wider abgewogen und habe eben gesagt, gut, ich nehme es mir jetzt einfach mal heraus, so wie es andere auch tun, und verpasse jemandem ein gewisses Trauma. Und selbstverständlich wird der eine, der weniger erlebt hat im Leben, der weniger Narben auf der Seele hat, sagen: ›Nee, das kannst du doch nicht machen‹, während jemand wie ich sagt: ›Da muss er durch. Das schafft er.‹«

Um die Opfersicht zur maßgeblichen Perspektive auf dieses Verbrechen zu machen, unterstützte Richard Oetker auch eine Verfilmung der Entführung für Sat.1. Dabei hatte ausgerechnet dieser Sender 1993 eine Talkshow mit Margarethe Schreinemakers ausgestrahlt, in der sich Zlof während eines eintägigen Hafturlaubs als Justizopfer hatte präsentieren dürfen. Oetkers Jugendfreund Ludwig zu Salm hatte den Unternehmer bewogen, bei dem Spielfilmprojekt mitzuhelfen. Oetker und Salm, der bei dem Film als einer der Produzenten fungierte, wollten wohl Zlof zuvorkommen und verhindern, dass die Filmrechte an dem Amelung-Buch verkauft werden würden. Richard Oetker traf sich mit dem Regisseur Peter Keglevic und dem Drehbuchautor. Er lud auch den Schauspieler Sebastian Koch, der ihn in dem Film darstellen sollte, zu sich nach Hause ein. Bei Kirschkuchen und Wein erzählte er ihm von der Entführung. Er verriet Koch, dass er lange Jahre auf eine Entschuldigung Zlofs gewartet hatte. »Er spricht sehr nüchtern, fast cool darüber«, berichtete Koch später einer *Bunte*-Journalistin von seinem Besuch in Bielefeld. »Nur bei dem Wort ›Kiste‹ hatte ich den Eindruck, da verändert sich etwas in ihm. Ich konnte spüren, dass diese Kiste, sein Gefängnis, für ihn ein magischer Ort war – ein Ort des Todes.«

Der Spielfilm wurde im November 2001 unter dem Titel »Tanz mit Teufel« ausgestrahlt, vom Publikum und den Kritikern gelobt und erhielt den Deutschen Fernsehpreis. Auf Oetkers Wunsch zahlten die Produktionsfirma und der Privatsender einen größeren Betrag an den Weißen Ring. Um dieser gemeinnützigen Organisation Geld zukommen zu lassen, stellt sich Richard Oetker auch schon mal als Schirmherr eines Golfturniers zur Verfügung.

21. »Einen Generationenkonflikt kann man nicht vermeiden«

August Oetker II. übernimmt das Ruder

Die Karriere des Unternehmers August Oetker junior begann mit einem Märchen. Auf einer Weihnachtsfeier für die Kinder der Oetker-Belegschaft wurde in den frühen fünfziger Jahren Schneewittchen aufgeführt. Der Junge, der so hieß wie sein berühmter Urgroßvater, stand kostümiert auf der Bühne. August Oetker war der siebte Zwerg.

Sein Vater saß im Publikum und freute sich. Firmeninhaber Rudolf-August Oetker sah es gerne, dass sein Erstgeborener auf diese Weise im Unternehmen bekannt wurde. Oetker war ein Unternehmer der dritten Generation und sah sich selbst als Teil einer Dynastie. Jetzt sollten die Leute seinen Sohn sehen und sagen: Da ist er, der Thronanwärter.

August war der erste Sohn aus der zweiten Ehe seines Vaters mit Susi Oetker. Er war der Älteste von vier Geschwistern und damit der Stammhalter. Rudolf-August Oetker hatte bereits eine Tochter Rosely aus seiner kurzen ersten Ehe, die aber nicht bei ihm aufwuchs. Zu diesen fünf Kindern sollten später noch drei weitere aus der dritten Ehe des Unternehmers kommen.

Vier Jahre besuchte August Oetker die Grundschule in Bielefeld. Die anderen Kinder nannten ihn Pudding, dabei war er schlank und groß. Dann schickte der Vater seinen Sohn auf das Eliteinternat Schloss Salem in Baden-Württemberg, wo er vorher bereits dessen ältere Halbschwester Rosely untergebracht hatte. Im Kreis der Mitschüler waren die beiden Oetkers nicht die einzigen, deren Eltern sehr vermögend waren. Aber niemand anderer trug einen so bekannten Namen.

Was ein solcher Name für ein Kind bedeutet, sollte der Verlegerspross Florian Langenscheidt später einmal so beschreiben: »Stellen Sie sich vor, Sie tragen eine Marke mit solcher Strahlkraft als Familiennamen. Sie werden damit geboren – und man erkennt sie schon am Anhänger auf der Neugeborenenstation. Sie gehen damit in den Kindergarten – und die Kindergärtnerin weiß Bescheid. Sie werden diesbezüglich jahrelang in der Schule angesprochen – und entsprechend der erwarteten Kompetenz eingeordnet, bewundert oder auch gehänselt.«

August Oetkers Lebensweg war in gewisser Weise vorgezeichnet. Einen Beruf brauchte er nicht zu wählen. Die familiäre Vorgabe lautete: Unternehmer in der vierten Generation. Auf dieses Ziel hin war er 1944 sozusagen getauft worden.

Immerhin gab es mehrere Wege, unter denen August nach dem Abitur wählen konnte. Das Oetkersche Reich war in den Nachkriegsjahrzehnten groß und vielgestaltig geworden und bot den Nachkommen viele Betätigungsfelder. Augusts Vater hatte als junger Mann zwar auch eine Zeit lang Puddingpulver durch das Werk schieben müssen, dann aber doch eine Lehre als Bankkaufmann absolvieren dürfen – außerhalb der Oetker-Gruppe.

August Oetkers Interesse galt schon früh den Schiffen. Als Junge war er oft in Hamburg, wo sein Vater die prachtvolle Elbvilla »In de Bost« besaß. Oftmals hatte das Kind die großen Frachter bestaunt, die auf dem Fluss vorbeifuhren. Manchmal war er am Ufer entlanggelaufen, um auszuprobieren, ob er mit der Geschwindigkeit eines der scheinbar so trägen Schiffe mithalten konnte. Auch an Schiffsmodellen hatte das Kind Freude. In den Ferien fuhr die Familie damals meist auf die Insel Juist. Dort verbrachte August Oetker viel Zeit am Hafen und beobachtete, wie die Fährschiffe anlegten und abfuhren.

Nach dem Abitur zog er 1963 nach Hamburg. Bei der Firma Knöhr & Burchard Nachfolger, einer bereits im Jahre 1814 gegründeten Reederei, die nicht zur Oetker-Gruppe gehörte, begann August Oetker eine Lehre als Kaufmann. Anders als die anderen Auszubildenden fuhr der Unternehmersohn mit dem Auto zur Arbeit. Um aber nicht aufzufallen, parkte er es einige Hundert Meter entfernt vom Kontor am Rödingsmarkt und ging das letzte Stück zu Fuß. Autos faszinierten ihn sehr. Besonders genoss es der Lehrling, wenn er im Auftrag der Reederei Zollformalitäten für Diplomatenlimousinen und Sportwagen erledigen musste und mit den Wagen durch das riesige Hafengelände fahren konnte.

Nach der Abschlussprüfung als Reedereikaufmann 1965 sammelte August Oetker erste Berufserfahrungen bei Schifffahrtsunternehmen und Transportversicherungen im In- und Ausland. In New York arbeitete er in der Dependance der Columbus-Line, die zur Hamburg Süd gehörte. Der Vater erwartete, dass der Sohn nun zügig ein Studium aufnahm. Aber August Oetker mochte nicht. »Die Universität war für mich abschreckend, aber ein Muss«, bekannte er später.

1966 schrieb er sich an der Universität Hamburg im Fach Betriebswirtschaftslehre ein. Der Vater wünschte, dass der Sohn auch als Student standesgemäß lebte und ein Haus in guter Lage bezog. Darüber kam es zu ersten Konflikten. August Oetker wollte im Kreis der Freunde und Kommilitonen kein Außenseiter sein und lieber eine Wohnung als eine Villa. Der Student aus reichem Hause würde kein Achtundsechziger werden, aber die Zeitstimmung, dieses Gemisch aus Aufbruch und Protest, die prägte auch ihn – und das Verhältnis zum Vater.

Als der junge Oetker dem alten Herrn Anfang der siebziger Jahre mitteilte, dass er seine Freundin, die vier Jahre jüngere Georgia Dill, heiraten wollte, kam es zum großen Krach. Rudolf-August Oetker hielt nicht viel von der jungen Frau, auf die die Wahl des Sohnes gefallen war. Vor allem aber war er dagegen, dass August Oetker vor Abschluss seiner Ausbildung heiratete. Das schickte sich nicht, fand der Vater. Die Hochzeit wurde dennoch 1971 gefeiert. Doch Rudolf-August Oetker soll ihr ferngeblieben sein.

Noch ein weiteres Mal enttäuschte der Junior den Vater. Rudolf-August Oetker legte großen Wert darauf, dass sein Sohn die Chance nutzte, die er selbst wegen des Krieges nicht hatte, und nach dem Studium einen Doktortitel erwarb – so, wie ihn sein Urgroßvater und sein Großvater vor ihrem Namen geführt hatten. Wie geheißen, begann

293

August Oetker nach der Diplomprüfung mit der Arbeit an einer Dissertation.

Deren Abschluss ließ dann allerdings auf sich warten. Über einige Jahre hörten Freunde, Bekannte und Geschäftspartner aus dem Mund des Seniors, dass Stammhalter August nun sicher bald promoviert werden würde. Doch daraus wurde nichts. Der Junior verlor die Lust an der Wissenschaft und brach das Vorhaben ab.

August Oetker trat auch keinen Job in der Bielefelder Zentrale an, wo er unter der direkten Aufsicht des Vaters gestanden hätte. Er ging mit Frau und Kindern zuerst nach London und einige Jahre darauf nach New York, wo er sich einen Job in der Finanzbranche gesucht hatte. Als Associate in der Investmentbank Lehman Brothers Kuhn Loeb gewann er ganz neue Einblicke in das Wirtschaftsleben. Nachdem er sich eingearbeitet hatte, rechnete er sich gute Chancen aus, in der Finanzfirma eine Karriere aus eigener Leistung zu schaffen. Das Leben in den USA gefiel ihm sehr. Seine Frau und die Kinder fühlten sich ebenfalls wohl in New York. So richtete sich August Oetker darauf ein, auf Dauer in den USA zu bleiben.

In den späten siebziger Jahren musste die Entscheidung fallen. Seit Rudolf-August Oetker 1976 seinen 60. Geburtstag gefeiert hatte, dachte er vermehrt über einen Rückzug nach. Wer sollte die Nachfolge antreten? Würde sein ältester Sohn nun bald in das Familienunternehmen zurückkehren wollen, um sich auf den Spitzenjob vorzubereiten? Wer anders konnte den Vater ersetzen?

Der vier Jahre jüngere Christian Oetker, der im Bankhaus Lampe gelernt und anschließend Betriebswirtschaft studiert hatte, war noch zu unerfahren. Dasselbe galt für Richard, der überdies durch die Folgen der Entführung stark in Anspruch genommen war. Aber August sträubte sich gegen eine Rückkehr. Zudem hatte der Vater Zweifel, ob sein ältester Sohn über die nötige Durchsetzungskraft verfügte, die für die Konzernführung erforderlich war.

Rudolf-August Oetker überlegte, ob er die Nachfolge an der Spitze der Bielefelder Gruppe nicht besser dem Neffen Arend übertragen sollte. Der Sohn seiner Schwester Ursula hatte mit der Sanierung der

Schwartauer Werke bewiesen, dass er das Zeug zum erfolgreichen Unternehmer hatte. Oetker sprach mit dem Neffen über dessen Pläne. Aber Arend Oetker war mit den eigenen Beteiligungen und einigen Verbandsposten zufrieden und ausgelastet. Er wollte nicht ins Reich des Onkels überwechseln.

Familiäre Kontinuität im Unternehmen war für Rudolf-August Oetker ein hoher Wert. Der Gedanke, dass die Firmengruppe ausschließlich von angestellten Managern geführt werden könnte, schreckte ihn. So unternahm er einen neuen Anlauf, den verlorenen Sohn zurückzuholen. 1978 reiste Rudolf-August Oetker nach New York, um seinen Sohn in die Pflicht zu nehmen. »Mein Vater hat mich gefragt, ob ich sein Nachfolger werden will«, resümierte August Oetker später das Gespräch.

Wohl wissend, dass es für ihn nicht einfach sein würde, war der Junior bereit, den Weg zu gehen, der ihm vorgezeichnet war. Mit Mitte 30 würde er in ein Unternehmen kommen, das sein Vater geprägt hatte und das er aller Voraussicht nach auch weiterhin prägen würde. August Oetker würde sich im Schatten eines ungemein erfolgreichen Unternehmers behaupten müssen.

Der Vater hatte es da als junger Mann in gewisser Hinsicht leichter gehabt. Denn als Rudolf-August Oetker nach dem Krieg an die Spitze der Unternehmensgruppe gerückt war, da waren sein Vater und sein Stiefvater tot. Es hatte damals niemanden in der Familie gegeben, der ihn hätte beaufsichtigen können. Rudolf-August Oetker hatte seine ersten Schritte unbefangen tun können. Er war von treuen und erfahrenen Führungskräften beraten und unterstützt worden, ohne dass seine Autorität als Inhaber in Frage gestellt worden war.

August Oetker musste sich unter den Augen seines Vaters bewähren – und das auf einem Gebiet, das er bisher kaum kannte. Zwar verfügte er in der Schifffahrtsbranche über Erfahrungen und auch im Finanzgewerbe kannte er sich mittlerweile gut aus, aber mit der Nahrungsmittelindustrie und mit Brauereien hatte er in seinem beruflichen Leben nie etwas zu tun gehabt.

Seinen ersten Führungsjob in der Oetker-Gruppe trat er 1979 bei

einer Tochterfirma weitab von Bielefeld an. Bei der Dibona Markenvertrieb KG im badischen Ettlingen kümmerte er sich als Geschäftsführender Gesellschafter um den Verkauf von Ültje-Erdnüssen, Eto-
Soßen und Langnese-Honig – lauter Erzeugnisse, die die Oetkers neben ihren Stammprodukten herstellten und vertrieben.

Kurz vor seinem 64. Geburtstag im September 1980 beförderte
Rudolf-August Oetker seinen Sohn dann zum Generalbevollmächtigten und holte ihn nach Bielefeld. Der Senior erklärte nun öffentlich,
dass er sich mit 65 Jahren zur Ruhe setzen werde: »Das gehört sich
so.«

Mit 36 Jahren rückte August Oetker, mittlerweile Vater von drei
Kindern, in die operative Führung der Firmengruppe ein. Bisher hatten sich auf der Ebene unterhalb des Inhabers die Manager Guido
Sandler, Rudolf Stelbrink und John Henry De La Trobe das Regiment
über die rund 150 Einzelunternehmen mit ihren damals 20 000 Mitarbeitern geteilt. Ein Stab von 80 Mitarbeitern in der Bielefelder Zen-
tralverwaltung half ihnen dabei.

Die Unternehmensgruppe war im Kern gesund, aber es gab in
mehreren Bereichen Probleme. Das Geschäft mit den Nahrungsmitteln wuchs kaum noch, auch wenn Oetker das Sortiment immer
wieder erweitert hatte, etwa durch die in den siebziger Jahren auf dem
Markt eingeführte »Paradiescreme«. Seit 1974 konnte das Unternehmen die Einzelhandelspreise nicht mehr zentral festlegen. Die Verhandlungen mit den Abnehmern waren härter geworden. Während
immer mehr Tante-Emma-Läden geschlossen wurden, wuchsen im
Handel Großunternehmen heran, die es mit der Macht der Markenartikelindustrie ohne weiteres aufnehmen konnten. Und Ketten wie
Edeka und Coop legten immer mehr Eigenmarken in ihre Regale, die
den Verbrauchern eine billige Alternative zu den Oetker-Produkten
boten.

Das Selberbacken war in Deutschland ziemlich aus der Mode gekommen, ungeachtet der Tatsache, dass die Oetkers von ihrem Bestseller »Backen macht Freude« bis Anfang der achtziger Jahre bereits
27 Millionen Exemplare verkauft hatten – ein Auflagenrekord, der

nur von der Bibel übertroffen wurde. Mit den Lebensgewohnheiten hatten sich in Deutschland auch die Essgewohnheiten verändert. Die Verbraucher fragten vermehrt kalorienarme Speisen nach. Der Bierkonsum ging zurück, und der Absatz der Brauereien im Oetker-Besitz stagnierte. Zwar verkauften die Bielefelder seit 1970 von Jahr zu Jahr größere Stückzahlen an Pizzen, aber die Erlöse deckten die hohen Investitionen in das Tiefkühlgeschäft nicht ab. Oetkers Marktanteil im Geschäft mit Gefriernahrung lag damals bei wenig über zehn Prozent.

Auch Oetkers Fischfangflotte, immerhin die zweitgrößte in Deutschland, operierte mit hohen Verlusten. Wegen international vereinbarter Fangquoten durfte sie nicht mehr vor Island fischen. Zum Glück arbeiteten aber die Reedereien, die ihrem Eigner lange Zeit Sorgen bereitet hatten, inzwischen wieder mit gutem Gewinn. Seit den siebziger Jahren setzte die Hamburg Süd neuartige Containerschiffe ein. Das erste war die Columbus New Zealand, zu der bis 1980 acht weitere hinzukamen. 1976 hatte die Reederei zudem einen Containerdienst zwischen der US-Golfküste und Australien sowie Neuseeland eingerichtet. Und nach einer Pause von 18 Jahren ließ die Hamburg Süd ihre Frachter auch wieder regelmäßig zwischen den Ostküsten Nord- und Südamerikas hin- und herfahren.

Die Vielfalt der Aktivitäten war zugleich eine Stärke und eine Schwäche der Oetker-Gruppe. Mochte die Gruppe manchem Außenstehenden auch als Sammelsurium erscheinen, änderte das nichts an der Tatsache, dass Rudolf-August Oetker das Familienvermögen vergrößert hatte. Als sich der Senior Anfang der achtziger Jahre aus dem aktiven Geschäft zurückzog, trat ohne Zweifel ein Ausnahmeunternehmer der deutschen Wirtschaft von der Bühne ab. Der Mann, der bei Beobachtern gerne den Eindruck erweckte, er blicke durch das von ihm geschaffene Konglomerat nicht recht durch (»Dat ist alles so kompliziert, dat kann einer allein char nicht mehr verstehen«), hatte sich als einer der großen Konzernarchitekten der Nachkriegszeit erwiesen – und zugleich als umsichtiger Kaufmann, der in keinem einzigen Jahr unterm Strich mit Verlust gearbeitet hatte.

Die hohe Diversifikation brachte den Vorteil mit sich, dass Oetkers gesammelte Firmen in Branchen operierten, deren Konjunkturen weitgehend unabhängig voneinander liefen. Verluste in einem Bereich konnten durch Gewinne in anderen Sektoren aufgefangen werden, ohne dass die Firmengruppe wie viele andere Unternehmen in allzu große Abhängigkeit der Banken geriet.

Oetkers Leistung wird nicht durch die Tatsache geschmälert, dass die Bedingungen, unter denen er gewirtschaftet hatte, überaus günstig waren. In den wichtigsten Jahren seines Unternehmerlebens hatte er in der warmen Sonne eines Superbooms agieren können. Diese konjunkturelle Hochzeit hielt fast ein Vierteljahrhundert an. Sie reichte von 1950 bis zu den Ölkrisen der siebziger Jahre. Sucht man nach einer vergleichbaren Blütezeit in der Geschichte der deutschen Wirtschaft, so muss man zu den goldenen Jahren zwischen 1895 und 1914 zurückgehen – nicht zufällig also zu der Epoche, in der der Firmengründer August Oetker seine großen Erfolge hatte.

Rudolf-August Oetker hatte sich während seiner Karriere auch eine Reihe kapitaler Fehler geleistet. Neben kleineren Verlusten, wie er sie bei seinem Ausflug in die Filmwirtschaft erlitten hatte, waren ihm auch sehr viel teurere Fehleinschätzungen unterlaufen. Der Versuch, in Deutschland und Italien eine völlig neue Biermarke namens Prinz Bräu zu kreieren, hatte viele Millionen verschlungen und war kläglich gescheitert. Die Pleite schmerzte Oetker besonders, weil er nicht wiederholen konnte, was sein Großvater geschafft hatte – einen bedeutenden Markenartikel zu schaffen.

Der Bau einer Brauerei in Alaska 1967 erwies sich als Fehlinvestition, die rund 30 Millionen Mark kostete. Im Fluggeschäft hatte Oetker sich nicht halten können und die von ihm gegründete Condor an die Lufthansa verkauft. Mehrere Versuche des Unternehmers, sich neben all seinen Aktivitäten auch noch als Textilfabrikant zu etablieren, nähren den Verdacht, dass er phasenweise dazu neigte, sich selbst als ein Universaltalent zu überschätzen. Bei all diesen Pleiten und Fehlinvestitionen war es aber doch jedes Mal eine grandiose Untertreibung, wenn der Senior wieder einmal einem Gesprächspartner klagte: »Wenn ich das Geld, was ich verloren habe, heute noch hätte, dann erst wäre ich reich.«

Zu den Eigenschaften Rudolf-August Oetkers, die seinen Erfolg begünstigten, zählen eine umsichtige Personlauswahl und die ungewöhnlich große Loyalität zu den leitenden Mitarbeitern. Die Topmanager seiner Firmengruppe wie Sandler, Stelbrink und De La Trobe arbeiteten über Jahrzehnte unter seiner Ägide und hatten beträchtliche Freiräume. Zwar tönte der Konzernchef gerne einmal: »Wer nicht bringt, was verlangt wird, fliegt, egal aus welcher Etage.« Tatsächlich mussten seine Manager aber nicht fürchten, für kleinere Fehler haftbar gemacht zu werden. Der Inhaber hielt sich auch nicht damit auf, Sündenböcke zu suchen, wenn ein von ihm genehmigtes Vorhaben schief gegangen war. Im Tagesgeschäft galt in der Firmengruppe ohnehin das Prinzip der dezentralen Führung. Die Geschäftsführer in Oetkers Konglomerat konnten auf ihren Märkten eigenständig operieren.

Rudolf-August Oetker selbst sah das Geheimnis seines Erfolges in einer analytischen Begabung: »Ich glaube, dass ich komplizierte Vorgänge auf eine einfache Formel bringen kann und dass dadurch auch komplizierte Vorgänge für mich verhältnismäßig einfach sind.« Der Unternehmer, der vom Typ Ähnlichkeiten mit Konrad Adenauer aufwies, war seit jeher ein besonders gründlicher Leser von Bilanzen, Berichten und Finanzierungsplänen. Stets hielt sich Oetker auf dem Laufenden darüber, was sich auch in entlegenen Gegenden seines Firmenreiches tat. Lange Telefongespräche allerdings waren ihm immer zuwider.

Bis 1980 führte Rudolf-August Oetker sein Firmenimperium als so genannter Einzelkaufmann. Dadurch war er von der gesetzlichen Verpflichtung befreit, öffentlich Angaben über Gewinne und Verluste zu machen. Weil ihm die Unternehmensgruppe allein gehörte und er mit seinem gesamten Vermögen haftete, brauchte Oetker sich auch nicht mit einem Aufsichtsrat herumzuschlagen. Ebenso wenig musste er Arbeitnehmervertreter in seiner Firma mitbestimmen lassen.

Gewerkschaftsfunktionäre nannten die Oetker-Gruppe aus diesen

Gründen ein »patriarchalisches Fossil«. Der Konzern werde wie »ein Tante-Emma-Laden« geführt, hatte der SPD-Abgeordnete Friedhelm Farthmann dem Inhaber in den siebziger Jahren einmal im Beisein seiner Führungskräfte gesagt – ein Vergleich, über den sich Rudolf-August Oetker, wie er damals kundtat, »sehr geärgert« hatte. Er selbst hatte sich immer zugute gehalten, dass er seine Geschäfte mit Umsicht und Rücksicht führte.

Als der Wirtschaftsjournalist Hans Otto Eglau dem Konzernherrn einmal vorgehalten hatte, dass für ein Unternehmen von der Größe der Oetker-Gruppe die Rechtsform der Aktiengesellschaft wohl passender wäre, da war der Unternehmer ans Fenster getreten und hatte auf Mitarbeiter in der Fabrik gedeutet. »Diese Leute da unten, die da arbeiten, vertrauen doch auf uns. Die sagen, das war bei Oetkers immer solide, da könnt ihr von ausgehen, die sind nicht leichtsinnig.«

Die Übergabe an die nächste Generation brachte die Notwendigkeit mit sich, das Unternehmen in eine neue Rechtsform zu bringen. Daher wandelte Rudolf-August Oetker das Bielefelder Stammhaus Anfang 1981 in eine Kommanditgesellschaft (KG) um, die als Holding für die meisten übrigen Firmenbeteiligungen dienen sollte. Bei der Rechtsform der KG haften ein oder mehrere Gesellschafter mit ihrem ganzen Vermögen. Andere Gesellschafter haften als Kommanditisten nur bis zu einer bestimmten Summe. Rudolf-August Oetker ließ sich als einzigen Kommanditisten in das Handelsregister eintragen und beschränkte somit seine Haftung für die Schulden der Firma – allerdings auf einen dreistelligen Millionenbetrag.

In der Rolle des Kommanditisten war der Senior von der Geschäftsführung der Firmengruppe ausgeschlossen. Die lag nun bei seinen drei altgedienten Generalbevollmächtigten und dem als Vierten hinzugetretenen August Oetker. Die Herren durften sich fortan »Persönlich haftende Gesellschafter« nennen. Das Quartett stand unter der Kontrolle Rudolf-August Oetkers. Außergewöhnliche Geschäfte bedurften weiterhin seiner Zustimmung. Die Beteiligungen an den Versicherungen Deutscher Ring und Condor sowie am Bankhaus Lampe behielt Oetker im Privatvermögen.

Während sich Stelbrink weiter wie bisher um Finanzen und Bilanzen kümmerte und De La Trobe die Aktivitäten in der Schifffahrt sowie bei Banken und Versicherungen steuerte, verkleinerte sich der Wirkungskreis Guido Sandlers durch den Einstieg des jungen August Oetker. Sandler hatte seit vielen Jahren die Sparten Nahrungsmittel und Brauereien geführt und war damit in der Firmengruppe zum mächtigsten Mann nach dem Inhaber geworden.

Aber er bearbeitete das Feld, auf dem der Junior agieren wollte. Sandler, den das *manager magazin* einmal als eine »Mischung aus Musterschüler und Machiavelli« charakterisierte, musste einen Teil seiner Macht an August Oetker abgeben. Der Manager, den Firmensenior Rudolf-August Oetker seinen Freund nannte, tat das ohne Murren und nannte den Wechsel eine »ganz natürliche Sache«.

Für den Neuling fanden sich im Oetker-Reich einige Baustellen. Außer der Pleite mit Prinz Bräu, für die Sandler verantwortlich war, hatte auch der von ihm betriebene Einstieg in das Tiefkühlgeschäft nicht die erwarteten Erfolge gebracht. Über 100 Millionen hatte die Oetker-Gruppe investiert, um auf diesem Wachstumsmarkt dabei zu sein. Aber gegen den Marktführer Unilever (Langnese-Iglo), so schien es, kamen die Bielefelder einfach nicht an. Im Einzelhandel hatten sich die Oetker-Manager Sympathien verscherzt, weil sie immer wieder die Strategie gewechselt hatten. Eine Zeit lang hatten sie ein volles Sortiment gefrorener Speisen vertrieben – von der Eiskrem über Fischstäbchen bis hin zur Pizza. Dann gab es nur noch eine kleine Auswahl – bis die nächste Kehrtwende folgte.

Beobachter bemängelten, dass sich der traditionsreiche Konzern kaum erneuert hatte. »Sandler verzettelte Führungspotenzial und Kapital in Randaktivitäten, statt rechtzeitig die einst übermächtige Stammmarke für die achtziger Jahre zu rüsten«, bilanzierte das Wirtschaftsmagazin *Capital* 1982. »Völlig verschlafen wurde nach dem Abebben der Fresswelle der Trend zur leichten und bequemen Kost.« Ein weiteres Versäumnis: Auf den europäischen Auslandsmärkten war die Oetker-Gruppe kaum präsent.

Auch die Marke »Dr. Oetker«, die durch den hellen Frauenkopf im roten Oval symbolisiert wurde, hatte an Strahlkraft verloren. In den siebziger Jahren war Marie-Louise Haase als Leiterin der Versuchs-küche die Vorzeigefrau der Firma geworden. Bei aller Popularität der kundigen Dame, die sich im Fernsehen souverän selbst darstellte, hatte sie der Marke letztlich ein konservatives, hausbackenes Image gegeben.

Der Junior ging seine Sache zaghaft an. Hatten die Oetker-Mitar-beiter und Beobachter des Bielefelder Unternehmens erwartet, dass August Oetker dem Konzern schnell einen neuen Kurs geben würde, sahen sie sich getäuscht. So behutsam ging der Neue zu Werke, dass ihm die Wirtschaftspresse bald »Konzeptionsschwäche« vorwarf. Im-merhin übernahm er 1983 die Führung der Bielefelder Stammfirma, die neben Back- und Puddingpulver längst auch Kuchenmischungen und Desserts wie die populäre Rot-Wein-Creme produzierte und dabei auf Marktanteile zwischen 50 und 75 Prozent kam.

Wenn in Familienunternehmen die Führung auf die nächste Gene-ration übergeht, ist häufig ein eigentümliches Phänomen zu beobach-ten. Der Inhaber wünscht einerseits, dass sein Sohn das Werk fortsetzt und sichert. Andererseits glaubt er aber insgeheim, dass niemand anders als er selbst dieser schwierigen Aufgabe gewachsen ist. Ein Ver-sagen des Nachfolgers empfindet der Vorgänger zwar als Unglück, zu-gleich aber auch als eine Form der Auszeichnung. Denn das Scheitern bestätigt die Größe des Vorgängers und beweist dessen Einzigartig-keit.

Gegen solche Gedanken und Gefühle war Rudolf-August Oetker anders als viele andere Unternehmer seiner Generation weitgehend immun. Er wünschte den Erfolg seines Sohnes von ganzem Herzen. Das erklärt sich zum einen aus der Tatsache, dass er selbst bereits ein Unternehmer der dritten Generation war. Ihm war bewusst, dass seine Lebensleistung nicht einzigartig in der Familie Oetker war, sondern in einer Reihe stand mit den Erfolgen des Großvaters und des Stiefvaters. Wenn Rudolf-August Oetker sich als Mitglied des weit verzweigten Industriellenclans sah, dessen Stammbaum an der Wand seines Büros hängt, so fand er noch weitere Erfolgsunternehmer: den Textilfabri-kanten Albert Oetker, den Marzipanproduzenten Louis C. Oetker oder die in die USA ausgewanderten Dohmes, deren Pharmafirma später mit dem US-Konzern Merck fusioniert wurde.

In der Zeit des Übergangs schützte Rudolf-August Oetker seinen Sohn vor zu hohen Erwartungen an dessen unternehmerisches Talent, indem er seine eigene Leistung klein redete: »Er hat es doch viel schwerer als ich damals«, sagte er, wann immer das Gespräch auf einen Vergleich der beiden Oetkers kam. Das Wirtschaftsleben sei ungleich komplizierter als in der Zeit, in der er selbst an die Unternehmensspitze getreten war, sagte Oetker. Mehr als einmal rühmte der Alte das große Kommunikationstalent seines Nachfolgers: »Mein Sohn ist mit dem Mund besser als ich.«

Intern ging es allerdings härter zur Sache, wie August Oetker Jahrzehnte später durchblicken ließ. »Einen Generationenkonflikt kann man nicht vermeiden. Der richtige Nachfolger muss sich halt durchsetzen«, beschrieb er den Übergang. Nur widerwillig nahm der Senior es in den achtziger Jahren hin, dass sich sein Sohn von einigen chronisch defizitären Firmen trennen wollte, an denen sein Herz hing. Eines dieser Unternehmen war das Windsor Kleiderwerk in Bielefeld, das mit Verlusten arbeitete. Nach langen Diskussionen setzte sich August Oetker gegen den Vater durch. Das Textilunternehmen landete bei den Holy-Brüdern (Boss).

Auch bei dem Textilunternehmen Wäschewerke Kayser drängte August Oetker auf eine Schließung und setzte sich durch. Es war keine angenehme Aufgabe, der sich der Nachfolger nun stellen musste. Er versteckte sich nicht hinter den Managern, als es darum ging, die Belegschaft zu informieren. »Den Menschen zu sagen, es geht nicht anders, das war fürchterlich«, sollte er sich später zurückerinnern. »Das musste ich selbst machen, sonst hätte ich jeden Vertrauensvorschuss und auch Autorität verloren.«

Der Junior scheute sich nicht, die Firmengruppe umzubauen. Die Hochseefischerei gab der Konzern auf, weil August Oetker darin keine Perspektive mehr sah. Vor allem schien ihm die Organisation der Lebensmittelsparte überholt, wo sein Vater und Sandler drei Firmen unabhängig nebeneinander her hatten arbeiten lassen. Das Stammhaus, die Tiefkühlsparte und das Markengeschäft mit Langnese-Honig und Ültje-Erdnüssen verfügten jeweils über eigene Vertriebs- und Verwaltungsorganisationen. August Oetker hielt diese Aufstellung für ineffizient und sorgte dafür, dass die Geschäfte in einem einzigen Unternehmen zusammengelegt wurden. So entstand die Dr. August Oetker Nahrungsmittel KG. Den alten Slogan »Man nehme Dr. Oetker«, der noch vom Urgroßvater stammte, ergänzte August Oetker um die Formulierung: »Qualität ist das beste Rezept.«

Mit jedem dieser Schritte gewann der Nachfolger an Profil und damit auch an Führungskraft. »Eine starke Persönlichkeit wirft einen starken Schatten«, beschrieb August Oetker später das Verhältnis zum Vater. »Aus dem muss man erst heraustreten.« Auch privat hatte er mit dem Vater manchen Strauß auszufechten. Als August Oetker für sich und seine Familie nach eigenen Vorstellungen ein Haus in unmittelbarer Nachbarschaft zu dem seines Vaters errichten ließ, da waren der Senior und seine Gattin mit dem Ergebnis so unzufrieden, dass sie ihren Architekten Pinnau mit der Verschönerung des klotzigen Gebäudes beauftragten.

Trotz aller Differenzen bescheinigte August Oetker seinem Vater Jahrzehnte später, dass dieser sich im Gegensatz zu anderen Unternehmern seiner Generation wie etwa Max Grundig und Josef Neckermann in vorbildlicher Weise aus dem operativen Geschäft zurückgezogen hatte: »Der verantwortungsbewusste Unternehmer muss rechtzeitig sein Unternehmen vor sich selbst schützen.«

Rudolf-August Oetker tat mehr als das. So sorgte der Senior schon früh dafür, dass im Falle seines Ablebens kein Streit zwischen den Erben die Existenz des Unternehmens gefährden konnte. Die Vorbereitungen des Erbfalls waren kein leichtes Unterfangen. Oetker hatte in drei Ehen acht Kinder gezeugt. Seine jüngste Tochter Julia war erst 1979 auf die Welt gekommen und damit fast 40 Jahre jünger als die älteste, Rosely Schweizer. Die älteren Nachkommen hatte Rudolf-August Oetker zu einem Erbverzicht bewogen, sobald sie volljährig geworden waren. Damit wollte er die Einheit des Unternehmens sicherstellen. Zum Ausgleich wurden den Kindern Immobilien über-

Gelungener Generationenwechsel: Rudolf-August Oetker mit seinem Sohn August Oetker vor einem Porträt des Firmengründers Dr. August Oetker.

tragen oder Anteile an Firmen, die auch unabhängig vom Stammhaus operieren konnten.

Auf diese Weise waren die Oetker-Geschwister beispielsweise zu ihrem Besitz bei den Sektkellereien gekommen, bei denen Rosely Schweizer auch als persönlich haftende Gesellschafterin agierte. Christian Oetker besaß Anteile an der Suppenfabrik Eto, während sein Bruder Richard, wie es hieß, mit dem Langnese-Honig-Werk in Bargteheide abgefunden worden war. Auch einen Großteil seines Brauereibesitzes überschrieb Rudolf-August Oetker.

Die frühzeitige Übertragung von Vermögenswerten hatte den Vorteil, dass die Erbschaftsteuerzahlungen, die auf die Oetker-Nachkommen unweigerlich zukamen, gestreckt werden konnten. Rudolf-August Oetker beherzigte den Rat, den Steuerberater gerne in die Formulierung packen, dass es fiskalisch günstig ist, einen Teil des Vermögens »mit warmen Händen zu geben«. Weil die Steuern nicht auf einen

Schlag anfielen, war es möglich, sie aus den laufenden Gewinnen der Unternehmen zu bezahlen.

Mehr als einmal beschrieb August Oetker sein Unternehmerdasein im Kontrast zu den Bedingungen, unter denen der Vater gewirtschaftet hatte. »Wir drehen an vielen kleinen Schräubchen«, klagte er 1986. »Das ist sehr viel unattraktiver, als ein großes Unternehmen zu kaufen.« Doch schon kurz darauf konnte auch der Junior an einem großen Deal mitwirken.

Im Sommer 1986 verhandelten die Oetkers und ihre Manager über den Kauf der renommierten Sektkellerei Henkell in Wiesbaden. Die drei Henkell-Familienzweige, die das 160 Jahre alte Unternehmen besaßen, hatten die Lust an der Firma verloren. Vier Jahre zuvor war die Sektsteuer um ein Drittel erhöht worden, und seither ließen sich die Flaschen mit den Marken Henkell Trocken, Rüttgers Club und Carstens SC nur noch zu niedrigeren Preisen absetzen.

Zu den Henkell-Eignern gehörte die Familie von Hitlers Außenminister Joachim von Ribbentrop, der einst Anneliese Henkell geheiratet hatte und 1946 hingerichtet worden war. Eine Verbindung der Familie Ribbentrop zu den Oetkers bestand schon vor dem Unternehmensverkauf. Robert von Ribbentrop, ein Sohn des NS-Politikers, hatte bis 1980 an der Spitze von Oetkers Lampe-Bank gestanden.

Die Oetkers zahlten für die Henkell-Sektkellerei 130 Millionen Mark. Den Kauf konnte die Familie leicht finanzieren, weil sie sich kurz zuvor von einem Großteil ihrer Versicherungsaktivitäten getrennt hatte und entsprechend flüssig war. Zum Preis von 125 Millionen Mark hatte Rudolf-August Oetker die Aktien des Deutschen Rings, die seit Anfang der sechziger Jahre in seinem Besitz gewesen waren, an die Basler Versicherungs-Gruppe veräußert.

Nach dem Vertragsabschluss feierten die Oetkers das Geschäft mit Mitgliedern der Henkell-Familie im Düsseldorfer Hotel Breidenbacher Hof. Aus kartellrechtlichen Gründen blieb die Sektkellerei zunächst außerhalb des Bielefelder Konzernverbundes. Drei Nachkommen Rudolf-August Oetkers aus drei verschiedenen Ehen übernahmen die Gesellschaftsanteile: Rosely Schweizer, Richard Oetker und der älteste

Sohn aus der Ehe mit Maja von Malaisé, der 1967 geborene Alfred Oetker.

Bald darauf wurde Henkell aber doch mit der Sektkellerei Söhnlein Rheingold, die schon seit den fünfziger Jahren im Oetker-Besitz war, unter ein gemeinsames Dach gebracht. Als die Unternehmen zusammengeführt waren, teilten sich alle acht Kinder Rudolf-August Oetkers diesen Besitz. Durch die Fusion entstand das mit Abstand größte Unternehmen der Schaumweinbranche, dessen Umsätze sich auf mehr als eine halbe Milliarde Mark addierten. Außer Sekt vertrieb die Firma auch eine Reihe populärer Spirituosen, darunter den Cognac Remy Martin und den Likör Grand Marnier. Söhnlein war im Spirituosensegment schon länger mit Wodka Gorbatschow und Batida de Coco erfolgreich.

Rudolf-August Oetkers Rückzug aus dem operativen Geschäft bedeutete nicht, dass er untätig blieb. Der rüstige Mittsechziger nutzte weiter wie bisher sein Büro in der Bielefelder Hauptverwaltung, dessen Wand ein großer Stammbaum ziert. Einmal im Monat tagte er als eine Art von Ein-Mann-Aufsichtsrat mit den vier persönlich haftenden Gesellschaftern der August Oetker KG. Seinem Gefühl nach waren die Herren froh, wenn er sie ansonsten in Ruhe ließ. Schmunzelnd teilte er einem Journalisten einen Verdacht mit, den er gegen die Konzernführung hegte: »Die haben mir die Hotels und die Lampe-Bank gelassen, weil sie sicher sind, dass ich damit genug zu tun habe und mich nicht um ihren Kram kümmere.«

Tatsächlich sah sich der Senior jeden Kredit an, den das Bankhaus Lampe vergab, und kümmerte sich ausgiebig um die Luxushotels. Zum Brenner's Park-Hotel in Baden-Baden waren im Lauf der siebziger und achtziger Jahre drei weitere große Häuser hinzugekommen: das Le Bristol in Paris, das Hotel Du Cap Eden Roc im französischen Cap d'Antibes und das Parkhotel Vitznau in der Schweiz.

Dabei hatte Oetker niemals den Plan verfolgt, neben all seinen anderen Aktivitäten auch noch zum Großhotelier zu werden. Es habe sich einfach so ergeben, erläuterte er einmal. »Das eine Haus habe ich geerbt, weil es keiner sonst haben wollte. Dafür konnte ich gar nichts.

Und bei den anderen steckten immer – ich muss es so einfach aus-drücken – Familientragödien dahinter. Was soll man machen, wenn man acht Kinder hat und nur ein Hotel? Dann muss man sich von dem Haus trennen, um die Erben auszahlen zu können!«

Besonders das Brenner's Park-Hotel besuchte Rudolf-August Oetker, so oft es ging. Dorthin hatte er regelmäßig die Führungskräfte seines Konzerns zu Konferenzen eingeladen. Nun ließ sein Sohn August die Gruppentagungen dort abhalten. Der Vater verbrachte auch schon mal Urlaubstage in Baden-Baden. Er hatte es sich zur Angewohnheit gemacht, bei jedem Besuch ein anderes Zimmer zu bewohnen, um es einer gründlichen Überprüfung unterziehen zu können. Kritikpunkte und Anregungen gab er dann an den Hoteldirektor weiter. »Es gibt ja schließlich Dinge, die die Hausdame gar nicht sehen kann«, begrün-dete der Inhaber seine Inspektionen, »weil einem manch ein Mangel nur bewusst wird, wenn man in einem Zimmer lebt.«

Als eingefleischter Unternehmer vertrat Rudolf-August Oetker die Ansicht, dass eine Firma, die nichts abwirft, auch nichts wert ist. Die Hotels betrieb die Familie zwar nicht als Zuschussgeschäft, aber die Gewinnerwartungen waren auch nicht so hoch wie bei den übrigen Geschäften. Um die Häuser attraktiv zu erhalten, waren laufend hohe Investitionen erforderlich, die viel Kapital banden. »Damit kann heut-zutage keiner reich werden«, beschrieb Rudolf-August Oetker Motive als Grandhotelier. »Andererseits ist das Bewusstsein, den Menschen eine Oase bieten zu können, die heute niemand mehr bauen würde, für sich gesehen schon eine Bereicherung.«

Die Hotels boten überdies Oetkers Frau und seiner Tochter ein Feld standesgemäßer Betätigung. Während Maja Oetker wie auch ihr Bru-der Christoph von Malaisé in den Aufsichtsräten und Beiräten Plätze einnahmen, kümmerte sich Oetkers Tochter Bergit als Innenarchitek-tin um die Ausstattung der Häuser. Oetkers Architekt Cäsar Pinnau gestaltete zahlreiche Erweiterungs- und Umbauten. Er erweiterte das Parkhotel am Vierwaldstätter See um ein Drittel und fügte dem Brenner's Park-Hotel eine Schwimmhalle im antik-pompejanischen Stil an. Das Le Bristol, ein traditionsreiches Pariser Grand Hotel, ergänzte

Pinnau um einen klassizistisch komponierten Flügel und einen Garten im Innenhof. Auch das Luxushotel an der Côte d'Azur ließ Oetker aufwändig und in mehreren Etappen umgestalten. Als Bauherr zeigte sich der Inhaber, der seine Schuhe über 20 Jahre trug und bei seinen Autos die Modellwechsel ignorierte, nicht kleinlich: »Was bringt es, wenn ich zwar zehn Prozent billiger, dafür aber um 50 Prozent hässlicher baue?«

Aber als Cäsar Pinnau 1988 starb, überwarf sich Oetker mit dessen Frau. Eine Reihe von Bauten waren unvollendet, darunter Umbauten und Neubauten an Oetkers Privathaus in Bielefeld, beim Bankhaus Lampe in Düsseldorf, den Sektkellereien und beim Brenner's Park-Hotel. Um die Fortsetzung der Arbeiten und die Ansprüche der Erbin kam es zum Streit. Ruth Pinnau geriet in finanzielle Bedrängnis, aus der sie sich nur dadurch befreien konnte, dass sie ein historisches Haus an der Hamburger Palmaille, in dem sich das Atelier ihres Mannes befunden hatte, verkaufte. In ihren Memoiren hielt sie dem Industriellen, mit dem sie sich über 40 Jahre freundschaftlich verbunden geglaubt hatte, seine Hartherzigkeit vor: »Gerade in der Zeit des größten Schmerzes über den Verlust meines geliebten Mannes verletzte mich Oetkers Verhalten zutiefst.«

Im Alter fühlte sich Rudolf-August Oetker außer zu den Hotels besonders zur Kunst hingezogen. Der passionierte Sammler beschloss den Arbeitstag gerne damit, in den Auktionskatalogen zu blättern, die man ihm in großer Zahl ins Haus schickte. Schon immer hatte er sich auch für das Geschäft interessiert, das mit Kunstwerken gemacht wurde. So war es nicht verwunderlich, dass der langjährige Kunstkäufer Rudolf-August Oetker auf seine alten Tage auch noch zum Kunsthändler wurde.

Im Jahr 1986 übernahm der dem aktiven Geschäft entrückte Konzernherr die renommierte Kunsthandlung und Galerie Colnaghi in London mitsamt einiger Grundstücke in bester Lage an der Old Bond Street. Einmal mehr war es Oetker gelungen, sein Firmenreich um ein Unternehmen zu erweitern, das auf eine außerordentlich lange Geschichte zurückblickte und weltweit großes Renommee genoss.

Colnaghi war der Familienname eines italienischen Feuerwerks-
fabrikanten, der 1760 in Paris eine Galerie für grafische Blätter eröffnet
hatte, die er sieben Jahre später durch eine Filiale in London ergänzte.
Ihr internationaler Durchbruch war der Kunsthandlung kurz vor der
Wende zum 20. Jahrhundert gelungen, als sie US-Millionäre mit Kunst-
werken aus der Alten Welt belieferte. In den dreißiger Jahren hatte
Colnaghi im Auftrag der Sowjetbehörden Bilder aus der Eremitage in
Leningrad an westeuropäische Käufer vermittelt.

Die Galerie handelte mit Gemälden alter Meister, Möbeln, Skulp-
turen und anderen Kunstobjekten aus der Zeit des 15. bis 19. Jahrhunderts. Mit der vollständigen Übernahme durch die Bielefelder
Unternehmerfamilie, bei der eine Holding im schweizerischen Steu-
ersparparadies Zug zwischengeschaltet wurde, verstärkte der Konzernsenior das Engagement der Familie auf einem überschaubaren
Feld der Wirtschaft, in dem vor allem reiche und superreiche Menschen als Kunden auftreten. Es ist dieselbe exklusive Klientel, die auch
von der Lampe-Bank betreut wird und in den Oetkerschen Luxushotels zu Gast ist.

22. »*Ich bin zu neugierig*«
Der Postensammler Arend Oetker

Auditorium maximum der Universität Hamburg, an einem Nachmittag im Oktober 2003. Vier Fünftel der Stühle sind leer. Auf den anderen sitzen die Teilnehmer eines Kongresses über »E-Learning« und die Zukunft der Hochschulen. Auf dem Podium diskutieren Bundesforschungsministerin Edelgard Bulmahn, der frühere BDI-Präsident Hans-Olaf Henkel und einige Experten darüber, wie Computer und Internet das Lernen befördern könnten. Auch der Unternehmer Arend Oetker ist dabei. Man hat ihn als Präsidenten des Stifterverbandes für die Deutsche Wissenschaft eingeladen. Doch gleich in seinem ersten Wortbeitrag erwähnt Oetker, dass er auch Vizepräsident des Bundesverbandes der Deutschen Industrie ist.

Zum Thema der Veranstaltung kann der Mann wenig beitragen. »E-Mail, das kann ich nicht«, sagt er. Er sei mehr für das »Haptische«. Dann zieht er ein schmales rotes Büchlein aus der Innentasche seiner Jacke und zeigt dem Publikum einen Terminkalender, der ohne jede Elektronik auskomme. »Auch den Computer kann ich nicht«, kokettiert der 64-Jährige. Dann erzählt er, wie er vor 40 Jahren in diesem Saal dem Philosophen Carl Friedrich von Weizsäcker gelauscht habe. »Von Weizsäcker konnte mit der Kreide an der Tafel einen Kreis schlagen, der wirklich rund war«, gibt Oetker zum Besten. Es geht eben auch ohne Computer. Aber das Publikum im Saal mag sich über die Plaudereien des Industriepräsidenten nicht amüsieren. Die Leute wollen Substanzielles hören.

Wie treibt einen Mittsechziger mit einer Abneigung gegen Computer in eine Diskussion über die Universitäten im digitalen Zeitalter? Es ist das Prinzip der Omnipräsenz. Der Unternehmer Arend Oetker ist ein Mann für alle Veranstaltungen. Oetker ist *der* Multi-Funktionär der deutschen Wirtschaft: Kein anderer Manager oder Firmeninhaber in Deutschland bekleidet ähnlich viele repräsentative Posten.

Das *manager magazin* rechnete Arend Oetker 2002 zu den »50 Mächtigsten der deutschen Wirtschaft«. Damit gehört er zu jenem erlauchten Kreis von Vorstandschefs, Aufsichtsräten und Verbandsfürsten, von denen die *Magazin*-Macher sagen: »Sie haben, direkt oder diskret, großen Einfluss in der Deutschland AG. Ihre Entscheidungen betreffen nicht nur ein Unternehmen, sie sitzen an mehreren Schaltstellen der Macht. Ein wichtiges Kriterium für die Aufnahme in den exklusiven Club sind ein exzellentes Netzwerk und der Wille, die Drähte zu nutzen.« Nach dieser Analyse, die auf umfangreichen Recherchen der Redakteure basiert, spielen auch Großorganisationen der Wirtschaft eine bedeutende Rolle im ökonomischen Machtgefüge: »Zwei Verbände sind für Topleute relevant – der bekannte Bundesverband der Deutschen Industrie und der eher verkannte Stifterverband für die Deutsche Wissenschaft.«

Arend Oetker ist der einzige Unternehmer, der in beiden Verbänden eine herausragende Rolle spielt. Er ist Präsident des Stifterverbandes und Vizepräsident des BDI. Daneben ist er aber auch Mitglied im Präsidium der Bundesvereinigung der Deutschen Arbeitgeberverbände. Und er ist Vorsitzender des Vorstandes eines hochkarätigen Vereins namens Atlantik-Brücke. Jeder einzelne dieser Posten genügt bereits, um seinem Inhaber ein hohes Renommee in den führenden Kreisen der Republik zu sichern.

All diese Positionen sind allerdings Ehrenämter und damit Nebenbeschäftigungen eines Mannes, der im Hauptberuf Unternehmer ist. In den Firmen, die ihm ganz oder teilweise gehören, hat Arend Oetker eine Vielzahl von Funktionen inne. An erster Stelle ist er Geschäftsführender Gesellschafter der Dr. Arend Oetker Holding GmbH & Co. und Aufsichtsratschef der Schwartauer Werke sowie Präsident des Verwaltungsrats des schweizerischen Lebensmittelkonzerns Hero AG, dessen Aktien ihm gehören.

Er leitet den Beirat der Schifffahrtsgesellschaft TT-Line in Hamburg, die mit ihren Fähren Travemünde und Trelleborg verbindet. Außerdem sitzt er im Aufsichtsrat der Cognos AG, die ihr Geschäft mit Bildungseinrichtungen und Beratung macht. Bei der KWS Saat AG begnügt er sich mit dem Posten des stellvertretenden Aufsichtsratschefs. Er ist Gesellschafter der Bominflot Bunkergesellschaft für Mineralöle und sitzt im Beirat einer US-Wagniskapitalfirma namens Boston Capital Ventures.

Der Unternehmer findet offenbar auch noch Zeit, um eine Reihe von Mandaten in bedeutenden Aktiengesellschaften auszuüben, an denen er persönlich nicht oder nur geringfügig beteiligt ist. Immer wenn beispielsweise der Aufsichtsrat der Degussa AG in Düsseldorf tagt oder der Verwaltungsrat der Bâloise Holding AG in Basel zusammenkommt, reist Arend Oetker an. Die Gesellschafter des Pharmakonzerns Merck in Darmstadt beriefen ihn in das Kontrollgremium ihres Unternehmens. Und bei Gerling in Köln wirkt Arend Oetker ebenfalls in einem Aufsichtsrat mit.

Es lohnt sich, einige der Wirkungskreise des Arend Oetker näher zu beleuchten, um abzuschätzen, welchen Einfluss dieser mittelständische Unternehmer mit dem bekannten Namen in der deutschen Wirtschaft und Politik mittlerweile ausübt.

Der Stifterverband für die Deutsche Wissenschaft, zu dessen Präsident Oetker 1998 gewählt wurde, ist eine in der Öffentlichkeit wenig bekannte Organisation der Industrie. Der Verband wurde 1920 gegründet, als einige Industrielle etwas gegen die Finanznot der Universitäten und Forschungseinrichtungen unternehmen wollten. Die Hilfe fiel auf fruchtbaren Boden. Bald nach seiner Gründung förderte der Stifterverband neben anderen Wissenschaftlern auch Werner Heisenberg, der 1932 den Nobelpreis für Physik bekam.

Arend Oetker repräsentiert eine Förderorganisation, die ein Kapital von knapp 1,4 Milliarden Euro verwaltet. Der Stifterverband sammelt bei Unternehmen Spenden für die Wissenschaft und verteilt überdies die Erträge aus 347 Einzelstiftungen. Mit dem Geld stimuliert er Forschungsprojekte und innovative Lehrmodelle. Zu den Empfängern der

Mittel gehören in erster Linie Professoren und der akademische Nach-wuchs. Aber auch Großorganisationen wie die Max-Planck-Gesell-schaft – in deren Senat Arend Oetker ebenfalls einen Sitz hat – werden bedient. Das hat eine gewisse Tradition. Einer der frühen Förderer dieser Institution, die ursprünglich Kaiser-Wilhelm-Gesellschaft hieß, war der Fabrikant August Oetker – der Urgroßvater des heutigen Stifterverbandspräsidenten.

Dem Engagement im Stifterverband verdankt Arend Oetker weitere ehrenvolle Ämter, so zum Beispiel seinen Platz im Präsidium der Deut-schen Forschungsgemeinschaft und die Mitgliedschaft im Kuratorium der Fritz Thyssen Stiftung. Sogar beim TÜV Norddeutschland war Oetker eine Zeit lang Vorstandsmitglied, obwohl er nach eigener Ein-schätzung technisch unbegabt ist. »Der Mann interessiert sich eben für vieles und hat deshalb einen riesengroßen Bekanntenkreis«, skiz-zierte ihn das *manager magazin*.

Der Stifterverband ist der deutschen Wissenschaft ohne Zweifel von Nutzen, auch deshalb, weil er unbürokratischer arbeiten kann als die Forschungsministerien. 2002 flossen 115 Millionen Euro über den Ver-band und die von ihm betreuten Stiftungen in Forschung und Lehre. Gemessen an den staatlichen Geldern für die Wissenschaft, nehmen sich die Mittel allerdings bescheiden aus. Der Etat der Deutschen Forschungsgemeinschaft stammt beispielsweise heute nur noch zu 0,3 Prozent von den Wirtschaftsstiftern, in den fünfziger Jahren waren es zehn Prozent.

Der Stifterverband hat eine zweite Funktion, die nicht in seiner Sat-zung steht. Er bildet den Rahmen für ein Netzwerk mächtiger Männer. Wenn das Präsidium tagt, kann Arend Oetker dem Vorstandssprecher der Deutschen Bank Josef Ackermann die Hände schütteln, ebenso wie Siemens-Lenker Heinrich von Pierer und VW-Chef Bernd Pischetsrieder. Am Tisch sitzen ferner DaimlerChrysler-Chef Jürgen Schrempp, Allianz-Chefaufseher Henning Schulte-Noelle und BMW-Aufsichtsratschef Joachim Milberg. Spitzenleute von BASF, E.ON, RWE, Bosch, ThyssenKrupp, Bayer und Beiersdorf vervollständigen König Arends Tafelrunde.

Das zweite bedeutende Podium für Oetker ist der Vorsitz in der Atlantik-Brücke. Hier verschafft sich der Unternehmer internationales Ansehen. Die Atlantik-Brücke ist ähnlich wie der Stifterverband ein in der Öffentlichkeit kaum bekannter Club mächtiger Menschen. Die Vereinigung wurde 1952 von einem Kreis um Erik Blumenfeld, Eric M. Warburg und Marion Gräfin Dönhoff gegründet und ist damit die älteste Organisation zur Förderung der deutsch-amerikanischen Beziehungen. Der Zweck des Vereins war ursprünglich, enge informelle Kontakte zwischen den Entscheidungsträgern beider Nationen aufzubauen und die Westbindung der jungen Bundesrepublik zu fördern. Seit dem Golfkrieg, dem Krieg in Afghanistan und dem Irakkrieg kümmert sich der Club vornehmlich darum, die Freundschaft zu den USA trotz politischer Differenzen zu erhalten.

Die Atlantik-Brücke ist ein elitärer Zirkel, was sich darin zeigt, dass man diesem Verein nicht beitreten kann. Die Mitgliedschaft wird ausschließlich durch Kooptation erworben, das heißt: Vereinsveteranen suchen den Nachwuchs aus. Rund 400 Frauen und Männer gehörten dem Club 2003 an. Die Hälfte der Mitglieder entstammt der Wirtschaft: Manager wie der langjährige Deutsche-Bank-Chef Hilmar Kopper oder Jürgen Schrempp. Aber auch Sozialdemokraten wie der frühere Bundeskanzler Helmut Schmidt und Ex-Verteidigungsminister Rudolf Scharping sind Mitglieder. Willkommen im Club durften sich auch einige tonangebende Journalisten fühlen, darunter *Bild*-Chefredakteur Kai Diekmann und *Zeit*-Herausgeber Josef Joffe.

Arend Oetker ist seit Anfang 2000 Vorsitzender des Vereins, und damit Inhaber einer Position, die der *Stern* einmal einen »Brückenkopf zu den wirklich Mächtigen der westlichen Welt« nannte. Den Prestigeposten bekam Oetker wegen der Verfehlungen seines Vorgängers. Er übernahm das Amt von Walther Leisler Kiep, der 16 Jahre an der Spitze des Clubs agiert hatte. Der CDU-Politiker und Versicherungsmakler Kiep hatte während seiner langen Amtszeit die stille Netzwerkdiplomatie der Atlantik-Brücke personifiziert. Zu Kieps politischen Überzeugungen zählte der Satz: »Das Bündnis mit den Vereinigten Staaten ist das zweite Grundgesetz der Bundesrepublik Deutschland.«

Mit den geschriebenen Gesetzen nahm Kiep es weniger genau. Im Februar 2000 musste er den Vorsitz der Atlantik-Brücke abgeben, nachdem herausgekommen war, dass er als Bundesschatzmeister der CDU illegale Parteispenden angenommen hatte. Auch die Atlantik-Brücke hatte Kiep für Parteizwecke missbraucht. Auf dem Briefpapier des Vereins hatte er 1993 dem damaligen Bundeskanzler Helmut Kohl den Waffenhändler Schreiber und dessen Projekt einer Panzerfabrik in Kanada ans Herz gelegt.

Die Atlantik-Brücke geriet während der CDU-Parteispendenaffäre noch weiter ins Zwielicht, als offenbar wurde, dass etliche Schlüssel-figuren Mitglieder des Vereins waren, neben Schreiber auch der Leuna-Lobbyist Dieter Holzer und der Schatzmeister der hessischen CDU Casimir von Wittgenstein. Dieser Adelsmann hatte die Lüge in die Welt gesetzt, das ungeklärte Parteivermögen stamme aus jüdischen Vermächtnissen.

Im Februar 2000 übernahm Kieps Vize Arend Oetker den Posten des Vorstandsvorsitzenden zunächst kommissarisch. Aber es gelang ihm bald, sich auf Dauer an der Spitze zu etablieren. Eine gewisse Beziehung zu den Vereinigten Staaten konnte er nachweisen. Oetker hatte als junger Mann in den USA studiert. Später war es ihm gelungen, sich mit seinen Schwartauer Werken auf dem nordamerikanischen Markt einen Platz zu erkämpfen. Der Unternehmer erhielt das Vertrauen der Vereinsmitglieder aber auch deshalb, weil er persönlich seit langem reich genug ist, dass ihm kaum zuzutrauen wäre, durch ein Ehrenamt seine persönlichen Geschäftsinteressen befördern zu wollen.

Der Vorsitz der Atlantik-Brücke ist eine Schlüsselstellung bei der Elitebildung in Deutschland. Der Verein versammelt nicht nur die in der Gegenwart Mächtigen, er wirkt auch bei der Auswahl künftiger Führungsgenerationen mit. In einem so genannten Young-Leaders-Programm lädt der Verein einmal im Jahr 25 junge Manager, Nachwuchspolitiker und Journalisten ein und bringt sie mit Talenten aus den USA zusammen. Zu denen, die in früheren Jahren an solchen Treffen teilnehmen durften, zählen Springer-Chef Mathias Döpfner und Bundesbildungsministerin Edelgard Bulmahn.

Eher glanzlose Aktivitäten der Atlantiker sind Seminare und Studienreisen für amerikanische Sozialkundelehrer, die Deutschland kennen lernen wollen, und Einführungskurse für Offiziere der US-Streitkräfte in Deutschland. Dreimal im Jahr tagt unter Arend Oetkers Vorsitz der Arbeitskreis USA, auf dem sich Politiker und Experten über das deutsch-amerikanische Verhältnis austauschen. Und alljährlich im Dezember lädt der Vorsitzende zu einer Galabenefizveranstaltung in New York ein. Die Einnahmen des Abends fließen an eine Stiftung, die ostdeutschen Oberschülern und jungen Schwarzen aus den USA Gastaufenthalte im jeweils anderen Land ermöglicht.

Zu den Höhepunkten seiner Amtszeit dürfte Arend Oetker einmal zählen, dass er im April 2002, als die Atlantik-Brücke ihr 50-jähriges Bestehen feierte, dem früheren US-Präsidenten George Bush einen Preis verleihen durfte. Oetker brillierte bei der Begrüßung mit perfektem Englisch, die Festrede überließ er Bundesaußenminister Joschka Fischer. Unter den Gästen des Abends waren Bundeskanzler Gerhard Schröder, sein Vorgänger Helmut Kohl und der frühere Bundespräsident Richard von Weizsäcker. Solisten der Komischen Oper spielten Stücke aus »Porgy & Bess«.

Arend Oetker begreift sich als politischen Menschen. In den siebziger Jahren war er Mitglied der FDP. Zweimal hat man ihm, dem Sohn eines Großbauern, das Amt des Landwirtschaftsministers angeboten. Doch Oetker lehnte ab, angeblich, weil er den Unternehmerberuf nicht völlig aufgeben wollte. Einige Jahre vor dem Machtwechsel 1982 wechselte Oetker die Partei und schloss sich der CDU an.

Im Bundesverband der Deutschen Industrie spielt Arend Oetker ebenfalls seit langem eine wichtige Rolle. Seit 1992 hat er ununterbrochen den Vorsitz des Mittelstandsausschusses inne. Mehr als zehn Jahre stand er überdies an der Spitze der Arbeitgebervereinigung der Nahrungs- und Genussmittelindustrie. Noch heute leitet er das Gremium Bildende Kunst im Kulturkreis der deutschen Wirtschaft, der sich unter dem Dach des BDI gebildet hat und aus seinen Mitgliedsbeiträgen Künstler fördert.

Sein Interesse für Kunst und Musik ließ Oetker eine Reihe weiterer Ehrenämter annehmen. Er präsidiert der Deutschen Stiftung Musikleben in Hamburg, die junge Hochbegabte in der klassischen Musik fördert. Oetker leitet auch den Aufsichtsrat der Berliner Philharmonie.

Wo Arend Oetkers Kunstsinn endet, das erfuhr das Satiremagazin *Titanic* 1987. Als Chef des Stahlkonzerns seines Schwiegervaters wollte Oetker den Satirikern gerichtlich verbieten lassen, den Weißblech-Werbeslogan »Ich war eine Dose« zusammen mit einer figürlichen Darstellung des ans Kreuz geschlagenen Jesus zu zeigen. Die Öffentlichkeitsarbeit der Weißblechindustrie werde »in einer an Geschmacklosigkeit kaum zu überbietenden Art verleumdet«.

Besonders am Herzen liegt dem Industriellen heute die Unterstützung der Galerie für Zeitgenössische Kunst in Leipzig, deren Förderkreis er leitet. Im Aufsichtsrat der örtlichen Handelshochschule hat er ebenfalls einen Platz eingenommen. Und als die Olympia-Bewerbung Leipzigs im November 2003 in Skandalen zu versinken drohte und ein Teil des Personals bei der Bewerbergesellschaft ausgewechselt wurde, da rückte Arend Oetker zusammen mit Lothar Späth in den Aufsichtsrat. Die Leipziger versprachen sich von dem gut vernetzten Wirtschaftsmann, dass er ihnen bei der Sponsorensuche helfen würde.

Arend Oetkers Ämterfülle belegt ein ausgeprägtes Bedürfnis, mitzumischen. »Ich bin ein Anstifter«, beschrieb er sich einmal selbst. Er habe Freude daran mitzugestalten und wolle sich nicht nur von der Gesellschaft treiben lassen. Hehre Motive – aber können sie die Vielfalt des Engagements erklären und das Übermaß der angenommenen Ämter? Er müsse sich nicht selbst inszenieren, behauptete Oetker in einem Interview. Aber wer würde ein solches Bedürfnis schon öffentlich eingestehen? Es ist schwer vorstellbar, dass sich ein Mensch ohne einen übersteigerten Geltungsdrang eine solche Unmenge von Aufgaben auflädt.

Wenn er danach gefragt wurde, hat Arend Oetker immer vehement bestritten, dass sich in seinen zahlreichen Prestigeposten der Ehrgeiz dokumentiere, es seinem Onkel und dessen Familie in Bielefeld zu beweisen. Dass seine Mutter bei der Aufteilung des Erbes den Kürzeren

Keine Unternehmerdynastie ist politisch so aktiv wie die Oetkers, allen voran BDI-Vizepräsident Arend Oetker.

gezogen hatte, ist offensichtlich. Ursula Oetker und ihr Mann Ernst Oetker hatten auch keine glückliche Hand bei der Verwaltung des Erbes bewiesen. Nur durch die Sanierungsarbeit Arend Oetkers hatte das Vermögen erhalten werden können. Da liegt die Annahme durchaus nahe, dass Arend Oetker aus einer familiären Dynamik heraus auf die Bühne des öffentlichen Lebens getreten ist – dass es diesem Doktor Oetker mit seiner Ämterfülle darum ging und geht, sich selbst als eine Marke im öffentlichen Bewusstsein zu verankern.

Ohne Zweifel profitierte er seinerseits von der Marke Dr. Oetker. Es ist leicht nachzuvollziehen, was diejenigen, denen Arend Oetker seine Ämter verdankt, bewegt haben mag, für ihn zu votieren. Arend Oetker trägt einen Namen, der jedermann in Deutschland geläufig ist. Anders als Flick und Krupp ist der Name überdies geschichtlich kaum belastet. Der Unternehmer ist klug, gebildet und auf dem gesellschaftlichen Parkett gewandt. Er verfügt über Witz und Charme. Sein großes Privatvermögen macht ihn unabhängig. Und weil er sich aus dem operativen Management seiner Firmen zurückgezogen hat, muss niemand damit rechnen, dass er eine Aufgabe aus geschäftlichen Motiven übernähme.

Arend Oetker ist überdies eine recht imposante Erscheinung, die von der Journalistin Krisztina Koenen vor Jahren in einem Porträt für das *Frankfurter Allgemeine Magazin* treffend beschrieben wurde: »Er sieht aus wie der englische Lord, in dessen Rolle Filmschauspieler gerne schlüpfen: hoch gewachsen, das Gesicht schmal und lang, eisblaue Augen, zurückhaltend elegant gekleidet. Seine Ausdrucksweise ist gewählt, meist leicht belustigt, manchmal wieder unerwartet hart, aber immer zum Zuhörer und sich selbst Distanz wahrend – bis zur Undurchsichtigkeit. Arend Oetker ist ein guter Schauspieler, und so ist es freilich möglich, dass auch der Lord nur eine der vielen Rollen aus seinem umfangreichen Repertoire ist.«

Daneben ist Arend Oetker offenbar ein guter Vermittler unterschiedlicher Interessen. Das scheint ihm im Blut zu liegen. Gewerkschafter, die mit ihm auf der Gegenseite zu tun hatten, beschrieben ihn später als verbindlich und zuverlässig. Die auf Ausgleich zielende Art mag Oetker sich bei Otto Wolff von Amerongen abgeguckt haben. Der Kölner Unternehmer, der fast 20 Jahre als Präsident des Deutschen Industrie- und Handelstages amtierte und ein Wegbereiter des Osthandels war, verstand es meisterlich, eine Atmosphäre aufgeräumter Lockerheit zu erzeugen. Und wie Oetker heute ließ auch Otto Wolff in seiner großen Zeit kaum eine Gelegenheit aus, sich in der Öffentlichkeit zu präsentieren.

Die TV-Moderatorin Sabine Christiansen klagte dem *manager magazin* einmal darüber, dass viele Wirtschaftsführer zu feige seien, bei politischen Fragen öffentlich Position zu beziehen. Als sie in ihrer Sendung auf Wunsch von Wirtschaftsleuten über die wirtschaftlichen Folgen des deutsch-amerikanischen Zerwürfnisses wegen des Irakkrieges reden wollte, habe keiner der Herren selbst vor die Kamera gewollt. Christiansen: »Das war für mich eine große Enttäuschung. Nur Arend Oetker war bereit, zu kommen.«

Der Unternehmer hat es nicht weit von zu Hause bis zum Fernsehstudio an der Gedächtniskirche. Um seine vielen Verpflichtungen erfüllen zu können, veränderte Arend Oetker noch mit 62 Jahren seinen Lebensmittelpunkt. 2001 zog er mit seiner zweiten Frau, der 15 Jahre jüngeren promovierten Kunsthistorikerin Brigitte Oetker, und den Kindern aus Köln nach Berlin. Seit Bonn nicht mehr Hauptstadt ist, spielt sich Oetkers Verbandsarbeit vorwiegend in Berlin ab. Der Unternehmer erwarb eine repräsentative Villa im Grunewald. Auch Oetkers Holdinggesellschaft verlagerte ihren Firmensitz vom Rhein an die Spree.

Arend Oetkers jüngerer Bruder hat ebenfalls ein Ehrenamt übernommen, das ihm in Kreisen der Wirtschaft Ansehen verschafft. Seit 1998 ist Roland Oetker Präsident der Deutschen Schutzvereinigung für Wertpapierbesitz (DSW) in Düsseldorf. Dieser Verband, der nach eigenem Bekunden die Interessen von Kleinaktionären vertritt, ist mit 25 000 Mitgliedern die größte Interessenvertretung privater Anleger in Deutschland.

Hauptberuflich arbeitet Roland Oetker als aktiver Investor seines privaten Vermögens und dem weiterer Mitglieder seiner Familie. Über eine eigene Gesellschaft, die Roland Oetker Industrieverwaltungs (ROI) GmbH mit Sitz an der Düsseldorfer Königsallee, beteiligt sich der Jurist und Ex-Banker an Unternehmen, von denen er sich überdurchschnittliche Gewinnchancen verspricht. Dabei steigt Oetker mal bei traditionsreichen Firmen wie Klöckner ein, mal steckt er sein Geld in junge Unternehmen wie die GPC Biotech AG oder das Start-up Single TV.

Ende der achtziger Jahre stieg Roland Oetker auch bei der Verseidag in Krefeld ein, an der bis dahin nur Mitglieder der Krefelder Oetker-Linie beteiligt gewesen waren. Dieser Aktienkauf war, soweit bekannt, das erste Mal, dass die beiden unabhängig voneinander operierenden Familienzweige Geschäfte miteinander machten.

Das Textilunternehmen Verseidag, das 1920 aus dem Zusammenschluss der Krefelder Firma Deuß & Oetker und einiger anderer Fabriken in der Region entstanden war, hatte nach dem Krieg eine wechselvolle Entwicklung genommen. Obwohl die Fertigung in den Fabriken stark rationalisiert worden war und die Zahl der Mitarbeiter zwischen 1960 und 1974 von 5 800 auf 2 400 gefallen war, hatte die Verseidag im Wettbewerb mit Anbietern in Hongkong und Taiwan bald nicht mehr bestehen können. Das Krefelder Unternehmen hatte die Produktion von Kleider- und Schirmstoffen ganz aufgeben müssen und sich auf Krawattenstoffe, hochwertige Heimtextilien und Industrietextilien wie Transportbänder konzentriert.

Zu den Aktionären zählten die Brüder Rudolf Oetker, Dieter Oetker-Kast und Peter Oetker aus der Krefelder Linie des Clans. Dieter Oetker-Kast saß im Aufsichtsrat der Verseidag. Im Hauptberuf kümmerte sich dieser Unternehmer um die Verpackungsfirma Casimir Kast, die die Familie seiner Mutter vor nicht weniger als 450 Jahren als Holzwirtschaftsbetrieb gegründet hatte.

Roland Oetker kaufte Ende der achtziger Jahre ein Paket der Verseidag-Aktien, das einem Anteil zwischen zehn und 25 Prozent entsprach. Einen Teil dieser Papiere übernahm Oetker aus dem Besitz seiner Verwandten. Bei seinem Einstieg kündigte der neue Investor an, dass er die Beteiligung an dem Textilunternehmen als eine Daueranlage betrachte. Mit seinem Engagement wolle er verhindern, dass die Verseidag in die Hände eines ausländischen Konzerns falle.

Als Roland Oetker bei der Verseidag einstieg, hatte die Firma einen Umsatz von rund 340 Millionen Mark und nach Jahrzehnten des Personalabbaus noch rund 1200 Beschäftigte. Immerhin war die Krise, in die die Firma durch die Konkurrenz aus Fernost geraten war, überwunden und das Unternehmen wirtschaftete wieder mit Gewinn. Bald begann eine neue Blüte. Die Verseidag konzentrierte sich ganz auf die Produktion so genannter technischer Textilien, wie sie als Förderbänder auf Flughäfen, als Stadiondächer, Filter und Segeltuche zum Einsatz kommen, und hatte mit dieser Spezialisierung einen unerwartet großen Erfolg.

Andere Konzerne, die in derselben Branche tätig waren, begannen, sich für das Krefelder Unternehmen zu interessieren. Ursprünglich war Roland Oetker mit der Absicht angetreten, die Unabhängigkeit der Verseidag zu sichern. Aber nach zehn Jahren entschloss er sich dann doch, Kasse zu machen. 1998 verkaufte Oetker seine Verseidag-Anteile in Höhe von mittlerweile knapp 34 Prozent an die niederländische Gamma Holding, die sich schon seit Jahren um eine Übernahme bemüht hatte. Gleichzeitig trennte sich auch Oetkers Mutter Ursula von einem kleinen Aktienpaket der Textilfirma. Die Niederländer machten auch den Kleinaktionären ein attraktives Übernahmeangebot und verleibten sich die Verseidag völlig ein. Der Deal brachte Roland Oetker einen Erlös von mehr als 50 Millionen Euro ein, sorgte aber auch für beträchtlichen Unmut in der Verwandtschaft. Der Verkauf des Unternehmens an den niederländischen Konzern wurde ihm verübelt.

Wegen des Verseidag-Verkaufs und anderer Aktiengeschäfte bekam Roland Oetker beträchtlichen Ärger mit der Staatsanwaltschaft. Die Düsseldorfer Anklagebehörde ermittelte gegen ihn im Frühjahr 2000 wegen des Verdachts des Insiderhandels mit Aktien. Der Umfang der Geschäfte bewegte sich angeblich im Millionenbereich. Fahnder durchsuchten Wohnräume und Büros von Roland Oetker und vier anderen Beschuldigten und stellten dabei zahlreiche Unterlagen sicher.

Im Fall Roland Oetkers, für den der Verdacht als DSW-Präsident besonders peinlich war, erwies sich schon bald dessen Unschuld. Die Untersuchungen haben ergeben, dass er seine Aktienkäufe auf der Basis von öffentlich zugänglichen Informationen getätigt habe, teilte Roland Oetker mit. Im Oktober 2000 stellte die Staatsanwaltschaft die Ermittlungen ein.

23. »Noch mal etwas anderes machen«

Drei Oetker-Frauen in der Politik:
Maja, Rosely, Alexandra

Maja Oetker war niemals der Typ Industriellengattin, der sich hinter hohen Hecken in einer Villa verschanzt und das schöne Nichtstun genießt. Als sie Rudolf-August Oetker Anfang der sechziger Jahre kennen lernte, hatte sie ein Lehramtsstudium hinter sich und arbeitete beim Goethe-Institut in New York. Sie war klug, ehrgeizig und meinungsfreudig.

Schon bald nach der Hochzeit wurde deutlich, dass Maja Oetker nicht zu den Frauen gehörte, die ihre Ansichten für sich behalten. Als der Journalist Peter Brügge 1966 in einer aufsehenerregenden Serie im *Spiegel* das Leben und Wirken der Reichen in Deutschland darstellte und sich dabei auch Rudolf-August Oetker vornahm, reagierte sie mit einem langen Leserbrief. Sie unterstellte der Redaktion die Absicht, »Neid, Missgunst und Verachtung für eine kleine Gruppe hart arbeitender Menschen zu erregen, die am Wiederaufbau unseres Vaterlandes wesentlich beteiligt waren und die heute seine Wirtschaft weitgehend tragen«.

Mit einigem Scharfsinn analysierte die 32-jährige Unternehmergattin, dass Brügge bei seinen Unternehmerporträts mit verschiedenen Ellen gemessen hatte. Der Autor hatte jene Geldgewaltigen bespöttelt, die einen hohen Aufwand für Kultur, Kunst und Repräsentation trieben, zugleich aber auch solche, die sich ausschließlich für ihre Fabriken interessierten, einen puritanischen Lebensstil pflegten oder gar geizig waren. Maja Oetker forderte die Magazinmacher auf, den angemessenen »Lebensstil der Reichen und Unternehmer« zu definieren und ihnen ein »Vorbild zu nennen oder zu entwerfen«. Die Frau des Konzernfürsten versprach: »Wenn es uns imponiert und gefällt, werden wir ihm gern und dankbar nacheifern.«

Für sich selbst wählte Maja Oetker schon bald nach der Geburt ihres ersten Sohnes Alfred Oetker im Jahr 1967 eine karitative Aufgabe. In Bielefeld gründete sie eine Ortsgruppe des Kinderschutzbundes und übernahm auch deren Vorsitz. Die junge Mutter sah von ihrem arbeitslustigen Mann zu dieser Zeit nicht viel. Rudolf-August Oetker lebte ganz für seinen Unternehmerberuf. Wenn er aus der Firma nach Hause kam, brachte er noch Arbeit mit – und ein großes Bedürfnis nach Ruhe. »Nach dem Abendessen, das habe ich mit meiner Frau ausgemacht, muss ich noch eine Stunde oder, wenn ich früh nach Hause komme, noch zwei Stunden haben, in denen nicht gesprochen werden darf«, sagte er.

Die Interessen der Oetker-Gattin waren breiter gestreut als die ihres Mannes. Maja Oetker lud regelmäßig Wissenschaftler oder Politiker zu Gesprächsabenden nach Hause ein. Den typischen Ablauf solcher Besuche schilderte der Konzernherr, der gegenüber Intellektuellen skeptisch eingestellt war, in der für ihn typischen Adenauer-Ausdrucksweise: »Die kriegen erst was Gutes zu essen und dann werden irgendwelche Probleme diskutiert.« Eine der wesentlichen Erkenntnisse, die der Unternehmer aus den von seiner Frau initiierten Runden zog, war die Beobachtung: »Professoren sind ein komisches Volk.«

Sehr viel irritierender als manche Akademiker fand Rudolf-August Oetker die von ihm so genannten »Tunix-Leute«. In diese Kategorie fiel bei ihm die Bewegung der Grünen, die 1979 erstmalig ins Bielefelder Stadtparlament einzogen. Dort bildeten sie mit der SPD eine Koalition und betrieben eine Politik, die Oetker und anderen Bielefelder Wirtschaftsleuten missfiel. Die bürgerlichen Opponenten sahen wenig Chancen, mit der CDU allein dem Treiben im Rathaus ein Ende zu machen. So gründeten sie eine neue konservative Kommunalpartei: die Bürgergemeinschaft für Bielefeld (BfB). Als die Truppe 1989 zur Kommunalwahl antrat, stand auf Platz zwei der Liste eine Hausfrau mit einem allseits bekannten Namen: Maja Oetker.

Bevor sie sich der Bürgergemeinschaft anschloss, hatte die Unter-

Die Industriellengattin Maja Oetker verschanzt sich nicht hinter den Hecken ihrer Villa, sondern betätigt sich in der Kommunalpolitik.

nehmergattin der CDU angehört. Der Wechsel des Parteibuchs zahlte sich aus – für sie selbst ebenso wie für die Bielefelder Christdemokraten. Denn bei der Wahl erhielt die BfB fast zehn Prozent der Stimmen und konnte gemeinsam mit der CDU und der FDP die regierende rotgrüne Mehrheit ablösen. Maja Oetker zog in den Stadtrat ein, wo sie unter anderem gegen eine Großdeponie, für mehr Altenheimplätze und eine Eindämmung der lokalen Drogenszene stritt.

Die resolute Konzernfürstin lieferte sich mit dem parteilosen Umweltdezernenten Uwe Lahl einen Machtkampf, der bundesweit für Aufsehen sorgte. Lahl achtete penibel auf die Einhaltung von Umweltgesetzen und piesackte die Bielefelder Unternehmen mit strengen Kontrollen. Zu seinen Aufgaben gehörte die Lebensmittelüberwachung und damit auch die Aufsicht über Dr. Oetkers Puddingküche. Lahl bemängelte bei einigen Oetker-Produkten, dass sie irreführende Bezeichnungen trügen. So sei die Oetkersche »Classique Mousse au Chocolat« in Wahrheit nur »aufgeblähte Schokoladencreme« und mit der echten Süßspeise nach französischem Rezept nicht zu vergleichen.

Während sich die Firma Oetker und die Stadt Bielefeld über vier solcher Fälle vor Gericht stritten, beschloss die konservative Mehrheit im Stadtparlament kurzerhand, dem streitbaren Dezernenten Lahl die Zuständigkeit für den Verbraucherschutz zu entziehen. Maja Oetker stimmte mit, und ohne ihre Stimme wäre die erforderliche Mehrheit nicht erreicht worden. Lahl monierte, die Unternehmerfrau sei befangen gewesen und hätte sich enthalten müssen. Er klagte sogar vor Gericht dagegen, dass »ein Nahrungsmittelkonzern seinen Überwacher bestellen kann«, blieb aber, soweit bekannt, erfolglos.

Als Kommunalpolitikerin verfügte Maja Oetker über andere Möglichkeiten als ihre Kollegen. Nachdem sie sich davon überzeugt hatte, dass es in Bielefeld an Altenheimplätzen fehlte, sorgte sie für Abhilfe. Ihr Mann stiftete ein Grundstück, auf dem anschließend ein Altenstift errichtet und nach Oetkers Großmutter Caroline benannt wurde.

Andererseits war Maja Oetker daran gelegen, sich durch ihre politische Karriere zu emanzipieren. Ihre Motive beschrieb sie der *Welt am Sonntag* in einem Interview: »Ich war 55, die Kinder selbstständig und ich in einer Lebensphase, wo ich noch mal etwas anderes machen wollte.« Es hatte keine Aufgabe sein sollen, die mit der Arbeit ihres Mannes in Zusammenhang stand, sondern etwas, »das ich wirklich selber machte«.

Im Mai 1992 wurde Maja Oetker sogar zur zweiten Bielefelder Bürgermeisterin gewählt. Doch sie verlor den Posten schon nach zweieinhalb Jahren wieder, als SPD und Grüne die Mehrheit in Bielefeld zurückeroberten. »Mein Nachfolger ist nun ein Kurde, der für die Grünen dort sitzt«, sagte die Ratsfrau, als sie in der Opposition war. Doch bei den Kommunalwahlen im Herbst 1999 errangen CDU, FDP und die Bürgergemeinschaft für Bielefeld erneut einen Sieg und Maja Oetker zog mit 63 Jahren ein weiteres Mal in den Stadtrat ein.

Die konservative, fast rückwärts gewandte Weltsicht der Unternehmerfrau wurde in einem Statement deutlich, das sie zur Jahrtausendwende gab: »Für das neue Jahrhundert wünsche ich uns Deutschen die Besinnung auf die Tugenden, die im Ausland noch heute als typisch für uns gelten: Anständigkeit, Fleiß und Zuverlässigkeit, und dazu, 55 Jahre nach Kriegsende, ein gesundes Selbstbewusstsein, um der ständigen Miesmacherei unseres eigenen Landes und Volkes zu begegnen.« Zu dieser Haltung passte, dass Maja Oetker sich gegen die Ausstellung »Verbrechen der Wehrmacht« wandte, die Jan-Philipp Reemtsmas Hamburger Institut für Sozialforschung zusammengestellt hatte. Überdies hatte sie schon Mitte der neunziger Jahre einen Aufruf unterzeichnet, in dem gefordert wurde, den Tag der Kapitulation des Deutschen Reichs am 8. Mai 1945 »nicht einseitig als Tag der Befreiung« zu werten.

Maja Oetker ist nicht die einzige Frau aus dem Industriellenclan, die sich auf die politische Bühne begeben hat. Auch ihre Stieftochter Rosely Schweizer verspürte im Lauf der Jahre den Drang, über die Familie und die Unternehmen hinauszuwirken.

Die älteste Tochter Rudolf-August Oetkers war 44 Jahre alt, als sie 1984 beschloss, Politikerin zu werden. Seit fast 20 Jahren lebte sie im schwäbischen Murrhardt, wo die Lederfabrik steht, die die Vorfahren ihres Mannes Folkart Schweizer gegründet haben.

Ihr Vater hatte in den sechziger Jahren über das Leben, das seine damals noch nicht 30-jährige Tochter gewählt hatte, mit einem unüberhörbar ironischen Unterton gesagt: »Rosely hat alles nach System gemacht. Studiert, geheiratet, eigenes Haus, Kind.« In der schwäbischen Provinz, in die es seine Tochter verschlagen hatte, könne sie es nicht einmal wagen, einen Hosenanzug zu tragen. Und jede Woche müsse seine Rosely jetzt einen Kuchen backen, amüsierte sich Oetker im Gespräch mit Journalisten. »Sonst würde sie nicht als Hausfrau akzeptiert.«

Rosely Schweizer brachte zwischen 1968 und 1972 zwei Söhne und eine Tochter auf die Welt, aber sie mochte nicht nur Hausfrau bleiben. Schon im Kindergarten und in den Schulen ihrer Kinder wurde sie regelmäßig als Elternvertreterin gewählt. Die Unternehmerfrau engagierte sich im Kinderschutzbund und Mütternotdienst, wurde Mitglied im Musikverein, im Tennisclub und in der Narrenzunft. 1984 wurde Rosely Schweizer schließlich im Ortsverband der CDU aktiv und bald auch Mitglied im Gemeinderat von Murrhardt.

Die Fabrikantenfrau machte eine schnelle Politkarriere. 1991 kandidierte sie für den Landtag von Baden-Württemberg. Auf einer Wahlveranstaltung im Backnanger Bürgerhaus stellte sie sich dem Publikum als Mutter erwachsener Kinder vor. Ihre Kandidatur begründete sie damit, dass es im Parlament an Frauen und Unternehmern fehlte. »Im Landtag sitzen heute mehr als die Hälfte Beamte. Wenn das so weitergeht, werden wir total verwaltet.«

Rosely Schweizer gewann ein Direktmandat und zog im April 1992 in den Landtag ein. Innerhalb von vier Jahren stieg sie zur wirtschaftspolitischen Sprecherin der CDU-Fraktion auf. Sie verstand mehr von der Materie als die meisten ihrer männlichen Kollegen. Wirtschaft lag ihr im Blut. Zwar hatte ihr Vater niemals versucht, die Tochter in die unternehmerische Richtung zu drängen, aber er hatte ihr eine gute Schulbildung ermöglicht und sie in dem Eliteinternat Schloss Salem untergebracht. Ihr Abitur hatte sie in Rendsburg gemacht. Dort hatte damals ihre Großmutter gelebt, die eine ganz ungewöhnliche Frau war und ihre Enkeltochter stark prägte.

Rosely Schweizer (rechts), Mitglied des Baden-Württembergischen Landtages, mit Bergit Gräfin Douglas und Christoph Graf Douglas (Mitte) bei der Eröffnung der »Residenz Turgenejew« des Brenner's Park-Hotel.

Diese Käthe Ahlmann hatte nach dem Tod ihres Mannes 1931 die Leitung der Ahlmann-Carlshütte KG übernommen, die sich schon seit dem Ende des 19. Jahrhunderts im Familienbesitz befand und aus einer Eisengießerei und einem Emaillierwerk bestand. Mit Sachverstand und Durchsetzungskraft hatte sie die Firma über Jahrzehnte geführt. Käthe Ahlmann hatte 1954 den Verband deutscher Unternehmerinnen mitgegründet und war dessen Präsidentin gewesen. Mit ihrer heranwachsenden Enkelin hatte sie in den fünfziger Jahren über Investitionen, Absatzstrategien und Aktien gesprochen – zu einer Zeit, als Frauen in führenden Wirtschaftspositionen eine Seltenheit waren.

Rudolf-August Oetker hätte es wohl lieber gesehen, wenn seine Tochter nach dem Abitur Kunstgeschichte studiert hätte. Aber Rosely hatte sich für ein Studium der Wirtschaftswissenschaften entschieden. Sie hatte sich an der Universität Innsbruck eingeschrieben und während des Studiums ihren Mann kennen gelernt. In den Semesterferien hatte die Studentin Berufserfahrungen in zahlreichen Betrieben gesammelt.

Später hatte sie im Reich des Vaters Kontrollfunktionen übernommen. Seit 1986 war die diplomierte Volkswirtin persönlich haftende Gesellschafterin der Henkell & Söhnlein Sektkellereien, die zum Oetker-Reich gehörten. Auch im Aufsichtsrat der Lederfabrik ihres Mannes wirkte sie mit. Später rief Rudolf-August Oetker die älteste Tochter als einzige seiner Nachkommen in den Beirat der Bielefelder Holdinggesellschaft August Oetker KG.

Die CDU-Politikerin galt im Landesverband ihrer Partei zwar bald als »ministrabel«, sie rückte aber nicht in die Landesregierung auf. Immerhin wurde Rosely Schweizer in den Bundesvorstand des Wirtschaftsrats der CDU gewählt und in den Beirat für Außenwirtschaft berufen, der den Bundeswirtschaftsminister berät. Der Verband deutscher Unternehmerinnen, den ihre Großmutter einst mitgegründet hatte, kürte sie zu seiner Vizepräsidentin. Zusammen mit einer Reihe anderer wohlhabender Wirtschaftsfrauen gründete Rosely Schweizer 2001 eine Stiftung, die den Namen Käthe Ahlmanns trägt und deren Zweck es ist, junge Unternehmerinnen zu unterstützen.

Die Oetker-Tochter ist eine Familienunternehmerin aus Überzeugung. Als Sektunternehmerin war sie sich nicht zu schade, persönlich auf Messen mit potenziellen Abnehmern zu verhandeln. Auch für die Ehrung von Jubilaren in der Firma nahm sie sich Zeit. »In unpersönlich geführten Großunternehmen geht die echte menschliche Verbundenheit zwischen dem Management und allen anderen Mitarbeitern, das Bewusstsein der Gemeinsamkeit der Arbeit und der gegenseitigen Abhängigkeit, kurz das Menschliche in der Beziehung zur Arbeit, leicht verloren«, hatte sie schon 1966 in einem Aufsatz geschrieben. Familienunternehmen hielt sie für ein »stabilisierendes Element in unserer modernen Industriegesellschaft«. Auch das Unternehmen der Familie Ahlmann hat sich trotz einiger Turbulenzen als beständig erwiesen. Ein Onkel Rosely Schweizers schrieb die Geschichte fort und baute nach dem Krieg die Aco Severin Ahlmann GmbH & Co. KG auf, die heute Wasserrinnen, Lichtschächte und Kanaldeckel produziert und 3 000 Menschen beschäftigt.

Zu Maja Oetker und Rosely Oetker gesellte sich in den neunziger Jahren ein weiteres weibliches Mitglied des Bielefelder Familienclans, das keine Scheu vor der Öffentlichkeit hat. Alexandra Oetker ist seit 1994 die zweite Ehefrau des Firmenchefs August Oetker. Ihr Feld ist der Tierschutz. Der Unternehmergattin sitzt im Stiftungsrat des World Wide Fund for Nature und ist Schirmherrin des deutschen Ablegers der Animals Asia Foundation. Diese Organisation hat sich zum Ziel gesetzt, Kragenbären zu befreien, die auf Farmen in China unter grauenvollen Umständen in engen Käfigen dahinvegetieren. Zweimal täglich wird ihnen mit Hilfe von Kathetern Gallenflüssigkeit entnommen – eine Tierquälerei, die nicht sein müsste. Denn der Saft, der in der traditionellen chinesischen Medizin verwendet wird, kann ebenso gut synthetisch hergestellt werden.

Als die Tierschützerin Jill Robinson 38 Bären, die die Behörden im November 2003 konfisziert hatten, in ihre Obhut nahm, war die Unternehmerfrau aus Bielefeld vor Ort dabei. Die Animals Asia Foundation hat mit chinesischen Regierungsstellen ein Abkommen geschlossen, das die Schließung sämtlicher Bärenfarmen vorsieht, allerdings erst im Lauf mehrerer Jahre. Die Farmer sollen entschädigt werden, und die befreiten Bären in ein Freilandgehege kommen, sobald Tierärzte ihre Bauchwunden behandelt haben.

In Nordrhein-Westfalen arbeitete Alexandra Oetker auch in einer Bürgerinitiative mit, die sich kritisch mit den Hundeverordnungen auseinander setzte, die die Landesregierungen erlassen hatten, nachdem ein Kind von zwei Kampfhunden getötet worden war. Die Unternehmerfrau agitierte 2001 gegen das Vorgehen der Politiker. Um Menschen vor gefährlichen Tieren zu schützen, seien »wissenschaftlich nicht zu rechtfertigende Rasselisten« die falsche Antwort.

Im Unterschied zur konservativen Maja Oetker ist Alexandra Oetker ein Mensch mit dezidiert liberalen Grundüberzeugungen. Ihre Kritik an den Hundeverordnungen begründete sie auch damit, dass die Freiheitsrechte der Bürger verletzt würden. Einige Gruppen von

Alexandra Oetker sitzt im Stiftungsrat des World Wide Fund for Nature.

Hundebesitzern seien gegen Wohnungsdurchsuchungen der Behörden neuerdings schlechter geschützt als Drogendealer, argumentierte sie. »Das Ganze kommt in der Realität einer Änderung des Grundgesetzes gleich.«

Auf die Frage einer Journalistin der *Welt am Sonntag*, warum sie sich für Tiere einsetze, wo es doch bedürftige Menschen gebe, antwortete Alexandra Oetker eher philosophisch: »Eine humane Gesellschaft funktioniert nur dann, wenn sie auch den Schutz der Schwächsten gewährleistet – dazu gehören die Tiere.«

Im Privatleben der Alexandra Oetker spielen Tiere ebenfalls eine Rolle. Die Unternehmerfrau reitet eine eigene Stute und versorgt zwei Gnadenbrotpferde. Bei ihren Ausritten lässt sie sich meist von den Collie-Mischlingen Elli und Bollo begleiten. Alexandra Oetker ist überdies eine leidenschaftliche Tierfotografin. Bei einer Reise auf die Galapagosinseln entschloss sie sich vor vielen Jahren, einen Beitrag zum Erhalt solcher und anderer Paradiese zu leisten.

Um die liberale Richtung in der deutschen Politik zu stärken, hat Alexandra Oetker vor einigen Jahren das »Liberale Netzwerk« mitgegründet. Dieser Zusammenschluss prominenter und einflussreicher Bürger blieb zwar unabhängig von der FDP, bot deren Spitzenpolitikern aber regelmäßig ein Podium für ihre Auftritte. Aber Alexandra Oetker lockte auch Manager wie Deutsche-Bank-Aufseher Rolf E. Breuer und Wissenschaftler wie Meinhard Miegel zu Vorträgen in die ehemalige Ravensberger Spinnerei nach Bielefeld. Auch Angela Merkel hat die Unternehmergattin schon begrüßt, denn Ehemann August Oetker ist Mitglied der CDU.

Mit FDP-Chef Guido Westerwelle will Alexandra Oetker inzwischen allerdings nichts mehr zu tun haben. Nach dem Geschacher um eine Kandidatur Wolfgang Schäubles für das Amt des Bundespräsidenten, die Westerwelle verhindert hat, ist sie im März 2004 aus der FDP ausgetreten.

Eine andere Oetker-Frau wird aber wohl weiterhin in der FDP aktiv bleiben. Suzanne Oetker, die Ehefrau Roland Oetkers, steht in Düsseldorf einer liberalen Frauenrunde namens »Lib'elle« vor.

Eine gewisse Nähe zwischen der Familie Oetker und den Liberalen lässt sich auch daran ablesen, dass der FDP-Politiker Jürgen Möllemann die Oetkersche Lampe-Bank wählte, als er im September 2002 ein Wahlkampf-Sonderkonto einrichtete. Auf dieses Konto floss aus mysteriösen Quellen jenes Geld, mit dem die Portokosten für den Versand eines antiisraelischen Flugblatts bezahlt wurden, das Möllemann kurz vor der Bundestagswahl hatte anfertigen lassen. Auch Möllemanns Privatfirma Web/Tec unterhielt bei der Oetker-Bank ein Konto. Im Zuge der Ermittlungen gegen den FDP-Politiker wegen des Verdachts der Steuerhinterziehung und von Verstößen gegen das Parteiengesetz blieb es nicht aus, dass Staatsanwälte und Steuerfahnder das Geldinstitut durchsuchten.

Auch eine Oetker aus der jüngeren Generation lässt bereits politische Ambitionen erkennen. Marie Oetker, Jahrgang 1976, ist eine Tochter des Schwartau-Industriellen Arend Oetker und eine Enkelin Otto Wolff von Amerongens. Sie hat in Salzburg Geschichte und Kommunikationswissenschaften studiert, als Vorstandsassistentin bei der Internetfirma Bild.T-Online.de in Berlin gearbeitet. Daneben engagierte sie sich bei Berlin-Polis, einem Generationenclub von 25- bis 35-Jährigen. Der Verein dient angehenden Unternehmern, Managern und Wissenschaftlern als Netzwerk und Sprachrohr. Marie Oetker suchte sich in Interviews als Sprecherin ihrer Generation zu profilieren: »Die Gesellschaft kann der jüngeren Generation mehr Chancen geben und sollte sich stärker in Entscheidungsprozesse integrieren.«

24. »*Gezwungen, mich zurückzuziehen*«
Der Patriarch, die Kunst und die Stadt

Die Kunsthalle, die Rudolf-August Oetker der Stadt Bielefeld 1968 spendiert hatte, entwickelte sich für den Industriellen im Lauf der Jahre zu einem kapitalen Ärgernis, nicht nur wegen des Streits um den Namenszusatz »Richard-Kaselowsky-Haus«. Auch die Exponate missfielen Oetker bisweilen. Zum 25. Jubiläum organisierte der Museumsleiter Ulrich Weisner 1993 die Ausstellung »Picasso – letzte Bilder«. Erstmals sollte in Deutschland eine Auswahl jener Gemälde und Zeichnungen gezeigt werden, die Pablo Picasso zwischen 1967 und 1972 geschaffen hatte.

Dass die Schau auch Ablehnung provozieren würde, war Weisner von vornherein klar. In der letzten Phase seines Schaffens hatte Picasso mit Vorliebe grobschlächtige Darstellungen des weiblichen Geschlechts auf die Leinwand gebracht. Als die Bilder nach Picassos Tod 1973 das erste Mal gezeigt worden waren, waren auch Bewunderer des Malers schockiert. Viele Betrachter empfanden die Darstellungen als sexistisch. Picassos langjähriger Freund Douglas Cooper bezeichnete die Bilder als »unzusammenhängende Schmierereien, ausgeführt von einem rasenden Greis im Vorzimmer des Todes«. In Bielefeld wurde nur ein Teil der umstrittenen Werke gezeigt. »Die Auswahl ist dezent, streift Exzesse allenfalls im Bild eines sich erleichternden Frauendämons«, urteilte Eduard Beaucamp in der *Frankfurter Allgemeinen Zeitung*.

Für einen Mann mit dem konservativen Geschmack Rudolf-August Oetkers war es dennoch zu viel. Der Industrielle, der eine Vorliebe für alte Meister hat, fühlte sich von den Bildern angewidert. Er war empört, dass sie in »seiner« Bielefelder Kunsthalle ausgestellt wurden.

Oetker nannte die Werke »obszön und senil«, ihre Ausstellung sei eine Beleidigung für die Kunsthalle und ihre Besucherinnen. »Einer Frau ist es nicht zuzumuten, dort überhaupt hinzugehen«, fand Oetker. Der Museumsstifter blieb der Ausstellungseröffnung fern, obwohl mit ihr zugleich das 25-jährige Bestehen des Hauses gefeiert werden sollte.

Die Picasso-Schau brachte Rudolf-August Oetkers Verhältnis zu Museumsleiter Weisner auf einen Tiefpunkt. Die Beziehung war auch schon dadurch belastet, dass Weisner den umstrittenen Namen »Richard-Kaselowsky-Haus« auf Plakaten und Schriften der Kunsthalle einfach weggelassen hatte.

Wenige Monate nach der umstrittenen Picasso-Ausstellung erlitt Museumsleiter Weisner während einer Bergtour in Österreich einen Herzinfarkt und starb. Sein Nachfolger wurde der Schweizer Thomas Kellein. Er bemühte sich bald nach seinem Amtsantritt, das Verhältnis zum Oetker-Clan zu verbessern. Davon versprach sich der neue Chef der Kunsthalle finanzielle Zuwendungen, während die Kassen der Stadt Bielefeld leer waren. Zur Freude des Konzernpatriarchen ließ Kellein in der Außendarstellung des Museums nun den Namen Kaselowsky wieder aufleben und teilte der Öffentlichkeit mit: »Das Verhältnis zum Hause Oetker hat sich beruhigt.«

Tatsächlich aber kochte der alte Streit wenige Jahre später noch einmal hoch. Für den Betrieb der Kunsthalle sollte eine Stiftung gegründet werden, an der sich Rudolf-August Oetker beteiligen wollte. Der Industrielle bestand allerdings darauf, dass die Benennung des Hauses nach seinem Stiefvater beibehalten werden müsste. Als das bekannt wurde, brandete erneut Opposition in der Stadt auf. Die *Radiogruppe im AJZ* (ArbeiterInnen-Jugendzentrum) produzierte einen Beitrag über den früheren Oetker-Chef Kaselowsky und seine Mitgliedschaft im Freundeskreis Himmler. Der Bericht sollte in *Radio Bielefeld* ausgestrahlt werden, einem Privatsender, der nach den nordrhein-westfälischen Mediengesetzen verpflichtet war, dem so genannten Bürgerfunk einen Teil seiner Sendezeit zu überlassen. Doch der Sender nahm mit der Firma Oetker Kontakt auf und lehnte es anschließend ab, den Beitrag der jungen Radiomacher auszustrahlen. Er enthalte »unwahre

Tatsachenbehauptungen«. Erst nach einem Beschluss der Landesanstalt für Rundfunk wurde der Bericht doch gesendet. »Letztlich erhielt das Thema durch die Zensurversuche noch mehr Aufmerksamkeit«, sagte Klaus Müller von der *Radiogruppe.*

Nicht nur junge Linke protestierten. Auch der renommierte Historiker Hans-Ulrich Wehler hielt es für skandalös, dass die Kunsthalle der Stadt seit 30 Jahren den Namen Kaselowsky trug. Wehler, der Jahrzehnte an der Universität Bielefeld gelehrt hatte, machte in der Öffentlichkeit Front dagegen. In einem viel beachteten Vortrag an der Universität beklagte der Professor die »Verletzung der politischen Scham«. In Wehlers Worten war Richard Kaselowsky als Mitglied des Freundeskreises Himmler einer der »Auserwählten eines klassischen Großschlächters des so genannten ›Dritten Reiches‹«. Der Historiker forderte die rotgrüne Stadtratsmehrheit 1998 auf, die Kunsthalle endgültig von Kaselowskys Namen zu befreien – auch um den Preis eines Konflikts mit der Firma Oetker. Es dürfe keinen »Kotau vor der ökonomischen Macht« geben, verlangte der Professor. Wehler war aufgefallen, mit welcher Ehrfurcht in der Stimme viele Verantwortliche in Bielefeld vom »Hause Oetker« sprachen.

Auch in Künstlerkreisen regte sich neuer Unmut. Eine Gruppe mit dem Namen »Leidenschaft für die Kunst« forderte die Umbenennung der Kunsthalle und wandte sich gegen eine »Übergabe an finanzstarke Unternehmen«. Tatsächlich war der Oetker-Konzern 1998 wie auch in anderen Jahren einer der größten Steuerzahler der Stadt. Der Patriarch hatte sich mehr als einmal von seiner freigebigen Seite gezeigt, so dass es den Kommunalpolitikern ratsam erschien, ihn nicht zu verärgern.

Oberbürgermeisterin Angelika Dopheide (SPD) bemühte sich um einen Kompromiss. Dabei kam die Idee auf, die Kunsthalle nach Ida Kaselowsky zu benennen. Die Mutter Rudolf-August Oetkers hatte sich unzweifelhaft Verdienste erworben. Bis zu ihrem Tod 1944 hatte sie sich um die sozialen Belange der weiblichen Oetker-Beschäftigten und der Kinder gekümmert.

»Um Schaden von unserer Stadt und allen Beteiligten abzuwenden«, erklärte sich die Firma Oetker in einem Brief an die Oberbürgermeisterin mit dem Vorschlag einverstanden. Jeder möglichen Kritik hielt der Oetker-Manager Guido Sandler in dem Schreiben entgegen, dass Ida Kaselowsky, die er allerdings nicht gekannt hatte, eine »untadelige Persönlichkeit« gewesen sei, und »Sippenhaft« gegen sie nicht angewendet werden dürfe – eine sprachliche Entgleisung, denn die barbarische Praxis der Sippenhaft war eine Spezialität Heinrich Himmlers gewesen, der beispielsweise nach dem missglückten Hitler-Attentat des 20. Juli 1944 verfügt hatte: »Die Familie Graf Stauffenberg wird ausgelöscht werden bis ins letzte Glied.«

Die geplante Ehrung Ida Kaselowskys platzte. Unterlagen aus dem Bundesarchiv belegten, dass die Mutter Rudolf-August Oetkers 1937 der NSDAP beigetreten war und dass sie dem Kreisvorstand der NS-Frauenschaft angehört hatte. Mit ihrem sozialen Engagement habe sie mitgeholfen, die in der NS-Ideologie erwünschte Betriebsgemeinschaft zu bilden, hieß es. Der von ihr geförderte Werkfrauenchor hatte 1936 einen Hitler-Choral gesungen, der mit der Zeile endete: »Himmlische Gnade uns den Führer gab, wir geloben Hitler Treue bis ins Grab.«

Überdies wurde dann auch noch bekannt, dass der Architekt der Kunsthalle, der Amerikaner Philip Johnson, 1934 in den USA Mitgründer einer profaschistischen National Party gewesen war und überdies ein Befürworter der Naziherrschaft in Deutschland. Nahm man zu alledem noch die Tatsache hinzu, dass der ausführende Baumeister in Bielefeld, Oetkers Hausarchitekt Cäsar Pinnau, als junger Mann für Albert Speer gearbeitet hatte, so musste beim unbefangenen Beobachter fast zwangsläufig der Eindruck entstehen, dass die Bielefelder Kunsthalle so etwas war wie ein in der Nachkriegszeit errichtetes »Braunes Haus«.

Am 29. Oktober 1998 beschloss der Rat der Stadt Bielefeld mit einer rotgrünen Mehrheit, den Namenszusatz »Richard-Kaselowsky-Haus« zu streichen. CDU und FDP hatten ihn beibehalten wollen. Rudolf-August Oetker reagierte umgehend. Wozu er 30 Jahre zuvor noch bereit gewesen wäre, nämlich auf eine Ehrung Kaselowskys zu verzichten, das mochte er im Alter von 82 Jahren nicht mehr hinnehmen. »Nach der Umbenennung habe ich mich gezwungen gesehen, mich aus der Kunsthalle, die nun nicht mehr den Namen meines zweiten Vaters trägt, zurückzuziehen«, erklärte er. Auch mit der geplanten Betreibergesellschaft für das Museum wollte er nichts mehr zu tun haben: »Das Thema ist mit dem Rückzug erledigt.«

Rudolf-August Oetker forderte sämtliche Kunstwerke zurück, die er dem Museum als Leihgabe zur Verfügung gestellt hatte. Wenige Tage nach dem Ratsbeschluss fuhr ein Spezial-Lkw an der Kunsthalle vor. Die Spediteure luden sieben Kunstwerke ein. Eines war das berühmte Bild »Russische Tänzerin« von Ernst Ludwig Kirchner, das besonders viele Betrachter angezogen hatte. Es war sogar als Plakatmotiv für das Jubiläum zum 30-jährigen Bestehen der Kunsthalle ausgewählt worden. Die Entfernung gerade dieses Gemäldes aus dem Museum fanden manche Beobachter auch deshalb als besonders schmerzhaft, weil die »Russische Tänzerin« ein Beispiel dessen war, was die Nationalsozialisten als »entartete Kunst« aus den Museen verbannt hatten. Das Gemälde wurde später im Büro von Oetkers Sohn August aufgehängt.

In Interviews mit dem Magazin *Focus* und der *Welt am Sonntag* erläuterte der Patriarch seinen Schritt der Öffentlichkeit. Über seinen Stiefvater sagte Rudolf-August Oetker dabei entschuldigend: »Er hatte sich der Partei, wie Millionen andere, unter Zeitumständen angeschlossen, von denen heute kaum einer noch weiß, wie sie in der Wirklichkeit des Alltags waren. Wer ihn kannte, weiß: Er hat sich nichts zu Schulden kommen lassen.« Die Journalisten versäumten es, den Industriellen danach zu fragen, wie sein Stiefvater in den Freundeskreis Himmler gelangt war und welchen Vorteil das Familienunternehmen daraus gezogen hatte. Auch nach seiner eigenen Vergangenheit im »Dritten Reich« wurde der frühere Untersturmführer der Waffen-SS Rudolf-August Oetker nicht gefragt.

Dafür konnte der Konzernsenior zum Besten geben, dass der erste Museumsdirektor in Bielefeld ein Bruder jenes Helmuth Graf von Moltke gewesen war, welcher nach dem 20. Juli 1944 als Widerstandskämpfer hingerichtet worden sei. Oetkers Hinweis war historisch allerdings nicht korrekt. Moltke hatte in Wahrheit nicht zu dem Verschwörerkreis um Graf Stauffenberg gehört, vielmehr war er der Begründer des so genannten Kreisauer Kreises von NS-Gegnern gewesen und schon im Januar 1944 verhaftet worden. Zum Tode verurteilt wurde Moltke im Januar 1945.

Auf solche Details kam es Rudolf-August Oetker nicht an. Mit seinem Hinweis wollte er nur verdeutlichen, dass selbst entschiedene Nazi-Gegner nichts gegen die Benennung der Kunsthalle nach dem SS-Unterstützer Kaselowsky einzuwenden gehabt hätten. Obwohl Oetker in der Debatte so tat, als lägen alle Fakten seit Jahren auf dem Tisch, verhielt es sich tatsächlich anders. Der Fall Kaselowsky war und ist niemals gründlich erforscht oder gar gerichtlich aufgearbeitet worden. Da der Oetker-Stiefvater das »Dritte Reich« nicht überlebt hatte, war sein politisches Verhalten während der NS-Zeit später auch nicht Gegenstand eines Prozesses oder eines Entnazifizierungsverfahrens geworden.

Anders als für viele Großunternehmen wie VW, die Allianz oder die Deutsche Bank ist die NS-Geschichte des Unternehmens Oetker bis heute nicht erforscht worden. Die Akten aus dem Entnazifizierungsverfahren, das Konzernsenior Rudolf-August Oetker durchlaufen hat, sind noch nicht zugänglich. Nicht einmal die Frage, ob die Firma Oetker während des Zweiten Weltkriegs Zwangsarbeiter beschäftigt hat, ist völlig geklärt.

Der Historiker Hanns-Jörg Kühne hat als Mitarbeiter des Bielefelder Stadtarchivs das Schicksal der Bielefelder Zwangsarbeiter aufgearbeitet und später in einem Buch beschrieben. Die Firma Oetker, das bekannteste Unternehmen der Stadt, kommt darin merkwürdigerweise überhaupt nicht vor. Auf Nachfrage berichtet der Historiker in einem Brief: »Während meiner Arbeit für die Stadt Bielefeld, bei der es um die Beschaffung von Arbeitsnachweisen für ehemalige Zwangsarbeiter ging, erhielt ich einige Schreiben aus der Ukraine, deren Verfasserinnen oder Verfasser davon berichteten, sie seien bei der Firma ›Oetker‹ oder ›Jotkin‹ tätig gewesen. Meine Nachforschungen ergaben

aber keinerlei Anhaltspunkte, dass dem wirklich so war, beziehungsweise, dass das Unternehmen tatsächlich so genannte ›Fremdarbeiter‹
einsetzte.«

Im Stadtarchiv Bielefeld wird eine Liste der Deutschen Arbeitsfront aufbewahrt, in der die meisten Bielefelder Zwangsarbeiterlager
und die von ihnen beschickten Betriebe verzeichnet sind. Die Firma
Oetker ist darin nicht enthalten. Auch in anderen Akten, in denen fast
15 000 Zwangsarbeiter mit ihrer Herkunft und ihrem Einsatzort in
Bielefeld verzeichnet sind, findet sich kein Hinweis auf die Nahrungsmittelfabrik.

Sollte das Unternehmen Oetker also tatsächlich keine Zwangsar-
beiter beschäftigt haben, können moralische Bedenken kaum eine
Rolle gespielt haben. Denn bei der Druckerei E. Gundlach, die von den
Familien Oetker und Kaselowsky kontrolliert wurde, wurden während
des Kriegs sehr wohl Zwangsarbeiter eingesetzt. Bei einer anderen
Oetker-Beteiligung, den Kochs Adlernähmaschinen-Werken, die auf
Rüstungsproduktion umgestellt worden waren, wurden sogar Hunderte aus der Sowjetunion verschleppte Menschen zur Arbeit gezwungen.
Daher liegt die Vermutung nahe, dass in der Nahrungsmittelproduktion
aus Sicherheitsgründen auf den Einsatz von Zwangsarbeitern verzich-
tet wurde. Das Unternehmen gehörte ja zu den Lebensmittellieferan-
ten der deutschen Wehrmacht und der Waffen-SS.

Hatten die Bielefelder Stadtoberen 1998 gefürchtet, der Streit um
Kaselowsky könnte den Clan dazu bewegen, Bielefeld den Rücken zu
kehren, so wurden sie bald beruhigt. Der Ehrenbürger Rudolf-August
Oetker, der auch schon mal dem örtlichen Fußballverein Arminia
Bielefeld aus der Krise geholfen hatte, gab sich ganz gelassen: »Wenn
eine Mehrheit im Stadtrat Beschlüsse zur Kunsthalle fasst, berührt das
nicht mein Verhältnis zu meiner Vater- und Geburtsstadt Bielefeld.«

Während der Patriarch in der Diskussion defensiv blieb, sah sich
seine temperamentvolle Frau Maja in einem regelrechten politischen
Frontenkrieg: »Hier wurde von linken Ideologen gegen alles, was als
rechts gilt, Agitation betrieben zu einem Zeitpunkt, zu dem Kommunisten in deutsche Länderregierungen einziehen«, eiferte sie. Dabei

stieß sich Maja Oetker sogar daran, dass sich unter den Kritikern Auswärtige befanden. Die »nachträgliche Denunziation« Kaselowskys, zürnte sie, komme von »Ideologen im grünen Umkreis der Universität, wovon die wenigsten Bielefelder sind«. Dabei stammt sie selbst aus München. Maja Oetker schreckte nicht einmal davor zurück, von einem »linken Meinungsterror« zu sprechen.

Die Kunsthistorikerin Irene Below hielt den Vorgang für beispielhaft in mehrfacher Hinsicht: »Die in Deutschlands Museumslandschaft singuläre Tatsache, dass ein öffentliches Kunstmuseum nicht nach einem Künstler, Sammler, Stifter oder Museumsleiter benannt wurde, sondern 30 Jahre lang als Gedenkstätte für zwei Unternehmerfamilien und als Erinnerungsmal für einen hochrangigen Funktionsträger des nationalsozialistischen Systems in der Region fungiert hatte, ist Symptom – nicht nur für die Provinzialität Bielefelds, sondern auch dafür, wie Kultur und Kunst dazu beigetragen haben, den Übergang vom Nationalsozialismus zur Bundesrepublik unter weitgehender Beibehaltung der alten Eliten in Politik, Wirtschaft und Verwaltung zu legitimieren.«

Die Oetkers ließen sich durch den Kunsthallenstreit nicht davon abhalten, aus dem Familienvermögen ansehnliche Beträge für Gemeinnütziges abzuzweigen. Im Januar 1999 gründete Rudolf-August Oetker eine Stiftung für Kunst, Kultur, Denkmalschutz und Wissenschaft, die seinen Namen trägt. Der Industrielle hat für diesen Zweck ein Kapital von 32 Millionen Mark abgezweigt, das später auf 80 Millionen Mark erhöht werden sollte.

Nachdem sich in Bielefeld die politischen Verhältnisse mit den Kommunalwahlen 1999 geändert hatten, machte die neue konservative Mehrheit im Stadtrat dem Industriellen Rudolf-August Oetker ein Versöhnungsgeschenk. Ein Teil der Straße, in der das Haus gestanden hatte, in dem Richard Kaselowsky mit seiner Frau und zwei Töchtern 1944 ums Leben gekommen war, erhielt 2001 den Namen Kaselowskystraße. Das Geschenk war regelrecht bestellt worden, wie aus einem Brief des zweiten Bürgermeisters Rainer Wend (SPD) und des SPD-Fraktionschefs hervorgeht. »An die Bielefelder SPD und an uns persönlich wurde aus dem Hause Oetker der Wunsch herangetragen, die Familie Kaselowsky zu würdigen«, schrieben die beiden Politiker ihren Genossen. Aber die SPD-Basis wandte sich mehrheitlich gegen den Vorschlag.

Zwar konnte mit dem Namen Kaselowskystraße theoretisch auch der Textilindustrielle Ferdinand Kaselowsky gemeint sein, der eine Ehrung durchaus verdient hätte. Allerdings hätte man dann nicht ausgerechnet die Straße wählen sollen, in der dessen Großneffe, der Himmler-Freund Richard Kaselowsky, gewohnt hatte. »Die Botschaft, die durch die Benennung eines Parks, einer Kunsthalle oder Straße nach Kaselowsky in der Öffentlichkeit ›ankommt‹, ist doch offensichtlich die: Gegenüber dem wirtschaftlichen Erfolg – der bei Kaselowsky wie Oetker unbestritten ist – ist alles andere nachrangig«, kritisierte der Bielefelder Soziologieprofessor Karl A. Otto.

Nach seinem Rückzug aus der Bielefelder Kunsthalle mochte sich Rudolf-August Oetker nicht dem Vorwurf ausgesetzt sehen, dass er der Öffentlichkeit bedeutende Kunstwerke vorenthielte. So ließ er im Mai 2003 im Westfälischen Landesmuseum für Kunst und Kultur in Münster zum ersten Mal einen großen Teil seiner Privatsammlung ausstellen. Der Patriarch ließ aus seinen Häusern, Urlaubsdomizilen, aus Unternehmen und Hotels über 250 Kunstwerke zusammentragen, neben Gemälden und Zeichnungen auch Porzellan und Goldschmiedestücke. Auch Oetkers Kinder stellten für die Schau Kunstwerke zur Verfügung. Das Spektrum reichte von der spätmittelalterlichen Tafelmalerei bis zu Werken der klassischen Moderne. Erstmals konnte das Publikum die im Familienbesitz befindlichen Werke von Rubens, van Dyck, Canaletto, Klee, Spitzweg und Corinth sehen. Offiziell tauchte der Name Oetker bei der Ausstellung nicht auf – gezeigt wurde eine »westfälische Privatsammlung«.

Aber jedermann wusste, wem die Kunstwerke gehörten. »Es mag nicht allein Bescheidenheit gewesen sein, die Rudolf-August Oetker veranlassen ließ, die Provenienz der Sammlung nicht an die große Glocke zu hängen«, schrieb Felicitas von Lovenberg in der *FAZ* und vermutete, dass der Unternehmer sich nicht analysieren lassen wollte.

»Wer durch die Säle der Ausstellung schlendert, wird natürlich versuchen, sich ein Bild von diesem Sammler zu machen, sein Naturell, seine Vorlieben, seine Abneigungen zu ergründen.« Das war auch deshalb schwierig, weil der gezeigte Kunstbesitz Werke aus über fünf Jahrhunderten umfasste. Es war für fast jeden Geschmack etwas dabei, wobei sich allerdings erkennen ließ, dass Oetker eine Vorliebe für alte Meister und für das gemalte Idyll des 18. und 19. Jahrhunderts hat. In Münster war allerdings nur ein Viertel aller Kunstwerke aus dem Oetker-Besitz zu sehen.

Mit Hilfe der Kuratorinnen Monika Bachtler und Inge Eggerth hat Rudolf-August Oetker im Laufe der Jahre nicht weniger als 1000 Werke zusammengetragen. Es scheint, als wolle es der Senior dabei belassen. Sein Name findet sich jedenfalls nicht in der jüngsten Liste der aktivsten privaten Kunstsammler der Welt, die die New Yorker Zeitschrift *Art News* regelmäßig erstellt. Zu den 14 Deutschen, die aufgenommen wurden, zählt hingegen Oetkers Neffe Arend.

Über sein persönliches Verhältnis zur Kunst hat sich Rudolf-August Oetker kaum jemals geäußert. Die Frau seines Freundes und langjährigen Architekten Ruth Pinnau schrieb 1993 über ihre Erfahrungen mit dem Bielefelder Stifter und Sammler: »Ihm fehlte das wahrhaft kulturelle Interesse.« Bilder seien für den Industriellen »nur eine Anlagemöglichkeit«, behauptete die promovierte Kunstgeschichtlerin. Eine tiefer gehende, geistige oder emotionale Beziehung zur Kunst habe sie bei Rudolf-August Oetker nie bemerken können. »Oetker wusste wenig über seine eigene Sammlung, aber er fällte Urteile über unsere Gemälde«, berichtete Pinnau. »Wenn er bei uns mit Freunden eingeladen war, erzählte er unseren Gästen mit schöner Regelmäßigkeit, dass die Gemälde aus der frühromantischen, teils noch klassizistischen Landschafts- und Porträtmalerei nichts wert oder einfach schlecht seien. Ihm waren Namen wie Koch, Hackert, Reinhart, Tischbein, Reynolds oder Gainsborough kein Begriff, obwohl er selbst Gemälde dieser Künstler besaß.«

25. »In der Schweiz bot sich eine günstige Gelegenheit«

Das Steuersparmodell
des Industrievizepräsidenten

In einem Hotel in Lausanne entwickelten zwei Deutsche 1991 die Idee für ein neuartiges europäisches Fußballturnier. Jürgen Lenz aus Bremen und Klaus Hempel aus Neuss hatten bereits Erfahrung mit großen Sportereignissen und den Geschäften, die sich damit machen ließen. Bevor sie sich selbstständig machten, hatten sie für adidas und die Schweizer Firma ISL Marketing AG gearbeitet, die im Auftrag des Weltfußballverbandes Fifa die Fernsehrechte der Weltmeisterschaften an die TV-Sender aller Länder verkaufte.

Am Genfer See konzipierten Lenz und Hempel ein Turnier, das den Europapokal der Landesmeister mit seinem K.-o.-Modus ablösen könnte. Die Meisterschaft der stärksten europäischen Clubs sollte für Zuschauer, Vereine und Werbewirtschaft attraktiver werden. Das Ergebnis dieser Überlegungen war die Champions League. Zu dem Konzept der beiden Deutschen gehörte eine bessere Form der Vermarktung, mit der zum Beispiel ausgeschlossen werden sollte, dass sich konkurrierende Firmen als Sponsoren und Werbekunden ins Gehege kommen konnten. Die Kaufleute gründeten eine Agentur mit dem Namen The Event Agency and Marketing AG (TEAM). Dann präsentierten sie ihren Vorschlag den Herren der Europäischen Fußballunion (UEFA). Denen gefiel der Plan auf Anhieb.

Allerdings gab es noch andere Sportvermarkter, die die Übertragungsrechte eines europäischen Fußballturniers makeln wollten. Deren Konzepte waren zwar konventioneller als das der Champions League, dafür waren die Firmen finanziell stärker als die kleine Agentur TEAM. Wer garantierte der UEFA, dass Lenz und Hempel bei TV-

Sendern und Werbekunden mit ihrer Champions League Erfolg haben würden und das versprochene Geld tatsächlich heranschafften? Die Verbandsfürsten verlangten von Lenz und Hempel eine Ausfallgarantie von 150 Millionen Mark.

Eine stolze Summe, die Lenz und Hempel nicht locker machen konnten. Eiligst machten sie sich auf die Suche nach Investoren. Sie wurden fündig bei zwei Industriellen, die bis dahin mit Sportrechten und Medien nie etwas zu gehabt tun hatten: bei Arend Oetker und seinem Schwiegervater Otto Wolff von Amerongen. Die beiden hatten gerade den Kölner Stahlkonzern Otto Wolff an Thyssen verkauft und waren flüssig. Die Industriellen erklärten sich bereit, für TEAM zu bürgen, wenn sie im Gegenzug an der Agentur beteiligt würden. Man einigte sich auf einen Anteil von 47 Prozent an der Firma. In dieser Höhe sollten die Geld- und Garantiegeber auch an den künftigen Gewinnen partizipieren.

Wolff von Amerongen war immerhin ein Fußballfan, dem FC Köln hatte er schon einmal aus einer wirtschaftlichen Misere geholfen. Zudem verfügte der langjährige Spitzenrepräsentant der deutschen Wirtschaft international über die besten Verbindungen, über die er ein gutes Entree bei UEFA-Präsident Lennart Johansson hatte. Für Wolff und Oetker als Vermarktungspartner sprach aus Sicht der UEFA zudem, dass sie selbst keine eigenen Interessen im Medienbereich verfolgten, wie dies beispielsweise für Bertelsmann oder den Medienunternehmer Leo Kirch galt. Sie würden also dafür sorgen, dass der jeweils Meistbietende zum Zuge kam.

Mit den beiden Industriellen als Garanten erhielt TEAM den Zuschlag für die Champions League. Hempel und Lenz hatten nur wenig Zeit, um die TV-Sender und die Werbewirtschaft von ihrem Konzept zu überzeugen, aber sie waren erfolgreich. Bei den Clubs war die Skepsis anfangs groß. »Alles Käse«, lautete der Kommentar von Uli Hoeneß, dem Manager des FC Bayern München. Doch die Kritiker wurden schnell eines Besseren belehrt. 1992 startete die Champions League und spielte sogleich ihre Kosten ein.

Die Meisterschaft wurde schnell populär und damit auch immer einträglicher. 1996 nahm TEAM bereits 220 Millionen Mark mit dem Verkauf von Senderechten und Werbung ein. Die Vereine kassierten mehr Geld, als ihre Manager sich hatten träumen lassen. Das Geschäft wuchs von Jahr zu Jahr. Die Champions League erwies sich als »Gelddruckmaschine« (*Welt am Sonntag*). Oetker und Wolff hatten den richtigen Riecher bewiesen, als sie das Konzept unterstützt hatten. »So, wie das bisher gelaufen ist«, gab Wolff von Amerongen freudig kund, »würde sich jeder die Finger danach lecken.«

Es sollte noch besser kommen. Im Wettbewerb der TV-Sender stiegen die Preise für Sportrechte immer höher. Nicht nur in Deutschland waren private Fernsehunternehmen wie RTL, Sat.1 und Premiere bereit, fast jeden Preis für die Champions League zu zahlen. Auch aus Großbritannien, Italien, Spanien und sogar Japan flossen große Beträge an TEAM. Die Agentur, die in Luzern am Vierwaldstättersee residiert, handelte mit einer heiß begehrten Ware. Im Hype der New Economy galten Sportrechte den Medienkonzernen als eine Form des »Contents«, den man haben musste – koste es, was es wolle. Ob sich das unterm Strich wirklich lohnte, wurde in Zeiten des Börsenbooms kaum noch gefragt. Nur wenige Beobachter sahen die Dinge klar. »Wer mit der Champions League sichere Geschäfte machen will, sollte am besten die Übertragungsrechte makeln«, schrieb die *Süddeutsche Zeitung* 1998. »Da gibt es inzwischen viel zu verdienen und wenig zu verlieren.«

Das wussten Arend Oetker und sein Schwiegervater am besten, sie hatten über Jahre glänzende Geschäfte gemacht. Doch schon im Frühjahr 1999 überlegten es sich die beiden Investoren anders und bereiteten ihren Ausstieg vor. Über die Motive für ihren Rückzug haben sie später nicht gesprochen, der Verkauf wurde geradezu konspirativ abgewickelt. Die Zahl der teilnehmenden Clubs war von acht auf 24 erhöht worden, die Champions League hatte zuletzt 2,5 Milliarden Fernsehzuschauer in 200 Ländern gehabt und war so gewinnbringend wie noch nie. Sahen die Industriellen voraus, dass die Preise im Geschäft mit den Sportrechten wieder fallen würden? Wollten sie im Börsenboom einen günstigen Zeitpunkt nutzen, ihre Beteiligung an der Vermarktungsfirma TEAM mit größtmöglichem Gewinn zu veräußern? Der Vertrag zwischen TEAM und der UEFA lief immerhin noch bis 2003. Andererseits war keineswegs sicher, ob er anschließend verlängert werden würde.

Da machten Oetker und Wolff lieber Kasse. Einen Käufer für ihre Anteile fanden sie nach kurzer Suche in der Schweizer Filmhandelsfirma Highlight Communications AG, deren Aktien am Neuen Markt der Frankfurter Börse notiert wurden. Highlight Communications übernahm 80 Prozent der Anteile an der Sportrechteagentur. Während Oetker und Wolff ganz ausstiegen, blieben die Manager Lenz und Hempel mit einem verminderten Anteil von 20 Prozent im Geschäft. Wie viel die Kölner Investoren bei dem Deal einnahmen, wurde nicht bekannt. »Über den Preis für das 80-prozentige Aktienpaket wurde Stillschweigen vereinbart«, schrieb die *Neue Zürcher Zeitung*.

Doch ganz ließen sich die Zahlen dann doch nicht verheimlichen. Im Anhang des Geschäftsberichts der Highlight Communications fand sich ein Jahr später eine genaue Aufstellung. Demnach betrug der Kaufpreis 134 Millionen Schweizer Franken. Für Oetkers und Wolffs Anteil müssten demnach 77 Millionen Franken abgefallen sein, von denen allerdings ein Teil in Aktien der Highlight Communications AG gezahlt wurde. Diese Papiere schossen im Zuge der Aktienhausse in die Höhe und vervielfachten in kurzer Zeit ihren Wert.

Das Geschäft mit den Sportrechten war nicht der einzige Deal, den Arend Oetker in der Schweiz durchzog – und auch bei weitem nicht der größte. Bei TEAM hatte er erfahren, unter welch günstigen steuerlichen Bedingungen Unternehmen in der Schweiz arbeiteten. Das brachte ihn auf die Idee, auch in seiner Rolle als Nahrungsmittelunternehmer nach Investitionsmöglichkeiten Ausschau zu halten.

Seit den siebziger Jahren hatte sich Oetker um die Schwartauer Werke kaum noch kümmern müssen. Sein Vertrauter und Geschäftspartner Werner Holm, den er 1968 als Assistenten in die Geschäftsführung in Bad Schwartau geholt hatte, hatte den Marktanteil bei Konfitüre von fünf auf 50 Prozent in den neunziger Jahren gesteigert. Holm hatte mit »Corny« einen Müsliriegel nach US-Vorbild in

Deutschland eingeführt und bei Mövenpick die Lizenz für eine Hochpreismarmelade erworben.

Oetker selbst betätigte sich als Stratege und Firmenpatriarch, der gelegentlich in der Kantine der Schwartauer Marmeladenfabrik aufmunternde Reden vor der Belegschaft hielt. Die Schwartauer Gruppe hatte im Lauf der Jahre eine Reihe von ausländischen Unternehmen gekauft. In der Schweiz war sie allerdings nicht vertreten. Schon in den siebziger Jahren hatte sich Oetker für die Schweizer Konserven- und Konfitürenfirma Hero AG interessiert. Dieses Unternehmen mit Sitz in Lenzburg schien ihm gut zu dem eigenen zu passen. Aber der deutsche Kaffeeunternehmer Klaus Jacobs war ihm zuvorgekommen und hatte 1987 ein Aktienpaket der Schweizer Firma gekauft.

Jacobs war damals aber nicht willkommen in der Schweiz. Sein Übernahmeversuch wurde von den Eidgenossen als feindlich empfunden. Widerstand regte sich auf allen Ebenen. Zwei führenden Hero-Managern gelang es schließlich mit Hilfe von Schweizer Banken, den deutschen Industriellen abzuwehren. Die beiden Hero-Vorstände Felix Dony und Rudolf Stump zahlten Jacobs mit Hilfe von Krediten aus und übernahmen selbst mit einem weiteren Partner die Mehrheit der Hero-Aktien – ein so genanntes Management-Buy-out. Die Sache lief so lange gut, wie die Zinsen niedrig blieben und der Kurs der Hero-Aktien hoch. Als die Zinsen in den neunziger Jahren aber stiegen, während die Hero-Aktien an Wert verloren, wurden die Schweizer Banken nervös. Das war die Chance für Arend Oetker. Er nutzte sie.

Im Juli 1995 kaufte Oetker die Mehrheit an Hero. Der Industrielle tat das – wie bei solchen Geschäften üblich – nicht persönlich und nicht direkt. Stattdessen übernahm Oetkers Firma Schwartau International GmbH alle Aktien der FIM AG, einer Holdingfirma mit Sitz im Schweizer Kanton Zug. In dieser FIM AG hatten die beiden Hero-Topmanager ihre Aktien des Nahrungsmittelkonzerns steuergünstig geparkt.

Wie viel Arend Oetker für die Hero-Mehrheit zahlte, wurde nicht bekannt – einer von mehreren Gründen, warum die *Neue Zürcher Zeitung* den Deal 1995 als »reichlich intransparent« kritisierte. Immerhin handelte es sich bei Hero um ein traditionsreiches renommiertes Unternehmen mit einem Umsatz von damals 1,23 Milliarden Schweizer Franken und Tausenden von Mitarbeitern. Die Schweizer Firma, die in Deutschland unter anderem die Fruchtsäfte Klindworth und Lindavia vertrieb, war umsatzstärker als die Schwartauer Werke.

Der Kleine kaufte also den Größeren. Wie konnte Arend Oetker das bewerkstelligen? Die Antwort lautet: durch einige geschickte Verschiebungen von Vermögenswerten. Zur gleichen Zeit, als der deutsche Marmeladenunternehmer die Mehrheit der Schweizer Firma erwarb, kaufte die Schweizer Firma ihrerseits mehrere Auslandsgesellschaften der Schwartauer Werke und spülte damit Millionen in deren Kassen. Die Schwartau-Fabriken in Großbritannien, den USA, den Niederlanden und Polen wechselten als erste ihren Eigentümer. Ein Jahr später wurden dann auch die französischen Schwartau-Tochterfirmen an Hero verkauft. Am Jahresende 1996 hatte der Schweizer Konzern 33 Produktionsstätten statt vorher 20. Die Schwartauer Gruppe des Arend Oetker war entsprechend geschrumpft.

Beobachter schätzten, dass Oetker zwischen 320 und 400 Millionen Schweizer Franken für die Hero-Mehrheit zahlte. Wie viel Geld der Hero-Konzern für die Übernahme der Schwartauer Auslandstöchter nach Deutschland überwies, darüber gab es nur Vermutungen. Es seien »weder ein Kaufpreis noch ein Gewinnbeitrag bekannt gegeben« worden, kritisierten die Aktienexperten des Bankhauses Vontobel. Beobachter taxierten die Übernahmewerte der Schwartauer Auslandstöchter auf 185 Millionen Franken.

In der Rückschau betrachtet, war diese Transaktion nur der erste Schritt in einem über etliche Jahre angelegten Schlachtplan des Vorzeigeunternehmers, seinen deutschen Unternehmensbesitz abzubauen und den in der Schweiz zu erhöhen – eine Auswanderung auf Raten.

Während Hero-Hauptaktionär Oetker in Köln wohnen blieb und später nach Berlin umzog, gingen seinen beiden wichtigsten Partner und Manager Werner Holm und Lutz Peters aus dem holsteinischen Bad Schwartau 1995 in die Schweiz. Ihr Einstieg in die Hero-Konzernleitung in Lenzburg versinnbildlichte, von wo aus das Arend-Oetker-

Reich künftig gelenkt werden sollte. Steuerliche Gründe spielten dabei offenbar eine entscheidende Rolle.

Durch den Hero-Einstieg gelang es Arend Oetker, sein internationales Firmenreich schlagartig erheblich zu vergrößern. Die von ihm kontrollierten Unternehmen beschäftigten 1995 rund 7 800 Mitarbeiter und setzten 3,1 Milliarden Mark um. Das war eine neue Dimension und gab ihm auch innerhalb des verzweigten Oetker-Clans ein größeres Gewicht. »Mit dem Kauf des Schweizer Lebensmittelriesen Hero verkleinert Arend Oetker den Abstand zum Bielefelder Stammhaus«, schrieb die *Wirtschaftswoche*.

Die bei Oetkers Einstieg in Lenzburg angekündigten Vorteile aus Synergien bei Einkauf, Vertrieb und Logistik ließen allerdings auf sich warten. Zum Leidwesen der Hero-Kleinaktionäre fiel der Aktienkurs deutlich. Oetkers Mannen an der Schweizer Konzernspitze mühten sich, den Schweizer Konzern wieder auf Vordermann zu bringen. Sie verkauften das Fruchtsaftgeschäft in Deutschland und Frankreich und schlossen weitere unrentable Produktionen. Unglücklicherweise gerieten auch die Schwartauer Werke in Schwierigkeiten. 1997 und 1998 litten sie erheblich unter einem Erpressungsversuch. Der Täter hatte Gläser mit vergifteter Marmelade in Läden deponiert. Aber bald ging es wieder aufwärts.

Im April 2002 machte Arend Oetker abermals Geschäfte mit sich selbst. Die Hero AG, deren Verwaltungsrat er mittlerweile vorstand, übernahm 51 Prozent des so genannten Markengeschäfts der Schwartauer Werke. Es handelte sich dabei um die Produktion und den Verkauf von Marmelade, Müsliriegeln und Back- und Dekorartikeln unter den Marken wie »Schwartau Extra«, »Corny« und »Schwartau«. In diesen drei Produktgruppen ist Schwartau Marktführer in Deutschland. Der Gesamtumsatz belief sich auf 285 Millionen Euro. Zur Vorbereitung des Verkaufs hatte Oetker diese Geschäftsbereiche in die Schwartauer Werke GmbH & Co. KGaA gepackt.

Für die Kontrollmehrheit an dieser Firma zahlte dann der mehrheitlich im Oetker-Besitz befindliche Schweizer Konzern 183 Millionen Euro an eine deutsche Oetker-Beteiligungsfirma. Der Verkäufer konnte den Erlös steuerfrei vereinnahmen, da der deutsche Fiskus seit 2002 darauf verzichtete, Gewinne aus solchen Beteiligungsverkäufen zu besteuern. Nach dem Willen der rotgrünen Koalition sollte die Regelung der Entflechtung der deutschen Wirtschaft dienen. In diesem Fall nutzte sie einem deutschen Unternehmer, der seinen Besitz in die Schweiz verschob.

Das CDU-Mitglied Oetker fürchtete sich vor einem Wahlsieg der Union. Deren Finanzpolitiker hatten im Frühjahr 2002 angekündigt, das »schwer erträgliche Steuergeschenk« (Bayerns Finanzminister Kurt Faltlhauser) nach einem Wahlsieg ihres Kanzlerkandidaten Edmund Stoiber wieder zurückzunehmen. Dem wollte Oetker offenbar zuvorkommen.

Durch die Abgabe der Hälfte ihres Markengeschäfts schrumpfte die Schwartauer Gruppe, die schon Mitte der neunziger Jahre ihre Auslandstöchter verloren hatte, ein weiteres Mal. Ihr Ende ist heute bereits absehbar. Denn bei dem Verkauf im Frühjahr 2002 wurde vereinbart, dass Hero ab dem Jahr 2009 das Recht hat, auch noch die restlichen 49 Prozent des Markengeschäfts zu kaufen. In Bad Schwartau bliebe nur eine vom Ausland gesteuerte Betriebsstätte – bestenfalls.

Arend Oetker hat sogar für den Fall vorgesorgt, dass die Steuergesetzgebung auch zu einem späteren Zeitpunkt noch geändert werden könnte, wobei der Unternehmer offenbar vor allem an die Bundestagswahl 2006 dachte. Kippt die Steuerfreiheit anschließend doch noch, darf die Hero den Deal schon im Mai 2007 durchziehen, zu einem Zeitpunkt also, an dem die alte Regelung aller Voraussicht nach noch gelten würde. Hero kann die Restbeteiligung zur Hälfte mit eigenen Aktien statt Bargeld bezahlen, falls die Liquidität nicht reichen sollte.

Nahezu parallel zum Abbau seines deutschen Besitzes baute der BDI-Vizepräsident Oetker seinen Einfluss in der Schweiz aus. Als Oetker 1995 bei Hero eingestiegen war, hatte sein Vertrauter Lutz gegenüber Journalisten noch bestritten, dass eine volle Übernahme des Schweizer Unternehmens geplant sei. Im Lauf der folgenden Jahre kaufte Oetker aber gleichwohl mehrfach weitere Hero-Aktien hinzu.

Auch als er im Frühjahr 2002 den Mehrheitsbesitz an den Schwartauer Marken an die Schweizer Aktiengesellschaft verkaufte, ließ er sich einen Teil des Kaufpreises in Hero-Aktien bezahlen, die die Schweizer Gesellschaft zu dieser Zeit im Eigenbesitz hatte. Dabei kamen auf einen Schlag weitere 200 000 Papiere in Oetkers Hände.

Im Februar 2003 kam der deutsche Industrielle noch einen entscheidenden Schritt weiter. Es gelang ihm, ein großes Hero-Aktienpaket aus dem Reich des hoch verschuldeten Schweizer Investors Martin Ebner zu erwerben. Mit dessen Anteil in Höhe von 15,3 Prozent erhöhte sich Oetkers Hero-Mehrheit auf rund 74 Prozent. Nun konnte Oetker aufs Ganze gehen. Es war eine günstige Gelegenheit, die Kleinaktionäre aus dem Schweizer Unternehmen zu drängen, und der Industrielle machte sich daran, die börsennotierte Aktiengesellschaft Hero in eine Privatfirma umzuwandeln.

Oetkers FIM AG, die im Steuersparkanton Zug residiert, bot allen anderen Aktionären der Hero im März 2003 an, ihre Papiere zu einem Preis zu kaufen, der um 18 Prozent über dem Börsenkurs der damaligen Zeit lag. Das schien vielen ein attraktives Angebot zu sein. In den folgenden Wochen gaben die meisten Hero-Aktionäre ihre Papiere an die FIM AG ab. Im Juni hatte die FIM AG gut 99 Prozent aller Hero-Anteile in ihrem Besitz. Damit konnte sie von der gesetzlichen Möglichkeit Gebrauch machen, die wenigen noch ausstehenden Aktien für kraftlos erklären zu lassen und den Börsenhandel zu beenden.

Auf diese Weise wurde die FIM AG zum alleinigen Inhaber des Schweizer Nahrungsmittelkonzerns, der im Sommer 2003 immerhin weltweit 4 895 Mitarbeiter beschäftigte. Es lohnt sich, einen näheren Blick auf die FIM zu werfen, die kein normales Unternehmen ist. Die FIM AG ist vielmehr eine Briefkastenfirma ohne irgendeine operative Tätigkeit. Ihr Briefkasten befindet sich in der Inneren Güterstraße 4 in Zug im gleichnamigen Schweizer Kanton.

Im kleinsten der Schweizer Kantone, der nur etwas mehr als 100 000 Einwohner hat, gibt es Tausende Briefkastenfirmen wie die FIM AG. Der Grund: Zug ist eine Steueroase. Unternehmen müssen dort nur 16 Prozent ihres Gewinns an den Fiskus abführen, verglichen mit 24 Prozent im Durchschnitt der anderen Schweizer Kantone. In Deutschland werden rund 40 Prozent des Gewinns an Unternehmenssteuern fällig.

2003 kam der Kanton Zug in die Schlagzeilen deutscher Zeitungen, als Boris Becker erklärte, dass er dorthin übersiedeln werde. Schon seit Jahrzehnten ist der Metro-Gründer Otto Beisheim in Zug ansässig. Anders als Becker und Beisheim hat sich Arend Oetker bislang nicht entschließen können, persönlich aus Berlin nach Zug umzusiedeln. Ein Grund dieser Sesshaftigkeit könnte sein, dass er als Steuerflüchtling seine Positionen als Vizepräsident des Bundesverbandes der Deutschen Industrie und als Präsident des Stifterverbandes für die Deutsche Wissenschaft würde aufgeben müssen.

In Zug ist Oetker bislang nur mit der FIM AG vertreten, die unter der Nummer CH-170.3.012.264-2 im Handelsregister steht. Die Aktien der FIM gehören zu 100 Prozent der Schwartau International GmbH mit Sitz in Bad Schwartau, wie aus den Unterlagen zum Kaufangebot an die Hero-Kleinaktionäre hervorgeht. Die Schwartauer Firma befindet sich wiederum vollständig im Besitz der AOH Nahrungsmittel GmbH & Co. KG, wobei AOH die Abkürzung für Arend Oetker Holding ist, deren Spitzengesellschaft in Berlin sitzt. Auch sie hat kein operatives Geschäft, sondern ist nur ein Vehikel ihres Eigentümers Oetker zur Verwaltung seines Vermögens.

Die Überführung der Hero in den Privatbesitz eines Investors stieß bei Aktionärsschützern auf heftige Kritik. Der Würzburger Wirtschaftsprofessor Ekkehard Wenger bezeichnete sie mit guten Argumenten als »unfair« gegenüber den Kleinaktionären. Denn Oetker hatte den Besitzern der Hero-Papiere im Frühjahr 2003, bei Licht betrachtet, alles andere als ein attraktives Angebot gemacht. Der Preis, den er ihnen offerierte, lag noch unter dem Tiefstkurs der Hero-Aktie in den Jahren 1999 bis 2001. Oetker konnte es sich leicht erlauben, einen Aufschlag auf den aktuellen Börsenkurs zu zahlen, denn dieser war im Zuge des übertriebenen Börseneinbruchs extrem niedrig. Dabei hatte sich die Firma in letzter Zeit wirtschaftlich gut entwickelt. Der Betriebsgewinn war 2002 um mehr als 60 Prozent gestiegen.

Ekkehard Wenger hielt Oetker auf der Aktionärsversammlung vor, dass er oder Verbündete in den zwölf Monaten vor ihrem Angebot erwiesenermaßen höhere Preise für Hero-Aktien gezahlt hatten, als sie den Kleinaktionären boten.

Oetker hatte natürlich gewusst, dass die Kleinaktionäre keine Chance gegen ihn hatten. Es würde ihnen gar nichts anderes übrig bleiben, als das Angebot anzunehmen, wenn sie nicht noch höhere Verluste erleiden wollten. Denn wer im Frühjahr 2003 nicht an Oetker verkaufte, der riskierte, auf Aktien sitzen zu bleiben, die bald darauf nicht mehr an der Börse gehandelt wurden. Anders als in Deutschland ist es in der Schweiz unzufriedenen Kleinaktionären nicht einmal möglich, Abfindungsangebote von Großaktionären vor Gericht überprüfen zu lassen. Für den Aktionärsrechtler Wenger ist der Fall Hero daher ein Musterbeispiel dafür, »wie man in der Börsenbaisse Kleinaktionäre preisgünstig aus Gesellschaften hinausdrängt, wenn in der Zukunft tatsächlich Erfolge zu erwarten sind«.

Der Stammsitz der Nahrungsmittelfirma in Bad Schwartau hat im Lauf der Jahre immer mehr an Bedeutung verloren. Zwar arbeiteten im Frühjahr 2002 nach Firmenangaben 800 Menschen in dem Werk. Sie tun dies aber seit dem Verkauf unter der Kontrolle eines Schweizer Konzerns. Die Musik spielt in Lenzburg, hier wird über Produkte, Werbekampagnen und Vertrieb entschieden.

In einer Pressemitteilung zum Verkauf des Schwartauer Markengeschäfts fand sich im März 2002 der Satz: »Die Betriebsstätte in Bad Schwartau entrichtet unverändert ihre Steuern an den deutschen Fiskus.« Das ist zwar richtig, aber ziemlich irrelevant. Bei internationalen Firmen kommt es darauf an, in welchem Land die Gewinne anfallen. Die Kunst der Finanzvorstände in den Konzernzentralen besteht darin, die Gewinne immer dort am höchsten ausfallen zu lassen, wo die Steuersätze am niedrigsten sind. Ein beliebtes Mittel dazu sind die Preise, die für Zulieferungen und Dienstleistungen zwischen Konzerngesellschaften berechnet werden. Firmen an Hochsteuerstandorten sollen hohe Beträge zahlen, damit sie dem Fiskus hohe Kosten nachweisen können, während der Gewinn andernorts entsteht.

Erstaunlicherweise ist es dem Industriellen Oetker gelungen, seine deutsch-schweizerischen Firmenverkäufe nahezu unbemerkt von der Öffentlichkeit zu machen. Dass der zweithöchste Repräsentant der deutschen Industrie das Schwergewicht seiner industriellen Aktivitäten schrittweise in die Schweiz verlegt hat, ist bislang kein Thema der politischen Debatte geworden. Selbst als nach der Ankündigung Theo Müllers und dem Wegzug Boris Beckers das Problem der Steuerflucht wieder kurzzeitig auf die politische Tagesordnung der Bundesrepublik kam, blieb der Fall Oetker unbeachtet.

Nur ein einziges Mal wurde Arend Oetker nach den Gründen seiner Abwanderung gefragt. Das Mittelstandsmagazin *Impulse* interviewte den BDI-Vizepräsidenten im Herbst 2003 für eine Titelgeschichte über das Steuersparen. Der Frager schnitt nach politischen Themen auch Persönliches an: »Sie selbst haben jüngst in der Schweiz investiert. Eine Flucht aus Deutschland?« Oetker formulierte wolkig: »In der Schweiz bot sich eine günstige Gelegenheit. Da habe ich zugegriffen. Ich verstehe mich als europäischer Unternehmer mit Sitz in Deutschland. Und ich gehe dorthin, wo die Märkte Erfolg versprechen und die Rahmenbedingungen stimmen. Das ist dann eine Entscheidung für einen Standort und nicht gegen Deutschland.« Von Steuern kein Wort.

Andere Mitglieder des Industriellenclans denken da patriotischer. So will Arends Cousin August Oetker auch in Zukunft den heimischen Standort nicht aufgeben. Als ihn die *Lebensmittel-Zeitung* auf das Beispiel des Molkereiunternehmers Theo Müller ansprach, antwortete August Oetker im November 2003: »Unser Standpunkt ist, wir wollen nicht nur in Deutschland, sondern auch in Bielefeld bleiben. Hier ist ein guter Teil unserer Identität. Hier sind die Wurzeln, hier war die Gründung vor 112 Jahren. Daher: Ob der Steuerhebesatz ein bisschen höher ist oder welcher Couleur die Regierung der Stadt ist, ein Umzug käme für uns nicht in Frage.«

Sein Vater Rudolf-August Oetker denkt genauso, wie der steuerflüchtige Molkereiunternehmer bestätigte: »Der alte Herr Oetker hat gesagt, er könne überhaupt nicht verstehen, warum ich mir das antue. Er hat die Erbschaftssteuer bezahlt, über Jahre verteilt.«

Es bleibt abzuwarten, ob Arend Oetker in den nächsten Jahren versuchen wird, die deutsche Erbschaftssteuer zu vermeiden, indem er und seine Kinder in die Schweiz übersiedeln. Oetker hat zum Erbfall bisher lediglich kundgetan, dass er seinen fünf Kindern, die in den Jahren 1976 bis 1992 geboren wurden, Unterbeteiligungen am Firmenvermögen eingeräumt habe.

Seit langem ist allerdings bekannt, dass Arend Oetker von Erbschaftssteuern nichts hält. Der politisch einflussreiche Industrielle ist als unermüdlicher Kritiker jeder Form der Erbschaftsbesteuerung ausgewiesen. Schon 1995 bezweifelte er in einem Aufsatz, »ob die Erhebung der Erbschaftsteuer überhaupt sinnvoll ist«. Sein Argument: Bei Familienunternehmen werde gerade in der schwierigen Phase des Übergangs auf die nächste Generation Geld aus der Firmenkasse gezogen. 2003 forderte Oetker, der Gesetzgeber solle Unternehmenserbschaften völlig von der Steuer befreien, wenn der Erbe den Betrieb mindestens zehn Jahre lang fortführe.

Mit seinen Vorschlägen bewegt sich der Industrievizepräsident allerdings weit außerhalb dessen, was hohe Gerichte an Subventionen für Unternehmer für zulässig halten. Der Bundesfinanzhof hat die vielfältigen pauschalen Vergünstigungen, derer sich die Erben von Betriebsvermögen gegenwärtig erfreuen, schon als »in ihrer Gesamtwirkung zu weit gehend« eingestuft. Nun soll das Bundesverfassungsgericht entscheiden.

Unternehmenserben müssen Betriebsvermögen nur dann versteuern, wenn es 225 000 Euro übersteigt und die persönlichen Freibeträge bereits durch anderes Vermögen ausgeschöpft sind. Was darüber hinausgeht, schlägt nur mit 65 Prozent seines Wertes zu Buche. Überdies gilt immer die günstige Steuerklasse I. Die Experten des Deutschen Instituts für Wirtschaftsforschung kamen Ende 2003 zu dem Schluss: »Die gegenwärtigen Vergünstigungen verletzen die Steuergerechtigkeit erheblich.«

26. »Pils passt prima zu Pudding und Pizza«

Ein hungriges Unternehmen

Über ein Jahr lang gingen die E-Mails zwischen München und Bielefeld hin und her. Dann trafen sich die Manager der Oetker-Gruppe mit den Bankern an einem geheimen Ort. Bei den Verhandlungen ging es um den Verkauf des Brauereikonzerns Brau und Brunnen, dessen Aktien zu mehr als 60 Prozent im Besitz der HypoVereinsbank lagen. Dem Geldhaus mangelte es an Kapital und es wollte sich von der Unternehmensbeteiligung gerne trennen. Die Oetkers waren an einem Kauf interessiert, denn sie wollten ihr eigenes Brauereigeschäft vergrößern. Auf diesem Feld war der Bielefelder Konzern mit seiner Radeberger Gruppe, dem drittgrößten Anbieter von Bier in Deutschland, zwar bereits gut vertreten. Aber durch einen Kauf von Brau und Brunnen wollte Oetker nun Marktführer werden.

Bei dem Geheimtreffen trugen die Banker ihre Preisvorstellungen vor. Die Oetker-Leute schluckten, als sie die Forderung hörten – und verhandelten. Sie waren allerdings nicht die einzigen Interessenten für das Brauereiaktienpaket und damit in einer schwachen Position. Überdies galt für den Oetker-Konzern, was wohl für die meisten Familienunternehmen zutrifft: Sie zahlen keine Mondpreise. Im Unterschied zu den Managern von börsennotierten Großkonzernen finanzieren sie ihre Unternehmenskäufe aus eigenem Vermögen und nicht mit dem Geld anonymer Aktionäre.

Nach einigem Hin und Her wurden die Verhandlungen abgebrochen. Über den Wert von Brau und Brunnen war keine Einigkeit zu erzielen. Die Herren gingen auseinander. Das war im Herbst 2003. »Wir haben Geduld«, sagte Ulrich Kallmeyer, der für die Oetkerschen

Brauereien zuständige Manager und Chef der Radeberger Gruppe. »Wir lassen uns nicht nervös machen und zahlen nicht jeden Preis.« Diese Strategie sollte sich am Ende bewähren.

Bald nach dem Abbruch der Gespräche über Brau und Brunnen fanden die Oetkers eine andere attraktive, wenn auch kleinere Brauerei, die zum Verkauf stand. Radeberger übernahm 50 Prozent des Stuttgarter Hofbräus. Unterdessen setzte die HypoVereinsbank ihre Bemühungen fort, die Brauereiaktien zu versilbern – vergeblich. Der dänische Carlsberg-Konzern, der in Deutschland expandieren wollte, verleibte sich lieber die Holsten-Gruppe (Holsten, König, Licher) ein. Auch die Manager der belgischen Interbrew-Gruppe, die schon Beck's und Diebels übernommen hatten, winkten ab.

So kamen schließlich doch noch die Oetkers zum Zug. Im Februar 2004 übernahm der Konzern die Aktien von Brau und Brunnen für 220 Millionen Euro, einem immer noch hohen Preis. Aber nachdem auch Holsten verkauft worden war, hatten sich die Oetkers unter einem gewissen Zugzwang befunden. Zwei Jahre zuvor hatte sich die Familie entschieden, im Biergeschäft zu bleiben – und durch Zukäufe von Marken zu wachsen. Nachdem sie sich mit den Bankern einig geworden waren, boten die Oetkers den Kleinaktionären bei Brau und Brunnen an, deren Papiere zu einem Preis zu kaufen, der um 16 Prozent über dem Börsenkurs lag. Ihnen lag daran, ihre Neuerwerbung ganz für sich zu haben.

Durch diesen Kauf stieg die Familie Oetker mehr als 100 Jahre nach ihrem Einstieg in das industrielle Nahrungsmittelgeschäft zum größten Bierbrauer Deutschlands auf. Die beiden Brauereigruppen im Oetker-Besitz kommen gemeinsam auf einen Marktanteil von 15 Prozent. Die Kunden merken allerdings nichts von dieser Konzentration. Die Oetkers bieten ihr Bier unter einer Vielzahl traditionsreicher Marken an. So gehören zur Radeberger Gruppe neben dem gleichnamigen sächsischen Premiumbier auch Binding, Henninger Bräu, DAB (Dortmunder Actien-Brauerei), Ur-Krostitzer und Berliner Kindl. In Tschechien braut Radeberger ein Bier unter der Marke Krusovice, das als Beispiel böhmischer Braukunst auch auf dem deutschen Markt etabliert werden soll. Clausthaler, der Marktführer unter den alkohol-freien Bieren, ist ebenso ein Oetker-Produkt wie das stark beworbene Schöfferhofer Weizen, das sich vor allem bei den Fans der Harald-Schmidt-Show eingeprägt haben dürfte.

Mit Brau und Brunnen erwarben die Oetkers eine Vielzahl weiterer gut eingeführter Biermarken, darunter Jever, Dortmunder Union, Brink-hoff's Nr. 1 und Wicküler. Auch die Kölsch-Sorten Sion, Gilden, Küppers und Peters werden künftig unter der Regie der Bielefelder Unternehmerfamilie gebraut – ebenso wie Schlösser Alt, Schultheiss Pilsener und Tucher Bräu.

Beim Mineralwasser sitzen die Oetkers ebenfalls an der Quelle. Während Brau und Brunnen eine Reihe regional bekannter Wasser-marken unter das Dach der Bielefelder Holding mitbrachte, hat die Radeberger Gruppe schon seit langem ein Unternehmen in ihrem Be-sitz, das sein Mineralwasser unter einem Namen vertreibt, der in Deutschland zum Synonym für dieses Getränk geworden ist – Selters.

Gemeinsam kommen die Oetker-Brauereien auf einen Umsatz von 1,5 Milliarden Euro und eine Mitarbeiterzahl von 6 000. Gleichwohl wollen die Bielefelder Konzernstrategen im Biergeschäft noch weiter expandieren. »Wenn uns die richtige Marke im Inland angeboten wird, greifen wir zu«, kündigte Firmenchef August Oetker an. Auf dem deutschen Biermarkt strebt die Familie einen Anteil von 20 Pro-zent an. Noch besitzen die Bielefelder keine Brauereien im Saarland, in Schleswig-Holstein und den Stadtstaaten. Das soll sich ändern.

Durch ihre Firmenkäufe bauen die Oetkers ihr Engagement auf einem hart umkämpften Feld aus. Der Bierkonsum in Deutschland ist seit Jahren rückläufig. Das einstige Nationalgetränk ist vor allem bei jungen Leuten wenig gefragt. Während Wein und Mixgetränke als schick gelten, gilt Bier als das »Getränk der Großväter«, wie Experten der Unternehmensberatung Ernst & Young in einer Studie feststellten. Eine Konzentrationswelle hat die Branche erfasst, bei der neben den kleinen Regionalbrauereien nur wenige Großkonzerne übrig bleiben werden. In diesem Prozess spielen die Oetkers nach Einschätzung der *FAZ* bewusst die nationale Karte: »Es ist die Strategie der Gruppe, mittelständischen Brauereien eine Alternative zum Verkauf an die ausländische Konkurrenz zu eröffnen.«

Im Vordergrund steht für die Familie wohl der Wunsch, ihr Engagement auf einem Markt aufzubauen, auf dem Marken nach wie vor eine große Rolle spielen. Kaum ein anderer Konzern hat auf diesem Feld eine ähnlich große Erfahrung wie die Bielefelder Gruppe. Radeberger-Chef Kallmeyer, der auch Generalbevollmächtigter der Holding August Oetker KG ist, kommentierte die Expansion in der Brauereiwirtschaft entsprechend: »Pils passt prima zu Pudding und Pizza.«

Die Gewichte im Oetkerschen Gemischtwarenkonzern haben sich merklich verschoben. Das Biergeschäft ist nun größer als die Nahrungsmittelsparte, die 2003 einen Umsatz von rund 1,5 Milliarden Euro verbuchte. Dabei spielen die Traditionserzeugnisse Puddingpulver und Backtriebmittel im Dr.-Oetker-Sortiment schon lange keine nennenswerte Rolle mehr. Andere Produkte bringen viel mehr Umsatz. Neben Kuchenmischungen, Desserts und Honig (Langnese) produziert die Firma unter der Marke Dr. Oetker inzwischen auch Crème fraîche und Müsli. Mit der Marke Costa ist Oetker außerdem Marktführer bei den tiefgekühlten Meeresspezialitäten. Überdies beliefert Oetker Kantinen, Krankenhäuser, Altenheime und andere Großabnehmer.

Der absolute Renner im Sortiment ist seit einiger Zeit Pizza. Mit einem Anteil von annähernd 40 Prozent ist Oetker Marktführer in Deutschland. Jeder vierte Euro, den die Oetkers heute mit Nahrungsmitteln einnehmen, stammt aus dem Verkauf von Tiefkühlpizzen. Gefrorenes Gebäck wie »Flambiata«, »Culinaria« und »Die Ofenfrische«, das Oetker in Wittlich an der Mosel und im mecklenburgischen Wittenburg produziert, ist nicht nur in deutschen Supermärkten ein Bestseller. In zahlreichen Ländern Osteuropas ist Oetker Marktführer bei Pizzen, in Norwegen, Finnland und Großbritannien steigen die Absatzzahlen kontinuierlich. Zwar haben die Bielefelder ihr Ziel wohl noch nicht erreicht, die größte Pizzabäckerei Europas zu sein. Sie stehen aber kurz davor. Selbst in Italien ist Oetker dem dortigen Marktführer dicht auf den Fersen.

Die Pizzaproduktion der Oetkers ist ein Beispiel für die immer wieder zu beobachtende Tatsache, dass Familienunternehmen ihre Ziele zumeist mit größerer Ausdauer verfolgen als Kapitalgesellschaften, deren Aktionäre vom Management schnelle Erfolge einfordern. Die Oetkers haben hohe und lang andauernde Anlaufverluste in Kauf genommen, bis sie mit ihrer Tiefkühlsparte in die schwarzen Zahlen gelangt waren. »Der Erfolg hat uns Selbstvertrauen gegeben«, sagt August Oetker, und er meint damit wohl nicht zuletzt sich selbst. Der Konzern hat mit den Fertigpizzen bewiesen, dass er in der Lage ist, sich in seinem Stammgeschäft zu erneuern.

Für einen Nahrungsmittelhersteller wie Oetker ist es hierzulande allerdings schwer, zu wachsen. Hin und wieder gelingt den Bielefeldern der Zukauf eines Herstellers wie Onken, der Joghurt und Quarkspeisen produziert. Der Konsum bewegt sich in Deutschland bereits auf einem hohen Niveau und die Bevölkerung schrumpft. Deshalb hat das Unternehmen vor einiger Zeit seine Strategie geändert. Statt mit einer stetig steigenden Zahl von Produkten den deutschen Verbraucher zu versorgen, will Oetker jetzt mit einem kleineren Sortiment in mehr Ländern angreifen. Die Zahl der Produkte wurde von 700 auf 250 reduziert. »Bei tiefgefrorenen Erbsen konnten wir unsere Kompetenz nicht ausleben«, begründete August Oetker die Beschränkung.

Im Inland stehen die Dr.-Oetker-Produkte in einem Wettbewerb mit Eigenmarken, mit denen Discounter wie ALDI ihr Geschäft machen. Der Siegeszug der Billighändler, deren Umsätze in den vergangenen Jahren überproportional gestiegen sind, macht den Markenartiklern das Leben schwer. In Zeiten schlechter Konjunktur greifen immer mehr Bundesbürger zu Handelsmarken, die im Schnitt um 45 Prozent billiger sind. Die Verbraucher wissen längst, dass viele dieser Artikel in den Fabriken von Markenherstellern produziert werden.

Die Oetker-Gruppe gehört zu den wenigen Nahrungsmittelherstellern in Deutschland, die nach wie vor keine No-Name-Produkte für Handelskonzerne anbieten. Über diese Frage haben Manager und Familienangehörige in Bielefeld in den vergangenen Jahren immer wieder diskutiert – das Ergebnis blieb stets dasselbe. »Meiner Meinung nach darf es von uns nichts geben, was unseren eigenen Marken schaden könnte«, sagt August Oetker. Wenn der Käufer von Dr.-Oetker-Produkten erführe, dass diese unter anderen Namen billiger angeboten würden, fühlte er sich betrogen, glaubt der Unternehmer.

Mit Marken kann Oetker mehr Geld verdienen, wie Augusts Halbbruder Alfred in seiner Dissertation erklärte: »Eine branchenweit anerkannte Marke bindet ihre Abnehmer an ihre Produkte und Dienstleistungen und reduziert die Preissensibilität. Sie sichert damit hohe Ertragsmargen für die Zukunft und errichtet Markteintrittsbarrieren für potenzielle Wettbewerber.«

Eine Gefahr droht von einer anderen Seite. Die Marke Dr. Oetker hat in den vergangenen Jahren offenbar an Glanz verloren. Noch 1993 war Dr. Oetker auf Platz fünf der in Deutschland populären Marken, wie die Werbeagentur Young & Rubicam ermittelte. Mittlerweile ist sie nicht mehr unter den Top Ten zu finden. Intensiv werbende Unternehmen wie Media Markt oder das populäre Internetauktionshaus eBay haben sich auf die vorderen Plätze geschoben und Traditionsmarken wie Langnese, Bahlsen und Milka verdrängt.

Experten beobachten, dass vor allem Mittelklassemarken unter Druck geraten und verschwinden. »Marktführerschaft ist heute ein Muss«, hat auch August Oetker erkannt. Oetker ist zwar der größte deutsche Nahrungsmittelhersteller. Gemessen an den multinationalen Großkonzernen ist die Familienfirma allerdings ein kleiner Produzent. Nestlé übertrifft Oetker um mehr als das 40fache, Unilever um das Zehnfache. Doch Größe allein zählt nicht. »In den Märkten, in denen wir groß sind, beziehungsweise die Marktführerposition haben, möchte ich denjenigen sehen, der uns da rauswirft«, sagt August Oetker. Bei Backartikeln ist Oetker in 13 europäischen Ländern die Nummer eins, bei Desserts ist das Unternehmen in elf Ländern vorne, bei Backmischungen in zehn Ländern und bei Pizzen in neun.

Aber selbst wenn Oetker im Stammgeschäft unter Druck geriete, wäre das für die Bielefelder Unternehmerfamilie keine Katastrophe. Ihr Reichtum gründet seit langem auf vielen Säulen, die unabhängig nebeneinander stehen. So ist der größte und wohl auch profitabelste

Geschäftsbereich der Gruppe heute die Schifffahrt. Die Reedereigruppe Hamburg Süd, die der Familie zur Gänze gehört, ist nach Hapag-Lloyd die größte deutsche Schifffahrtsgesellschaft. Ihr Umsatz von knapp zwei Milliarden Euro übertraf den des Nahrungsmittelgeschäfts 2003 um mehr als 500 Millionen Euro.

Dieser Abstand könnte sich bald noch vergrößern. Schon in den neunziger Jahren haben die Oetkers mit Hapag-Lloyd und deren Eignern, dem Preussag-Konzern und der WestLB, über eine Fusion verhandelt. Damals wollte die Familie keine Minderheitsbeteiligung an einem Schifffahrtsriesen eingehen, bei dem sie nicht sicher sein konnte, wer dort langfristig das Sagen haben würde.

Mittlerweile hat sich die alte Preussag allerdings ganz auf das Touristikgeschäft verlagert und ihren Namen in TUI geändert. Der neu ausgerichtete Konzern verfolgt den Plan, sich aus der Schifffahrt zurückzuziehen und die Tochterfirma Hapag-Lloyd schrittweise zu verkaufen. Nur die Billigfluggesellschaft Hapag-Lloyd Express (HLX) will TUI behalten. Im Januar 2004 kündigte TUI an, dass der Konzern im Herbst desselben Jahres ein Drittel der Aktien der Hapag-Lloyd zum Kauf anbieten und das Unternehmen auf diese Weise wieder an die Börse bringen wolle.

Bald darauf meldete August Oetker sein Interesse zur Zusammenarbeit an. »Die Hapag und wir wären das Traumgespann«, sagte er. Damit meinte der Unternehmer die Tatsache, dass Hamburg Süd auf Nord-Süd-Linien fährt, während Hapag-Lloyd im Ost-West-Verkehr stark ist. »Wir ergänzen uns fast völlig, wir überlappen uns fast gar nicht.« Oetker bot öffentlich an, dass der Familienkonzern Hapag-Lloyd übernehmen wolle – als Alternative zum geplanten Börsengang. »Wir sind gesprächsbereit.« Später präzisierte ein Sprecher, dass die Bielefelder Hapag-Lloyd sogar komplett übernehmen wollten. »Die Familie Oetker könnte das stemmen.« Das sollte was heißen. Nach Einschätzung von Aktienexperten ist die größte deutsche Reederei zwischen 1,5 Milliarden und zwei Milliarden Euro wert.

Ohne Zweifel ist die Hamburg Süd aber auch alleine groß genug, um im internationalen Wettbewerb zu bestehen. Die Reedereigruppe hat etwa 150 Schiffe im Einsatz. Die meisten fahren unter der Flagge Liberias und anderer exotischer Länder. Die Mehrheit der Frachter wird in der Linienschifffahrt mit Containern eingesetzt. Ein Teil fährt in der so genannten Trampschifffahrt, also ohne festen Fahrplan. Nur 17 Schiffe gehören der Reederei selbst, alle übrigen sind gechartert. So kann die Hamburg Süd besser auf Schwankungen im Transportaufkommen reagieren.

Die Oetkers haben in den vergangenen Jahren mehr als 600 Millionen Euro in ihre Reedereigruppe investiert und eine Reihe kleinerer Gesellschaften und Dienste übernommen. Inzwischen ist die Hamburg Süd Weltmarktführer im so genannten Nord-Süd-Verkehr, also auf den Strecken von Nordamerika und Europa nach Südamerika. Aus dem Tankergeschäft hat sich die Reederei dagegen zurückgezogen. Das Versicherungsrisiko war der vorsichtigen Familie einfach zu groß geworden.

Sonst aber stehen die Zeichen auf Expansion. Bei einer Werft in Südkorea hat die Hamburg Süd sechs neue Containerschiffe bestellt, die in den Jahren 2004 und 2005 fertig gestellt werden. Jedes davon dürfte mehr als 50 Millionen Euro kosten. Mit Raum für 3 800 Standardcontainer haben sie die maximale Größe von Schiffen, die südamerikanische Häfen anlaufen können. »Da kann also keiner mit einem größeren Schiff kommen und Kostenvorteile ausspielen«, sagt August Oetker.

Das Geld scheint gut angelegt. Die Schifffahrt ist eine globale Wachstumsbranche. Der Welthandel nimmt zu, überdies wird ein immer größerer Anteil des Güterverkehrs in Containern erledigt. Die Oetkers haben an diesem Aufschwung kräftig partizipiert. 2003 transportierte die Hamburg Süd bereits viermal so viele Container wie fünf Jahre zuvor. Allerdings ist die Frachtschifffahrt ein stark schwankendes Geschäft, das zum Beispiel davon abhängig ist, wie sich die Konjunktur und die Währungen in Ländern wie Argentinien und Brasilien entwickeln.

Nach den Sparten Schifffahrt, Brauereien und Nahrungsmittel sind die Sektkellereien mit der ihnen angeschlossenen Spirituosenproduktion das viertgrößte Geschäft des Bielefelder Familienunternehmens. Lange Zeit waren die Oetkers auf dem Sektmarkt der größte Anbieter in Deutschland. Diese Spitzenstellung verloren sie 2001 an die ostdeutsche Rotkäppchen-Kellerei, der es mit Hilfe der westdeutschen Industriellenfamilie Eckes gelungen ist, die Marken MM und Mumm zu kaufen. Alle Oetker-Aktivitäten auf diesem Feld stehen unter dem Dach der Zwischenholding Henkell & Söhnlein Sektkellereien KG. Sie erwirtschaftete 2003 einen Umsatz von 474 Millionen Euro. Zu den Marken gehören neben Henkell Trocken, dem bekanntesten deutschen Sekt, und Söhnlein Brillant auch Fürst von Metternich und Deinhard. Mit dem Schloss Johannisberg im Rheingau besitzt die Familie auch noch das älteste Rieslingweingut der Welt.

Eine Reihe wirtschaftlicher Aktivitäten, die nicht recht zusammenpassen, führt der Oetker-Konzern in dem Bereich »Weitere Interessen«. Der Jahresumsatz dieser nachgeordneten Sparte beläuft sich insgesamt auf immerhin eine halbe Milliarde Euro. Dazu trägt die Chemische Fabrik Budenheim bei, ein weltweit führender Hersteller von Phosphorsäure und Phosphaten, der auch Werke in Spanien, Mexiko und den USA betreibt. In diese Sparte gehören aber auch die fünf Luxushotels, zu denen inzwischen auch das Hotel Château du Domaine St. Martin im französischen Vence zählt. Nach wie vor umsatzstark ist das Buchgeschäft der Bielefelder Multiindustriellen. Der Dr. Oetker Verlag hat unter seinen Koch- und Backbüchern zahlreiche Bestseller im Programm.

Überdies verfügt die Familie über einen ansehnlichen Immobilienbesitz, der unter anderem in den Bielefelder Baugesellschaften Sparrenberg und Vorwärts verwaltet wird sowie in der Ahlmann-Grundstücksverwaltung. An der Londoner Old Bond Street besitzen die Oetkers die Gebäude mit den Hausnummern 13, 14 und 15, die mit der Übernahme der Kunsthandlung Colnaghi in den achtziger Jahren in ihren Besitz gekommen waren. Von der Kunsthandlung selbst hat sich die Familie Anfang 2002 wieder getrennt.

Zur Oetker-Gruppe gehören schließlich mehrere Banken und die Condor-Versicherungen, deren Geschäftszahlen aber separat von der

Konzernrechnung ausgewiesen werden. Während die Oetker-Gruppe bei Nahrungsmitteln, Bier und Sekt jeweils Spitzenpositionen auf dem Markt einnimmt, ist sie im Finanzsektor ein kleiner Anbieter geblieben. Die in Hamburg beheimatete Assekuranzgruppe Condor, die 460 Mitarbeiter zählt, verwaltet in der Lebensversicherung aber immerhin Verträge mit einer Versicherungssumme von sechs Milliarden Euro. Das Bankhaus Lampe hat eine Bilanzsumme von rund 3,3 Milliarden Euro und 2003 einen Betriebsgewinn von 45 Millionen Euro erwirtschaftet. Die Geschäfte sind allerdings geschrumpft, seit sich das Institut aus dem riskanten Geschäft mit Bauinitiatoren zurückgezogen hat.

Den größten Ausfall seiner Geschichte hatte das kleine Bankhaus 1995 nach der Pleite des Sportbodenherstellers Balsam und der Factoringgesellschaft Procedo. Wegen dieses Betrugsfalles hatte die Lampe-Bank auf einen Schlag Kredite von 40 Millionen Mark abschreiben müssen. Damals hatte sich Rudolf-August Oetker, der bei dem Institut als persönlich haftender Gesellschafter wirkt, sogar gezwungen gesehen, den zuvor an ihn ausgeschütteten Gewinn der Bank zurückzuüberweisen. Die Führungskräfte hatten es dem Patriarchen mit ihren Gewinnanteilen nachtun müssen. Zum Familienbesitz des Oetker-Clans gehört seit langem auch ein Schweizer Geldhaus, die Atlantic Vermögensverwaltungsbank in Zürich. An der Spitze dieses Instituts steht Maja Oetkers Bruder Christoph von Malaisé.

Es ist ein riesiges Reich, über das die mächtige ostwestfälische Familie heute regiert. Alles in allem besteht die Oetker-Gruppe gegenwärtig aus nicht weniger als 332 Unternehmen, von denen 130 im Ausland sitzen. Sie zählt nach der Übernahme von Brau und Brunnen mehr als 20 000 Menschen zu ihren Mitarbeitern und erwirtschaftet einen jährlichen Umsatz von rund 5,5 Milliarden Euro.

Nach der Wiedervereinigung hat die Gruppe erhebliche Beträge in den neuen Bundesländern investiert, wo sie unter anderem die Radeberger Exportbierbrauerei schluckte. Zugleich hat August Oetker den Konzern in den neunziger Jahren deutlich internationaler ausgerichtet. Mittlerweile entfällt mehr als die Hälfte des Umsatzes auf ausländische Märkte. Dabei spielt vor allem Osteuropa eine wichtige Rolle, wo Oetker seit der Öffnung des Eisernen Vorhangs mit einer Vielzahl kleinerer Betriebe vertreten ist.

An der Spitze des Konzerns arbeiten sechs Manager, von denen nur einer Oetker heißt. Seit den späten neunziger Jahren ist jeder der sechs Geschäftsbereiche in der bei Oetker so genannten Gruppenleitung. Diese Konstruktion bringt es mit sich, dass an der Unternehmensspitze kein Manager mitregiert, der nicht auch eine direkte Verantwortung für das operative Geschäft hat. Dem Gremium gehören neben August Oetker, der sich um das Nahrungsmittelgeschäft kümmert, die Manager Ulrich Kallmeyer (Brauereien), Hans-Henning Wiegmann (Sektkellereien), Klaus Meves (Containerschifffahrt) und Christian Graf von Bassewitz (Bank) an. Finanzvorstand Ernst F. Schröder, der neben August Oetker als Einziger den Renommiertitel persönlich haftender Gesellschafter führt, kümmert sich nicht nur um die Konzernkasse. Er führt auch die kleineren Geschäfte der Gruppe, zu der neben anderen Aktivitäten die Luxushotels, die Chemische Fabrik Budenheim und der Dr. Oetker Verlag gehören.

Wie viel die Oetker-Gruppe bei all ihren Geschäften verdient, darüber erfahren Belegschaft und die Öffentlichkeit so gut wie nichts. Anders als beispielsweise Henkel, einem ebenfalls von einer Familie kontrollierten Unternehmen, ist die Oetker-Gruppe keine Aktiengesellschaft und damit gesetzlich nicht verpflichtet, eine Gewinn-und-Verlust-Rechnung zu veröffentlichen. Freiwillig mag die Familie es nicht tun. Dem Publikum müssen Andeutungen genügen. So ist im Geschäftsbericht 2002 beispielsweise nur die Rede von einer »zufrieden stellenden Ergebnisqualität«. Dass das Unternehmen gut verdient und über hohe Reserven verfügt, steht außer Zweifel.

Nach Recherchen des *manager magazins* hat Rudolf-August Oetker mit seinen Nachfahren detaillierte Erbverträge geschlossen. »Oetkers Vermächtnis sieht vor, dass die Firmengruppe so aufgestellt bleibt, wie der Senior sie geschaffen hat: als ein Konglomerat mit fünf höchst unterschiedlichen Sparten, das vom Vanillepudding bis zum Containerschiff vieles im Angebot hat. Zudem wünscht der Patriarch, dass die

Firma weitgehend schuldenfrei geführt wird und im Besitz der Familie bleibt«, berichtete die Zeitschrift im Dezember 2003.

Neben der Schlagzeile »Das fatale Vermächtnis des Oetker-Patriarchen« sorgte vor allem die Schlussfolgerung der *Magazin*-Autorinnen in Bielefeld für Aufregung und Widerspruch in der Konzernzentrale. »In dem Bemühen, alle acht Kinder aus drei Ehen gleich zu behandeln und obendrein im Unternehmen größtmögliche Kontinuität zu gewährleisten, hat der alte Oetker die neuen Eigner in ein Korsett gezwängt, das die Bielefelder Firmengruppe langfristig stranguliert.«

Ob Rudolf-August Oetker der Familie aber wirklich ein solches »fatales Vermächtnis« aufgegeben hat, erscheint zweifelhaft, wenn man die Aussagen seines Sohnes dagegenhält. Nach dessen Worten ist die Diversifikation für den Oetker-Konzern keinesfalls ein Dogma, sondern bietet lediglich einen Sicherheitspuffer. »Es ist ein unglaublich gutes Gefühl, zu wissen, dass wir voneinander mehr oder weniger unabhängige Teile der Gruppe haben, die man, wenn man wollte oder müsste, veräußern könnte, ohne dass die übrige Gruppe davon betroffen wäre«, erläuterte August Oetker Ende 2002 dem *Handelsblatt*. Über familiäre Festlegungen sagte der Konzernlenker in dem Interview: »Wir haben in der Unternehmensverfassung die Nachfolge geregelt in dem Bewusstsein, dass alles, was wir heute denken, auch falsch sein kann. So muss die nächste Generation die Möglichkeit erhalten, es ganz anders zu machen. Wir machen ihnen das nicht einfach, aber es muss möglich sein. Dabei gibt es keine Tabufragen. Das schließt auch die Frage nach dem Bestand als Familienunternehmen ein.«

Gegen die Annahme allzu strenger Vorgaben durch den Patriarchen spricht zudem, dass Rudolf-August Oetker selbst in seinem Unternehmerleben immer wieder Beteiligungen abgestoßen hat, wenn ihm das sinnvoll erschien. So hat er mit dem Verkauf des Deutschen Rings seine Versicherungsaktivitäten auf ein Minimum reduziert. Aus der Textilbranche ist die Familie ebenfalls ausgestiegen, weil ihr dieses Geschäft nicht lag. Lange Zeit stand für Oetker sogar im Zweifel, ob das Bankhaus Lampe eine Zukunft innerhalb der Oetker-Gruppe haben würde, da sich keiner der Söhne in diesem Bereich engagieren wollte.

Immer wieder haben die Oetkers ihren Firmenbesitz umgeschichtet, wenn sie sich davon Vorteile versprachen. Verkauft wurden etwa der Knabberhersteller Ültje und auch das Eiskremgeschäft, in dem Oetker gegen die Marktführer nicht ankam. Die Grundsatzentscheidung der Familie, das schwierige Brauereigeschäft weiter auszubauen, fiel nach einer langen kontroversen Diskussion im Management und in der Familie. Ein Ausstieg war nicht von vornherein ausgeschlossen gewesen. Ihre Beteiligung von 12,2 Prozent am Parfümeriekonzern Douglas Holding, zu dem die Thalia-Buchhandlungen gehören, kann die Familie jederzeit verkaufen, wenn sie das Geld in eines ihrer Hauptgeschäfte investieren will.

Wenn es ein Vermächtnis gibt, an das sich die Nachfahren gebunden fühlen, dann ist es die Abneigung gegen die Börse. Für Rudolf-August Oetker stand immer außer Frage, dass das Unternehmen eine reine Familienfirma bleiben sollte, auch wenn das bedeutet, dass der Konzern die Mittel für sein Wachstum selbst verdienen muss und nicht bei Aktionären holen kann. »Oetker als Aktiengesellschaft kann ich mir beim besten Willen nicht vorstellen!«, lautet die Standardantwort des Patriarchen. Auch sein ältester Sohn hält wenig von Aktiengesellschaften, nicht zuletzt deshalb, weil diese unter einer ständigen Beobachtung der Börsianer stehen. »Wir machen unsere eigene Firmenpolitik und richten uns nicht nach dem, was knapp 30-jährige, sicherlich intelligente Menschen sagen, die noch nie ein Unternehmen geführt haben und auch keine Verantwortung dafür tragen.«

Solange der Konzern nicht an der Börse notiert ist, bleibt seinen Mitarbeitern die in Aktiengesellschaften immer wiederkehrende Verunsicherung erspart, die von fallenden Kursen ausgeht. Vor einem Verkauf der Gruppe müssen die Oetker-Beschäftigten keine Angst haben. »Unsere Mitarbeiter wissen ganz genau: Wir werden nicht übernommen«, bekräftigte August Oetker zuletzt im April 2003 in einem Interview der *Welt*. »Und sie wissen auch, dass wir unsere Hausaufgaben gemacht haben, was die Generationenübergänge betrifft.«

27. »Nicht derjenige sein, der es an die Wand fährt«

Acht Familienstämme in der fünften Generation

Wenn er über sein Unternehmensreich sprach, nannte Rudolf-August Oetker es mit Vorliebe einen »volkseigenen Betrieb«. Von dessen Erfolg profitiere nämlich »erstens die Belegschaft und zweitens der Staat«, er selbst und die Seinen jedenfalls am allerwenigsten.

Anfang der achtziger Jahre behauptete Rudolf-August Oetker, er habe seinem Unternehmen 20 Jahre lang privat keinen Pfennig entnommen. Ob das tatsächlich zutraf, war für Außenstehende natürlich nicht zu überprüfen. Oetkers Firmen hielten ihre Gewinne stets geheim, von Angaben über die Ausschüttungen an den Inhaber ganz zu schweigen.

Vorstellbar ist es allerdings durchaus, dass die in der Oetker-Gruppe zusammengefassten Unternehmen ihre Gewinne über lange Zeit ansammelten und in neues Wachstum investierten. Denn die Familie verfügte neben ihrem Industriebesitz über ein großes Immobilien- und Wertpapiervermögen, dessen Erträge mehr als ausreichten, ihr ein angenehmes Leben zu ermöglichen und manche kostspielige Anschaffung obendrein.

Die erwachsenen Oetker-Geschwister erhielten nach eigener Aussage über viele Jahre aus der Unternehmenskasse immer nur so viel Geld, wie sie brauchten, um ihre privaten Steuern zu bezahlen. »Wir waren zwar vermögend, aber illiquide«, beschrieb August Oetker diese Lebenslage einmal.

Das hat sich inzwischen geändert. In langen Diskussionen überzeugte der Firmenchef den Familienchef, dass es besser sei, wenn ein größerer Teil der Unternehmensgewinne an die Familie ausgeschüttet würde. In den Gesprächen mit dem Vater stellte August Oetker geschickt in den Vordergrund, welch wertvolle erzieherische Wirkung sich daraus für die Manager ergäbe, ob sie nun der Familie angehörten oder nicht. Die Unternehmer und Manager innerhalb der Oetker-Gruppe sollten in dem Bewusstsein arbeiten, dass das von der Familie bereitgestellte Kapital verzinst werden müsse, argumentierte August Oetker.

Der Patriarch hatte ein Einsehen. So konnte sich die Familie erstmals 1999 über einen ungewohnt großen Geldfluss freuen. Damals spielte August Oetker die Höhe der Ausschüttung in der Öffentlichkeit herunter. »Die Summe ist nicht so hoch, dass man davon leben kann«, sagte er dem *Handelsblatt*. Drei Jahre später erläuterte er dann aber der gleichen Zeitung seine Überzeugung, dass Familienunternehmen ihr Kapital marktgerecht verzinsen müssten, »und zwar durch Ausschüttung«. Wenn das auf die August Oetker KG zuträfe, dann müssten die Überweisungen mehr als ausreichen, den Lebensunterhalt der Familie zu bestreiten.

In kaum einer anderen großen deutschen Industriellenfamilie ist der Erbfall so gründlich und weitsichtig vorbereitet worden wie bei den Oetkers. Es scheint sogar, als habe die geordnete Weitergabe des Vermögens in der Familie einen ebenso hohen Stellwert wie die Entwicklung der Geschäfte selbst. Bereits in den siebziger und achtziger Jahren hat Rudolf-August Oetker damit begonnen, wesentliche Teile seines breit gestreuten Besitzes im Wege der Schenkung auf die Nachkommen zu übertragen: die Sektkellereien etwa sowie Teile des Brauerei- und Nahrungsmittelgeschäfts. Aus den Bilanzen der Oetker-Gruppe lässt sich herauslesen, dass bis 1993 etwa die Hälfte des Vermögens in die Hände der nachfolgenden Generation übergegangen war.

Finanzchef Rudolf Stelbrink begann schon in den achtziger Jahren, Geld beiseite zu legen, so dass im Falle eines frühen Todes des mit einer guten Gesundheit gesegneten Rudolf-August Oetker die fälligen Erbschaftssteuern hätten gezahlt werden können, ohne dass es zu Notverkäufen einzelner Unternehmensteile kommen musste. Die zu diesem Zweck gekauften Wertpapiere, die im Erbfall kurzfristig hätten zu Geld gemacht werden können, warfen natürlich Zinsen und Dividenden ab.

Angeblich mehrte sich das Oetker-Vermögen damals schon allein dadurch täglich um 50 000 Mark, dass der Senior den Tag überstand. Oetkers vergleichsweise große Gelassenheit, die mit zunehmenden Alter noch wuchs, und eine Ehefrau, die auf leichtes Essen achtete, halfen ihm dabei.

Nur eine Sorge plagte den Industriellen: die Furcht, dass nach seinem Tod ein Zwist in der Familie entstehen könnte, der die Unternehmen beeinträchtigen würde. »Eine Familie in Frieden ist das Beste, was es für eine Firma geben kann«, hat der langjährige Miele-Chef Peter Zinkann im nahe gelegenen Gütersloh einmal treffend formuliert, »eine Familie in Unfrieden das Schlimmste.« Beispiele für diese These gibt es genug, und Rudolf-August Oetker war immer daran gelegen, die Seinen in dieser Frage zu sensibilisieren. Wann immer der alte Herr bei der Zeitungslektüre Berichte über Streitigkeiten in anderen Unternehmerfamilien fand, über Dauerzwist wie bei den Bahlsens oder den Porsches, ließ er sie von seiner Sekretärin kopieren und schickte sie mit Anmerkungen versehen seinen Söhnen und Töchtern.

Die Methode scheint sich bewährt zu haben. Die Oetker-Geschwister praktizieren nach allem, was man weiß, eine ungewöhnliche Eintracht. Die Tradition ist ihnen Verpflichtung. Und Firma geht vor Familie, so lautet jedenfalls das oberste Credo des Clans, der sich beispielsweise vertragliche Beschränkungen auferlegt hat, wie viel Geld der Konzernkasse entnommen werden darf.

Am Ende des Jahres 2002 übertrug Rudolf-August Oetker, inzwischen 86 Jahre alt, den größten Teil seines noch verbliebenen Vermögens auf seine Kinder und Enkelkinder. Eine neue Eigentümerstruktur entstand. Dazu brachten er und alle seine acht Nachkommen zunächst alle Anteile, die sie zuvor direkt oder indirekt an einzelnen Unternehmen der Oetker-Gruppe gehalten hatten, wieder in die Dr. August Oetker KG ein. Anschließend erhielt jeder der Nachkommen einen Anteil von 11,75 Prozent an dieser Konzernobergesellschaft. Zugleich erhielten die mehr als 20 Enkel Rudolf-August Oetkers Unterbeteiligungen an den Kommanditanteilen ihrer Eltern, mit denen sie jeweils einen Gesellschafterstamm bilden.

Der Patriarch selbst behielt bei der Transaktion sechs Prozent des Kapitals und auch den Vorsitz des Beirats der KG. In diesem Aufsichtsgremium tagen unter seiner Regie bis auf weiteres die älteste Tochter Rosely Schweizer, sein Neffe Roland Oetker sowie Beiersdorf-Chef Rolf Kunisch und Henkel-Chef Ulrich Lehner. Die Runde kommt viermal im Jahr zu festen Terminen zusammen, an denen die Manager der Oetker-Gruppe dem Beirat alle bedeutenden Investitionen zur Genehmigung vorlegen müssen.

In dem Aufsichtsgremium findet sich, ungewöhnlich für die deutsche Industrie, kein Banker. Alle Mitglieder sind entweder selbst Familienunternehmer oder aber Manager bedeutender Familienkonzerne. Da der nicht an der Bielefelder Unternehmensgruppe beteiligte Roland Oetker in dieser Hinsicht als Außenstehender gilt, ist es auch bemerkenswert, dass die Eigentümerfamilie nicht die Mehrheit der Kontrolleure stellt. Das soll auch in Zukunft so bleiben.

Dem Konzernsenior fällt es schwer, die Macht völlig aus der Hand zu geben. Während sein Stiefbruder Richard Kaselowsky 1995 den Vorsitz des Beirats an dem Druckereiunternehmen E. Gundlach an seine Tochter Ingeborg von Schubert abgegeben hat, kam für den Oetker-Patriarchen ein solcher Schritt nicht in Frage. Zur Befriedigung im Alter trägt bei ihm nicht wenig die Tatsache bei, dass ihn niemand in Pension schicken kann: »Wenn man erst die 70 überschritten hat, fällt es einem schwer, sich zurückzuziehen«, hat er einmal in heiterer Selbstironie gesagt und hinzugefügt: »Außerdem fällt es dann den leitenden Mitarbeitern schwer, es einem zu sagen.«

Den Nachkommen Rudolf-August Oetkers wird es aber nicht erlaubt sein, mit annähernd 90 Jahren eine solche Funktion wahrzunehmen. Die geltende Unternehmensverfassung sieht vor, dass auch Beiratsmitglieder aus der Familie dem Gremium nur bis zu ihrem 70. Lebensjahr angehören dürfen. Im operativen Geschäft ist bei Oetker spätestens mit 65 Jahren Schluss. Diese Regeln sind Teil des Gesellschaftervertrages, der Ende 1998 geschlossen und später ergänzt wurde.

Wenn Rudolf-August Oetker eines Tages stirbt, wird das Familienunternehmen in eine ganze neue Phase seiner Geschichte eintreten. Es wird dann nicht mehr von einer einzigen Person dominiert werden, wie das zu Lebzeiten des Firmengründers Dr. August Oetker und in den Nachkriegsjahrzehnten der Fall war. Das Oetker-Reich wird auch nicht von zwei Oberhäuptern regiert werden, wie das bis zum Tode Caroline Oetkers und ihres Stiefschwiegersohnes Richard Kaselowsky der Fall war. Nach Rudolf-August Oetkers Tod werden sich acht Familienstämme das Eigentum an dem Konzern gleichberechtigt teilen.

Die Familie hat vorgesorgt, dass die Zahl der Gesellschafter nicht so schnell wächst wie etwa bei den Henkels, wo heute einige Dutzend Nachfahren am Vermögen beteiligt sind, oder bei den Werhahns in Neuss, wo es mehr als 200 sind. Bei den Oetkers gilt, dass jeder Stamm nur einen Vertreter in die Gesellschafterversammlung der August Oetker KG schicken darf. Vereinbart wurde zudem, dass kein Familienstamm seine Anteile an Außenstehende verkaufen kann, ohne sie vorher den anderen sieben Stämmen anzubieten. Dabei steht das Vorkaufsrecht den übrigen Gesellschaftern zu jeweils gleichen Teilen zu.

Bei den Familienstämmen, aus denen sich der Bielefelder Zweig des Oetker-Clans heute zusammensetzt, handelt es sich um die acht Kinder, die aus den drei Ehen des Firmenpatriarchen Rudolf-August Oetker hervorgingen, und um deren Familien. Dabei sind einige seiner Enkel älter als seine jüngsten Kinder.

An erster Stelle ist der Konzernlenker August Oetker zu nennen, der 2000 mit 56 Jahren doch noch zu einem »Doktor Oetker« wurde. Die Universität Witten-Herdecke hat ihm den Titel ehrenhalber verliehen. Der Konzernchef hat sechs Kinder. Seine ältesten Söhne haben ihre ersten Schritte in Oetker-Unternehmen schon hinter sich. Dabei wählte Philip Oetker die Nahrungsmittelsparte zum Feld seiner Betätigung, während sein jüngerer Bruder Alexander Oetker bei der Hamburg Süd arbeitete, bis er sich der großen Freiheit willen entschloss, selbstständig in der Schiffsbranche zu arbeiten.

Schon heute steht fest: Wenn August Oetker sich im Jahr 2009 mit 65 Jahren aus dem aktiven Management zurückzieht, wird er den Vorsitz des Beirats übernehmen. Nach dem Tod des Vaters wird der Unternehmer, dessen Erscheinung der Journalist Svante Domizlaff in einem

Porträt einmal treffend als »Chefarzt mit Noblesse« charakterisierte, die Rolle des Familienoberhaupts übernehmen – eine Aufgabe, die der gelassene und auf Ausgleich bedachte Mann voraussichtlich mit Erfolg erledigen wird.

August Oetkers ältere Halbschwester Rosely Schweizer, die 1940 geboren wurde, spielt heute im Beirat der Firmengruppe eine wichtige Rolle. Sie hat sich vor allem um die Sektkellereien gekümmert und eine Karriere als Landespolitikerin in Baden-Württemberg gemacht. Gemeinsam mit dem Lederindustriellen Folkart Schweizer hat sie drei Kinder: Rudolf Louis, Georg und Caroline. Ihre beiden Söhne haben mittlerweile die Geschäftsleitung der traditionsreichen Lederfabrik Louis Schweizer KG übernommen. Tochter Caroline Schweizer hat, nachdem sie auf ihre Bewerbungen außerhalb des Oetker-Konzerns nur Absagen bekam, eine Zeit lang in der Radeberger Gruppe gearbeitet und sich dort um das Corporate Design gekümmert. Wegen einer Schwangerschaft gab sie diesen Job aber bald wieder auf.

Einen weiteren Familienstamm bildet Rudolf-August Oetkers Tochter Bergit Gräfin Douglas (Jahrgang 1947) mit ihren Nachkommen. Sie ist in zweiter Ehe mit Christoph Graf Douglas verheiratet, hat Kinder und lebt abwechselnd in Hessen und in Baden. In Frankfurt unterhält die Frau, die eine Ausbildung als Lehrerin hat, eine Firma für Innenarchitektur, die sich um die Ausstattung der Oetkerschen Luxushotels kümmert, aber auch an der Einrichtung der US-Botschaft in Berlin mitwirkte. Bergit Gräfin Douglas, die im Familienkreis »Mäusi« gerufen wird, engagiert sich im Frankfurter Kinderschutzbund, deren Vorsitzende sie gegenwärtig auch ist.

Ihr Ehemann ist ein promovierter Kunstgeschichtler, der 15 Jahre für das Auktionshaus Sotheby's gearbeitet hatte. Christoph Graf Douglas, der einem schottischen Adelsgeschlecht entstammt, zu seinen Vorfahren aber auch den Großherzog Ludwig von Baden zählen kann, hat im November 1995 die spektakuläre Versteigerung der Sammlungen der Großherzöge und Marktgrafen von Baden in die Wege geleitet. Nach der Auktion machte er sich als Kunstberater selbstständig und wirkte an weiteren aufsehenerregenden Geschäften mit.

Christian Oetker bildet einen weiteren Familienstamm. Der Mann, den der Vater gerne als Bankier gesehen hätte, leitete über viele Jahre die für den Geschäftserfolg überaus wichtige Marktforschung des Bielefelder Unternehmens. In der Öffentlichkeit tritt Christian Oetker, der 1998 seinen 50. Geburtstag feierte, niemals in Erscheinung. Menschen, die ihn persönlich erlebten, beschreiben ihn als einen stillen, intellektuellen Typ mit wissenschaftlichen Interessen. Seine Frau Daniela, eine Innenarchitektin, engagiert sich wie ihre Schwägerin im Frankfurter Kinderschutzbund – als Spendensammlerin, Veranstalterin eines Mittagstischs für Schüler oder am Steuer eines Kleinlasters, der Gummistiefel zu ostdeutschen Flutopfern bringt.

Der in der Öffentlichkeit wohl Bekannteste unter den Nachfahren Rudolf-August Oetkers ist seit seiner Entführung Richard Oetker. Der drittälteste Sohn des Konzernpatriarchen leitet heute die Personalabteilung des Bielefelder Unternehmens, nachdem er in den vergangenen Jahren etliche Managementposten im Einkauf des Nahrungsmittelbereichs und im Auslandsgeschäft bekleidet hat.

Richard Oetkers Ehe mit Marion Oetker zerbrach vor einigen Jahren. Nach der Scheidung heiratete sie den Hamburger Wirtschaftsanwalt Karl von Hahn, dessen Ex-Frau Alexandra wiederum Richards älteren Bruder August ehelichte. Dessen geschiedene Ehefrau Georgia Oetker lebt in London, wo sie vor allem als Förderin diverser Theater in Erscheinung tritt.

Richard Oetker sammelt Oldtimer und besitzt einen ganzen Fuhrpark historischer Autos, die er von Zeit zu Zeit bewegt. Gemeinsam mit seinen Neffen Alexander und Philip ist er auch schon Rennen gefahren. Richard Oetker lebt in einer Villa aus der Zeit der Jahrhundertwende mit großem Garten und Pool. Er geht regelmäßig mit seinem Hund spazieren, aber er hat immer noch gesundheitliche Probleme, die von dem Verbrechen herrühren, dem er 1976 zum Opfer fiel.

Die Entführung lässt ihn bis heute nicht los. Seit dem Prozess gegen Dieter Zlof 1979/80 hat er niemals mehr öffentlich über die Tat gesprochen. Richard habe aber kein psychisches Problem, sagte August

Oetker vor einigen Jahren. Allem Anschein nach ist Richard Oetker auch nicht verbittert oder hadert mit seinem Schicksal. Er wird als »grundfröhlich« und »erstaunlich humorvoll« beschrieben, als ein freundlicher und höflicher Mann mit einer Vorliebe für Ironie.

Während August, Bergit, Christian und Richard Oetker als Scheidungskinder aufwuchsen, stammt ihr jüngerer Halbbruder Alfred aus der Ehe des Vaters mit seiner heutigen Frau Maja Oetker. Sie gebar dem Konzernherrn zwei Söhne und eine Tochter und sorgte gemeinsam mit ihrem Mann dafür, dass die Kinder standesgemäß erzogen wurden. »Wir haben ihnen immer gesagt, der Name, den sie tragen, hat Vor- und Nachteile. Sie nehmen die Vorteile, indem sie in gute Schulen gehen, sich ihre Berufsausbildung aussuchen können, gutes Essen bekommen, schön wohnen dürfen – alles große Geschenke. Dafür müssen sie auch Pflichten in Kauf nehmen. Müssen sich zum Beispiel immer anständig benehmen, denn sie haben eine Verantwortung für den Namen.«

Der 1967 geborene Alfred Oetker erfüllte die Erwartungen seiner Eltern in jeder Hinsicht. Nach dem Abitur machte er eine Ausbildung zum Bankkaufmann – so wie der Vater in den dreißiger Jahren. Danach ging Alfred Oetker ins Ausland und sammelte bei Privatbanken in Frankreich und Spanien Berufserfahrung. 1990 kehrte er zum Studium nach Deutschland zurück und schrieb sich an der Universität Passau im Fach Betriebswirtschaftslehre ein.

Fünf Jahre studierte Alfred Oetker dort, unterbrach diese Zeit aber, um als Gaststudent nach England zu gehen. Am Balliol College in Oxford erweiterte er seinen akademischen Horizont über das Kaufmännische hinaus, belegte Philosophie, Politik und Volkswirtschaft. Sein Diplom erwarb Oetker in Passau, anschließend ging er nach Leipzig, um an einer Dissertation zu arbeiten. Fast drei Jahre verbrachte er dort an der Handelshochschule und schrieb an seiner Doktorarbeit über »Stakeholderkonflikte in Familienkonzernen« – ein Thema, das für ihn und die Geschwister von großem praktischem Nutzen ist.

In seiner Arbeit untersuchte Alfred Oetker systematisch die Felder, auf denen es in Familienunternehmen zu Streit kommen kann: von der

Höhe der Ausschüttung über die Auswahl von Familienangehörigen für die Firmenführung bis hin zu Verkaufswünschen einzelner Familienzweige. Er zeigte, dass nicht nur Unternehmen gemanagt werden müssen, sondern auch die hinter ihnen stehenden Familien, wobei allerdings unterschiedliche Regeln gelten: »Während ein gesunder Wettbewerb im Unternehmen angestrebt wird, ist man innerhalb der Familie vielmehr bemüht, die Einigkeit und Harmonie zu erhalten.« Alfred Oetker erarbeitete in seiner Dissertation eine Vielzahl praktischer Vorschläge, wie Konflikte in Familienunternehmen vermieden oder gelöst werden können.

Der Konzernerbe brauchte für die Dissertation länger als geplant. Als er die Arbeit geschafft hatte, dankte er seinen Eltern für ihre Geduld und ihr Verständnis »während gelegentlicher Durststrecken auf dem Weg zur Promotion«. Als er im April 1999 promoviert wurde, stand er bereits ein halbes Jahr in Diensten einer großen Familienfirma, die seit fast 100 Jahren mit den Oetkers freundschaftlich verbunden ist: Henkel in Düsseldorf. Dass Henkel-Chef Lehner Mitglied im Oetker-Beirat war, dürfte die Bewerbungsformalitäten verkürzt haben. Alfred Oetker arbeitete im Marketing für Henkel-Kosmetikprodukte. Er lernte ein fremdes, aber vergleichbares Unternehmen kennen, bevor er im Oetker-Reich eine erste Führungsaufgabe übernahm.

Nicht nur mit dem Doktortitel erfüllte Alfred Oetker die Erwartungen, die seine Eltern in ihn gesetzt hatten. Auch mit der Wahl seiner Ehefrau erfreute er den adelsbegeisterten Vater und die von Geburt an adelige Mutter. Im September 2001 heiratete der Konzernerbe die zwei Jahre jüngere italienische Prinzessin Elvira Grimaldi di Nixima. Sie ist eine entfernte Verwandte des Fürsten von Monaco.

Alfred Oetker hatte seine Frau zwei Jahre zuvor auf einer deutsch-italienischen Hochzeit am Ammersee kennen gelernt. Ihre Familie bewirtschaftet in Sizilien ein großes landwirtschaftliches Gut, auf dem auch die Tochter, eine studierte Diplomlandwirtin, gearbeitet hatte. Alfred Oetker und seine Frau gaben sich im Dom von Catania das Ja-Wort. Bald nach der Hochzeit zogen die Jungvermählten nach Belgien, wo Alfred Oetker 2002 die Leitung des Marketings der dortigen Oetker-Tochterfirma übernahm.

Sein jüngerer Bruder Carl-Ferdinand Oetker (Jahrgang 1972) bereitete sich im Bankhaus Lampe auf eine Führungsrolle vor und arbeitet dort inzwischen als Direktor. Als das kleine, feine Geldhaus in einem Test der *Welt am Sonntag* unter 173 Vermögensverwaltungen den zweiten Platz belegte und ihm der »diskrete Charme von Old Money« bescheinigt wurde, trat dieser junge Oetker erstmals mit einem Aufsatz in Erscheinung, in dem er beschrieb, worauf Vermögende bei der Auswahl ihrer Bank achten sollten (»dauerhafter, gut im eigenen Bankbetrieb vernetzter Ansprechpartner«) und worauf es in dieser Besitzklasse nicht so sehr ankommt (»Die Internet-Anbindung einer Bank ist für mich nur in zweiter Linie relevant«). Der angehende Privatbankier tritt auch schon als Unternehmenskäufer auf. Carl-Ferdinand Oetker beteiligte sich 2003 an einer kleinen Firma namens Ewabo, die Desinfektionsmittel für die Tiermedizin und die Lebensmittelindustrie produziert.

Den Familienstamm Nummer acht bildet Rudolf-August Oetkers jüngste Tochter Julia. Die im Jahr 1979 geborene Frau hat eine englische Grundschule in Bielefeld besucht und später das Gymnasium. Nach dem Abitur hat Julia Oetker, die ihrer Mutter gleicht, eine Hotellehre absolviert.

Wer unter all den Oetkers im Jahr 2009 die Nachfolge von Firmenchef August Oetker antreten wird, steht heute noch nicht fest. Der Amtsinhaber hat aber in einem Interview mit der *Lebensmittel-Zeitung,* einem renommierten Branchenblatt, schon einmal deutlich gemacht, wovor sich jeder Oetker fürchten muss, der die Führung übernimmt: »An der Spitze eines Unternehmens, das seit 112 Jahren existiert und das in der vierten Generation von der Familie geleitet wird, wollen Sie nicht der derjenige sein, der es an die Wand fährt. Nicht weil man etwa einen Vermögensverlust erleidet, sondern weil man in der Generationenkette, die das Unternehmen aufgebaut hat, derjenige wäre, der es zerstört hat.«

Die besten Chancen auf die Spitzenposition hat ohne Zweifel Alfred

Oetker. Für ihn spricht neben der Qualifikation der Umstand, dass im Falle mehrerer Bewerbungen für den Chefposten die Kinder Rudolf-August Oetkers bei gleicher Eignung Vorrang haben vor seinen Enkeln, wenn diese auch teilweise älter sind.

Die Nachfolgeregelung ist allerdings eine durchaus heikle Angelegenheit. Dass Alfred seinen Halbbruder August eines Tages an der Spitze ablösen wird, das schien bereits festzustehen, als er seine ersten Semester an der Universität verbrachte. »Es ist seine Hoffnung und meine Vorstellung, dass er mein Nachfolger wird«, hatte August Oetker 1993 mit demonstrativem Selbstbewusstsein verkündet.

Dann ruderte der Firmenchef wieder zurück. Hatten sich die Geschwister über die frühe Festlegung beschwert? Oder der Patriarch, der sich als Oberhaupt der Familie in Frage gestellt sah? Nichts drang nach außen über eine solche Verstimmung. Aber Ende 2002 antwortete August Oetker auf die Frage nach dem nächsten Firmenchef der Oetker-Gruppe auffällig ausweichend: »Wir haben eine breite Generation von Nachfolgern. Es ist aber noch viel zu früh, zu sagen, es wird einer von denen oder nicht.«

Epilog
Eine deutsche Vorzeigefamilie

Unter den deutschen Industriellenfamilien sind die Oetkers eine Ausnahmeerscheinung – in mehrfacher Hinsicht. Sie sind als Unternehmer ebenso erfolgreich wie als Dynastie, in der die Macht von einer Generation auf die nächste übergeht. Sie zählen auch im internationalen Maßstab zu den Superreichen, aber sie scheuen die Öffentlichkeit nicht und ihr Gestaltungswille reicht weit über ihr Firmenreich hinaus.

Durch die Geschichte der Familie Oetker zieht sich das ausgeprägte Bedürfnis, sichtbar zu sein. Es beginnt mit den Werbefeldzügen des Apothekers Dr. August Oetker im Kaiserreich und dem Aufbau einer Marke, zeigt sich 1930 in der Stiftung einer Musikhalle, die den Namen des im Krieg umgekommenen Rudolf Oetkers trägt, und in der Benennung der Bielefelder Kunsthalle nach dem Oetker-Stiefvater Kaselowsky. Es manifestiert sich auch in einer Unzahl von Büchern und Broschüren, die den Familiennamen im Titel führen.

Die Oetkers sind mächtig, sie üben ihren Einfluss nicht nur hinter den Kulissen aus. Das unterscheidet sie von den meisten anderen Familien, die in der deutschen Wirtschaft eine Rolle spielen. Etliche Familienmitglieder haben sich in Parlamente und Verbände begeben, um Politik zu machen, während sich die meisten Geldgewaltigen darauf beschränken, im Hintergrund die Strippen zu ziehen. Vor allem die Frauen der Familie Oetker waren und sind bereit, auf die politische Bühne hinauszutreten und für ihre Überzeugungen öffentlich zu streiten. Arend Oetker agiert seit Jahrzehnten selbstbewusst im öffentlichen Raum und auf der internationalen Bühne.

Die Oetkers sind auch in der fünften Generation eine Familie von Unternehmern. Es genügt ihnen nicht, ihr Vermögen von Bankiers oder Managern verwalten und vermehren zu lassen. Sie haben den Drang, selbst tätig zu werden. Mögen andere Familien nach der Regel handeln, dass Clanangehörige grundsätzlich keine Führungspositionen in den Unternehmen einnehmen dürfen, bei den Oetkers ist der Einsatz von Familienmitgliedern an der Spitze der Gruppe ausdrücklich erwünscht.

Die Familie hat in den vergangenen 140 Jahren eine ungewöhnlich große Zahl unternehmerischer Talente hervorgebracht. Angefangen vom Krefelder Seidenfabrikanten Albert Ferdinand Oetker über den Marzipanhersteller Louis Carl Oetker oder Louis Dohme, der 1860 in Baltimore in eine kleine aufstrebende Arzneimittelfirma einstieg, die bis heute fortbesteht: als Teil des US-Pharmariesen Merck, mit dem Sharp & Dohme im Jahr 1953 fusionierte.

Dass die Oetkers schon im deutschen Kaiserreich eine Sippe von Unternehmern waren, bot Vorzüge bei der Ausbildung des Nachwuchses: Etliche Mitglieder der Familie begannen ihr Berufsleben als Lehrlinge im Betrieb des Onkels. Der Clancharakter der Familie war auch von Vorteil bei dem Bemühen, solche Unternehmen im Familienbesitz zu halten, deren Gründer früh verstorben waren wie der Marzipanfabrikant Louis C. Oetker.

In Bielefeld verband sich die Familie Oetker nach dem Tod des Gründers und seines einzigen Sohnes nicht zufällig mit den Kaselowskys, die ebenfalls eine traditionsreiche Fabrikantenfamilie waren. Dahinter stand dynastisches Kalkül, wie es bis auf den heutigen Tag immer wieder in der Familiengeschichte erkennbar wird – wenn etwa Alfred Oetker, der mütterlicherseits ein Spross der Münchmeyer-Dynastie ist, eine italienische Prinzessin Grimaldi zur Ehefrau nimmt.

Der Oetker-Clan praktiziert eine ungewöhnliche Eintracht, was sich beispielsweise darin zeigt, dass mit Roland Oetker ein Angehöriger der »ärmeren« Linie im Beirat der Bielefelder Unternehmensgruppe sitzt. Dessen Bruder Arend Oetker kooperiert ebenfalls geschäftlich mit dem Konzern der Cousinen und Vettern.

Der unternehmerische Erfolg der Oetkers lässt sich aber auch durch eine Vielzahl von Faktoren erklären, die außerhalb der Familie liegen. So hatten die Oetkers häufig Rückenwind. Kaum ein anderes deutsches Unternehmen profitierte auf so mannigfaltige Weise von den Bedingungen des Wiederaufbaus nach dem Zweiten Weltkrieg wie Oetker – von der Währungsreform, die alle Sachwertbesitzer begünstigte, über den Nachholhunger und die Fresswelle, die speziell den Nahrungsmittelproduzenten viel Geld in die Kassen spülten, bis hin zu den Steuervergünstigungen für Schiffbau und Wohnungswirtschaft, die Oetker zugute kamen.

Andererseits war es aber ohne Zweifel auch ein Glück für die Unternehmen und ihre Mitarbeiter, dass der Konzern einer Familie gehörte. In den vergangenen Jahrzehnten war die börsennotierte Aktiengesellschaft, die einer großen Zahl von Kapitalanlegern gehört, das Leitbild eines modernen und erfolgreichen Unternehmens, in jüngster Zeit erleben hingegen die Familienunternehmen eine Renaissance ihres Ansehens. 90 Prozent aller deutschen Unternehmen sind in der Hand von Familien. Unter den Großkonzernen ist die Zahl der Familienunternehmen klein, aber ihre Erfolge sind beachtlich. Die Fondsgesellschaft DWS hat gemeinsam mit der Investmentbank Goldman Sachs 30 große Unternehmen durchleuchtet, die nach wie vor von Familien kontrolliert werden: Firmen wie BMW, Metro und Henkel. Die Experten sind zu dem Ergebnis gekommen, dass sich die Familienkonzerne im Durchschnitt deutlich besser entwickelt haben als Unternehmen mit einer großen anonymen Eigentümerschar.

Als Gründe für die Überlegenheit inhabergeführter Unternehmen nannten die Ökonomen: sparsame Mittelverwendung und Scheu vor Schulden, klarere Strategien und eine langfristige Planung. Viele Topmanager wollen ihren Angestelltenstatus durch eine besonders machtvolle, eigenwillige und damit riskante Unternehmensstrategie kompensieren. Solche Egotrips sind in Familienunternehmen nicht möglich. Die meisten erfolgreichen Familienunternehmen pflegen eine Kultur der Bescheidenheit. Sie kennen keine prunkvollen Firmensitze, keine Prassereien und keine Überbezahlung ihrer Manager.

Familienunternehmen sind auf andere Weise gefährdet. Sie sind naturgemäß anfällig für Erbstreitigkeiten und Auseinandersetzungen zwischen den Gesellschaftern. Und sie müssen sich mit jeder Generation erneuern. »Der Vater erstellts, der Sohn erhälts, beim Enkel zerfällts«, lautet eine Spruchweisheit, die auch empirisch belegt ist. Nur jedes dritte Familienunternehmen wird an die dritte Generation weitergegeben, nur ein Achtel kommt noch in die Hände der vierten Generation. Der Befund klingt allerdings schlechter, als er ist. Denn auch die meisten anderen Firmengründungen sind ja nicht dauerhaft. Die Wirtschaft verändert sich laufend, und die meisten Unternehmen sind wie Schneeverwehungen: Sie bauen sich auf und sie bauen sich ab.

In inhabergeführten Firmen fällt es besonders schwer, den Bestand langfristig zu sichern. »Alle Familienunternehmen haben das Problem, über Generationen hoch kompetente Führungskräfte aus der Familie zu rekrutieren. Manche haben das immer wieder geschafft, doch das sind die Ausnahmen«, meint etwa der langjährige Bertelsmann-Manager Gerd Schulte-Hillen und fordert: »Die Besetzung der Unternehmensspitze sollte nicht dem genetischen Roulette überlassen sein.«

Das klingt gut, aber ist es auch richtig? Tatsächlich funktioniert Vererbung ja eben nicht nach dem Zufallsprinzip, sondern es besteht eine nicht geringe Wahrscheinlichkeit, dass die Kinder eines Menschen viele seiner Eigenschaften aufweisen. Es gibt keine Garantie, dass der Sohn eines erfolgreichen Unternehmers ebenfalls ein erfolgreicher Unternehmer wird. Aber es ist auch keineswegs ein Glücksspiel, wenn Unternehmerfamilien darauf vertrauen, dass ihr Nachwuchs in der Lage ist, das Werk mit Erfolg fortzusetzen – vor allem dann nicht, wenn die Nachkommen auf dieses Ziel hin erzogen und ausgebildet worden sind.

Quellen

Dieses Buch entstand gegen den Willen der Familie Oetker. »Die Familie Oetker hat keinerlei Interesse an einer Sammelbiografie, so, wie Sie sie planen. Sie würde es begrüßen, wenn Sie davon Abstand nähmen«, schrieb der Leiter der Hauptabteilung Öffentlichkeitsarbeit der Dr. August Oetker KG, Rolf Mühlmann. »Eine Unterstützung durch Gespräche oder Interviews kommt daher nicht in Frage. Auch das Unternehmensarchiv steht Ihnen nicht zur Verfügung.« Einen Grund für die Absage nannte er nicht.

Mit immer neuen Werbefeldzügen haben die Oetkers ihren Familiennamen in Deutschland bekannt gemacht. Der Reichtum der Familie Oetker fußt zu einem großen Teil auf der Kraft einer Marke, die mit Hunderten Millionen an Reichsmark, D-Mark und Euro beworben wurde und im öffentlichen Bewusstsein verankert ist. Vor diesem Hintergrund ist es bemerkenswert, wie scheu sich die Oetkers verhalten, wenn die Geschichte ihrer Familie und des Firmenreiches beschrieben werden soll.

Ein anderer Oetker war deutlicher bei der Verweigerung eines Gesprächs. Arend Oetker begründete die Verweigerung eines Interviews mit einem Verweis auf das 2002 erschienene Buch des Autors über die Geschichte der Familie Quandt: »Da ich inzwischen erfahren habe, wie unglücklich die Familie über das Buch über sie ist, ihre teilweise Kooperation bereut und als der Geschichte ihrer Familie nicht gerecht werdend beurteilt, möchte ich Sie um Verständnis bitten, dass ich von einem Interview Abstand nehmen möchte.«

Arend Oetkers Aussage ist insofern merkwürdig, als dass die Familie Quandt positiv auf die Darstellung ihrer Familien- und Unternehmensgeschichte reagiert hat. Susanne Klatten, die Tochter Herbert Quandts, schrieb: »Es ist Ihnen eine anschauliche Darstellung unserer über 120-jährigen Geschichte als Unternehmerfamilie gelungen. Ihr Buch hat mir einige wichtige und wegweisende Ereignisse wieder neu vor Augen gestellt.« Ihr Bruder Stefan Quandt bewertete das Buch ähnlich positiv: »Es ist anschaulich verfasst und – soweit ich es beurteilen kann – sorgsam recherchiert.«

Wenn sich entgegen diesen Äußerungen doch ein Unbehagen bei einzelnen Mitgliedern der Familie Quandt eingestellt haben sollte, von dem Arend Oetker erfahren hat, so könnte das mit der streckenweise unrühmlichen Geschichte der Quandts zusammenhängen, die das Buch neben allen Erfolgen auch beschreibt: mit der Verbindung der Familie zu Joseph Goebbels etwa, der Ausbeutung von KZ-Häftlingen und Zwangsarbeitern in Quandt-Firmen und dem spekulativen Vermögensaufbau in Zeiten der Hyperinflation nach dem Ersten Weltkrieg. Als unangenehm dürfte man es in der außerordentlich auf Diskretion bedachten Familie Quandt überdies schon empfunden haben, dass das Publikum Einblick auch in innerfamiliäre Auseinandersetzungen nehmen konnte.

Wenn man nach Gründen sucht, warum sich die Familie Oetker biografischen Wünschen entzieht, muss man spekulieren. Anders als die Quandts stehen nicht wenige Mitglieder der Oetker-Familie seit langem im Rampenlicht. Auch in den Chroniken und Festschriften der von ihnen beherrschten Firmen haben die Oetkers über Jahrzehnte immer wieder persönliche Angaben über sich gemacht.

Wie die Quandts haben die Oetkers dunkle Kapitel in ihrer Geschichte, die bislang kaum erforscht worden sind. Der schwärzeste Punkt liegt in der vielgestaltigen Verbindung von Familie und Firma zur SS des Heinrich Himmler. Die Familie hat bis heute nichts dazu beigetragen, die NS-Vergangenheit aufzuarbeiten. Man gewinnt sogar den Eindruck, als falle es den Oetkers noch schwerer, ihre Geschichte anzunehmen, als beispielsweise den Quandts.

Ein Grund ist in der Tatsache zu finden, dass der 1916 geborene

Rudolf-August Oetker, der schon während des »Dritten Reiches« leitend im Unternehmen tätig war und es überdies bis zum Offizier (»Untersturmführer«) der Waffen-SS brachte, noch heute Vorsitzender des Beirats des Konzerns ist. Die persönliche Verstrickung des Patriarchen erschwert es den Nachfahren und Verwandten, sich mit der Geschichte der Familie und ihrer Unternehmen auseinander zu setzen.

Auch Arend Oetker hat einigen Grund, eine nähere Betrachtung seines wirtschaftlichen Wirkens mit Argwohn zu sehen. Der Vizepräsident des Bundesverbandes der Deutschen Industrie ist seit Jahren dabei, seinen Unternehmensbesitz in Deutschland ab- und in der Schweiz aufzubauen, wobei er sich sogar einer Briefkastenfirma im Schweizer Steuerfluchtparadies Zug bedient.

Dieses Buch stützt sich auf Firmenschriften und Jubiläumsbände aus drei Jahrhunderten, auf zahlreiche Presseveröffentlichungen und Interviews, auf deutsche Handelsregisterauszüge und Schweizer Börsendokumente. Die Firma Verseidag, lange Zeit im Oetker-Besitz, stellte eine Chronik zur Verfügung. Schriften der Firmen Oetker und Gundlach fanden sich in Bibliotheken und Antiquariaten. In den USA konnte eine 1986 zu Privatzwecken gedruckte Geschichte der mit den Oetkers verwandten Unternehmerfamilie Dohme beschafft werden.

Was in den nach dem Zweiten Weltkrieg veröffentlichten Unternehmenschroniken fehlt, fand sich zum Teil in Firmenveröffentlichungen, die während der NS-Zeit herausgegeben wurden, etwa in dem Band *Das Buch der Gefolgschaft* aus dem Jahr 1941.

Über den Oetker-Teilhaber Richard Kaselowsky, der Mitglied im Freundeskreis Himmler war, stellte das Bundesarchiv Akten zur Verfügung. Die Entnazifizierungsakten Karl Oetkers und des Gundlach-Managers Friedrich Schaarschmidt fanden sich im Nordrhein-Westfälischen Hauptstaatsarchiv in Düsseldorf, wo auch die Unterlagen zum Verfahren gegen Rudolf-August Oetker liegen, welche allerdings noch nicht zugänglich sind. Im Hamburger Staatsarchiv befinden sich im Nachlass eines jüdischen Rechtsanwaltes Akten über die Arisierung eines Grundstücks, deren Nutznießer Rudolf-August Oetker gewesen ist. Mit Auskünften und Unterlagen waren das Bielefelder Stadtarchiv und das Nordrhein-Westfälische Staatsarchiv Detmold behilflich. Den Mitarbeitern all dieser Archive schuldet der Autor Dank.

Offenbar hat der Bielefelder Zweig der Familie Oetker die Verwandten über ihre Ablehnung einer biografischen Darstellung in Kenntnis gesetzt. Dennoch waren mehrere Mitglieder des Industriellenclans dankenswerterweise zu kurzen Telefongesprächen und knappen mündlichen Auskünften über biografische Fakten bereit. Eine Reihe von Menschen aus dem Umfeld der Familie und der Unternehmensgruppe war mit Auskünften und Einschätzungen behilflich. Ausführliche Personen- und Zeitbeschreibungen sowie einen Einblick in innerfamiliäre Vorgänge verdankt der Autor der Kunsthistorikerin und Schriftstellerin Dr. Ruth Pinnau.

Literatur

75 Jahre Dr. Oetker. 1891–1966, Der Helle Kopf, Bielefeld 1966

Amelung, Nicole: *Die Oetker-Entführung. Geständnis des Dieter Zlof: die Geschichte der 21-Millionen-Erpressung*, Neuss 1997

Bajohr, Frank: *»Arisierung« in Hamburg. Die Verdrängung der jüdischen Unternehmer 1933–45*, Hamburg 1997

Below, Irene: *»Die Kunsthalle Bielefeld – ein ›großer Gedenkstein‹ für Opfer und Täter«*, in: *Kunst und Politik. Jahrbuch der Guernica-Gesellschaft*, H. 2, 2000

Bracher, Karl Dietrich / Funke, Manfred / Jacobson, Hans-Adolf (Hrsg.): *Deutschland 1933–1945. Neue Studien zur nationalsozialistischen Herrschaft*, Bonn 1993

Bracher, Karl Dietrich / Funke, Manfred / Jacobson, Hans-Adolf (Hrsg.): *Die Weimarer Republik 1918–1933*, Bonn 1998

Broszat, Martin / Schwabe, Klaus: *Die deutschen Eliten und der Weg in den Zweiten Weltkrieg*, München 1989

Brügge, Peter: *Die Reichen in Deutschland*, Frankfurt a. M. 1966

Conrad, Hans-Gerd: *Werbung und Markenartikel am Beispiel der Firma Dr. Oetker von 1891 bis 1975 in Deutschland*, Berlin 2003

Czichon, Eberhard: *Wer verhalf Hitler zur Macht? Zum Anteil der deutschen Industrie an der Zerstörung der Weimarer Republik*, Köln 1967

Ditt, Karl: *Industrialisierung, Arbeiterschaft und Arbeiterbewegung in Bielefeld*, Dortmund 1982

Dohme Cockey, Frances: *The Dohme Family 1244–1986 an Memoirs of Frances Dohme Cockey*, Phoenix/Arizona 1987

Eglau, Hans Otto: *Mit Gutenberg ins Internet. 150 Jahre Gundlach*, Bielefeld 1997

Ehmer, Wolfgang / Horst, Uwe / Schuler-Jung, Helga: *Diktatur und Widerstand in Ostwestfalen-Lippe*, Bielefeld 1984

Engelmann, Bernt: *Die Macht am Rhein. Meine Freunde – die Geldgiganten*, Band 2: *Die neuen Reichen*, München 1968

Fest, Joachim C.: *Hitler. Eine Biographie*, Berlin 1973

Festschrift zum dreißigjährigen Bestehen der Firma L. C. Oetker, Dampf-Marzipan-Fabrik in Altona-Bahrenfeld 1870–1900, Altona-Bahrenfeld 1900

Flechsenhar, Kurt: *Cap San Diego. Ein Schiff und seine Mannschaft*, Herford 1994

Focke, Harald / Strocke, Monika: *Alltag der Gleichgeschalteten. Wie die Nazis Kirche, Kultur, Justiz und Presse braun färbten*, Reinbek bei Hamburg 1985

Frei, Norbert: *Karrieren im Zwielicht – Hitlers Eliten nach 1945*, Frankfurt a. M. 2001

Friedrich, Jörg: *Der Brand. Deutschland im Bombenkrieg 1940–1945*, München 2002

Galambos, Louis / Brown, Michael S. / Goldstein, Joseph L.: *Values & Visions. A Merck Century*, Rahway 1991

Galambos, Louis / Sewell, Jane Eliot: *Networks of Innovation. Vaccine Development at Merck, Sharp & Dohme, and Mulford, 1895–1995*, Cambridge 1995

Gall, Lothar / Feldman, Gerald / James, Harold / Holtfrerich, Carl-Ludwig / Büschgen, Hans: *Die Deutsche Bank 1870–1995*, München 1995

Georg, Enno: *Die wirtschaftlichen Unternehmungen der SS*, Stuttgart 1963

Grobecker, Kurt: *120 Jahre Brenner's Park-Hotel zu Baden-Baden*, Baden-Baden 1996

Haffner, Sebastian: *Im Schatten der Geschichte. Historisch-politische Variationen*, Stuttgart 1985

Haffner, Sebastian: *Von Bismarck zu Hitler. Ein Rückblick*, München 1987

Hallgarten, George W. F. / Radkau, Joachim: *Deutsche Industrie und Politik von Bismarck bis heute*, Frankfurt a. M. 1974

Handbuch der deutschen Aktiengesellschaften, Jahrgang 44, Band 6, Berlin 1939

Harter-Meyer, Renate: *Der Kochlöffel ist unsere Waffe. Hausfrauen und hauswirtschaftliche Bildung*, Baltmannsweiler 1999

Hartwig, H.: *Das Buch der Gefolgschaft. Aus der Geschichte der Firma Dr. August Oetker*, Bielefeld o. J. (um 1941)

Heiber, Helmut: *Die Republik von Weimar*, München 1966

Herbert, Ulrich: *Fremdarbeiter. Politik und Praxis des »Ausländereinsatzes« in der Kriegswirtschaft des Dritten Reiches*, Bonn 1986

Hitchcock, Henry-Russel: *Die Bielefelder Kunsthalle*, Bielefeld 1974

Höhne, Heinz: *Der Orden unter dem Totenkopf. Die Geschichte der SS*, München 1984

Hügen, Ludwig: *1889 – 1989, Hundert Jahre Deuß & Oetker / Verseidag in Schiefbahn*, Willich 1980

Jungblut, Michael: *Die Reichen und die Superreichen in Deutschland*, Hamburg 1971

Jungbluth, Rüdiger: *Die Quandts. Ihr leiser Aufstieg zur mächtigsten Wirtschaftsdynastie Deutschlands*. Frankfurt a. M./New York 2002

Kaienburg, Hermann: *Das Konzentrationslager Neuengamme 1938–1945*, Bonn 1997

Kennedy, Paul: *Aufstieg und Fall der großen Mächte. Ökonomischer Wandel und militärischer Konflikt 1500–2000*, Frankfurt a. M. 1989

Klee, Ernst: *Auschwitz, die NS-Medizin und ihre Opfer*, Frankfurt a. M. 1997

Kleßmann, Christoph: *Die doppelte Staatsgründung, Deutsche Geschichte 1945–1955*, Bonn 1991

Klönne, Arno / Otto, Karl A. / Roth, Karl Heinz (Hrsg.): *Fluchtpunkte. Das soziale Gedächtnis der Arbeiterbewegung*, Hamburg 2003

Kludas, Arnold: *Die Cap-Schnelldampfer der Hamburg-Süd*, Hamburg 1996

Knopp, Guido: *Die SS. Eine Warnung der Geschichte*, München 2002

Koch, Peter-Ferdinand: *Die Geldgeschäfte der SS. Wie deutsche Banken den schwarzen Terror finanzierten*, Hamburg 2000

Koch, Peter-Ferdinand: *Menschenversuche. Die tödlichen Experimente deutscher Ärzte*, München 1996

Kochs Adlernähmaschinen Werke AG (Hrsg.): *75 Jahre Adlernähmaschinen. 1860–1935*, Bielefeld 1935

Krockow, Christian Graf von: *Die Deutschen in ihrem Jahrhundert 1890–1990*, Reinbek bei Hamburg 1990

Kühne, Hans-Jörg: *Kriegsbeute Arbeit. Der »Fremdarbeitereinsatz« in der Bielefelder Wirtschaft 1939–1945*, Bielefeld 2002

Lange, Wilhelm: *Cap Arcona. Das tragische Ende der KZ-Häftlings-Flotte am 3. Mai 1945*, Neustadt 1988

Mann, Golo: *Deutsche Geschichte des 19. und 20. Jahrhunderts*, Frankfurt a. M. 1958

Marsh, David: *Die Bundesbank*, München 1992

Oetker, Arend: *Langfristige Finanzpolitik nicht emissionsfähiger Unternehmen.* Inaugural-Dissertation zur Erlangung des Doktorgrades der Wirtschafts- und Sozialwissenschaftlichen Fakultät der Universität zu Köln, Köln 1968

Ogger, Günter: *Friedrich Flick der Große*, Bern und München 1972

Pinnau, Ruth / Fest, Joachim C.: *Cäsar Pinnau. Architekt*, Hamburg 1995

Pinnau, Ruth: *Der Geist der Palmaille*, Hamburg 1997

Pinnau, Ruth: *Der Sieg über die Schwere. Cäsar Pinnau in meinem Leben.* Hamburg 1993

Pritzkoleit, Kurt: *Männer Mächte Monopole*, Düsseldorf 1960,

Salewski, Michael: *Der Erste Weltkrieg*, Paderborn 2003

Sawicki, Czeslav: »Das Unternehmen Oetker in der Zeit des Nationalsozialismus«, in: Ehmer, Wolfgang / Horst, Uwe / Schuler-Jung, Helga: *Diktatur und Widerstand in Ostwestfalen-Lippe*, Bielefeld 1984

Sawicki, Czeslaw: *Die Oetker-Gruppe. Soziale, ökonomische und politische Aspekte der Entstehung des Unternehmens Oetker von der Gründung bis zum Jahre 1945*, Bielefeld 1981

Sawicki, Czeslaw: *Die Oetker-Gruppe. Analyse einiger Aspekte eines Mischkonzerns mit Sitz in Bielefeld Teil II*, Bielefeld 1979

Schröder, Arno: *Mit der Partei vorwärts. Zehn Jahre Gau Westfalen-Nord*, Detmold 1940

Schwarberg, Günther: *Angriffsziel Cap Arcona*, Göttingen 1998

Seiler, Otto J.: *Kurs Südamerika. 125 Jahre Hamburg-Südamerikanische Dampfschifffahrts-Gesellschaft (1871–1996)*, Hamburg 1996

Stürmer, Michael: *Das Jahrhundert der Deutschen*, München 1999

Turner, Henry A.: *Faschismus und Kapitalismus in Deutschland. Studien zum Verhältnis zwischen Nationalsozialismus und Wirtschaft*, Göttingen 1972

Viereck, Stefanie von: *Hinter weißen Fassaden. Alwin Münchmeyer – Ein Bankier betrachtet sein Leben*, Reinbek bei Hamburg 1988

Vogelsang, Albert / Philipowitz, Martin (Hrsg.): *Fünfundzwanzig Jahre Doktor Oetker Nährmittelfabrik GmbH Zweigfabrik Hamburg*, Bielefeld 1949

Vogelsang, Reinhard: *Der Freundeskreis Himmler*, Göttingen 1972

Vogelsang, Reinhard: *Im Zeichen des Hakenkreuzes, Bielefeld 1933–1945*, Bielefeld 1983

Vogelsang, Reinhard: *Geschichte der Stadt Bielefeld. Band II. Von der Mitte des 19. Jahrhunderts bis zum Ende des Ersten Weltkriegs*, Bielefeld 1988

Walloch, Karl-H.: *Die Elbchaussee. Geschichte und Geschichten von Hamburgs schönster Straße*, Hamburg 1998

Wegner, Bernd: *Hitlers Politische Soldaten: Die Waffen-SS 1933–1945*, Paderborn 1990

Wehler, Hans-Ulrich: *Deutsche Gesellschaftsgeschichte. Vierter Band. Vom Beginn des Ersten Weltkrieges bis zur Gründung der beiden deutschen Staaten 1914–1949*, München 2003

Winkler, Heinrich August: *Deutsche Geschichte vom Ende des Alten Reiches bis zum Untergang der Weimarer Republik*, Bonn 2000

Witthöft, Hans Jürgen: *HAPAG Hamburg-Amerika Linie*, Herford 1973

Witthöft, Hans Jürgen: *Norddeutscher Lloyd*, Hamburg 1997

Wölfer, Joachim: *Cap Arcona. Biographie eines Schiffes, Geschichte einer Reederei*, Herford 1977

Zweig, Stefan: *Die Welt von Gestern. Erinnerungen eines Europäers*, Frankfurt a. M. 1970

Bildnachweise

S. 229: Privatbesitz Pinnau

S. 243: Ullstein Bilderdienst

S. 265: picture-alliance / dpa, Fotograf: Hamberger

S. 280: picture-alliance / dpa, Fotograf: Erk Wirginings

S. 289: picture-alliance / dpa, Fotograf: Horst Ossinger

S. 305: picture-alliance / dpa, Fotograf: Bernd Thissen

S. 319: picture-alliance / dpa, Fotograf: Klaus Franke

S. 327: Rolf Gottwald

S. 331: Rolf Gottwald

S. 334: picture-alliance / ZB, Fotograf: Klaus Franke

Register

Ackermann, Josef 314
Aco Severin Ahlmann GmbH & Co.
KG 332
Adam Opel AG 125
Adenauer, Konrad 236, 299, 326
adidas 347
Ahlmann, Käthe 331 f.
Ahlmann, Marlene *siehe* Oetker,
Marlene
Ahlmann-Carlshütte KG 331
Ahlmann-Grundstücksverwaltung 368
»Ahnenerbe«, Forschungs-
gemeinschaft 149
Albrecht, Karl 13
Albrecht, Theo 13
ALDI 13, 364
Allianz AG 314, 342
Altana AG 13
Altländer Gold GmbH & Co. KG
250, 253 f.
Amelung, Martin 279, 285
Amelung, Nicole 285 ff., 290
Amsinck, Herbert 221 f., 225
Animals Asia Foundation 333
AOH Nahrungsmittel GmbH & Co.
KG 356
Apotheke Münch 44
Apotheker-Kreisverband Minden-
Ravensberg 51
Arabella Hotel 271
Arbeitgebervereinigung der Nahrungs-
und Genussmittelindustrie 317

Arminia Bielefeld 343
Aschoffsche Apotheke 48 f., 51, 57,
59 f., 84
Asko-Gruppe 260
Atlantic Vermögensverwaltungsbank
369
Atlantik-Brücke 312, 315 ff.
Attlee, Clement Richard Earl 207
August Oetker KG 363
Axel Springer Verlag AG 316

Bachtler, Monika 346
Bahlsen 375
Bajohr, Frank 171
Bâloise Holding AG 313
Balsam 369
Bank für Brauindustrie Frankfurt
233 f.
Bankhaus Delbrück, Schickler & Co.
106
Bankhaus Sal. Oppenheim 259
Bankhaus Stein 148
Bankhaus Vontobel 352
Baseler Versicherungs-Gruppe 306
BASF AG 314
Bassewitz, Christian Graf von 370
Bauer, Heinrich 228
Baumann, Hans 173
Bayer AG 314
Bayerischer Hof 271
Beck's 361
Becker, Boris 356, 358

Behringer, Fritz 102, 105 f., 109 ff.
Beiersdorf AG 314, 376
Beisheim, Otto 356
Beitz, Berthold 251
Below, Irene 344
Berckemeyer, Emil 159
Berliner Kindl 233, 361
Berliner Philharmonie 318
Berlin-Polis 336
Bernstein, Henry 184
Bertelsmann AG 348, 387
Bertram, Heinrich 201 f.
Betheler Anstalten 189
Bild.T-Online.de 336
Binding 233, 361
Bingel, Rudolf 133
Bircher, Ralph 186 f.
Bircher-Benner, Max 186
Bismarck, Otto von 19, 46 f., 98, 184
Blessing, Karl 150
Blumenfeld, Erik 315
BMW AG 13, 314, 386
Bodelschwingh, Friedrich von 189
Bominflot Bunkergesellschaft für
    Mineralöle 313
Bosch GmbH 314
Boss 303
Bossi, Rolf 279
Boston Capital Ventures 313
Brackenbusch, Ernst 43
Brandt, Rudolf 198 f.
Brau und Brunnen 360 ff., 369
Brenner, Alfred 181, 184
Brenner, Alois 184
Brenner, Camille 184
Brenner, Kurt 181, 184
Brenner's Park-Hotel 12, 181–186,
    216, 234, 307 ff., 331
Breuel, Birgit 241
Breuer, Rolf E. 335
Broelemann, Ilse (geb. Kaselowsky)
    120, 196
Brügge, Peter 325

Budde, Bürgermeister 200
Bührle 234
Bulmahn, Edelgard 311, 316
Bundesarchiv 340
Bundesfinanzhof 359
Bundesgerichtshof 283
Bundesverband der Deutschen Indus-
    trie (BDI) 13, 236, 255, 311 f.,
    317, 319, 354, 356, 358
Bundesverband deutscher Banken 250
Bundesvereinigung der Deutschen
    Arbeitgeberverbände 312
Bürgergemeinschaft für Bielefeld (BfB)
    326, 328 f.
Burton, Richard 228
Busch, Wilhelm 44
Bush, George 317

Carlsberg-Konzern 361
Casimir Kast 322
Château du Domaine St. Martin 368
Chemische Fabrik Budenheim AG
    118 f., 125, 368, 370
Chemische Fabrik vorm. Goldenberg,
    Geromont und Cie. 105, 109 ff.,
    115 f., 118
Christiansen, Sabine 321
Christlich Demokratische Union
    (CDU) 316 f., 326, 328 ff., 332,
    335, 340, 354
Christlicher Gewerkschaftsverband
    33 f.
Christlicher Textilarbeiterverband 36
Churchill, Winston 190 f.
Cognos AG 313
Colnaghi 309 f., 368
Commerz- und Privatbank AG 177
Condor Flugdienst GmbH 234, 298
Condor Lebensversicherungs-AG 233,
    300, 368 f.
Condor Transport- und Rückver-
    sicherungs-AG 233, 300, 368
Condor-Gruppe 12

Conrad, Hans-Gerd 56, 156, 218
Coop 296
Cooper, Douglas 337
Crampe, Hans 171
Crignis, Julius de 231

DAB (Dortmunder Actien-Brauerei) 361
DaimlerChrysler AG 314
De La Trobe, John Henry 236 f., 296, 299, 301
Degussa AG 313
Delius, Hermann 108, 217
Dermietzel, Fritz 144
Deuß & Oetker 27–34, 70, 119, 322
Deuß & Weiß 26
Deuß, Wilhelm 26 ff., 31
Deutsche Angestellten-Gewerkschaft 238
Deutsche Arbeitsfront (DAF) 153, 156, 160, 178, 343
Deutsche Bank AG 125, 149, 260, 277, 315, 335, 342
Deutsche Bundesbank 150
Deutsche Forschungsgemeinschaft 314
Deutsche Levante-Linie AG 185, 216, 226
Deutsche Schutzvereinigung für Wertpapierbesitz (DSW) 321, 324
Deutsche Stiftung Musikleben 318
Deutscher Industrie- und Handelstag 241, 250, 256, 321
Deutscher Ring Lebensversicherungs-AG 238, 300, 306, 371
Deutsches Institut für Wirtschaftsforschung 359
Dibona Markenvertrieb KG 296
Diebels 361
Diekmann, Kai 315
Dill, Georgia *siehe* Oetker, Georgia
Dohme Cockey, Frances 52 f.
Dohme, Alfred R. L. 126
Dohme, Carl 41

Dohme, Charles 44, 52
Dohme, Louis 40–44, 50, 52 f., 57, 385
Domizlaff, Svante 377
Dönhoff, Marion Gräfin 315
Dony, Felix 351
Döpfner, Mathias 316
Dopheide, Angelika 339
Dorsch, Erich 91, 94
Dortmunder Ritterbrauerei 233
Dostojewskij, Fjodor M. 183
Douglas Holding 238, 372
Douglas, Bergit Gräfin (geb. Oetker) 331, 378
Douglas, Christoph Graf 331, 378
Dr. Arend Oetker Holding GmbH & Co. 255, 312, 321, 356
Dr. August Oetker Nährmittelfabrik GmbH 63 ff., 68, 72, 85, 90, 100 ff., 105, 109–116, 118, 121, 123 ff., 128, 151, 153 ff., 159 f., 170 ff., 175, 177, 186 f., 190–194, 208, 210, 215, 218, 220, 226, 249, 252, 342 f.
Dr. August Oetker Nahrungsmittel KG 304, 307, 328, 332, 339 f., 345, 374 ff.
Dr. Crato & Co. 73
Dr. Oetker Verlag 368, 370
Dresdner Bank 149 f., 232
Druck- und Verlagsgesellschaft E. Gundlach AG 123 ff., 140 ff., 151 f., 159, 196, 211 f., 214, 250, 256, 343, 376
Dürkopp 258
Dürkopp Adler AG 258
DWS 386

eBay 365
Ebert, Friedrich 104
Ebner, Martin 355
Edeka 296
Eduard, Prince of Wales 184

Eggert, John 202, 221, 225
Eggerth, Inge 346
Eglau, Hans Otto 300
Eisner, Kurt 103
Elbrächter, Alexander 236
Eli Lilly 42 f.
E.ON 314
Eppler, Erhard 244
Eremitage 310
Ernst & Young 362
E. R. Squibb & Sons 42
Escada AG 260
Eto 235, 305
Europäische Fußballunion (UEFA)
    347 f., 350
Ewabo 382

Falkenhayn, Erich von 90 f.
Faltlhauser, Kurt 354
Farthmann, Friedhelm 300
FC Köln 348
Feder, Gottfried 133
Fest, Joachim C. 228
Fifa 347
Filmfinanzierungs-GmbH (Fifi) 231
FIM AG 351, 355 f.
Fischer, Emil 85
Fischer, Joschka 317
Flebbe, Rudolf 118, 126
Flick, Friedrich 114, 146, 148, 209,
    320
Ford, Henry 122 f., 185
Franz Ferdinand, Erzherzog von
    Österreich 87
Freie Demokratische Partei (FDP)
    317, 328 f., 335, 340
Freikorps »Groß-Hamburg« 104
Freundeskreis des Reichsführers SS
    (Himmler) 133, 139, 143–150,
    178, 198, 209, 246, 338 f., 341
Friedrich III., Kaiser 46
Fritz Thyssen Stiftung 314
Furtwängler, Wilhelm 184

Galerie für Zeitgenössische Kunst
    Leipzig 318
Gamma Holding 323
Gebrüder Schröder & Co. 177
General Motors 125
Gerdts, Kapitän 201
Gerling-Konzern 232, 313, 313
Goebbels, Joseph 137, 146
Goethe-Institut 325
Goldman Sachs 386
Goppel, Alfons 271
GPC Biotech AG 322
Grimaldi di Nixima, Elvira 381, 385
Grobecker, Kurt 184
Gropius, Walter 246
Grün, Wissenschaftler 78
Grundig, Max 304
Grüne 326, 329, 340
Gundlach, August 123
Gundlach, Ernst Ludwig 123 f.
Gundlach, Hans 124
Gundlach, Louis 123
Gutenberg, Erich 251

Haake, Architekt 127
Haase, Diener 168
Haase, Marie-Louise 302
Haffner, Sebastian 79
Hahn, Karl von 379
Hamburg Süd 13
Hamburg-Südamerikanische Dampf-
    schifffahrts-Gesellschaft AG
    175–179, 181, 186, 199 f., 202,
    208, 220 ff., 225 ff., 229, 236,
    240, 293, 297, 366 f., 377
Hansa, Stahmer & Wilms 73
Hanseatische Hochseefischerei GmbH
    235
Hapag 176, 178
Hapag-Lloyd AG 366
Hapag-Lloyd Express (HLX) 366
Hapag-Lloyd-Union 13, 176
Harnack, Adolf von 97

Harrich, Walter 288
Harrich-Zandberg, Danuta 288
Harris, Arthur 190, 193
Harter-Meyer, Renate 154
Hauptmann, Gerhart 184
Hecker, Ewald 136
Heinemann, Gustav 247
Heinrich I., König 145
Heisenberg, Werner 313
Helfferich, Emil 178
Hempel, Klaus 347 f., 350
Henkel & Cie. AG 12, 122, 370,
    376 f., 381, 386
Henkel, Hans-Olaf 311
Henkel, Konrad 228
Henkell, Anneliese 306
Henkell-Sektkellerei 235, 306 f.
Henkell & Söhnlein Sektkellereien KG
    332, 368
Henneking, Lehrerin 68
Henninger Bräu 361
Henschel 241
Henze, Hans Werner 247 f.
Heraeus, Wilhelm Carl 44, 50
Hermann Lampe KG 232 f., 294,
    300, 306 f., 309 f., 335, 369, 371,
    382
Hero AG 14, 312, 351–357
Herzogenrath, Paul 225, 228, 239 f.,
    245
Heß, Rudolf 140
Heuss, Theodor 236
Heydrich, Reinhard 146, 149
Highlight Communications AG 350
Himmler, Heinrich 138 f., 143–149,
    166 f., 172, 187 f., 198 f., 201,
    340, 345
Hindenburg, Paul von 135 ff.
Hitler, Adolf 133–140, 143, 147, 150,
    156, 164, 172, 190, 222, 227 f.,
    340
Hoeneß, Uli 348
Hoesch-Konzern 257

Höhne, Heinz 167, 173
Holm, Werner 255, 350, 352
Holsten-Gruppe 361
Holzer, Dieter 316
Hornberg, Prokurist 159
Horsford, Eben Norton 52, 57
Horten, Helmut 228
Hotel Du Cap Eden Roc 307
Howaldtswerke 222
Hügen, Ludwig 27 f., 30 f., 34
Hülsemann, Ewald 32, 34
Hunsa-Forschungs-GmbH 186 ff.
HypoVereinsbank 360 f.

IG-Farben 149
Industrie- und Handelskammer
    Bielefeld 138
Industrie- und Handelskammer
    Hamburg 169
Institut für Sozialforschung 329
Interbrewgruppe 361
Irrgang, Emil 137
ISL Marketing AG 347

J. P. Morgan 126
Jacobi, Caroline siehe Oetker,
    Caroline
Jacobi, Julie 44 f.
Jacobs, Klaus 351
Jantsch-Schuster, Susanna siehe
    Oetker, Susanna
Joffe, Josef 315
Johansson, Lennart 348
Johnson, Philip 245 f., 340
Jungblut, Michael 239
Jünger, Ernst 88 f., 95

Kaiser-Wilhelm-Gesellschaft 75, 97,
    314
Kaiser-Wilhelm-Institut 75
Kaiser-Wilhelm-Museum 31
Kallmeyer, Ulrich 360, 363, 370
Kaselowsky, Elise (geb. Delius) 106

Kaselowsky, Ferdinand 108 f., 345
Kaselowsky, Ida (verwitw. Oetker) 106 f., 109, 111, 125, 127, 159, 180, 196, 245, 339 f.
Kaselowsky, Ilse *siehe* Broelemann, Ilse
Kaselowsky, Ingeborg 120, 196
Kaselowsky, Richard sen. 106, 108 f., 123
Kaselowsky, Richard (1888–1944) 103, 106 ff., 111 f., 115 f., 118, 120–128, 133, 137–144, 146–151, 153 ff., 158–164, 166, 169, 173 ff., 177 ff., 185 f., 196 ff., 202, 209, 216 f., 220, 229, 236, 245 ff., 253, 338 ff., 342 ff., 384
Kaselowsky, Richard (*1921) 120, 173, 212 ff., 216, 250, 256, 376 f.
Kaselowsky, Theodor 120
Kästner, Erich 231
Kaufmann, Ernst 171
Kaufmann, Karl 201
Kellein, Thomas 338
Keppler, Wilhelm 133, 135 f.
Keppler-Kreis 134 ff., 138 f., 144
Kersten, Rolf 226, 236
Kinderschutzbund 326, 330, 378 f.
Kipp, Karl-Heinz 260
Kirch, Leo 348
Kirchner, Ernst Ludwig 341
Klatten, Susanne 13
Klöckner & Co. AG 322
Knöhr & Burchard Nachfolger 292
Koch, Peter-Ferdinand 187
Koch, Sebastian 290
Kochs Adler AG 254, 258
Kochs Adlernähmaschinen-Werke AG 124, 152, 250, 253 f., 343
Koenen, Krisztina 320
Koenig, Marie Pierre 216
Kohl, Helmut 316 f.
Kopper, Hilmar 315

Kraft durch Freude (KdF) 153 f., 178 f.
Kranefuß, Fritz 138 f., 143 ff., 149, 198 f.
Krefelder Baumwollspinnerei 31
Krefelder Teppichfabrik 31
Kreisauer Kreis 342
Kreke, Jörn 238
Kriegsernährungsamt 97
Krockow, Christian Graf von 74, 77
Krogmann, Carl Vincent 178
Krüger, Otto 153 f., 162, 164
Krupp AG 251, 253, 259, 320
Kugelfischer-Konzern 258
Kühn, Heinz 247
Kühne, Hanns-Jörg 342
Kunisch, Rolf 376
Kunsthalle Bielefeld 245 ff., 337–345, 384
KWS Saat AG 313

L. C. Oetker 22 ff., 121
Ladebeck, Artur 245, 247
Ladewig, Werbeleiter 68
Lahl, Uwe 328
Lamping, Wilhelm 127
Landesanstalt für Rundfunk 339
Landeskriminalamt (LKA) Bayern 277, 284, 287 f.
Landeszentralbank (LZB) Bayern 271, 278
Landgericht München II 278, 283
Langenscheidt, Florian 292
Langnese-Honig-Werk 234, 305
Le Bristol 307 f.
»Lebensborn«, Menschenzüchtungs-verein 149
Leber, Georg 244
Legion Condor 190
Lehár, Franz 184
Lehman Brothers Kuhn Loeb 294
Lehmann, Friedrich 95
Lehner, Ulrich 376, 381

Leidinger 260
Leisler Kiep, Walther 315 f.
Lenz, Jürgen 347 f., 350
Leuna 316
Ley, Robert 160
Lib'elle 335
Liberales Netzwerk 335
Liebig, Justus von 51 f., 57
Liebknecht, Karl 103
Liedl, Karl 210
Liesen, Klaus 257
Lincoln, Abraham 42
Lindemann, Karl 178
Lipmann, Carl 170
Lipmann, Elli 169 ff.
Louis Schweizer KG 378
Lovenberg, Felicitas von 345
Lübecker Marzipan- und Back-
    massenfabrik (Lumuba) 234
Ludwig von Baden, Großherzog 378
Lufthansa 298
Lundgreen, Peter 108

Maaß, Walter 287
Malaisé, Christoph von 308, 369
Malaisé, Ferdinand von 241
Malaisé, Marianne von siehe Oetker,
    Marianne
Malaisé, Therese von (geb.
    Münchmeyer) 241
Marc, Franz 92, 95
Martin, Ernst 188
Massa AG 260
Mauz, Gerhard 279, 281 f.
Max-Planck-Gesellschaft 314
McCarrisson, Robert 187 f.
Media Markt 365
Merck 303, 313, 385
Merkel, Angela 335
Metro 356, 386
Meves, Klaus 370
Meyer (Firma) 235
Meyer, Alfred 141 ff., 162, 164, 180

Meyer, Emil 150
Meyer, Ferdinand 125
Meyer, Ida siehe Oetker, Ida
Miegel, Meinhard 335
Mies van der Rohe, Ludwig 246
Milberg, Joachim 314
Miller, Ferdinand 241
Möllemann, Jürgen 335
Möller, Roland 73
Moltke, Helmuth Graf von 341 f.
Mövenpick 351
Müller, Bäcker 55
Müller, Klaus 339
Müller, Theo 358
Münchmeyer & Co. 250
Münchmeyer, Alwin 104, 165, 241,
    250
Mussolini, Benito 227
Mütternotdienst 330

Napoleon III., Kaiser 183
National Party 340
Nationalsozialistische Deutsche
    Arbeiterpartei (NSDAP) 133–138,
    140 ff., 148, 153, 158, 162,
    164, 170 f., 189, 209, 212, 215,
    340
Neckermann, Josef 304
Nestlé 235, 365
Neukirchen, Heide 260
Nogly, Hans 213
Norddeutscher Lloyd 176, 178
Nottebohm & Co. 177
NS-Frauenschaft 159, 340
NS-Volksblatt für Westfalen 140 f.

Odin-Werke 133
Oetker, Albert 21–25, 40, 121, 302
Oetker, Albert Ferdinand 26 ff., 31 f.,
    34–38, 40, 50, 70, 74, 385
Oetker, Alexander 377, 379
Oetker, Alexandra (geb. Avé-Lallement)
    325, 333 ff., 379

Oetker, Alfred 307, 326, 365, 380 ff.,
385
Oetker, Arend 13, 215, 249–261,
294 f., 311–321, 335, 346,
348–359, 384 f.
Oetker, August (1862–1918) 38 ff.,
43 ff., 48–78, 83, 96–103, 109 ff.,
121, 123, 129, 156, 162, 165, 198,
241, 298, 305, 314, 377, 384
Oetker, August (*1944) 195, 215, 269,
271 ff., 276, 291–296, 300–306,
308, 333, 335, 341, 358, 362,
364 ff., 370–374, 377 ff., 382 f.
Oetker, August Adolph 21, 38 f., 43
Oetker, Bergit 215, 308, 380 siehe
auch Douglas, Bergit Gräfin
Oetker, Bertha (geb. Westphal) 38 f.
Oetker, Brigitte (geb. Conzen) 321
Oetker, Carl Christian 104
Oetker, Carl-Ferdinand 382
Oetker, Caroline (geb. Jacobi)
(1867–1945) 45, 48, 58, 85, 102,
106 f., 111 f., 121, 127 f., 163,
166, 180 f., 200, 213, 215 f., 226,
245, 328, 377
Oetker, Christian 215, 269, 294, 305,
380
Oetker, Claudia (geb. Wolff von
Amerongen) 255
Oetker, Daniela 379
Oetker, Eduard 71 f.
Oetker, Elvira (geb. Grimaldi di
Nixima) 381, 385
Oetker, Emilie »Milly« (geb. Peters)
32, 35, 37, 119, 129
Oetker, Ernst 214 f., 249, 253, 320
Oetker, Ernst August 215
Oetker, Georgia (geb. Dill) 293, 379
Oetker, Heinrich Christian 21
Oetker, Ida (geb. Meyer) 87 f., 90, 93,
106, 109, 120
siehe auch Kaselowsky, Ida
Oetker, Julia 304, 382

Oetker, Karl (1873–1889) 32
Oetker, Karl (*1896) 104 f., 158 f.,
208 ff.
Oetker, Louis 70 ff., 102, 112, 116 ff.,
120, 122, 125 f., 153, 166
Oetker, Louis Carl 17–23, 26, 38, 40,
50, 302, 385
Oetker, Luise 22 f.
Oetker, Marianne »Maja« (geb.
Malaisé) 240 ff., 307 f., 325–329,
333, 343 f., 369, 380
Oetker, Marie 335 f.
Oetker, Marion 264, 267 f., 270,
273 ff., 278, 280, 379
Oetker, Marlene (geb. Ahlmann) 169
Oetker, Paul 37, 119, 129
Oetker, Peter 322
Oetker, Philip 377, 379
Oetker, Regine 215
Oetker, Renate 215
Oetker, Richard 11, 215, 262–272,
274 ff., 278–284, 286, 288, 290,
294, 305 f., 379 f.
Oetker, Robert 52 f.
Oetker, Roland 215, 259 f., 321 ff.,
335, 376, 385
Oetker, Rolf-Bernd 129
Oetker, Rosely siehe Schweizer, Rosely
Oetker, Rudolf (1874–1930) 32, 37,
119, 129
Oetker, Rudolf (1889–1916) 48, 58,
73, 83 ff., 87–95, 99, 102 f.,
106 f., 110 f., 126 f., 174, 384
Oetker, Rudolf (*1932) 322
Oetker, Rudolf-August 11, 13, 102,
111, 120, 165–174, 179 ff., 191 ff.,
195, 199, 207 f., 210, 212–217,
220 ff., 224–250, 253, 260, 262,
266 ff., 283, 287, 291, 293–309,
325 f., 329 ff., 337–346, 358,
369–379, 382 f.
Oetker, Susanna »Susi« (geb. Jantsch-
Schuster) 195, 215, 217, 268, 291

Oetker, Suzanne 335
Oetker, Ursula 90, 120, 165 ff., 199, 212–216, 249 f., 253, 256, 260, 294, 320, 323
Oetker-Gruppe 294–302, 360–377, 383
Oetker-Kast, Dieter 322
Ohlendorf, Otto 144, 149
Onassis, Aristoteles 228 ff.
Onken 364
Orenstein & Koppel 257
Otteker, Hinrich 44
Otto, Karl A. 345
Otto, Werner 13
Otto-Wolff-Konzern 256 ff., 348

Papen, Franz von 135 f.
Parkhotel Vitznau 307 f.
Pesch, Jakob 34, 36
Peters, Emilie *siehe* Oetker, Emilie »Milly«
Peters, Lutz 255, 352, 354
PHB-Weserhütte 257 f.
Phrix-Werke AG 186 f.
Picasso, Pablo 337 f.
Pierer, Heinrich von 314
Pinnau, Cäsar 222, 224 f., 227 f., 235, 239 f., 245, 308 f., 340
Pinnau, Ruth 217, 224 f., 228, 230, 239 ff., 309, 346
Pinschewer, Julius 68
Pischetsrieder, Bernd 314
Planck, Max 75
Pohl, Oswald 139, 143
Pollard, Sydney 73
Porsche 375
Premiere 349
Preussag AG 257, 366
Prinz Bräu 235, 298, 301
Procedo 369
Puls, Gustav 151
Puma 12

Radeberger Exportbierbrauerei 369
Radeberger Gruppe 360 ff., 378
Rasche, Karl 150
Rasselstein 259
Rathenau, Walther 114
Ratzmann, Hugo 232
Reeder-Union AG Kiel 226
Reemtsma, Cigarettenfabriken 159
Reemtsma, Jan-Philipp 329
Reese 72, 101 f., 236
Reichsarbeitsdienst 168
Reichsbank 114
Reichsnährstand 155
Reiter-SS 167
Rheinisch-Westfälische Disconto-Gesellschaft 106
Ribbentrop, Joachim von 306
Ribbentrop, Robert von 306
Richard-Kaselowsky-Haus *siehe* Kunsthalle Bielefeld
Robinson, Jill 333
Roland Oetker Industrieverwaltungs (ROI) GmbH 322
Rosterg, August 133
Rothschild, Baron 185
Rotkäppchen-Kellerei 368
Royal Air Force 190
Royal Backing Powder Company 67
RTL 349
Rudolf A. Oetker KG (RAO) 223, 226
Rudolf Hussel AG 238
Ruhrgas AG 257
RWE AG 314

SA 137, 167
Saal, Apotheker 50
Sackewitz, Paul 122, 155
Salewski, Michael 96
Salm, Ludwig zu 290
Salm-Horstmar, Karl-Walrad zu 215, 17

Salm-Horstmar, Susanna (geschiedene Oetker) 268
Sandler, Guido 236 f., 296, 299, 301, 303, 340
Saßmannshausen, Günter 257
Sat.1 349
Sawicki, Ceslaw 54
Schaarschmidt, Friedrich 152, 214
Schacht, Hjalmar 133, 135
Scharping, Rudolf 315
Schäuble, Wolfgang 335
Scheidemann, Philipp 103
Schenck, Ernst-Günther 188
Schiller, Karl 244
Schleicher, Kurt von 135
Schlieffen, Alfred Graf von 88
Schloss Johannisberg 368
Schmidt, Harald 362
Schmidt, Helmut 315
Scholtz-Klink, Gertrud 155
Schönemann, Tyll 283
Schopenhauer, Arthur 76
Schreiber, Karlheinz 316
Schreinemakers, Margarethe 290
Schrempp, Jürgen 314 f.
Schröder, Arno 141 f.
Schröder, Ernst F. 370
Schröder, Gerhard 317
Schröder, Kurt von 133, 135 f., 148
Schubert, Ingeborg von (geb. Kaselowsky) 376
Schulte-Hillen, Gerd 387
Schulte-Noelle, Henning 314
Schumpeter, Joseph 96
Schutzpolizei 137
Schutzstaffel (SS) 137 f., 144–150, 166 f., 172, 186 ff., 201 f., 342
Schwartau International GmbH 351, 356
Schwartauer Werke 14, 234, 250, 253 ff., 295, 312, 316, 350–354, 357

Schwartauer Werke GmbH & Co. KGaA 353
Schweizer, Caroline 378
Schweizer, Folkart 242, 329, 378
Schweizer, Georg 378
Schweizer, Rosely (geb. Oetker) 11, 169, 195, 242, 291, 304 ff., 325, 329–333, 376, 378
Schweizer, Rudolf Louis 378
Scotland Yard 288
Selters 362
Sharp, Alpheus Phineas 41 f.
Sharp & Dohme 42 f., 52, 126, 385
Sheraton Hotel 269, 271, 276
Siemens AG 133, 314
Siemens-Schuckert 148
Single TV 322
Snoek, Hendrik 262
Söhnlein Rheingold KG 235, 307
Sotheby's 378
Sozialdemokratische Partei Deutschlands (SPD) 326, 329, 340, 344 f.
Sparrenberg 368
Späth, Lothar 318
Speer, Albert 227 f., 340
Spitzweg, Carl 75
Springer, Axel 244
Stahlwerke Bochum 259
Stalin, Jossif 207
Stauffenberg, Berthold Graf Schenk von 340, 342
Stelbrink, Rudolf 237, 296, 299, 301, 374
Stéphanie-les-Bains 183 f.
Stephanienbad 184
Stifterverband für die Deutsche Wissenschaft 255, 311–315, 356
Stinnes, Hugo 114, 185, 232
Stoiber, Edmund 354
Stoltenberg, Gerhard 247
Strasser, Gregor 133

Strasser, Otto 133
Strauß, Franz Josef 244
Strauß, Johann 184
Stump, Rudolf 351
Stürmer, Michael 217
Stuttgarter Hofbräu 361

Taube, Dagmar von 242
The Event Agency and Marketing AG
    (TEAM) 347 ff.
Thurn und Taxis, Albert von 184
Thyssen AG 259, 348
Thyssen, Fritz 134
ThyssenKrupp AG 314
Tietmann, Architekt 127
Toq-Handels-GmbH 187
Torriani, Vico 219
Truman, Harry S. 207
TT-Line 313
TUI AG 366
TÜV Norddeutschland 314

Ufer, Steffen 279, 282
Ültje KG 235, 372
Unilever 235, 301
Upjohn 42
Ur-Krostitzer 361
Uthoff, Kurt 196

Verband der Hersteller von Marken-
    artikeln 69
Verband deutscher Unternehmerinnen
    331 f.
Vereinigte Seidenwerke Aktiengesell-
    schaft (Verseidag) 119, 128 ff.,
    322 f.
Vereinigte Stahlwerke 149
Vereinsbank Hamburg 175, 177,
    221 f., 226
Viktoria, Prinzessin 46
Vogelsang, Albert 161, 191, 194
Vogelsang, Reinhard 134, 147,
    150

Vögler, Albert 133
Vogt & Wolf Aktiengesellschaft 125
Volkswagen AG (VW) 314, 342
Vorwärts 368

Waffen-SS 172 ff., 188, 199, 207 f.,
    341, 343
Wagner, Helmut 260
Walden, Matthias 244
Warburg, Eric M. 315
Wäschewerk Kayser 303
Web/Tec 335
Wehler, Hans-Ulrich 339
Wehrmacht 162 f., 171, 173, 188,
    190, 343
Weisner, Ulrich 337 f.
Weiß, Carl 26 f.
Weißer Ring 288, 290
Weizsäcker, Carl Friedrich von 251,
    311
Weizsäcker, Richard von 317
Wend, Rainer 344
Wenger, Ekkehard 356 f.
Werhahn 377
Westerwelle, Guido 335
Westfälische Neueste Nachrichten
    123 f., 139 ff., 171, 212
Westfälisches Landesmuseum für
    Kunst und Kultur 345
WestLB 366
W. Heraeus 44
Wiegmann, Hans-Henning 370
Wilhelm I., Kaiser 46
Wilhelm II., Kaiser 46 f., 74, 78, 90,
    98, 103
Wille, Theodor 177
Wilm, Ernst 247
Wilson, Woodrow 98
Windsor Kleiderwerk 303
Winsenia Nahrungsmittelwerke
    255
Wintershall 149
Wittgenstein, Casimir von 316

Wölfer, Joachim 175
Wolff von Amerongen, Claudia *siehe*
    Oetker, Claudia
Wolff von Amerongen, Otto 114,
    255–259, 321, 335, 348 ff.Wolff,
    Karl 144
World Wide Fund for Nature (WWF)
    333 f.

Young & Rubicam 365

Zeiler, Hans Dieter 283
Zinkann, Peter 375
Zlof, Dieter »Checker« 264–270,
    273 f., 276 ff., 281–290
Zuckmayer, Carl 184
Zweig, Stefan 83, 86

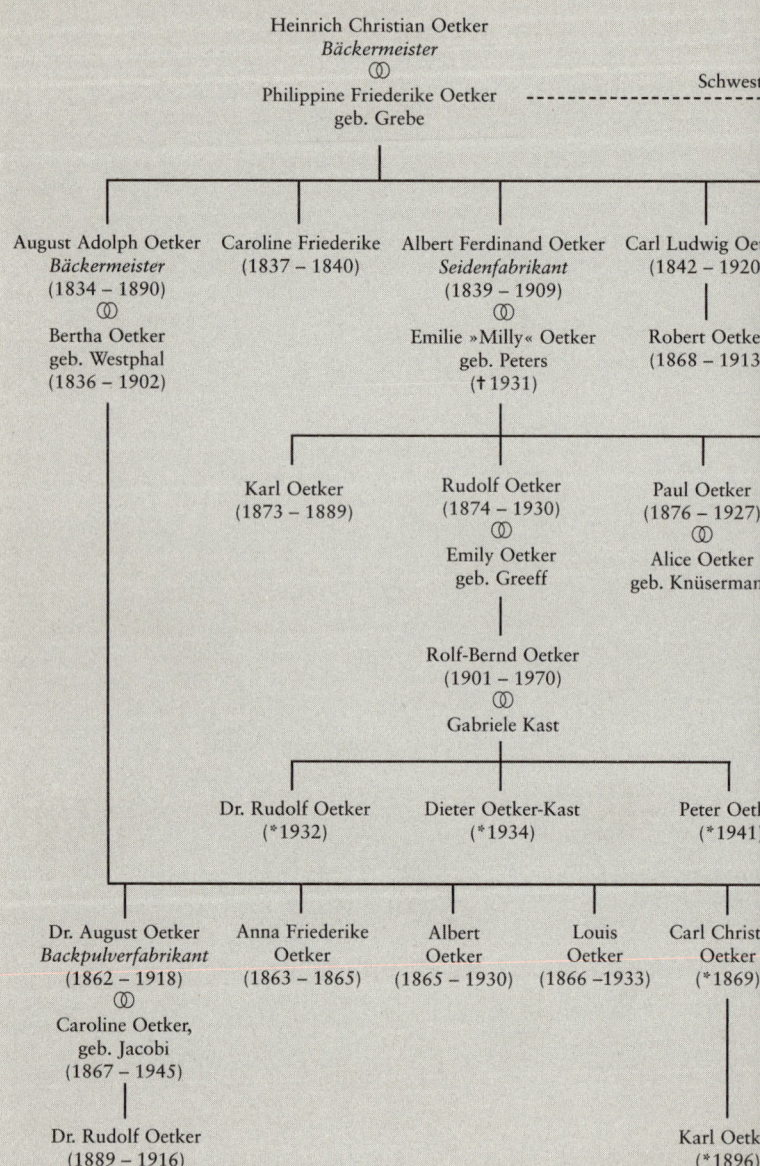

Heinrich Christian Oetker
Bäckermeister
∞
Philippine Friederike Oetker   -   Schwest
geb. Grebe

August Adolph Oetker   Caroline Friederike   Albert Ferdinand Oetker   Carl Ludwig Oet
Bäckermeister   (1837 – 1840)   *Seidenfabrikant*   (1842 – 1920)
(1834 – 1890)   (1839 – 1909)
∞   ∞
Bertha Oetker   Emilie »Milly« Oetker   Robert Oetke
geb. Westphal   geb. Peters   (1868 – 1913)
(1836 – 1902)   († 1931)

Karl Oetker   Rudolf Oetker   Paul Oetker
(1873 – 1889)   (1874 – 1930)   (1876 – 1927)
∞   ∞
Emily Oetker   Alice Oetker
geb. Greeff   geb. Knüserman

Rolf-Bernd Oetker
(1901 – 1970)
∞
Gabriele Kast

Dr. Rudolf Oetker   Dieter Oetker-Kast   Peter Oetk
(*1932)   (*1934)   (*1941)

Dr. August Oetker   Anna Friederike   Albert   Louis   Carl Christi
Backpulverfabrikant   Oetker   Oetker   Oetker   Oetker
(1862 – 1918)   (1863 – 1865)   (1865 – 1930)   (1866 –1933)   (*1869)
∞
Caroline Oetker,
geb. Jacobi
(1867 – 1945)

Dr. Rudolf Oetker   Karl Oetke
(1889 – 1916)   (*1896)

pe unternehmerischer Menschen

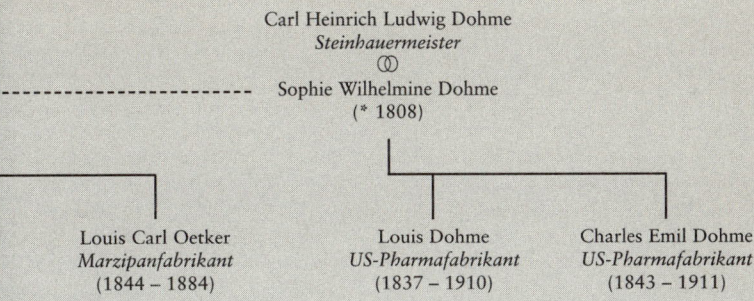

Carl Heinrich Ludwig Dohme
Steinhauermeister
⚭
------------------------------ Sophie Wilhelmine Dohme
(* 1808)

Louis Carl Oetker
Marzipanfabrikant
(1844 – 1884)

Louis Dohme
US-Pharmafabrikant
(1837 – 1910)

Charles Emil Dohme
US-Pharmafabrikant
(1843 – 1911)

Milly Reinhold, geb. Oetker
(*1878)
⚭
Dr. Reinhold

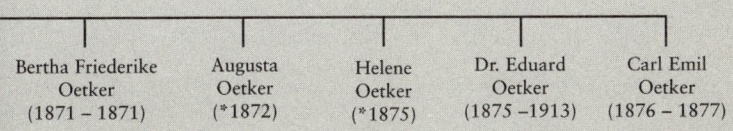

Bertha Friederike
Oetker
(1871 – 1871)

Augusta
Oetker
(*1872)

Helene
Oetker
(*1875)

Dr. Eduard
Oetker
(1875 –1913)

Carl Emil
Oetker
(1876 – 1877)

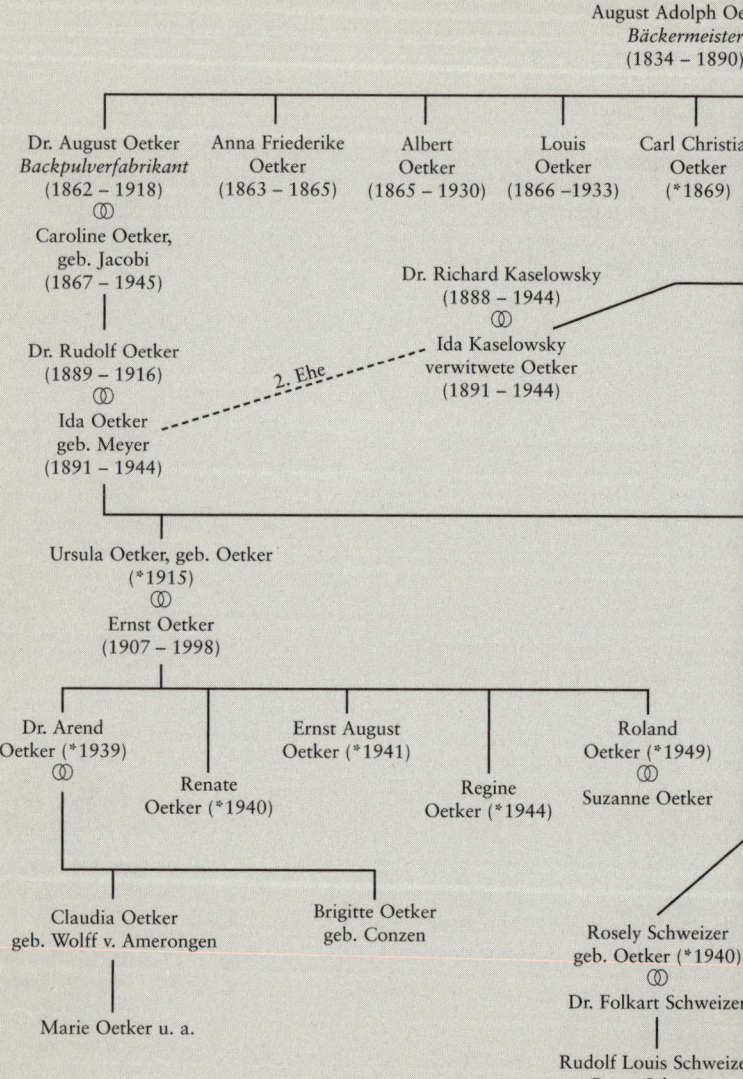

August Adolph Oe
Bäckermeister
(1834 – 1890)

Dr. August Oetker
Backpulverfabrikant
(1862 – 1918)
⊗
Caroline Oetker,
geb. Jacobi
(1867 – 1945)

Anna Friederike
Oetker
(1863 – 1865)

Albert
Oetker
(1865 – 1930)

Louis
Oetker
(1866 –1933)

Carl Christia
Oetker
(*1869)

Dr. Richard Kaselowsky
(1888 – 1944)
⊗
Ida Kaselowsky
verwitwete Oetker
(1891 – 1944)

Dr. Rudolf Oetker
(1889 – 1916)
⊗
Ida Oetker
geb. Meyer
(1891 – 1944)

2. Ehe

Ursula Oetker, geb. Oetker
(*1915)
⊗
Ernst Oetker
(1907 – 1998)

Dr. Arend
Oetker (*1939)
⊗

Renate
Oetker (*1940)

Ernst August
Oetker (*1941)

Regine
Oetker (*1944)

Roland
Oetker (*1949)
⊗
Suzanne Oetker

Claudia Oetker
geb. Wolff v. Amerongen

Brigitte Oetker
geb. Conzen

Rosely Schweizer
geb. Oetker (*1940)
⊗
Dr. Folkart Schweizer

Marie Oetker u. a.

Rudolf Louis Schweizer
Georg Schweizer
Caroline Schweizer

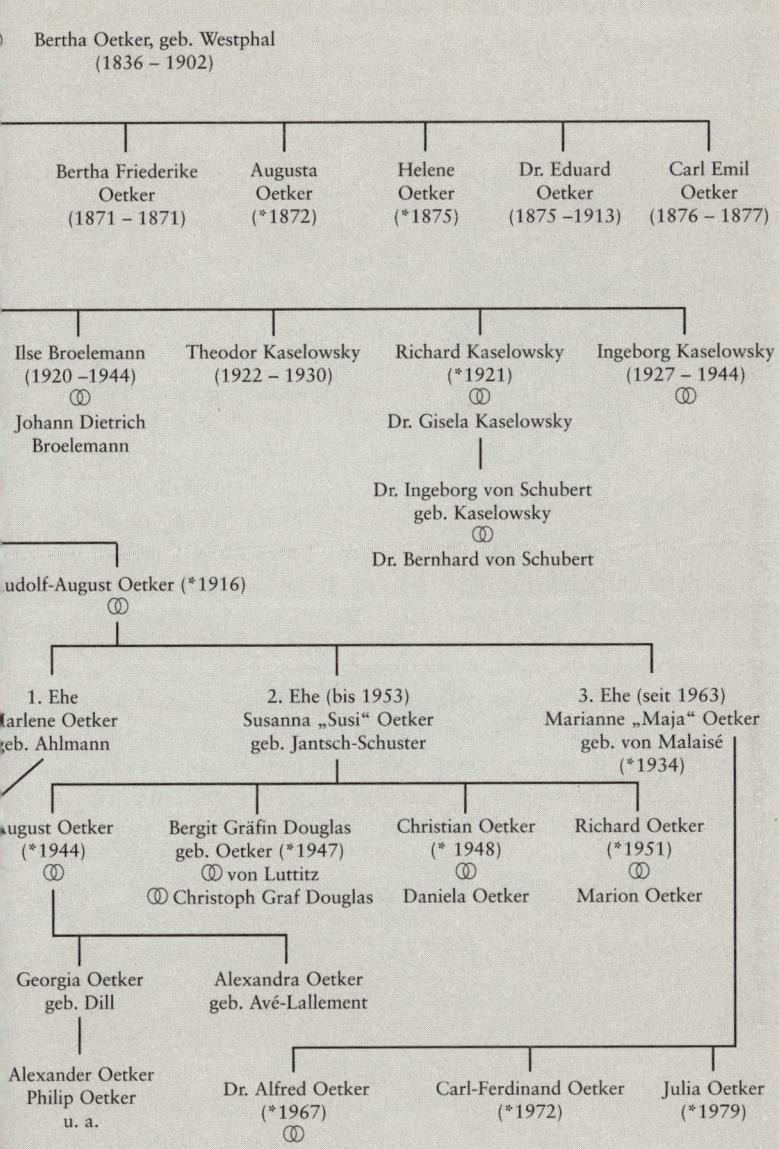

Bertha Oetker, geb. Westphal
(1836 – 1902)

| Bertha Friederike Oetker (1871 – 1871) | Augusta Oetker (*1872) | Helene Oetker (*1875) | Dr. Eduard Oetker (1875 –1913) | Carl Emil Oetker (1876 – 1877) |

Ilse Broelemann
(1920 –1944)
⊗
Johann Dietrich
Broelemann

Theodor Kaselowsky
(1922 – 1930)

Richard Kaselowsky
(*1921)
⊗
Dr. Gisela Kaselowsky

Ingeborg Kaselowsky
(1927 – 1944)
⊗

Dr. Ingeborg von Schubert
geb. Kaselowsky
⊗
Dr. Bernhard von Schubert

…udolf-August Oetker (*1916)
⊗

1. Ehe
…arlene Oetker
…eb. Ahlmann

2. Ehe (bis 1953)
Susanna „Susi" Oetker
geb. Jantsch-Schuster

3. Ehe (seit 1963)
Marianne „Maja" Oetker
geb. von Malaisé
(*1934)

…ugust Oetker
(*1944)
⊗

Bergit Gräfin Douglas
geb. Oetker (*1947)
⊗ von Luttitz
⊗ Christoph Graf Douglas

Christian Oetker
(* 1948)

Daniela Oetker

Richard Oetker
(*1951)

Marion Oetker

Georgia Oetker
geb. Dill

Alexandra Oetker
geb. Avé-Lallement

Alexander Oetker
Philip Oetker
u. a.

Dr. Alfred Oetker
(*1967)
⊗
Donna Elvira Grimaldi

Carl-Ferdinand Oetker
(*1972)

Julia Oetker
(*1979)

»Haribo macht Kinder froh – und Erwachsene ebenso.«

Bettina Grosse de Cosnac
DIE RIEGELS
Die Geschichte der Kultmarke
HARIBO und
ihrer Gründerfamilie
272 Seiten, mit Abb.
ISBN-10: 3-404-61584-0
ISBN-13: 978-3-404-61584-1

Mit Hilfe dieses gekonnten Werbeslogans und mit vereinten Kräften hat die Familie Riegel es geschafft, ihr einst auf den Süden von Bonn beschränktes Unternehmen europaweit auszubauen und weltweit zu vermarkten. Die Firma Haribo ist zu einem der größten Süßwarenhändler der Welt aufgestiegen: Vom Bonbonkocher zum König der Gummibärchen als deutsche Erfolgsstory.

»Lebendige Firmengeschichte.«
STERN

Bastei Lübbe Taschenbuch

»Ein Epos voller Triumphe und Tragödien.«

STERN

Rüdiger Jungbluth
DIE QUANDTS
Ihr leiser Aufstieg
zur mächtigsten Wirtschafts-
dynastie Deutschlands
400 Seiten mit Bildtafelteil
ISBN-10: 3-404-61550-6
ISBN-13: 978-3-404-61550-6

BMW, Varta und Milupa sind Marken, die jedem bekannt sind und weltweit für deutsche Wirtschaftskraft stehen. Aber kaum jemand weiß, dass die Fäden dieser Unternehmen in der Hand einer einzigen deutschen Familie zusammenlaufen: der mächtigsten Industriellendynastie Deutschlands. Über vier Generationen errichteten die Quandts ihr imposantes Firmenimperium – ein Lehrstück für das Zusammenspiel von Familientradition, Wirtschaft und Macht. Trotzdem haben sie es verstanden, unsichtbar zu bleiben. Rüdiger Jungbluth enthüllt erstmals die faszinierende Geschichte der Familie Quandt.

Bastei Lübbe Taschenbuch

*»Es gibt Bücher, bei deren Erscheinen
man sich wundert, dass es sie nicht schon
lange gibt.«*

F.A.Z.

Thomas Schuler
DIE MOHNS
Vom Provinzbuchhändler
zum Weltkonzern:
Die Familie hinter Bertelsmann
388 Seiten, mit Abb.
ISBN-10: 3-404-61572-7
ISBN-13: 978-3-404-61572-8

Als Johannes Mohn 1887 das Erbe von Bertelsmann antrat, übernahm er einen Gesangbuchverlag und eine Druckerei. Nur drei Generationen später steht die Familie Mohn einem Medienimperium der Superlative vor: größtes Verlagshaus der Welt, größter Fernsehanbieter Europas, größter Zeitschriftenverlag Europas. Durch die Bertelsmann Stiftung reicht ihr Einfluss weit in die deutsche Politik hinein.

Heute steht Bertelsmann am Wendepunkt. Die Familie ist zerrissen. Hinter den Kulissen entspinnen sich Machtkämpfe um das Erbe des Konzerns.

Bastei Lübbe Taschenbuch

»Ein spannendes Familienporträt mit vielen exzentrischen Charakteren und ein gut lesbarer Rückblick auf ein wichtiges Kapitel deutscher (Wirtschafts-) Geschichte.«

WELT AM SONNTAG

Thomas Ramge
DIE FLICKS
Eine deutsche
Familiengeschichte über
Geld, Macht und Politik
304 Seiten, mit Abb.
ISBN-10: 3-404-61593-X
ISBN-13: 978-3-404-61593-3

Waffen, Macht, Skandale – diese Stichworte beherrschen die Geschichte einer Familie, die abgesehen von vier Jahren Besatzungszeit immer obenauf war: egal ob gerade ein Kaiser, ein Diktator oder Demokraten herrschten. Die Biografie der Familie Flick ist eine Geschichte parallel zur »Biografie« Deutschlands – und als solche soll sie erzählt werden. Eine dramatische Geschichte um Aktienpoker und Spendenskandal, Unternehmergeist und Familienzwist.

Ausgezeichnet mit dem Wirtschaftsbuchpreis 2004 von *Financial Times Deutschland* und *getAbstract* in der Kategorie »Biografie«.

Bastei Lübbe Taschenbuch